体育新闻与传播专业教材系列

丛书主编　　肖沛雄
丛书副主编　　王晓东 刘琨瑛 武学军

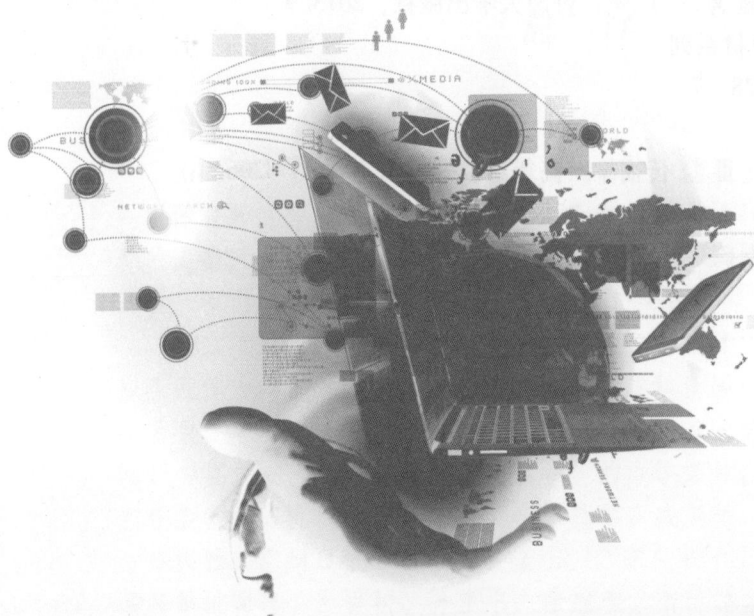

肖沛雄　著

当代应用传播学

暨南大学出版社
JINAN UNIVERSITY PRESS

中国·广州

不上时代发展对体育新闻教学的需要。

我系教授和一批近年成长起来的年轻博士、副教授在这几年不但先后公开发表了大量体育新闻传播方面有真知灼见的学术论文，承担并完成了一大批涉及体育新闻与传播学方面的国家级、省部级和厅局级的研究项目，而且有机会亲自参与了2008年北京奥运会、2010年广州亚运会和2011年深圳大学生运动会以及2012年伦敦奥运会的科学报告会和新闻传播实践，收获了关于体育新闻采访、写作、编辑、评论、摄影，体育展示以及体育大赛媒体运行、体育新闻服务等方面许多宝贵的信息知识、实践体验和理论认识，这些都是原有教材或其他一般新闻专业教材所没有而学生非常需要的教学新内容。

为了更好地促进体育新闻教育的发展，提高体育新闻教学水平和专业人才的培养质量，根据教高〔2012〕4号文《教育部关于全面提高高等教育质量的若干意见》中关于"优化学科专业和人才培养结构"，"创新人才培养模式坚持内涵式发展"和"突出学科专业特色和行业特色"的精神，在暨南大学出版社的大力支持下，我们编撰出版了这套"体育新闻与传播专业教材系列"，涵盖新闻学和传播学两大学科。指导思想为："以我国历史发展新时期对体育新闻人才素质的需求为导向，以教材的建设和创新为驱动，把新闻学、传播学的基础理论和体育新闻专业实践有机结合到教材的策划、研究和编撰全过程，体现体育新闻工作岗位理论知识和专业技能的要求，培养学生实践操作能力，充分体现体育新闻特色。"

本系列教材在体育新闻学方面，包括体育新闻采写、体育新闻编辑、体育新闻摄影、体育新闻翻译、体育大赛新闻媒体运行和新闻服务、体育展示、节目主持与评论；在传播学方面，包括现代应用传播、体育传播与社会文化、网络体育新闻等内容；此外，还有一本是我系体育新闻与传播专业方向的研究生公开发表的学术论文精选汇编，一共11本。全套教材将于2013年底到2014年上半年期间公开出版。期待各位专家学者和读者朋友的批评指正。

肖沛雄
2013年元旦

目 录

前　言

  2006 年我在广东人民出版社出版了《新编传播学》一书，后来其中的"序"以《赋予传播学教材新时代内涵》为题，发表于《当代传播》2006 年第 6 期。我在该文中指出："今天人类已进入 21 世纪知识经济的新时代，世界政治格局多极化、经济全球一体化和信息传播全球化是时代发展的新趋势，这使得全球信息流动与国际关系有了更加密切和深刻的联系，以信息技术为重要标志的现代科学技术迅猛发展，推动着生产力的全面提高，引发了人类社会从思想观念、思维方式到政治、经济、文化、教育等各个领域的深刻变化。这个新的历史时期所出现的新发展趋势必然对为之服务的各种学科理论研究和教材建设提出新的要求。我们在打造新的传播学教材时必须立足于这一新的历史方位，树立新的观念，赋予它新的时代内涵。"文章在分析了新的历史时期世界发展的新趋势后提出，我们应该在传播学教材中增加以下内容：全球传播的新特点，国际传播与国际关系的博弈问题，跨文化传播的"双刃"功能和文化侵略问题，中国国家媒体形象塑造问题，西方国家舆论调控和意识形态传播问题，网络时代和新媒体传播问题等等。而当时的这一思想，成为我后来给研究生授课和撰著本教材的指导思想。

  陈卫星教授在他的《麦克卢汉的传播思想》一文中指出，在当今的全球化时代，"国际舞台上整体国力的竞争是通过四个主要元素——军事、传播手段、经济和意识形态——表现出来的。这实际上使国家和民族之间通过传播制度和传播实践所表现出来的利益和观念的冲突和调和变得更加微妙和复杂，尤其在发达国家和发展中国家之间"，"这种全球化和地方化的混为一体是对世界关系的瓦解，用真实时间的透视代替了真实空间的透视，会对人与人之间的关系和现实的感觉产生难以预料的关系影响"。① 所以现代传播学教材应当比以往任何时候都更重视与国内外政治、经济、思想、文化、教育实践的结合和应用。

  由于全球化时代的到来，全媒体尤其是微博等新的传播手段异军突起并

---

① 陈卫星. 麦克卢汉的传播思想. 新闻与传播研究，1997（4）：31~37.

被广泛应用，传统媒体原来一统天下的地位已经彻底丧失，诸多国际媒体纷纷开始使用一个词"Twitplomacy"，这是由两个英文单词"Twitter"和"Diplomacy"缩写而成的，合起来就是"微博外交"的意思。微博已经成为国际政治的一个外交平台。目前全世界已有60多个国家的领导人开通了微博；在G20集团这20个全世界最重要的工业国中，有一半成员国的首脑都在使用微博，他们在PK相互之间谁被谁吸引、谁成为谁的粉丝。美国总统奥巴马和俄罗斯总统梅德韦杰夫互为粉丝，奥巴马就曾开玩笑说，他们俩用微博沟通之后，白宫和克里姆林宫之间可以不用再设直线电话了。虽说这只是个玩笑，其中一些问题却很值得玩味。

由于传播环境、媒介形态和功能的巨大变化，原来传播学经验学派许多涉及各传播要素概念和相互关系的重要基础理论，在人类传播中被广泛应用的同时，也在不断被颠覆、更新、深化和补充。广大公众成了无处不在的传播主体，人类赖以交流互动、竞争合作的信息场发生了许多前所未有的重大变化。新华社前总编辑南振中说，在当下中国，客观存在两个舆论场：一个是党报、国家电视台、国家通讯社等忠实地宣传党和政府的方针政策，传播社会主义核心价值观的"主流媒体舆论场"；一个是主要依托于互联网，进行议论时事、针砭社会、品评政府的"民间舆论场"。后者成为"思想文化信息的集散地和社会舆论的放大器"，改写了"舆论引导新格局"。全国人大常委会表决通过个人所得税法修正案，将个税起征点由2 000元提高到3 500元。然而，网民似乎并不太领情，发帖调侃道："加税如山倒，减税如抽丝。"在为期一个多月的修正案征求意见中，公众提出了超过23万条的意见，创下人大单项立法征求意见之最；一个女孩"郭美美"，以"红十字会商业总经理"名义炫富于微博，引发了一场震动中国的红十字会风波，网络搜索数据超过日本大地震……

传播学本来就是一门以无所不在、无时不有的大千世界事物运动信息流动现象和规律为研究对象的新兴学科，现代社会的发展新特点和新态势，以及学科发展的新方法和新成果，加上人类对精神世界、物质世界的认识水平和改造能力的巨大飞跃，不仅促进了各学科发展史论和基础理论研究纵深化，更引发了多学科与实践结合过程中的交叉渗透、有效应用和融合创新的发展态势。应用传播学所研究的动态传播环境、传播媒介、传播信息和符号、传播过程和模式、传播主体和对象、传播效果和观念等各种要素，毫无疑问，必然要超越民族、国家、地域和学科的范畴，使常规或非常规传播环境下的几乎涉及人类政治、外交、经济、思想、文化、军事、体育、艺术的国际活动、公共领域、私人交往乃至危机事件等方面所有的国际信息，都在借助各种传播类型、传播媒介、传播模式和传播符号，向世界的几乎每一个角落流动、传播和扩散。而其中演绎出的错综复杂、变幻莫测的国际关系、社会关系、人际关系和复杂事件，也必然会向应用传播学提出许多亟待解决的矛盾和问题，需要应用传播学探讨其中能提高应用传播效果的规律性认识。这就决定了应用传播学研究中必然出现的细分化、边缘化、国际化、本土化和区域化的趋向。

　　本书取名为《当代应用传播学》，无论从著者的研究宗旨、教材篇幅，还是自身学术视野看，对于涉及当代应用传播的所有问题我们不祈望也不可能"毕其功于一役"，只想立足于当代特有的历史背景，联系国内外传播的重大实践，针对与全球化时代特点密切相关的一些传播学应用中亟待解决的重大问题，从时代的高度和理论与实践结合的角度进行研究。

　　我们始终认为，教材不应再仅仅充当"传道授业解惑"的工具，不应当只为"老祖宗"的一家之言树碑立传，更不应当只为培养"得意门生"或为某种学术流派的"忠实信徒"提供"秘籍"。教材不仅是历史的，而且应当继往开来，在现实的实践应用与理论研究的斗争与发展中与时俱进，应当成为学科理论与实践研究中不同学术思想、观点发生碰撞和融合的"争鸣论坛"，应当成为培养学生应用能力、思维能力和创新能力的"助推器"。

　　万文双老师在百忙中撰写了本教材的第六章，使本书增色不少，在此对其表示衷心的感谢！

肖沛雄
2013 年春节于羊城 珠江俊园

第一章　中国当代应用传播学的建立和发展

《当代传播》2007 年第 6 期发表过编者一篇题为《是危险的"陷阱"，还是历史的必然——就新闻学与传播学结合问题与李希光教授商榷》的文章。回忆写这篇文章的起因，是清华大学著名的李希光教授在《核心新闻学》一书中引用了一些美国学者的话："不幸的是，新闻传播学教育正在掉进传播学的理论陷阱里，或掉进应用传播学金钱的陷阱里，二者都走进了一个远离新闻学真谛的真空世界。"传播学与新闻学的结合就像"肺病与抽烟的结合"，是"从新闻学的基本原理和原则的倒退，是空泛理论击败实践的胜利"[①]。这种观点涉及两个最基本却又非常严肃的问题：一是传播学研究什么？二是新闻学与传播学的关系如何？

这篇文章分析了当今世界发展正在走向国际政治格局多元化、全球经济一体化和信息传播全球化的总体趋势，指出由于新自由主义议程的冲击和西方国家在网络传播全球化条件下对各种国际传播媒体的整合与垄断，社会政治、经济、文化、受众、媒介与制度、新闻传播的生态环境等各个方面都发生着深刻的变化，优胜劣汰的规律表现得很清楚，其结果也很残酷。谁不能适应社会发展和传媒市场的客观规律，谁就会在这场激烈的竞争中败下阵来。因此，该文章提出新闻学与传播学结合的三个"必然"：一是社会与新闻事业发展的必然结果；二是提高新闻人才素质的必然要求；三是学科理论发展的必然趋势。我们在新的历史时期研究新闻学与传播学，必须把这两个学科的理论研究与实践探索紧密结合起来。而传播学的研究也必须进一步向国际化、应用化、本土化、分支化、边缘化和综合化等多元方向延伸发展，以解决国际新闻传播实践中提出的种种理论问题与实践问题。

清华大学李彬教授在《人类传播理论》一书的"导读"部分介绍了传播学的七个方面的学术渊源后指出，是"这众多的学科学术流派汇集、融合、交织而成了这新的学科"，所以在学习和研究传播学时，"要特别强调对整个人文社会学科有所了解，而不能仅仅就传播谈传播"。"我们总是用符号对现实进行表

---

① 李希光. 新闻学核心. 广州：南方日报出版社，2002.73～70.

现，我们总是在理论的天地中活动。一种理论就是一种思考，一种观察世界的方式，我们绝不可能'看到'纯粹的现实，相反，我们必须用一套概念和符号去界定我们的所见所闻，而理论就给我们提供了观察世界和感受世界的透视。"斯蒂芬·李特约翰在他所著的《人类传播学》一书的导语中，还中肯地概括了传播学作为"前沿的理论"具有的五个特征，即"提供了新颖的洞见"，"富于趣味和吸引力"，"具有不断演进的开放空间"，"始终保持解释力"和"前后 承的结果"。① 这段精辟的论述对我们正确认识传播学的性质和新闻学与传播 的关系启发很大，也对我们全面理解应用传播学大有裨益。

第一节　应用传播学概述

一、应用传播学的概念和研究对象

（一）应用传播学的概念和性质

"应用传播学就是运用传播学理论并与其他学科相结合来解决人类信息传播活动中实践问题的一门学科。"②

这个概念告诉我们，应用传播学的学科性质有三方面的含义：一是应用传播学的指导理论是理论传播学与其他学科的有机结合，它是一个交叉性的边缘学科；二是应用传播学的学科任务是在相关理论的指导下，解决人类信息传播活动中的实践问题，因此，它又是一个社会实用性的应用学科；三是它的研究必然涉及传播的不同层面的传播主体、传播对象、传播媒介、传播环境、传播信息、传播符号乃至传播应用效果等各种传播要素在传播过程中的具体现实形态，它当然还是传播学下属的分支学科。

（二）应用传播学的研究对象

应用传播学是多学科交叉领域衍生出来的边缘学科，从传播学的哲学意义上看，它本身的理论就相当抽象和博大，甚至可以理解为一种认识世界的新的思想方法。因此，在传播学的应用过程中所触及的领域几乎是无边无垠的，研究者从不同的学科角度可以提出许多相关的研究对象。所以与理论传播学相比较，应用传播学的研究对象较为复杂、宽泛和多元。

---

① ［美］斯蒂芬·李特约翰. 人类传播理论·导语. 史安斌译. 北京：清华大学出版社，2004. 13～17.

② 周鸿铎. 应用传播学教程. 北京：中国书籍出版社，2010.5.

传播学的集大成者施拉姆把理论传播学的研究对象概括为三个部分：一是人类传播的历史；二是人类传播的形态（传播的类型）；三是人类传播的过程（各要素互动的关系和模式）。施拉姆和拉斯维尔、拉扎斯费尔德、卢因、霍夫兰等奠基者所创立的经验学派为传播学独立王国的建立呕心沥血，贡献卓著。但既然"传播"是事物运动中运动表征（信息）的流动，无论在自然界还是人类社会，任何传播主体、传播对象、传播信息、传播符号、传播环境、传播过程和传播媒介都概莫能外地同样处于动态之中，并且必然互为传播的条件和环境，那么任何传播活动都必然与主体的主观意图、文化观念、利益诉求相关联，也必然与某些宏观、中观、微观的传播环境相联系。特别是在人类不断向现代科学与文明发展的进程中，绝不是简单地、静态地、被动地重复演绎着这些传播的形态、过程和模式，而是在不断探索这些规律的同时，根据主、客观的情况、矛盾和问题去深入探索、灵活应对和开拓创新。而几乎所有这一切，都毫无疑问地进入应用传播学研究的视野和范畴，决定了应用传播学研究的内容动态性、效果应用性和方法灵活性，并不断升华出应用传播学的新观点、新理论和新成果。

（三）应用传播学与理论传播学的区别和联系

任何一个学科的发展都必然驾驭着它自己特有的"三套马车"：基础理论、应用理论以及学科发展"史论"。周鸿铎在他主编的《应用传播学教程》中提出，应当把理论传播学与应用传播学的研究对象加以区别。他把理论传播学的研究对象主要概括为三个部分：一是人类传播的发生和发展历史；二是人类传播的形态类型；三是人类传播的过程，即传播活动本体的运动模式。但他又认为现在对理论传播学研究对象的概括是不明晰也是不完整的。因为它没有体现出施拉姆《传播学概论》的完整体系，也没有把理论传播学与应用传播学分离出来。

"理论传播学和应用传播学的核心理论是一样的，但是研究对象和研究范围各有侧重。应用传播学涵盖了各个子领域研究的子学科，如经济传播、政治传播、文化传播和区域传播等；还涵盖了微观的子学科，如传媒经济、传播心理、受众调查、研究方法和网络传播等。这些研究领域针对的是传播过程中不同领域、不同环节的研究或不同角度的探索，虽然也有一定的联系，但是并不密切。"[①]

二、中国应用传播学产生的社会基础

无论在西方还是在我国，真正提出"应用传播学"的时间都不长，但由于

---

① 周鸿铎. 应用传播学教程. 北京：中国书籍出版社，2010.5.

任何实践应用的研究都先于理论研究，所以其实人类从诞生之日起，在恶劣的自然环境中求生存的同时，为了延续生命，就已经在有意无意之中以当时力所能及的符号，探索如何加强彼此的信息传播、思想沟通和合作。正是由于大量的、非自觉的人类传播需要的存在，迫使人们自觉地、感性或理性地去探索这种传播现象，于是在理论传播学还远没有形成的时候，应用传播的研究已经无意识地开始了。可见，人类应用传播研究几乎是与人类同步出现的。

应用传播学在当代应运而生，有其学科理论基础和现实客观需要。传播学与社会学、心理学、管理学、统计学以及信息科学相互吸收和交融，为应用传播学的产生提供了充足的阳光和雨露；与此同时，随着资本主义大工业的迅猛发展，科学技术的不断创新和人类超越地域、种族和国家的交流合作，更大范围的社会资源需求急剧上升，极大地推动了传媒产业和国际传播日新月异的发展，这也为应用传播学的形成和发展提供了肥沃的土壤。

传播学理论的研究始于20世纪40年代的西方，但由于诸多复杂的历史与现实原因，中国长期与西方隔绝，直到1954年复旦大学新闻系才在《新闻学译丛》中翻译介绍了"Mass Communication"（当时译为"群众思想沟通"），60年代台湾的朱谦先生第一次将行为学科的研究方法应用于传播学研究，利用社会调查方法来测度大众传播在政府公共关系功能中所产生的效果。与其他许多自然科学、社会科学、人文科学研究一样，传播学和应用传播学在中国如雨后春笋般兴起和发展，这主要基于如下动因：

（一）我国抓住历史机遇，建设四个现代化的需要

随着信息传播技术和网络技术的迅猛发展，在全球经济一体化、社会信息化的发展趋势下，人类的思想观念、生产技术、社会结构、经济管理、生活方式和交际方式都发生了深刻的变化。信息和知识成为四个现代化建设的第一战略资源。中国绝不能再忘记历史上错失工业化改革时机的沉痛教训，必须抓住信息经济时代的宝贵机遇，登上信息技术的高速列车，重新审视和处理信息全球传播与全面建设小康社会这一宏伟历史目标的关系。1992年，中国共产党第十四次全国代表大会确定了我国经济体制改革的目标模式是市场经济，不仅明确了我国经济的发展方向，而且为我国尽快走向国际市场做好了思想上和体制上的准备。在各行各业的拨乱反正中，比较宽松的政治环境、文化环境和对外沟通渠道，使人们开始敢于冲破传统观念的束缚，开始渴望在加强与国外思想文化的交流中开拓新的学科领域，吸收可以为我所用的进步思潮和文明精华，传播中国悠久的历史文明，传播中国在改革开放中的新成就和新形象，寻找发展中国现代物质文明与精神文明的新思路。

（二）我国新闻传播事业实现跨越式发展的需要

我国新闻传播事业起步较晚，多年来受"极左"思潮的禁锢，墨守成规"卡"住了自己的"喉舌"。1958年所谓"大跃进"之年，我国只有北京、上海和哈尔滨三个电视台开播，此后的12年中全国也只增加了16个电视台，直到1982年才增加到每省各有一个电视台；到1981年，全国的日报中对开8版的只有《人民日报》一家，连有几百万人口的大都市也只有一份4开小报。由于媒体数量少，内容单调，形式死板，根本无法满足社会主义经济建设与广大人民群众日益增长的多元信息功能需求。随着我国市场经济的逐步完善和中国加入WTO，传媒市场如何抓住机遇、走出国门，如何面对与国外跨国传媒巨头的激烈竞争，如何在国际舞台上塑造我国良好的国际媒体形象，如何使我国新闻传播事业在与西方先进文化对接、碰撞、交融、创新中实现跨越式发展，种种涉及应用传播学的理论问题与实践问题，都亟须尽快解决。于是，一度被视为"禁区"的应用传播学成了广大新闻教育工作者和新闻从业人员关注的领域。

（三）国际政治、经济、文化全面较量的需要

在当今政治格局多元化、经济全球一体化和文化信息传播全球化的复杂形势下，国际政治斗争与经济竞争融为一体，以信息技术为代表的现代高科技的较量与政权倾覆、文化较量的斗争纵横交错。历史上军事战场血与火的搏斗虽然还没有绝迹，但主战场已经转移分散到了信息网络所能达到的世界的各个领域甚至各个角落。在当今巨大的"信息鸿沟"面前，中国作为冷战结束后以美国为首的西方发达国家的"假想敌"、"肉中刺"，应当抓住机遇，审时度势，因势利导，大力发展我国的信息传播技术，以信息化带动工业化，大力发展我国的传播事业，努力弘扬中华民族的优秀文化，应对文化帝国主义的意识形态渗透，重新树立我国的良好国际媒介形象，加快我国的社会主义现代化建设。许多应用问题的解决不仅是传播学研究者，而且是广大新闻传播工作者和研究者迫在眉睫、责无旁贷的任务。

（四）新闻学与传播学学科发展的需要

中国的传播学研究是在我国新闻学研究的发展和学习引进西方传播学二者相结合的基础上建立、发展起来的。现代科学的发展趋势是既高度综合化又高度细分化。第二次世界大战结束以来，许多传统学科分支丛生，新兴学科如雨后春笋般成立和发展。传播学与经济学、心理学、社会学等学科一样，是个可供若干代人从不同的角度和层面、以不同的主题和取向进行探索、挖掘、开采的难以穷尽的"富矿"。我国的传播学研究进一步朝着健康的方向发展，主要表现在理论研究和实证研究两个方面：

在理论研究上，先是一大批在传播领域中有影响力的论文和著作相继问世，

开始探讨我国传播学的研究方向和学科理论框架。此后，我国有关传播学与应用传播学的著作、教材相继问世，对我国进行传播学理论研究，加强对西方传播学理论的梳理与传播，促进中国应用传播学的发展立下了汗马功劳。

中国传播学的理论研究得到发展的同时，实证性应用研究也在发展，其中主要表现在两个方面：一是媒介受众调查；二是媒介实务操作与媒介市场调查。正如中国人民大学舆论研究所所长喻国明教授所说，"综观世界各国现代发展的历史，人们不难发现，民意调查事业是与民主政治的发展和市场经济的发育相伴相生的。无论是民主政治也好，市场经济也好，它们都有一个共同的特点，即它们都是眼睛向下，以民意的好恶取舍为本位的政治或经济，现代民意调查恰恰也是保证这种政治和经济实现良性循环的一项支撑机制"①。这种专业化调查的发展和推广，进一步推动了传播学的实证性应用研究的提升，使其达到更高的专业水准。

第二节　中国应用传播学的研究成果

针对中国应用传播学的理论框架与社会应用的结合，不少专家学者提出了十分精辟、深刻的见解和设想。袁军、韩运荣先生在"对未来中国传播学研究的几点想法"②中提出，未来的中国传播学除了应当拓宽传播学研究领域，建立完整的学科体系和理论框架，"在各个分支研究领域里获得扎实的积累，在此基础上才能完成中国系统化的传播学理论建构"外，还应当坚持引进与创新并举的方针，密切关注传播的实践动态，实现传播学与传播实践的良性互动，密切结合中国的特殊国情，通过边缘化、本土化、国际化和区域化的不同方向，各建奇功，分进合击，共同建设有中国特色的应用传播学。

一、中国应用传播学的边缘化研究——分支理论研究各有建树

人类社会的传播活动与现象无时不有，无处不在，并表现为人类不同的社会结构关系形态。这些存在于不同社会生活领域的传播活动既有其共同的性质、特点和规律，又有其信息流动的不同的形态、方式和规律。正是其中不可或缺的人

---

① 喻国明. 媒介市场的定位——一个传播学者的实证研究. 北京：北京广播学院出版社，2000.1.
② 袁军，韩运荣. 西方传播学引入中国大陆的历程及启示. 原文载袁军，胡正荣. 面向21世纪的传播学研究——中加传播学研讨会文集. 北京：北京广播学院出版社，2000.67.

类"信息流动",像人体内的氧气和血液维系着整个人体各个生理系统的平衡、活动以及各系统之间的协调互动一样,维系着人类各领域的持续互动和协调发展。所以,当传播学的基础理论在中国落地之后,必然会在其理论传播发展过程中与人类生活各个领域的实践结合,从而衍生出带有相对独立性、边缘性和应用性的各种分支理论。这既是传播学基础理论在实践中的应用与发展,又是对传播学在这些交叉领域空白的填补和延伸发展。下面试举几个方面的分支理论进行说明。

(一)新闻传播学

1.新闻传播学的概念

新闻传播学是研究人类社会中"人与人之间获取新情况、交流新信息的社会传播活动"的现象和规律的学科。它既区别于"新闻学",又区别于"大众传播学"和"传播学"。因为"新闻学"是"新闻实践经验的高度抽象,是新闻事业客观规律知识体系的集中概括。新闻学把一切新闻现象和新闻事业的全部工作作为自己的研究对象,以人类社会客观存在的新闻现象作为自己的研究对象,新闻学研究的重点是新闻事业和人类社会的关系,探索新闻事业的产生、发展的特殊规律和新闻工作者的基本要求"[①]。"大众传播学"是"在学术上直接扎根于同属行为科学的心理学、社会学和政治学之中,并同这些学科相互借用假设理论和知识"。而"传播学"是"一门研究人类信息传播活动及其规律的科学"。传播学的研究对象主要是人类信息传播现象的发生、发展,人类传播的形态和传播过程中各要素的互动关系。而新闻传播学的研究对象则是从新闻信息活动的角度去探讨人类新闻传播活动和理论的历史发展过程及规律;探讨新闻传播过程,特别是新闻大众传播过程中的主体、客体、媒介、信息内容和传播效果的相互关系以及互动规律;探讨新闻传播事业发展的指导原则和规律。

2.新闻传播学的任务

新闻传播学的任务是让新闻传播立足于一个更高的视点,依托于一个更广阔的背景,从而对其特性、本质和规律的认识得以在更高的水平和更深的层次上实现,并通过引入信息论、控制论和系统论等方法论和传播学的定量研究方法,为更充分地研究和把握新闻传播的过程、实现新闻传播的价值和效果提供更强大的手段和更重要的参数。

3.新闻传播学的基本理论体系

黄旦教授所著的《新闻传播学》是学界比较认同的权威教材之一。该书分

---

① 郑保卫.新闻学导论.北京:新华出版社,1996.5.

为"上编"、"下编"和"附编"。"上编"研究作为社会现象的新闻传播，共八章，从社会学的角度来剖析新闻传播的活动现象和规律，内容包括新闻传播的起源、发展、新时代（新闻事业阶段）、基本特征、社会功能、社会控制、新闻自由和发展规律等；"下编"研究作为传播过程的新闻传播，分为七章，内容包括新闻传播过程、新闻的产生过程、概念与特征、新闻价值、传播者、大众媒介、接收者和传播过程规律等；"附编"研究我国新闻理论中的几个基本问题，重点讲解了社会主义制度下中国新闻传播的基本原则，包括新闻真实理论、党性原则和新闻传播的指导性等。

戴光元、金冠军主编的《传播学通论》（上海交通大学出版社 2000 年版）中谈到"新闻传播的系统学说"时提出，要"从新闻传播理论、历史、业务三者交融、汇聚的层面，依据研究的内容和要素的特点，将新闻传播的六个变量抽取出来"。构成这个"系统学说"的六个部分分别是：① "新闻传播的总体系统"；② "新闻传播的本体系统"；③ "新闻传播的主体系统"；④ "新闻传播的客体系统"；⑤ "新闻传播的载体系统"；⑥ "新闻传播的受体系统"。他们还提出，"在进行新闻传播的研究中，应当以辩证唯物主义和历史唯物主义思想为指导，联系中国实际博采众长，揭示阶级性、民族性差异，表现其超陈性、实用性、启发性的特点"。

编者认为这些学者的观点都很有参考价值。结合教学和研究中的体会，我们认为新闻传播学作为传播学的一个分支，它的基本理论体系应当包括三个方面：新闻传播和新闻传播学发展史的研究；新闻传播学基础理论的研究即新闻传播的主体研究（包括新闻传播的传播者和受众）、新闻传播的客体即信息和内容的研究、新闻传播载体即媒介的研究、新闻传播材料即语言符号的研究、新闻传播流程与模式的研究、新闻传播技巧与效果的研究等；新闻传播实践中亟待解决的重大现实问题的研究。

（二）文化传播学

1. 文化传播学的概念

文化传播学是适应现代社会发展需要应运而生的一门年轻的边缘学科，是传播学的一个分支，是从信息传播的视觉角度，从文化学、社会学和传播学的交叉中研究人类社会人与人之间文化信息传播的现象、原理与规律的一门人文学科。文化传播学于 20 世纪 50 年代前后产生并逐步发展成为一门独立学科。

2. 文化传播学的研究对象

文化传播学的研究对象是人类社会中人与人之间传播文化信息的行为、习惯、态度、行为模式、传播效果及与文化相关的各种因素互动的现象与规律。

3．文化传播学的任务

文化传播学的任务是指要指导和帮助人们从传播学的角度理解和掌握文化传播的基础知识和理论，掌握文化传播的本质和规律，自觉运用这些知识和规律指导文化传播的实践并有效增强文化传播的效果。

4．文化传播学的理论体系

我国文化传播学的研究还处在初始阶段，近几年来国内在这方面的论文和专著还不多。从文化传播学的概念、研究对象和任务出发，我们认为文化传播学的理论体系主要应包括文化传播史的研究、文化传播学的基础理论研究和文化传播学的应用研究等方面。具体可以分为以下内容：

（1）文化传播的历史源流与发展进程，回顾人类文化传播发展不同阶段的特点、成果、进步意义和文化传播历史发展的规律。

（2）文化传播学的基础理论来源。从理论上探求从文化传播的高度上升到文化传播学高度的理论来源，也就是要找到从传播学和其他学科进入文化传播学研究的切入口，其中包括人类学、社会学、社会心理学、文化学、人类文化学等。比如像人类学家泰勒在《原始文化》一书中用传播学研究文化问题的理论，德国人文地理学家拉采尔从人文地理学角度进行的文化传播主义研究，以英国的传播学家里弗斯为代表的文化传播学派理论，美国历史民族学派奠基人博厄斯提出的美国文化传播主义理论，还有欧洲学者从社会学角度提出的文化传播主义与进化论等等。

（3）文化传播中文化交流的基本原理。诸如文化维模原理、文化适应原理、文化增值原理、文化进化原理、文化圈层原理、文化融合原理、文化积淀原理、文化分层原理和文化交换原理等。

（4）文化传播中不同文化的比较研究。

（5）文化传播实践中亟待解决的重大问题的应用研究。

（三）跨文化传播学

1．跨文化传播学的概念

跨文化传播学是20世纪70年代末形成的一门从属于传播学和文化传播学的分支学科。国际传播协会指出，这是一门致力于不同文化之间传播的理论与实践的学科，它关注不同文化、国家和族群之间传播系统的差异，并与国际传播研究、传播与国家发展研究等密切相关。同时，它也是在传播学、语言学、文化学、文化人类学、社会学、经济学、新闻学、历史学、民俗学、国际关系学、哲学、政治经济学等多学科交叉领域的一门边缘学科。

2．跨文化传播学的研究对象

"跨文化交流学研究的是具有不同文化背景的个人、组织和国家进行信息交流的社会现象。具体地讲，跨文化交流学研究的对象是文化与交流的关系，特别是文化对交流所产生的影响。"① 跨文化传播学的研究内容非常丰富，主要包括跨文化传播的概念、基础知识和理论；跨文化传播学产生、发展的源和流；跨文化传播中各种要素的结构和互动关系，以及当今世界信息流动全球化和帝国主义文化殖民等历史背景下，跨文化传播中亟待解决的重大理论问题与现实问题。比如跨文化对话的困境和鸿沟，跨文化传播观念的反思与构建，跨文化对话新媒介伦理的构建，新闻专业主义的偏见与跨文化转向等等。

3. 跨文化传播学的任务

20 世纪人类社会进入以全球经济一体化、信息技术和通信技术迅猛发展为重要特征的信息时代，地球日益"缩小"成为一个"地球村"。不同文化背景的人们交流合作日益频繁，一些国家和民族之间的矛盾比较复杂和尖锐，传统的地域界限、国界已无法限制电视和网络电波的自由通过和信息的世界漫游，人类面临跨文化信息大交汇、大流动中的宝贵机遇和严峻挑战。

所以，跨文化传播学的任务，是要通过研究和传播跨文化传播学的基本知识、基础理论、实践经验和客观规律，指导人们在不同文化的人际间、群体间、国际间信息交流与合作中能做到知己知彼，相互配合，从而增强跨文化交际的能力和效果，增进跨文化合作，应对跨文化传播中信息鸿沟所带来的严峻挑战，维护国家和民族自身的合法权益，守护自己的文化家园，建立公平公正、合理合法的跨文化传播新秩序。

4. 跨文化传播学的理论体系

跨文化传播学的理论研究早在 20 世纪 70 年代初就已经开始，但至今这方面的理论研究还不够成熟和深入，有待进一步拓展、深化和系统化。由于跨文化传播学是从信息传播的角度切入研究跨文化的现象和规律，又涉及多学科的理论与研究方法，所以对其理论体系架构可以作不同的构想。关世杰教授的《跨文化交流学》"吸收和借鉴了西方学者的研究成果，结合我国的特点与国情，对跨文化交流学的理论进行了全面而系统的论述"②。"该书结构严谨，理论鲜明创新，与实践结合紧密，可操作性强，对许多理论问题，既有交叉学科的角度论述的广度，又有理论结合、旁征博引、资料翔实的厚度。"③ 该书也可以说是对跨文化传播学理论体系的一个展示：一是跨文化传播学的基本理论，其中包括文化交流、跨文化交流的各种基本概念、特点和理论来源；二是从文化的角度切入来研

---

① 关世杰. 跨文化交流学——提高涉外交流能力的学问. 北京：北京大学出版社，1995.14.

② 戴元光，金冠军. 20 世纪中国新闻学与传播学（传播论卷）. 上海：复旦大学出版社，2001.165.

③ 戴元光，金冠军. 传播学通论. 上海：上海交通大学出版社，2000.100.

究文化的各种类型、各种因素在跨文化交流中的地位和作用；三是从传播学的角度切入研究跨文化传播过程中的传播者、受众、信息、符号、环境、媒介、反馈与控制等传播要素的关系；四是跨文化交流的不同层面和形态，如人际交流、组织交流、群体交流、国际交流等；五是跨文化交流实践中亟待解决的重大问题；六是跨文化传播学的史论研究。

（四）政治传播学

从 20 世纪开始，人类社会逐渐走向政治格局多元化。这个"政治化"的人类社会从日常生活、人际交往、经济合作、文化交流到国际关系的处理，无时无刻不处在一定的政治制度、政治运作和政治氛围中。人与人之间的传播自然而然就难以完全摆脱这种语境所带来的涉及人们自身、群体、民族和国家的政治内容，所以随着时代政治、经济形势的变化，政治传播学的研究就日益显现出其重要性、必要性和紧迫性。

1. 政治传播学的概念

"政治传播学是用传播学的原理和方法来研究政治传播现象的一门科学。"[①]它是对政治传播现象的总结和对政治传播规律的探索和运用，包括政治传播的结构、功能、本质及技巧等方面，是政治学与传播学的交叉学科。

2. 政治传播学的研究对象

政治传播学的研究对象主要包括：政治传播及政治传播学发生、发展的源和流的研究；政治传播行为，即政治传播的主体、客体及它们之间的相互关系体系；政治传播的内容、途径、环境和形态的关系；政治传播中不同政治派别、政治地位、政治态度、政治信仰、政治要求的人作为传播者和受众在政治传播中的立场、态度、反馈、要求、特点与传播效果的关系；政治传播中政治内容的收集、加工、流通与传播效果的关系；政治传播中的政治沟通、政治说服、政治修辞的媒介、手段、技巧与传播效果的关系。

3. 政治传播学的任务

人类进入继续以"和平与发展"为主题的 21 世纪，虽然西方某些超级大国还在奉行强权政治和霸权主义，但从它们因伊拉克战争在联合国和世界舆论面前众叛亲离的窘境，就足见全人类都在寻求和平与发展的阳关大道。如何在全球复杂的政治、经济、军事、思想和文化纵横交错的斗争较量中韬光养晦，抓住机遇，因势利导，占据主动，维护权益，这与政治传播学的任务有着紧密的联系。政治传播学的主要任务包括以下四个方面：

---

① 戴元光，金冠军. 20 世纪中国新闻学与传播学（传播论卷）. 上海：复旦大学出版社，2001. 165.

第一，指导人们了解人类政治传播的发展历史，探索政治传播中各种传播要素（主体、对象、环境、媒介、信息、符号和传播效果）的相互关系和发展规律。

第二，总结人类政治传播学的产生、发展历史，构建科学、完整的政治传播学基础理论架构，为政治传播活动的发展和增强传播效果提供理论依据。

第三，用政治传播学的理论指导广大干部群众提高政治觉悟，树立讲学习、讲政治、讲正气、爱祖国、顾大局的思想观念以提高国家、民族的凝聚力，增强在当前国内外复杂政治斗争中解决各种新矛盾、新问题的能力，加速我国两个文明建设的进程。

第四，进一步丰富和完善政治传播学的研究方法。

4. 政治传播学的理论体系

政治传播学的理论体系，主要包括以下重要内容：政治传播与政治传播学的发展史研究，其中既包括国际政治传播发展史的研究，也包括我国政治传播发展史的研究。政治传播学基础理论研究的主要内容有：政治传播学的基本概念、研究对象和目的的研究，政治传播的传播者与受众的研究，政治传播的信息与内容的研究，政治传播的媒介与符号的研究，政治传播的环境研究，政治传播的功能与效果的研究，政治传播的研究方法的研究，政治传播的应用和发展趋势的研究。

（五）经济传播学

我国的"经济传播学"概念，是邵培仁教授于1990年在其所著的《经济传播学》一书中首先提出来的。当时中国正昂首阔步跨入知识经济时代，这"是人类经济发展发生巨大变革的时代。它犹如一个经济巨人，大步向我们走来。如果说200年前工业经济开始替代农业经济，对世界的发展带来了巨大的推动力，那么如今知识经济正在替代工业经济，对世界的发展带来的就是根本的变化"①。尤其是中国加入WTO之后，经济实力作为社会发展的标志已经深入人心，经济的迅猛发展对经济信息的社会需求无论在广度还是深度上，都提升到前所未有的程度。无论人们从事何种职业，与经济相关的信息无疑已成为传播的核心。而经济信息是一种生产要素、一种重要资源、一种优化资源配置的锐器、一种社会决策的依据和一种提高效益的保证，它通过广告传播、公关传播、经济新闻、经济资讯、经济合作协议以及商品劳务的展销，与社会各行各业乃至千家万户有着千丝万缕的联系。对媒体而言，经济新闻和广告信息已成为不可摇撼的重要主体内

---

① 龚建华. 知识经济时代·序. 广州：广东经济出版社，1998.

容之一，与经济相关的发稿量占到总版面的 60% 以上。据统计，在目前全国公开发行的 2 200 多家报纸中，经济类专业报纸约占 40%；广播电视开办的经济类栏目，也日益受到大众的欢迎，成为渗透性十分强劲的抢眼栏目。仅上海一地，在每天报纸、广播和电视发出的约 200 万字的新闻中，经济新闻占据较大比重。有人曾作过这样的分析，1999 年至 2000 年上半年间上海全部媒体的头版头条新闻中，经济类新闻已占到二分之一。由此可见，经济信息的传播业已有了巨大的发展，而相比之下，经济信息传播的理论研究还远远滞后。时代急需建立一个用以总结和指导经济信息传播实践的相对独立的经济传播学理论体系。

　　1. 经济传播学的概念

　　经济传播学是从传播学的角度，用传播学的理论和方法研究人类经济信息传播的现象和规律的一门独立学科。

　　西方的经济传播学产生于 20 世纪 40 年代。传播学的创始人、美国传播学者施拉姆曾在他 1963 年出版的《人类传播学》一书中指出："传播学不是一个我们所称谓的物理学或经济学那样的学科。传播学更像是一门十字路口上的学科，有很多学科予以穿插，但没有停下来。"经济传播学产生的动因首先是社会生产力和经济发展的需要，当今人类社会进入了信息经济时代，这种以人类最广泛的信息流动现象为根基、在新世纪中发挥着独特而巨大推动作用的崭新的经济形态，必将召唤经济应用传播学的建立、健全和迅猛发展；其次，经济学界和传播学界的专家探索传播学与社会经济发展的关系，寻找其中重要规律的理论需要也使得它成为从传播学与经济学两大学科领域交叉地带开辟出来的一门新学科。

　　经济传播学的研究内容涉及传播学、大众传播学、经济学、社会学、心理学、市场学、管理学、文学、符号学、广告学、语言学、哲学、文化学乃至信息科学等多门学科，所以经济传播学又是一门从应用传播学派生出来的子学科和涉及多门学科的边缘学科。

　　2. 经济传播学的研究对象

　　"经济传播学以经济传播现象为首要研究对象，它是传播学（一级学科）辖下的应用传播学（二级学科）下面的子学科。"[①] 具体来说，其研究对象主要包括：

　　（1）宏观层面：经济传播发展史和经济传播学发展史的研究。

　　（2）中观层面：经济传播特有的现象、方式、过程和传播规律的多维的动态关系和实践应用研究。

---

　　① 周鸿铎. 经济传播学总论. 北京：中国纺织出版社，2005.1.

（3）微观层面：具体经济传播活动中的传播主体、传播受众、传播信息、传播符号、传播媒介、传播效果以及它们的相互关系和发展规律等研究。

3. 经济传播学的任务

经济传播学的主要任务是：通过研究与总结，帮助人们站在全球经济一体化的时代发展高度上，把经济学、传播学、应用传播学和其他多学科知识结合起来，把理论与实践有机结合起来，理解和把握全球化、信息化背景下经济信息传播的本质、特点、功能、效果和规律，进一步重视这方面知识理论和技能的学习和运用；指导各种大众媒介的管理者和从业人员适应市场经济的特点和需求，掌握和自觉运用世界经济信息传播的规律，进一步做好全球经济信息传播的策划、信息收集、加工、传播、开发和营运管理等工作，提高在世界经济信息传播中的社会效益和经济效益；进一步拓展和深化在经济领域的分支理论和应用理论的研究，为更好地创立、完善"大传播"理论总体系夯实基础。

4. 经济传播学的理论体系

经济传播学的理论体系，应主要包括以下内容：在全球化背景下经济信息传播实践研究与经济传播学理论研究的源和流的研究，其中重点研究经济传播学产生的背景和条件、各阶段的特点和标志性成果。经济传播学的基础理论研究，包括国内、国际经济传播学基本概念、研究对象，经济传播的分类、特点等基础知识；经济传播的传播者与受众的研究；经济传播的信息和内容的研究；经济传播的媒介与符号的研究；经济传播的功能与效果的研究；经济传播学的科学方法的研究；经济传播学的应用与发展趋势的研究，尤其应当重视研究在当今全球经济一体化、跨国化、信息化的情况下如何处理和解决好在实践中出现的国际经济信息传播的全球性与本土性、共享性与竞争性、时效性与真伪性、合法性与灵活性等关系问题。

（六）教育传播学

人类进入 21 世纪，在全球化的竞争中，各国的政治家、战略家和企业家都在寻找抓机遇、谋发展的"灵丹妙药"。在见仁见智的争鸣之中，有一点却是惊人地一致，那就是"科教兴国"。国内外学者的不同研究，都表明了教育程度的提高是工作实效提高的重要基础和条件。从 20 世纪初到 30 年代，再到 60 年代和 70 年代，劳动生产率的增长对新科技的依赖比率分别为 5%～20%、30%、60%～80%。从联合国教科文统计局 1985 年统计的数字对比中也可以看出，"发达国家的文盲率远低于发展中国家，一个国家的人民受教育程度是决定其经济发展水平的主要因素之一"。21 世纪的竞争焦点和最大财富是人才，一流的人才必源于一流的教育，而现代教育的概念已经远远不只是传统的"传道、授业、解惑"；它不仅包括从"胎教"到幼儿园、小学、中学、大学及硕士、博士的学校学历教育，还包括社会教育、家庭教育、职业教育和社区教育，以及素质教育、终身教育、远程教育、创新型教育等丰富的外延与深刻的内涵。我们能否早日全面实现"奔小康"的宏伟目标，乃至共产主义的伟大理想，最终取决于教育。正因为教育如此重要，所以，人类对于传播活动的文化教育功能的研究早就开始了。而作为一门相对独立的学科，近代捷克的扬·阿姆斯·夸美纽斯的著作《大教学论》，拉开了近代人类系统研究教育传播学的序幕。

1. 教育传播学的概念

教育传播学是从传播学的角度，运用传播学的理论和方法研究人类社会中人与人之间教育信息传播的现象、行为和规律的学科。它涉及传播学、教育学、文化学、社会学、心理学、语言学、哲学、信息论、控制论、系统论、信息科学等多学科的知识和研究方法，因此，它也是一门新型的交叉学科。

2. 教育传播学的研究对象

教育传播学的研究对象主要有以下几个方面：①对人的研究，研究教育传播中传播者的思想、观念和素质，这是教育传播行为的内在的主导因素；②研究作为受教育对象的受传心理、需求、个性及所属群体、所在地域的状况及特点，只有这样才能做到知己知彼，有的放矢；③研究在特定的动态发展的社会背景下教育传播过程的各种要素的变迁和互动的现象与规律；④研究在教育传播中传播规律与教育规律的交叉与综合的作用、发展的趋势以及教育在"地球村"新环境下可以解决的重大问题。

3. 教育传播学的任务

教育传播学的主要任务是：总结和传播人类教育传播的丰富经验和演进规律，形成比较系统、科学、现代化的教育传播理论；努力提高社会各个领域、各个层面的领导者、管理者、教育者和大众传播从业者传播教育文化信息的理论和技术水平，在理论与实践紧密结合的层面上研究和解决在新的历史时期复杂的新形势下教育传播面临的新问题，加速人类文明的进程，推动社会的进步。

4. 教育传播学的理论体系

教育传播学的理论体系，主要包括以下重要内容：中国和世界的教育传播实践和教育传播学研究的发展历史与演进规律的研究；从古今中外教育传播的丰富实践和理论著述中探寻它的源和流，古为今用，洋为中用，推陈出新，进一步丰富和发展在马克思主义指导下的有中国特色的教育传播学；在教育传播中传播主体、传播对象、传播媒介、传播环境、传播信息、传播符号和传播效果之间的互动关系和发展规律。

教育传播学的理论体系，可分为教育传播学的基础理论研究、教育传播学的应用研究和教育传播学的史论研究。而从教育传播学的传播要素来看，该理论体系可分为以下内容：

（1）教育传播者的研究。这是从传播学关于传播者把关与控制的理论角度，研究各种层面意义上的教育传播者（含各级领导者、管理者、教育工作者、服务者、舆论和文艺宣传工作者乃至家长）自身应具备的思想观念、综合素质、文化水平、实践经验与教育传播效果的关系及其中的规律。

（2）教育传播受众的研究。从传播学受众理论的角度出发，研究不同地位、身份、职业、文化、群体、年龄、性格、地域的受众在接受教育传播中的不同特点、选择心理、具体需求与教育传播效果的关系及其规律。

（3）教育传播内容的研究。这是运用传播学信息论的理论和方法，研究教育传播中如何做好信息的收集、积累、处理、筛选和把关等环节，提高信息传播的能力，增强其效果。

（4）教育传播环境的研究。这是运用传播学研究中系统论的理论和方法，把教育传播放到一个"社会总系统"中去，探索在社会大环境中教育传播所面临的世界政治格局多元化、全球经济一体化和社会信息化的复杂局面，研究其中政治环境、经济环境、法律环境和文化环境对教育传播的正面与负面的深刻影响及互动关系，研究教育传播应当树立的观念、采取的有效手段和应变策略，做到因势利导，激浊扬清，兴利除弊，提高教育传播的效果。

（5）教育传播的过程的研究。这是运用传播学传播过程与模式的理论和方法，分析教育传播过程中各要素之间的互动关系及过程的模式。尤其是运用现代"三论"（信息论、控制论、系统论）的理论与方法，研究教育传播过程中如何重视和发挥传播者与受众双方互为主体的过程规律，创新教育方法和手段，加强反馈，协调教育过程中不同层面的系统中各种要素的能动作用，形成一个开放、有序、协调、动态平衡以及高效的教育传播系统。按照不同的教育类型、规格要求和教育对象，运用不同的教育手段和模式，达到不同的教育传播目标。

（6）教育传播的效果的研究。这是运用传播学中效果论的理论和方法，研究如何提高教育传播的效果。要彻底摒弃传统的"以分数取人"、以教育者好恶选优的观念，强调以人为本，发展个性，注重"德"、"智"、"体"的全面发展和综合素质的培养，突出创造性思维和应用能力的培养。在教育传播的过程中要把即时性效果与延时性效果结合起来，把显性效果与隐性效果结合起来，把暂时性效果与持久性效果结合起来，把直接性效果与间接性效果结合起来，把学前教育、社会教育、学历教育、职业教育、终身教育、网络教育结合起来，最终实现提高全民族综合文化素质和综合国力的伟大目标。

（7）教育传播学的实践应用与发展趋势的研究。关注当代社会在经济、科技和文化等领域迅猛发展的同时，也要关注在不同社会领域、不同群体层面以不同内容、形式、特点出现的新情况、新问题；尤其是要把如何面对当前在党风、社会风气、理想信仰、道德情操、学风校风、互联网络等方面出现的令人十分焦虑的社会问题，作为全社会教育传播的一个系统工程，抓住重点，深入调查，全盘规划，通过理论研究与实践探索的结合，有目的、有计划、有重点地加以解决，与时俱进地完成历史赋予我们的教育传播任务。

（七）体育传播学

1. 体育传播学的概念

体育传播学是研究人类社会对体育思想、体育信息、体育活动的方法、手段、技能、技术等与体育相关内容进行传播的现象、过程及其发展规律的学科。它不仅涉及体育界的竞技比赛、社会公共体育活动，还包括与体育相关的体育新闻、体育广告、体育交流、体育教育、体育商品劳务等形式的信息交流与传播的现象与规律的研究。

体育传播学的研究内容涉及传播学、大众传播学、体育学、经济学、社会学、心理学、市场学、管理学、符号学、广告学、语言学、哲学、文化学乃至最新的信息科学等多门学科，所以是一门边缘学科。体育传播学又是一门由传播学（一级学科）下面的应用传播学（二级学科）派生出来的子学科。

2. 体育传播学的研究对象

体育传播学的研究对象，主要是指在体育竞技、群众性体育活动、体育新闻、体育事件和体育文化活动中体育信息传播的现象和规律。

3. 体育传播学的任务

体育传播学的主要任务是：总结人类体育传播的丰富经验和演进规律，形成比较系统、科学、现代化的体育传播理论；努力提高社会各个领域、各个层面的领导者、管理者、教育者、大众传播从业者对体育文化传播的深远意义和有效途径的认识，强化和提高他们进行体育文化信息传播的观念和技术水平；在体育传播理论与实践紧密结合的层面上，认真研究和切实解决在新的历史时期复杂的新形势下体育教育、体育新闻、体育赛事、体育产业、全民健身、体育交流合作等方面所面临的新问题。

4. 体育传播学的理论体系

体育传播学的理论体系，主要包括以下重要内容：

（1）体育传播者的研究。从体育传播者把关与控制的理论角度，研究各种体育工作层面（含各级体育机构的领导者、社会体育管理者和指导员、体育教育工作者、体育劳务服务者）、各种体育媒介（如体育书籍、体育报纸、体育杂志、体育广播、体育电影、体育电视、体育网络和新媒体）的体育传播者自身应具备的思想观念、综合素质、受教育水平、实践经验与体育传播效果的关系及其中的规律。

（2）体育传播受众的研究。从体育传播学受众理论的角度出发，研究不同地位、身份、职业、文化、群体、年龄、性格、地域的受众在接受体育传播中表现出的不同特点、选择心理、具体需求、合法权益诉求与体育传播效果及其发展规律。

（3）体育传播媒介、信息与符号的研究。运用传播学信息论的理论和方法，研究在不同形态的体育媒介中如何做好议程设置、新闻策划、信息收集、筛选处理、舆论引导等环节的工作，以提升体育信息传播的技巧与增强其效果。

（4）体育传播环境的研究。把体育传播放到一个"社会总系统"中去，探索在社会的宏观大环境中体育传播所面临的复杂局面，研究其中政治环境、经济环境、法律环境和文化环境对体育传播的正面与负面的深刻影响及互动关系，研究体育传播应当树立的观念、采取的有效手段和应变策略，做到因势利导，激浊扬清，兴利除弊，增强体育传播的效果。

（5）体育传播过程的研究。运用传播学传播过程与模式的理论与方法，分析体育传播过程中各种要素之间的互动关系及模式，研究体育传播过程中如何重视和发挥传播者与受众双方互为主体的过程规律，创新教育方法和手段，加强反馈，协调体育传播过程中不同层面的系统中各种要素的能动作用，形成一个开放、有序、协调、动态平衡以及高效的体育传播系统。按照不同的体育类型、规格要求和传播对象，运用不同的体育传播手段和模式，达到不同的体育传播目标。

（6）体育传播效果的研究。运用传播学中效果论的理论和方法，研究如何摒弃"锦标主义"、"个人主义"的旧观念，发扬奥林匹克体育精神，通过各种体育教育、体育赛事、体育媒介传播、体育文化交流和全民健身活动来增强体育传播的效果。强调在体育活动和体育传播中以人为本、发展个性和提高技艺的同时，注重"德""智""体"的全面发展和综合素质的提高，突出培养爱国主义、人文内涵、顽强意志和团队精神等品质。

（7）体育传播学的实践应用与发展趋势的研究。要针对当代经济社会大背景下体育教育、体育赛事、体育机构、体育文化和体育交流中出现的新情况、新问题，尤其是关于体育中的假球、黑哨和赌博等腐败问题、体育司法问题、青少年的综合素质培养教育问题、体育科研问题、举国体制与俱乐部体制的关系与建设问题、传统体育发展问题、体育产业的持续发展问题等，抓住重点，深入调查，全盘规划，组织队伍，通过理论研究与实践探索的结合，有目的、有计划、有重点地加以解决。为早日把我国建设成为体育强国，建设成为一个和谐幸福的社会主义国家而努力奋斗。

二、中国应用传播学研究的国际化——国际传播学研究异军突起

西方国家对国际传播的研究开始得很早。美国是最早研究国际传播学和著述最多的国家，国际传播学也诞生在美国。到了 20 世纪 60 年代，国际传播学作为可供研究的一个学术领域在美国得到承认，新闻与大众传播教育协会在 60 年代建立了国际传播分会。1971 年，华盛顿的美利坚大学国际关系学院第一次在美国设立了国际传播学的硕士学位。1974 年美国传播学会（SPA）出版了《国际与跨文化年鉴》。

（一）国际传播学研究兴起的主要动因

如果从一般的国与国之间的传播现象研究来看，自从地球上有了国家之间不同层面、不同方式的信息交流，国际传播的探索就开始了。由于西方工业革命和资本主义发展的推动，为了增强国际传播的效果而进行的有关国际传播现象、传播因素和相互关系的研究，进一步推进了国际传播的应用研究。只不过由于传播学还没有形成自身理论和应用研究的"独立王国"，所以没有上升到"信息流动"的传播学和国际传播学的高度而已。国际传播学的理论渊源来自查理斯·达尔文、卡尔·马克思、亚当·斯密和赫伯特·斯宾塞的思想。现在一般认为，19 世纪电子传播技术的出现是狭义的大众传播的开端。电子大众传播科技的日益兴盛和传播学"王国"的创立使国际传播的研究上升到国际传播学理论研究的发端。如今，国际传播学的研究已成为全球政治家、战略家、企业家、传播学界乃至传播业界都非常关注的一个学科领域和热点问题。

当代国际传播学勃兴的原因主要有以下几方面：

第一，从政治上看，近几十年来，亚非原殖民地国家纷纷取得政治独立，这些发展中国家不仅要求建立国际经济新秩序，而且要求建立世界信息与传播新秩序。1976 年，世界不结盟国家向第 31 届联合国大会提交了旨在建立世界信息与传播新秩序的议案，向联合国和教科文组织开展了争取世界信息与传播新秩序的斗争，国际信息与传播的研究成为全球学者十分关注的重要问题。

第二，从经济上看，随着经济全球一体化和信息全球化的进一步发展，加上世界贸易组织的建立，各国的政治家、战略家和企业家都意识到在物质流、能量流和信息流等三大资源的竞争中，信息流已取代其他两种因素成为发展国民经济的最主要战略资源。而国际传播就成为在新一轮的国际竞争和国际分工中举足轻重的环节之一。在现代社会的经济活动中，无论是工业、农业、服务业还是信息产业，国际传播都是人们获得经济信息的重要渠道，它有利于国际贸易的进一步拓展，有利于电子商务的发展，有利于国际市场的巩固和开拓。

第三，从文化上看，正如霍尔所说："文化即传播，传播即文化。"今天人类正从工业社会步入信息社会，全球经济一体化、政治格局多元化的发展趋势导致"地球村"内跨国家地理边界的政治、经济、科技、文化和军事的信息流动日益频繁，传播速度进入"秒读时代"，跨国家交流的信息量呈几何级数增长，跨文化交流和融合蓬勃发展，新的文化形式和文化行业如雨后春笋般涌现。同时，跨国信息也给世界文化多元化带来了严峻挑战。西方某些霸权主义国家实施"文化侵略"的危险性与日俱增，发展中国家正在争取缩小数字鸿沟，建立世界信息与传播新秩序。一些全球关注的问题有待利用国际传播加以解决。

第四，从大众传播的角度来看，在信息网络全球化这样的新技术形态下，如何针对全球化时代的发展态势，抓住新的宝贵机遇，解决新的矛盾和问题，迎接风险与挑战，创造新的历史辉煌，是时代摆在我们大众传播工作者和理论研究者面前的神圣而艰巨的任务。正如英国学者贾斯廷·罗森伯格所指出的："因为我们生活在一个名副其实的'全球化研究的时代'，在这个时代中，一个接一个学科将触角伸入到'全球范围'内，并将自己重新定位于一个地理上扩大的全球视野中。这种延伸使其学科也进入到国际关系的门槛，因为一种日益成为世界范围的'国际关系'的存在，已经非常必然地构成了研究的经验实体。"为了适应信息时代社会经济、生产力和文化发展的需要，也为了适应传播走向国际化的理论建设的需要，近年来关于国际传播的研究方兴未艾，如何在前人努力的基础上，进一步建立系统、全面的国际传播学，已成为历史赋予我们的神圣使命。

（二）国际传播学概述

1. 国际传播学的概念

国际传播学是一门研究发生在不同国家之间的，通过政府、组织、群体和个人进行信息传递活动的现象和规律的一门学科。

国际传播学涉及传播学、社会学、社会心理学、新闻学、国际关系学、国际政治学、心理学、历史学、信息论、控制论、系统论、国际法学、国际贸易、文化人类学、通信技术、组织理论等多门学科的知识、理论和研究方法，所以属于多学科交叉的一门新兴的边缘学科。国际传播学是从传播学关于信息流动的高度把国际传播活动作为一种社会信息流动的现象来研究的，所以它又是传播学的一门分支学科。

国际传播学和跨文化交流学同属社会科学的范畴，都涉及跨文化的信息传播活动。但前者是传播学的分支学科，后者属于交际学的分支学科；国际传播学虽然涉及跨文化的问题，但它的着眼点不在于"跨文化"，而在于"跨国家"，跨文化交流虽然也包括跨国家，但它的着眼点主要在于"跨文化"而不在于"跨国家"；跨文化交流也包括同一国家内不同文化的交流，但这应当排除在国际传播的范畴之外。

2. 国际传播学的研究对象

国际传播学的研究对象是指发生在国与国之间的，通过政府、组织、群体和个人进行的国际信息传递的现象和规律。

3. 国际传播学的任务

国际传播学的任务，是适应知识经济时代发展、国家改革开放以及培养国际传播专门人才的需要。通过对国家与国家之间各种层面的信息流动现象和规律的研究，对古今中外国际传播历史与经验的总结，以及国与国之间的比较研究，国际传播学帮助人们正确地认识在人类迈进知识经济时代的今天，国际传播活动对我国参与国际政治事务、发展经济合作、增进文化交流和争取早日实现全面小康社会的重大意义；认识其中关系的复杂性与斗争的严峻性；系统地学习和掌握国际传播学的基本知识、基础理论、基本规律和基本技巧，并在理论与实践的结合上提高解决当前国际传播中面临的各种新矛盾和新问题的能力，更好地应对西方某些坚持奉行单边主义的国家的政治图谋与策略，增强国际传播的社会效果和经济效果，树立中国良好的国际形象。

4. 国际传播学的理论体系

"毫无疑问，国际传播学理论的出现与欧洲工业革命所带来的巨大社会经济变化相伴而生，也反映着资本主义与帝国发展过程中传播学这个角色的重要性，并且带来了科学和对自然世界认知的进步。"① 当代国际传播理论在 21 世纪的蓬勃发展并不是一蹴而就的，而是有深厚、多元的基础理论作为铺垫。

（1）"信息自由流动"理论。

"信息自由流动"理论缘起于 17 世纪萌芽、18 世纪实践、19 世纪成熟的欧洲的"自由主义报刊"理论。它以"天赋人权"为主导思想，在资产阶级民主革命时期和资本主义社会前期的新闻学中占主导地位。"自由主义报刊"理论源于 17 世纪法国哲学家勒内·笛卡尔、英国思想家约翰·弥尔顿，18 世纪英国法理学家托马斯·厄斯金、美国政治家托马斯·杰斐逊和 19 世纪英国哲学家、政治家约翰·斯图尔特·密尔等人的思想和学说。他们认为理性是判断是非的标准，主张任何人都可以不受限制地传播新闻和发表意见，在"观念的自由市场"中，通过"竞争"使正确的意见最终得到承认。这反映了自由竞争时期资本主义的经济利益和政治需要。代表著作是美国新闻学者威尔伯·施拉姆主编的《报刊的四种理论》。随着大众传播从报业到其他印刷媒体、电子媒体和网络媒

---

① ［英］达雅·屠苏. 国际传播：延续与变革. 童关鹏译. 北京：新华出版社，2004. 65.

体的不断延伸发展，人类进入信息社会，信息成为人类最重要的战略资源。西方发达国家已经发展到了垄断资本主义阶段，需要在全球范围内获得最好的各类资源，由此，"信息自由流动"理论的产生自然是水到渠成。它是"自由主义报刊"理论在网络传播全球化背景下衍生出来的新理论。

互联网本来是冷战时期意识形态斗争的产物。20世纪60年代末，美国国防部出于冷战的需要，开发出了用于连接电脑主机的网络，目的是在军事秘密通讯上对付社会主义国家前苏联。随着20世纪80年代末网络技术的日臻成熟，互联网已然成为信息流通的重要工具和载体。面对西方国家的文化渗透和意识形态传播的新局面，许多发展中国家要求加强对跨文化信息传播的国家规范管理，而始终掌握着互联网核心技术的、以美国为首的西方国家则挟互联网技术之强势，把互联网变成了服务于自身经济、政治和文化目的，获取高额利润，推销美国价值观和政治模式的一个工具。而堂而皇之利用这一工具的借口就是所谓的"信息自由流动"理论。

（2）"媒介依赖"理论。

"媒介依赖"（Media Dependency）理论最初是由德弗勒和桑德拉·鲍尔·洛基奇（Defleur & Ball－Rokeach）在1976年提出的。它的基本思路与"使用与满足"理论一脉相承：把媒介作为受众—媒介—社会这个系统的一个有机组成部分。"媒介依赖"理论有一个基本假设：一种新的媒介在社会站稳脚跟后，人们就会与媒介形成一种双向的依赖关系。作为其中较强的一方——媒介主要从传播内容上控制着受众。"人们越是希望收到有用信息，只要他们还没有失望，他们的依赖性就越强烈。"[1]"媒介依赖心理"理论的核心思想是："受众依赖媒介提供的信息去满足他们的需求并实现他们的目标。""不同的是媒介依赖理论把媒介的传播效果放在了一个更大的社会系统中进行考察。受众、媒介和社会作为这一系统的三个组成部分，分别具有各自的行动目标和资源，每个部分的目标和资源的性质决定了系统中的各种依赖关系。"这个理论中影响媒介依赖程度的决定因素有两方面：一是媒介提供的相关信息的数量和集中程度。该程度越高，人们对媒介的依赖程度就越高。二是社会的稳定程度。当社会矛盾激化使得人们重新评价这个社会的时候，人们对媒介信息的依附程度就会增长；而在社会较为稳定的时候，人们对媒介的依附程度就会下降。这一模式表明社会机构和媒介系统会与受众进行互动，从而产生需求、兴趣和动机。这些因素反过来又影响到受众对媒介和非媒介信源的选择，从而导致了他们不同程度的依附。除了受众和媒介这

---

① ［美］梅尔文·德弗勒，桑德拉·鲍尔洛基奇. 大众传播学绪论. 杜力平译. 北京：新华出版社，1990. 351.

两个组成部分之外，还有一个"更大的社会系统"，它包括宏观和微观两个层次，宏观上的"媒介依赖"就是在复杂的工业社会或后工业社会中人们赖以进行政治、经济和文化娱乐活动的整个强大的社会系统；微观的"媒介依赖"就是个人对媒介的依赖。后者的总体构成了前者。

桑德拉·鲍尔·洛基奇通过详尽的实证分析，进一步提出："受众的媒介信息依赖程度会影响媒介信息对受众的影响程度。如果一个人对某个媒介存在依赖，他就会有选择地接触媒介的内容，更多地使用该媒介的信息来满足其需求，那么这个媒介的信息最终被受众接受并产生作用的可能性便会相应增加。"随着计算机和互联网技术的发展并广泛地进入人们的生活，"原来分属于不同媒介的功能被人们以'多媒体'的名义整合在互联网这个新媒体中。同时，互联网又具有传统媒体所缺少的一些特质，如交互性、实时性、海量信息、匿名性等。互联网的这些特点改变了原有的媒介环境，也开始改变人们依赖媒介的习惯。更重要的是，互联网整合了以往传统媒体的功能并且创造出了新的传播形式，如电子邮件、BBS、网上购物、聊天室、OICQ、各种下载和在线欣赏服务等。这意味着一方面互联网对传统媒体的信息数量和及时性提出了挑战；另一方面互联网综合了大众传播、人际传播、组织传播等多种传播形式"[①]。这就使人们对以往意义上的大众传播媒介的依赖关系又发生了巨大而深刻的变化，网民尤其是"网虫"们对互联网的依赖又成为"媒介依赖"理论的一个新分支。

（3）"文化帝国主义"理论。

"文化帝国主义"理论是美国媒介批评家赫伯特·席勒（Herbert Schiller）在1969年出版的《大众传播和美利坚帝国》一书中提出来的。"文化帝国主义也称媒介帝国主义，是指在某个社会步入现代世界系统的过程中，在外部压力的作用下被迫接受该世界系统中核心势力的价值，并使社会制度与这个系统相适应的过程。它表现为跨国集中和垄断，以及由此形成的信息单向流通所导致的文化后果。""文化帝国主义的特点有：以强大的经济和资本做后盾，主要通过市场而进行扩张，是一种文化价值的扩张，也就是通过含有文化价值的产品或商品的销售而实现全球性的文化分配；文化传播主要是通过信息传播实现的。"[②]

（4）"媒介霸权"理论。

葛兰西在他著名的《狱中札记》中提出：一个社会制度的真正力量并不是统治阶级的暴力或其国家机器的强制性权力，而是被统治者对于统治者世界观的接受，在这个问题上，大众文化和媒介研究的影响是巨大的。霸权的产生、再生

---

① 周庆山. 传播学概论. 北京：北京大学出版社，2004. 176.
② 董璐. 传播学核心理论与概念. 北京：北京大学出版社，2008. 321.

产以及转换是市民社会意识形态和国家机器作用的结果，这与国家暴力机器的强制性不同。葛兰西还指出，国家如果对社会实施压制，那么对市民社会则属行使霸权。霸权在文化和意识形态方面运作时必须通过市民社会的各种机构，如学校、家庭、教会，以及大众文化和大众传媒等社会机制来实施。

葛兰西的"霸权"理论被广泛地用于媒介分析和媒介批判，该理论要求必须从三个方面来了解大众文化和意识形态的传播对社会秩序或国家形成及维系的过程和作用：一是必须弄清统治阶级对媒介的控制方式及程度；二是必须了解大众传媒生产的基本功效；三是必须认识媒介意识形态的社会功效。

随着世界政治格局多元化和传播媒介全球化的迅猛发展，关于媒介与政治传播关系的研究，尤其是关于媒介影响并掌控政治甚至颠覆政治的理论也开始出现。丹尼斯·戴维在1990年把这一方面的理论称为"媒介入侵"理论。"该理论认为，按照等级结构来运作政治时效果最好，即有政治精英在公众与公众所选举的领袖间进行调和。这些精英需要有草根基础，领袖则通过对地方的、地区的和全国的社会组织——从当地的父母会、教师会到国家红十字会组织——的参与来获得权力的位置。政党起到庇护的作用，让不同群体的领袖施展他们的权力。""媒介入侵"理论的另一个有代表性的观点是："电视通过破坏政党对选举的控制来干扰政治。一些人甚至认为电视在选举的过程中已经取代了政党的作用。候选人不再需要政党的支持了，有些甚至竭力回避政党的支持，取而代之的是，候选人雇用政治顾问来指导他们如何使用媒介。候选人获得的建议是，不要老提所属的政党，竞选活动推广的是候选人，而非政党。"不少媒介从业者也很关心和认同"媒介入侵"理论，因报道"水门事件"而闻名的卡尔·伯恩斯坦（Carl Bernstein）针对当时美国媒介的表现和对政治的入侵，发表过如下的言论："在今日媒介中的美国，是一片幻影和错觉——它是被扭曲的、不真实的，和我们生活的真实语境脱节的。在报道真实的美国生活时，媒介每周、每天，甚至每时每刻都在破坏新的领域，把它弄错。新闻报道被社会名流所扭曲，被蜚短流长的新闻所扭曲，被总是脱离社会真实情况追求轰动效应的报道所扭曲，也被政治和社会话语所扭曲，其中我们（新闻、媒介和人民）都变成了裁缝。"①

但一些记者不赞同"媒介入侵"理论，他们认为自己对选举几乎没有什么控制权，也没有"入侵政治"；相反，是他们的政治报道遭到了政治顾问的破坏。这些记者指出，当政党决定在全国范围内举行大选时，他们就选择放弃了对总统任命的控制权。当政党的权力走下坡路时，政治顾问的影响却在上扬，政客

---

① ［美］斯坦利·巴兰，丹尼斯·戴维斯. 大众传播理论. 曹书乐译. 北京：清华大学出版社，2004. 334.

们对媒介的操纵也有增无减。

（5）"媒介批判"理论。

在欧洲 17、18 世纪的理性启蒙运动中，出现了某些对传播媒介进行批判的声音，只是这种声音在声势浩大的理性启蒙运动中被忽视了。直到 19 世纪以后，随着非理性思潮的兴起，传播媒介被当作一个最有代表性的批判对象，引起了一大批思想家的关注，这直接促使 20 世纪上半叶"媒介批判"理论产生。几乎是在以美国为主体的传播学经验学派理论蓬勃发展的同时，以欧洲学者为主的批判学派（Critical School）也在形成和发展。关于"媒介批判"理论的研究大多发端于法兰克福学派。

1923 年，欧洲一部分学者在德国的法兰克福成立了"社会科学研究所"，他们从马克思主义局部理论出发，对资本主义社会进行批判性研究，焦点是文化问题。经过一定时间的积累和完善，欧洲批判学派发展成为可与经验学派相抗衡的一个学派。由于从马克思主义理论对资本主义制度的深入分析和无情批判中得到了启发，该学派的学者们从不同角度接受了马克思主义的一些观点。在"二战"后美国向西欧进行渗透和扩张，推行"马歇尔计划"之际，美国的传播学在欧洲的"照搬"和应用中，暴露了许多缺陷，并被证明不尽符合欧洲的实际。于是，英国、德国、法国等国的传播学者纷纷对传统性理论提出质疑，寻求建立自己的传播学理论体系。他们运用社会学的成果（包括马克思主义理论），从不同视角——政治、经济、文化等角度对传播学展开批判性研究。其研究领域主要涉及三个方面，即政治、经济和文化，从而形成批判学派的三个主要的方向，它们犹如从同一阵营中杀出的三支劲旅，不仅使传统的经验学派被置于一个被全面质疑和批判的位置，而且为传播学研究开辟了具有更高视角、更大跨度、更深层面的一个无限广阔的空间。其中包括德国的法兰克福学派、英国的政治经济学派和文化研究学派、法国的结构主义和符号学、地中海沿岸学派等，但是这些学派彼此的界限划分得并不清晰。

形成于 1923 年的法兰克福学派是西方传播学中最早产生的批判学派。1930 年，霍克海默接任所长后，在多方网罗人才的同时，创办了社会研究所专刊，这批学者以《社会研究杂志》为阵地，在哲学、社会学、政治学和心理学等领域取得了"社会批判"理论这一举世瞩目的成就。其主要内容是以"开放的辩证法"和"否定的辩证法"为基本方法，将社会生活的一切因素作为批判对象并最终归结为"文化批判"。他们受到了马克思主义关于批判垄断资本主义的理论影响，认为垄断资本拥有强大的实力，也就垄断了商业和大众文化，"销售产品"已成为主要的意识形态，人们付出了丧失批判能力的代价。1937 年霍克海默在《社会研究杂志》上发表了一篇题为"传统理论与批判理论"的论文，这篇文章不仅为法兰克福学派奠定了思想基础，成为法兰克福学派"社会批判"理论的宣言，而且也是当今各种批判思潮的源头。马尔库塞则认为产生当代社会攻击性最主要的根源之一，就是大众传播。对大众传媒的垄断是维护和巩固其他垄断权的一个重要因素。

"媒介批判"理论的批判方向主要包括两个方面：

一是对文化工业化生产的批判理论。马尔库塞在《单向度的人》一书中认为资本主义通过文化工业制造的大众文化使大众文化的消费者在貌似享有自由选择权的同时，产生虚假的个人意识，即思想和行为只由一个方向产生，个人因而丧失了批判精神，使人从"双面人"变成"单面人"，文化工业下的生产者和消费者都不仅没有获得人性的自由和解放，反而更被束缚在资本主义的齿轮上。

二是对"媒介控制"的批判理论。"国家干预"理论是法兰克福学派"媒介控制"思想的核心内容和研究起点。他们认为，大众媒介是国家权力对群众进行灌输和操纵的过程，是国家的"话筒"，是权力的工具，是被国家加以利用的维护意识形态、传递统治阶级意志的工具，甚至它本身就是意识形态，直接履行着意识形态的社会控制职能，维护着国家统治的合法性和社会意识一致化及思想规范化，通过控制人的思想，渗入人的意识，改变人的思维方式和价值观念，使人性彻底失去内心的独立与自由，从而最终达到操纵、控制社会的目的。

(6)"公共领域"理论。

"公共领域"理论的创立者是法兰克福学派的第二代主要理论家和代表人物，如哈贝马斯（Habermas）、威尔美（Wellmer）、施密特（Schmidt）等。哈贝马斯"特别强调社会科学与哲学的联结，他继承了法兰克福学派以社会批判为中心，发展一个以哲学为基础的跨学科的关于社会和历史的多元理论之传统"①。德国的社会学家约根·哈贝马斯在早期提出了"公共领域"这一概念，1970年又提出了"传通活动"的概念，80年代初正式提出"交往理论"（Theorie Des Kommunikativen Handelns）。这是对传播的哲学抽象认识，引起了理论界的关注和重视。

哈贝马斯强调公众理性、公开沟通的重要性，认为这是个人解放以及民主政治的基础。在1962年出版的《公共领域结构的变迁》一书中，哈贝马斯以西方社会从封建社会发展到资本主义社会的历史进程为研究对象，提出了18世纪沙龙式和咖啡屋式的"公共领域"（Public Sphere）的观念。他对"公共领域"的定义是"一个独立于政府之外（即接受国家资助）的竞技场，在这里政党经济

---

① ［法］刘昶. 西欧传播学的历史、现状与展望，载自袁军，胡正荣. 面向21世纪的传播学研究——中加传播学研讨会文集. 北京：北京广播学院出版社，2000.

力量有自主权，同时它致力于理论性辩论（'不被利益驱使的'、'不伪装的'和'不被操纵'的辩论或讨论）"，他认为这样的"公共领域"，公众不仅可以进入，而且可以对其进行监督。"公共领域"并不仅仅是一般意义上社会大众的意见表达园地，它与一般公共舆论的主要不同之处在于它具有强烈的批判立场，实质上是一个有着监督、评议和协调功能的中产阶级以上文化精英的论坛。他认为社会中存在私领域与公权力领域。所谓的私领域是人民生活的市民社会，而公权力领域则是掌握国家政府庞大的政治体系。公共领域介于私领域与公权力领域之间，它的功能在于使人们能聚集并讨论公共事务。哈贝马斯认为，具有公共性、平等性、理智性、开放性和包容性等特色的公共领域的存在，是保障公众集会、结社、言论自由并敢于批评公共政策的空间。

但到了 19 世纪末期，随着国家干涉主义的发展，国家开始进入私人经济领域，私人的社会领域被政治化，促成各种集体的私人利益跨入公共领域，使得公共领域成为非批判性利益争夺的领域，不再是公众所追求的以批判理性进行共同讨论的地方。大众传播媒介在当代的民主社会中本来应该成为公众交流的主要平台，是人们进行理性讨论的主要场所，但是出于对利润的追逐，广告和公共活动开始进入媒体，使得大众传播媒介完全被金钱和权利所渗透，公共领域中资讯管道出现阻塞，公共领域已经无法成为民众理性讨论的场所。

几十年来，国外关于国际传播学的论著不少，我国的国际传播学研究也取得了不少成果。关世杰教授在他的专著《国际传播学》中比较系统地提到了大量相关信息。对于我国国际传播学的研究与教学的情况，关世杰教授也作了概括并指出："近些年来，我们的国际传播研究出现了一个热潮，这对推动中国国际传播事业作出了积极的贡献。但是，这方面的研究还没有形成一个完整的系统，与中国的国家力量和国际传播的现状还不太适应。"[①] 正是出于要尽快构建国际传播学 "一个完整的系统"，"力争在综合和借鉴国内外相关研究成果的基础上，能在建立有中国特色的国际传播学理论方面作些探索"，他在《国际传播学》一书中提出，"通过历史的方法、理论的方法、数据的方法，结合中国的实际，运用传播模式来全面观察国际传播"，并且在这个模式研究中突出了国家和文化中心的作用，突出了自然科学和社会科学知识的影响，强调了各个国家的互动关系。我们认为，关世杰教授的这本教材是到目前为止国内出版的有关国际传播学的教材中具有全球眼光和本土气息的、较为系统的国际传播学教材，为我国国际传播学的深入研究打下和提供了一个很好的基础与借鉴。关世杰教授提出："国

---

① 关世杰. 国际传播学. 北京：北京大学出版社，2004. 24.

际传播理论是一种系统化的综合分析。系统化分析着重探讨国际传播流通中各个部分的相互关系。这个系统包括技术部分、经济部分、政治和管理部分、文化部分和社会控制部分。""如果一种综合性的国际传播理论出现的话，它应当囊括生物学、心理学、社会心理学、历史学、政治学、地理学、经济学、组织理论、博弈论、国际关系学、战略学、政策制定理论、一体化理论、系统论、传播学等诸家之长。"

　　如果从一般的国与国之间的传播现象的研究来看，自从地球上有了国家的区别，就有了国与国之间的不同层面、不同方式的信息交流，国际传播就开始了。与此同时，为了增强国际传播的效果而进行的有关现象、因素和相互关系的研究，其实就已经属于国际传播的研究范畴，只不过还不系统，更没有上升到"信息流动"的传播学和国际传播学的高度而已。国际传播学源自查理斯·达尔文、卡尔·马克思、亚当·斯密、赫伯特·斯宾塞的思想。现在一般认为，19世纪电子传播技术的出现是狭义的大众传播的开端。国际传播随着电子大众传播科技的发展日益兴盛起来，这就是国际传播的研究上升为国际传播学理论研究的发端。

（三）当代国际传播学研究方式的演进

1. 舆论学与意识形态研究的结合

　　英国哲学家赫伯特·斯宾塞（Herbert Spenser，1820—1903）认为，工业社会是一个"有机"社会的化身。这是一个越来越紧凑的、被整合的体系。在这个体系中，功能的分工越来越专业化，各组成部分越来越互相依赖。传播被看作是分配和规范体系中的一个基本组成部分。正像血液系统一样，有形的道路、渠道、铁路的网络确保了营养的分配，而信息的渠道（出版业、电报业和邮电服务）则具有与神经系统同等的功能，使中心有可能"传播其影响"给另一地区

① 李普曼在他的《舆论学》中对于强大的国家机构操纵公众意见的探讨
　　　　　　战争宣传的系统研究，都逐渐把信息传播与国际政治和经济体系
　　　　　德国的哲学家卡尔·马克思在《德意志意识形态》一书
　　　　　之间的关系时说："拥有物质生产手段的阶级与此
　　　　　　　　　　一般说来，缺少精神产品的人将服从于拥有
　　　　　　　　　们作为一个时代的界限和范围时，不言
　　　　　　　　　们那个年代的观念的生产与分配，所以

　　　　　　与变革. 董关鹏译. 北京：新华出版社，2004. 65.
　　　　　　12～13.

2. "信息自由流动"理论与"霸权"理论的较量

"二战"结束后，自由市场资本主义与社会主义国家的两极世界对立，使国际传播理论成为冷战话语的新有机组成部分，并引发和衍生出许多跨文化、跨国界的文化传播观念。这些观念反映了不同意识形态与不同国家民族利益下的舆论倾向。其中，如西方提倡信息在全球范围内传播的"信息自由流动"的理论；关于加快国际传播发展是现代化进程和所谓"第三世界"发展关键的"现代化"理论；关于发达国家对发展中国家的统治与发展中国家对他们的依附关系的"依存"理论；关于世界发达国家和不发达的边缘国家之间利益和谐的"结构帝国主义"理论；关于社会统治群体通过文化产品的生产和分配，将自己的意识形态和思想意志强加于附属阶级的"霸权"理论；关于在工业化大生产的历史背景下，带来了文化产品生产的标准化、商品化和边缘化的问题的"批判"理论；哈贝马斯关于建立有利于加强社会民主和社会监督的"公共领域"理论；关于随着信息技术全球化迅猛发展，信息成为国家国民经济最主要战略资源的"信息社会"理论等。上述理论都从不同角度涉及了在世界经济发展一体化和信息传播全球化背景下，文化研究的各种流派理论的发展与争论都为国际传播学的建立与发展奠定了深厚的学术基础这一内容。

在国际传播发展中，与必然发生的国家民主问题的政治斗争、经济较量、思想冲突和文化碰撞相伴随的，是对美国所谓的"信息自由流动"理论和"文化帝国主义"侵略的揭露与日益高涨的批判浪潮。"1969 年 6 月，联合国教科文组织在加拿大蒙特利尔就大众传播对当代世界的影响和研究召开了专家会议，会上发送的出版物和会后发表的'关于传播研究国际项目的建议'，被普遍称为国际传播研究的分水岭。因为它注意到'信息自由流动'不可避免地加强了发展中国家对发达国家的依赖，加剧了'信息富国'与'信息穷国'之间的差异和不平等。它还表明，国际传播的研究对第三世界国家的贡献几乎等于零。"① 1976年，世界不结盟国家向第 31 届联合国大会和第 19 届教科文组织大会提交了旨在建立国际信息和传播新秩序的议案，与联合国和教科文组织开展了争取世界信息与传播新秩序的斗争。各国出版的国际传播的著作大量增加。20 世纪 70 年代，国际传播的研究成果又增加了一倍。但这些研究成果主要来自欧美国家，并形成了 70 年代以美国赫伯特·席勒（Herbert Schiller）为代表的欧美批判学派，他们强烈地反对所谓"信息自由流动"的理论和批判"文化帝国主义"。在这方面，当时发展中国家曾一度滞后。

---

① 关世杰. 国际传播学. 北京：北京大学出版社，2004. 16.

3. 多元理论宏观、中观和微观研究的交叉融合

随着 20 世纪 90 年代冷战结束后国际政治格局的变化，全球经济一体化和社会信息化发展的加快，以及国际互联网和世界贸易组织的建立，国际传播的研究呈现出新的发展趋向，主要表现为多元理论宏观、中观和微观研究的结合。

宏观理论的研究主要把注意力放在大的分析单元——民族、国家、经济和世界体系上，从政治经济学（如古典自由经济学、自由流动理论等）、文化学（如伯明翰学派的东方主义）、国际关系学和国际权力（如西方的现实主义、理想主义和文明冲突论等）的角度研究国际传播；中观理论研究主要运用传播学、社会学、文化人类学等理论来分析发生在社会群体、社区、组织、阶层和政治运动中的国际传播问题，如信息流动理论（如申农模式）、大众传播效果论（如魔弹论、有限效果论、强大效果论、议程设置理论等）；微观理论研究则着眼于国际传播中的个人，从社会学、心理学、文化学、哲学、伦理学、美学等角度研究个人和群体在国际传播中的动机、需求、心理、思维方式和传播的行为与效果，如认知不和谐论、文化休克论、思维方式理论、价值观理论等。

4. 总体研究与分支研究的结合

古人云："不谋全局者，不足以谋一城。"对国际传播的研究，不管是宏观、中观，还是微观，都必须对国际传播全过程中的各种要素及其相互关系、彼此作用和互动规律有一个总体的了解，然后才能扩展开来，深入下去。正如关世杰教授在《国际传播学》中说的："从整体上讲，这方面的研究还没有形成一个完整的体系，与中国的国家力量和国际传播的现状还不太适应。""我们有必要对国际传播建立一个宏观的模式，对国际传播进行一个整体的描述，以便勾画出本书论述的整体理论框架。""勾画出国际传播的模式首先需要了解影响国际传播的因素有哪些，然后把诸因素中最主要的因素合理地组织在模式里并找出影响国际传播的要素，就像在化学中找到哪些元素和在生物遗传学中找出基因一样重要。国际间信息交流受到很多因素的影响。已有的因素、时间的发展和空间地理位置的差异，对不同国家会产生不同的影响。随着社会的发展，还会出现新的因素对国际传播产生影响。"[①]

关世杰教授所著的《国际传播学》一书，是迄今为止国内研究国际传播学比较全面且系统的一本教材。它对于我们从宏观上总体把握国际传播学的外延与内涵，全面地、动态地、系统地研究国际传播学的本质和规律很有学习参考价值。

---

① 关世杰. 国际传播学. 北京：北京大学出版社，2004.26.

　　对国际传播学进行分支研究的学者及其论著就更多了，他们都是从国际传播中某些局部因素、具体媒介内在关系的不同角度切入，研究其中美学本质和规律性的东西。论著的切入角度各异：有从国际政治、军事的角度切入的，有从东西方比较的角度切入的，有从跨国文化的角度切入的，有从某类大众媒体的角度切入的……可以说是多角度、多层面、多维度，各具特色，各有见地。

三、中国应用传播学的本土化研究——本土传播研究源远流长

　　传播学是从美国引进的"舶来品"。新中国建立伊始，由于当时的政治历史环境特殊，诞生于美国的传播学被当作资产阶级的思想而被国人拒之门外。直到20世纪70年代末中国开始改革开放，传播学才被正式引介进来。传播学在中国的发展问题，自此成为学界关注的焦点。而传播学如何在中国文化语境下得到吸收、消化与应用，这就必然涉及传播学与应用传播学的本土化问题。这一问题从一开始就成为传播学学者努力思索的问题。

　　但是，正如邵培仁先生所说，引进不是照搬，不是移栽，而只是一种手段、一种途径，最根本的是要通过引进达到"系统了解、分析研究、批判吸收、自主创造、为我所用"的目的。所以传播学的应用绝不能简单地贩卖和照搬，而必须与一定的历史、一定的社会、一定的民族土壤和一定的文化条件相结合，并为其所在国家传播实践服务。当然，强调应用传播学发展的本土化趋势，也不是一概排斥西方传播学，而应当是迎中有拒、取其精华、外为中用、博采众长、推陈出新、继往开来。

（一）中国传播思想与实践研究的历史回顾

　　戴元光教授曾指出："中国五千年的文明史中，有大量先人总结的传播观点和原理，不计其数的传播事件和现象，这些丰富的宝藏在召唤我们去挖掘。"[①]我们要建立有中国特色的传播学，不能只停留在引进、介绍西方传播学的原理和方法上，而必须结合中国的传播实践研究，使"传播研究中国化"、"本土化"，以更好地为发展巩固传播实践与传播理论服务，并最终达到创造出集东西方文化精华之大成的传播学。实际上，我国历代文人学士对传播活动和传播思想的研究可说是源远流长，这成为我们今天研究中国本土应用传播学的丰厚基础。中国在悠久的民族文明史的发展进程中，对传播活动和传播理论的研究从来没有停止过，并且创造了许多具有民族特色的成果，对人类的贡献不可小觑。自大陆引进传播学之日起，海峡两岸就开始有学者从事传播学的本土化研究，到今天，可以

---

　　① 戴元光，金冠军. 20世纪中国新闻与传播学（传播学卷）. 上海：复旦大学出版社，2001. 21.

说已经硕果累累：一是纵向的关于中国传播活动史与传播思想史的研究已取得显著成果；二是横向的系统化的中国传播学理论和传播专题研究已经获得较大的发展；三是在多学科研究人员的共同参与下，传播学理论与中国的具体实践结合而产生的实证调查研究、分支理论研究、媒介文化研究、中国国际媒体形象塑造问题研究等，都涌现和积累了一大批优秀成果。现在的关键之处在于如何筛选过滤、去粗取精、去伪存真、古为今用、洋为中用，整合升华成为原理性、规律性的东西，有机地融入系统的传播学教材中去。

近几年来，一些学者开始"对中国自身的传播历史、传播方式、传播观念，尤其对传播与中国传统文化、传播与中国社会发展的关系进行了初步探讨"，取得了喜人的成果。其中学者李敬一 1996 年的《中国传播史》（先秦两汉卷）和 2003 年的《中国传播史论》被许多报纸、杂志称为"与西方传播学对话"的传播史研究方面的"填补空白之作"。由于过去的教材在这方面基本不提，所以本教材多用一点篇幅，力求系统地整理出中国本土应用传播历史发展轨迹的一条纵线来。

1. 先秦时期传播思想与传播实践研究

具有五千多年悠久文明史的中国，由于长期受到封建思想的禁锢，加上封建专制统治者大兴"文字狱"，因此国人多信奉"少说多做"，"信言不美，美言不信"的信条，害怕"祸从口出"；更有甚者，主张"逢人只说三分话，未可全抛一片心"，"莫谈国事"。有人认为，鉴于上述原因，中国人对传播缺少重视与研究。就连美国著名的传播学集大成者和鼻祖施拉姆也曾在他的 *Men*, *Women*, *Messages*, *and Media—Understanding Uuan Communication* 一书中也感叹道："一个有如此丰富文化背景的民族，一直没有人在传播的理论与实践的研究方面下工夫，实在让人诧异。"其实只要全面、深入地研究一下中华民族的文明发展史，就不难发现，中国古代的传播活动及其研究早就开始了。根据文字记载，在"结绳而治"的上古时期，从原始部落以绿松石制成珠坠、石环、玉环作为权力和财富的象征，到"父系社会"宣传"社"（土地之神）、"稷"（谷物之神）为偶像，以号召团结、防止灾害和发展生产；从夏商王朝宣传鬼神等封建迷信到西周反抗奴隶主压迫斗争的大量民歌、故事和歌谣；从夏和周的政府文告、训告到春秋战国诸子百家的著书立说及讲学论道、纵横游说、百家争鸣，都充分表明中国从上古开始的传播活动和对传播的研究不但从来没有停止过，而且这些活动与研究涉及政治、军事、经济、思想、文化、教育、艺术、农业等各个领域，传播的技术手段则涉及口头、器物、文字、图像和艺术表演等方面。而中国传播理论的第一个思想高峰，则是先秦诸子思想的传播。

先秦诸子不仅是伟大的思想家、哲学家，还是伟大的传播理论家和传播活动家。"由于口语传播的优越性，同时也由于当时传播条件的落后，文字传播等其他传播方式还难以与口语传播相抗衡，先秦的人们把口语作为最重要的传播方式，在频繁使用中不断发展并完善，使口语传播这一传播方式达到辉煌的顶峰。其中最突出的实例就是游说诸侯。"① 各家各派的精英在春秋战国这个新旧交替、动荡不安的年代，在诸侯间奔走呼号，提出自己的政治理想和治国方略。游说中所表现出来的政治智慧、传播技巧和传播效果，使其成了先秦社会传播的一道亮丽的风景线，也成了当时社会传播的主流，对国家和社会的发展起了重要的推动作用。

孔子广收门徒，并带着他们周游鲁、齐、卫、宋、郑、陈、蔡等国传播自己的主张。孔子在重视君权的同时，主张"仁政"、"礼治"，认为"天下有道，则庶人不议"；认为传播者应该"默而识之，学而不厌，诲人不倦"（《论语·述而》）；提出受传者应该"学而时习之"（《论语·学而》），"温故而知新"（《论语·为政》）；他强调讲究传播技巧，认为"民可使由之，不可使知之"（《论语·秦伯》），"举一反三"，"述而不作"（《论语·为政》）。

老子则主张"无为"，"不言之教"，其实他自身并非"无为"，其一生不但周游列国，传播主张，而且十分"善辩"。他提倡传播技巧"贵柔"；传播的内容应"贵言"（突出重点，一语中的）；传播风格"贵朴"（强调朴实诚信）；传播过程要"人人为师"，互相学习。

墨子作为一位伟大的思想家和宣传家，他的一生都致力于宣传自己"兼爱"、"非攻"的治国主张。他发誓"遍从人而说之"，并提倡传播者要主动出击，使"圣人之德，昭于天下"，"传以遗后世子孙"（《墨子·尚贤》）。墨子尤其重视传播中的"辩乎言谈，博乎道术"（《墨子·尚贤》），强调"贤良、圣知、辩慧"，在传播手段上重视用事实说话的传播效果。他强调说，"辩"应当有助于"明是非"、"明异同"、"察名实"和"审治乱"。

孟子被认为是孔子的正统继承人，他所提出的"王道"与孔子的"仁政"、"礼治"一脉相承，并为了传播这一主张以挽救"先王之教"而周游列国，以说天下。他强调，有了好的主张应当"善推其所为"，"扩而充之"，以净化社会和道德教化；他认为要使人民归顺，必须抓好"教民"；挽救"先王之政"的衰亡，就是"得天下英才而教育之"（《孟子·尽心（上）》）；但他主张"教民"应"善言"、"善道"，即"言近而旨远"，"守约而博施"。

曾被不少学者认为是否定传播的庄子，虽然在《齐物论》中提出"大言不

---

① 李敬一. 中国传播史论. 武汉：武汉大学出版社，2003.3.

辩，言辩而不及"，但其实只要认真地研究一下他所写的轮扁斫轮的寓言故事，就可知道庄子对语言文字作用的深刻认识，只不过他深知当时政权斗争的险恶，不愿"正道直言"，但他又不甘心"圣言不出，俗言胜也"（《庄子·天地》），所以，他主张通过对"道"的委婉传播，来宣传自己的思想。可见，庄子对语言传播的研究很深刻，也十分"善言"，他的许多寓言都是明证。难怪金圣叹把《庄子》列为天下六大奇书之首，谓之"天下第一奇书"；鲁迅在《汉文字纲要》中说，庄子"著书十余万言，大抵寓言，人物土地，皆空言无事实，其文则汪洋辟阖，仪态万方，晚周诸子之作，莫能先也"。

此外，像春秋时代魏国宰相惠施所提出的"博学—善辩—合同异"的传播思想，以"白马非马"之辩出名的公孙龙所鼓吹的以"正名实而化天下"的传播主张，春秋末年通过游说而一生从事教育传播事业的荀子"劝学"和推崇"至诚化万民"的传播策略，还有主张"以法为政"的韩非子强调"循名实而定是非，因参验而审言辞"的传播原则，都为我们研究中国古代的传播实践与传播理论留下了十分宝贵的资料和非常深刻的启示。

中国先秦时期由于社会统治比较宽松，因而形成和发展了中国古代传播的许多优良传统。其中最突出的优良传统就是"采诗"和"观风"。"采诗""是氏族社会的遗风，当国家制度形成以前，氏族或氏族联盟的领袖需要从民歌中听取本氏族中各家族对公共事务的意见，民歌的采集乃是民主的一种补充手段"①，采诗包括"行人"采诗、孤寡老者采诗、贵族采诗和史家记载保存等方面。有的是"原创"，有的经过社会流传而有所变化，还有的经过某些"行家里手"的整理加工，供大家演唱、习颂和阅读，因此得以更广泛地传播。而"观风"则如《汉书·魏文志》所记载："《书》曰：'诗言志，歌咏言。'故哀乐之心感，而歌咏之声发，诵其言谓之诗，咏其声谓之歌。故古有采诗之官，王者所以观风俗，知得失，自考正也。"②可见，统治者采诗，主要目的在于了解民意，掌握民间舆论动向，规范民众的行为。除此以外，也是为了把民间诗歌、土风曲调作为宫廷娱乐生活的一种补充，所以才有了我国的第一部诗歌总集——《诗经》。由于"采诗"和"观风"的过程实现了上下互动、内容开放以及形式多样，所以它也具有了与新闻同样的监测社会、文化传承和娱乐身心等功能，成为奴隶社会和封建社会从上到下垂直传播方式的一种补充。朱传誉先生曾引用梁启超先生的意见，把先秦的诗歌看成是古代的《民报》。他还引用了林语堂英文本《中国报业民意史》的一段话，大意是说，和所有国家一样，我国在文字新闻传播之

---

① 周满红. 诗经. 上海：上海古籍出版社，1980. 32.
② 转引自北京大学中国文学史教研室选注. 先秦文学史参考资料. 北京：中华书局，1962. 120.

前便有了"口头新闻",那就是先秦的诗歌。

此外,先秦时代在出现思想文化"百家争鸣"局面的同时,对社会舆论传播的控制也很有研究。不管是宣传传统的道德教化、行为规范的儒家提倡的"德治",还是宣传依靠等级的绝对强制威慑力来维持统治的法家提出的"法治",都十分重视赖以形成的社会政治经济条件。只不过他们是通过"怀柔"或"铁腕"的不同方式去规范和引导社会条件,树立有利于自家观点的舆论导向和维护其统治的舆论权威,排斥异己舆论。其中许多理论与认识对我们今天研究公众舆论、新闻传播的言论自由、传播社会控制以及新闻传播法制等问题都是很有启发的。

2. 秦汉时代的传播思想与传播实践研究

中国历史发展进入秦汉时期以后,由于封建王朝的专制统治,民族矛盾尖锐,以及连年战争对经济的严重破坏,中国的传播理论研究进入了一个沉闷的时代。虽然在这长达近千年的历史中,由于一些开明君主的倡导、有为知识分子的创造和人民群众智慧的发挥,中国的传播活动也出现了不少令国人引以为豪的成果,在某种程度上推动了中国社会生产和思想文化的进步,但传播理论与实践的研究却长期陷入一个裹足不前的局面。

秦始皇在统一中国之前招揽四方人才,委以重任,有效地控制了传播者,确保了传播渠道的畅通;统一中国后,他又修驰道,通水路,去险阻,建立了一个便于传达政令的交通网;统一货币,统一度量衡,统一文字,规范了传播的载体;实行了大规模的移民政策,又促进了民族的融合,使秦国成了多民族的统一国家,进一步推动了经济文化的发展。可以说,秦始皇正是很好地抓住了传播这个关键的环节,为成就帝业奠定了基础。秦汉时期的传播活动和成就主要有:

(1) 政治传播——顺应民心,讲究策略。公元前206年,刘邦军还灞上,为了争取民心,他吸取了秦始皇的教训,不但与诸侯约"先入关者王之",而且与父老"约法三章":杀人者死;伤人及盗抵罪;悉去除秦苛法。这连同他后来的"挟天子以令诸侯",为起兵正言一样,都是很有政治头脑和传播谋略的。他还十分注意健全信息传播的行政系统,建立交通、驿、邮并存的传播渠道网,为信息传递的畅通打下较好的基础。到了汉武帝时期,则更是选择了最有利于统治阶级"罢黜百家,独尊儒术"的理论来规范社会思想和道德,以控制舆论、统一思想。汉代大多数皇帝不搞"文字狱",提倡"从谏如流"的"传播"标准。

(2) 教育传播——设置学校,传授经学。为了更好地宣传儒家思想的道德规范,汉武帝"罢黜百家,独尊儒术",为先王、先圣及封建的社会政治制度歌功颂德;从都城的太学到郡县均开设学校,并一律设置经师,教授王经,形成用隶书写成的"今文经学"与用小篆写成的"古文经学"两派对立的格局。

（3）文化传播——汉赋乐府，史官记史。西汉文学艺术传播的成果丰硕，以汉赋和乐府诗最为显著并流芳百世。汉赋主要表达了文人志士怀才不遇、愤世嫉俗的悲愤不平之情；乐府诗主要以鲜明的形象与朴实的语言来表现下层人民的不幸和痛苦，表达追求幸福的渴望之情和斗争精神。此外，西汉的政论文体，如贾谊的《过秦论》、晁错的《举贤良对策》和《言兵事疏》等，语言精练，节奏错落，气度恢弘，有很强的感染力和说服力，也在文学史上写下了宝贵的一页。

西汉时期伟大的史学家司马迁所著，并被称为"史家之绝唱，无韵之离骚"的《史记》，不仅对中国的史学与文学等具有重大的意义，而且因为它是那个时代中国社会的百科全书，所以对中国古代的文化传播也具有重大的意义。司马迁一生曾多次漫游和出使，足迹几遍全国，对各地名山大川、历史地理、风土人情、物产矿藏、文物古迹等进行过实地考察和采访，走到哪里，记到哪里，传播到哪里，为我国的传播实践留下了丰富的经验。他的后半生更是忍辱负重，以修史为己任，以叙述历史的方式来从事伟大的传播活动，不但涉及中国社会的政治、经济、文化、法律、哲学、美学、伦理道德、天文、地理等各领域，而且提出了他系统的传播观念。其中主要表现在：传播的责任——史官是社会的传播者，有着"实录"历史、总结历史经验的责任；传播的功能——史籍是传播的载体，应当起到"明王道"、"辨人事"、"别嫌疑"、"明是非"、"定犹豫"、"善善恶恶"、"拨乱反正"、"存亡继绝"、"补敝起废"等功能；传播的准则——按照"礼义"，保持有序，防止动乱；传播的方式——应当"文直"、"事核"，"不虚美"，"不隐恶"，忠于史实，恰如其分。此外，他所开创的"太史公曰"的史评形式，是当今新闻文体中"编者按"、"编后话"、"短评"、"评论员文章"的一个重要源起。

（4）文书传播——设置邸吏，畅通邮驿。秦王朝建立后，把周代已经初具规模的邮驿系统向全国扩展，短短几年就建成了以"驰道"为干线的全国交通网。到了汉代，又进一步完善。邮亭驿站星罗棋布，传车一般日行70里。据《汉书·赵充国传》记载，金城到长安1 450里，文书三日半可到，平均日行400余里。另据《西汉会要》记载，从汉代政府就开始设置各诸侯在京的"邸吏"，主要任务是"通奏报，待朝宿"，使其作为各诸侯上传下达、纵横贯通的传递信息的专门机构。这些措施都成为历代统治者传播社会政治、军事、经济和文化信息的主动脉。

（5）宗教传播——宣传道教，反抗压迫。随着东汉后期封建统治的腐败没落，国内阶级矛盾日益尖锐，农民起义频发。原始道教中的太平道和五斗米道在民间广为传播，宣传平等、平均，反对不劳而获的剥削，最终导致太平道教主张角率领教众发动了黄巾起义。

（6）跨文化传播——出使西域，走向世界。秦汉之际，匈奴的强大严重威胁着西汉的统治，为了反击匈奴，也为了发展与西域的政治商贸关系，张骞先后两次出使西域，不仅开通了中国通往西方的国际商道"丝绸之路"，而且开启了历来闭关锁国的古老中国的大门，开始与中亚、西亚、欧洲以及亚洲印度进行政治、经济、文化交流。这也标志着中华民族传播观念的进步，成为中国历史上大规模的对外文化传播与交流的发端。因此，这堪称是中国传播史上意义深远的一大壮举。另外，在东汉时期，佛教已经从古老的印度传入中国，并渗透到中国的各个领域，在与中国传统文化互相碰撞和吸引的过程中，最终成为中国封建文化的重要组成部分，对中国古代社会历史、哲学、文学、艺术等各种文化形态，以及社会生活的方方面面都产生了深远的影响。佛经的翻译者和佛教的传播者善于结合道教和其他迷信手段来宣传教义，善于以中国传统文化的"旧瓶"来装佛经教义的"新酒"，善于采用通俗文化的普及形式来宣讲其佛经故事，对我们研究古代的跨文化传播很有启发意义。

（7）传播技术的创新——蔡伦造纸，造福人类。尽管考古事实证明，东汉的蔡伦并不是造纸术的首创者，但是他最终通过对造纸术不断改进，使纸成为推动人类传播事业与文明进步的重要工具。英国著名学者赫·乔·韦尔斯在《世界史纲》中谈到纸对人类文明的贡献时说："更重要的是纸的制造问题。说纸使欧洲的复兴成为可能也并不过分。纸起源于中国……只是到了14世纪末，造纸术才传到德国。直到那个世纪末，纸张才丰富和便宜到足以使印刷书籍成为有利可图的事业。于是印刷自然地和必然地接踵而来。世人的生活进入了一个新的和更为活泼有力的时期。"蔡伦改进的造纸术以一种新的科学技术和生产力的面貌出现，成为推动传播技术改朝换代的强大动力，并逐渐传遍了全世界，使文字传播真正代替了口语传播在人类传播中的主导地位，信息和文化的传播更加方便，文化遗产的保存和传递更加容易，它的出现也促进了印刷术的产生，加速了世界文化、经济、科技的发展，有力地推动了人类文明的发展进步。美国学者迈克尔·哈特在他的著作《历史上最有影响的100人》中把中国的蔡伦列于穆罕默德、牛顿、耶稣、释迦牟尼、孔子和圣保罗之后的第七位。

（8）封建专制肆虐——严密控制，社会沉闷。秦汉时代虽然有不少的传播成果流传后世，但由于封建专制制度的形成和统治者对思想文化和传播制度的严密控制，秦汉后很长的一段历史时期呈现出非常沉闷的社会氛围，主要表现在以下三个方面：

①神化皇帝，教化百姓。汉武帝为了巩固封建王朝的统治，把封建专制制度的理论系统化，推行"罢黜百家，独尊儒术"的方针，董仲舒对此身体力行，

通过著书立说，把孔子的学说宗教化，形成了一套完整的神学唯心主义体系，并从"君权神授"的理论出发，大肆宣扬"三纲五常"的伦理规范。这种"神化皇帝，教化百姓"的根本目的就在于禁锢人们的思想，遏制人民反抗压迫的思想舆论，巩固封建王朝的统治。

②宣传谶纬，迷醉百姓。东汉王朝为了维护其统治，极力宣传由董仲舒的神学化儒家思想恶性发展而成的谶纬等宗教迷信。这是由庸俗经学和封建迷信混合而成的一种精神毒药，它借用隐诡的用语、预言作为神的启示，图文并茂，装饰神秘，把迷信观点的神秘性与儒家经典的权威性结合起来，使谶纬系统化、完整化、神圣化，成了支配人们政治生活和伦理道德的统治思想和言行准则。

③禁办私学，焚书坑儒。秦始皇统一中国后，不但结束了诸侯割据、战火连年的混乱局面，而且修筑"驰道"，统一文字，这是他对推动传播发展不可磨灭的历史丰功。但与此同时，为了巩固秦王朝的专制统治，他采纳了李斯的建议，在全国禁止办私学，另外，"史官非秦纪皆烧之，非博士官所职，天下敢有藏《诗》、《书》者弃市，以古非今者族，吏见知不举者同罪"（《史记·秦始皇本纪》）。这样，秦始皇成了中国历史上第一个彻底剥夺人民群众阅知自由和言论自由的暴君，秦朝是中国传播发展史的大倒退。他还在咸阳坑杀了 460 多名持不同意见的文人学士，开了杀戮不同政见者和知识分子的先河，毁掉了大量古书典籍和宝贵文献资料，并带来了中国的"文字狱"。

3. 隋唐宋时代的传播思想和实践研究

隋唐宋时代的传播思想和传播活动又出现了蓬勃的迹象，并取得了许多新成果。

（1）变文演讲，宣传教义。东汉末期，佛教开始传入我国。佛教徒、经师和唱导师在各种场合以咏经文、歌赞或讲经文、讲故事的方式来宣传教义。这种变文演讲传播活动到了宋代变得更加流行和活跃。考虑到大部分信徒和普通群众文化程度低、不通文墨的情况，演讲者将佛经加以想象后，编造成生动通俗、形象有趣的佛经故事（如《降魔变文》），或演讲民间传说和历史故事（如《伍子胥变文》、《孟姜女变文》）。

（2）书院演讲，批评朝政。唐代首创了书院私人讲学之风，由此学术演讲也随之兴起。魏晋之后，佛教徒在山林各地建起禅林精舍，聚众讲学。其中有夏季的"讲经"，随时开讲的"小参"，晚间讲学的"晚参"，集体讨论式的"普说"，边品茶边讨论的"朔望"、"普茶"，还有到长老家问道的"入室清益"。到了宋代，书院讲学蔚然成风，出现了以"六大书院"为首的可考书院 185 所。书院制度一直延续逾千年，特别是到了晚明高攀龙、顾宪成等人主持的无锡东林书院，讲学论道，不畏权奸，指评朝政，影响颇为深广。

（3）文艺传播，争奇斗艳。隋末农民大起义的力量摧毁了隋朝的统治基础，李渊、李世民父子乘机起兵建立了李唐王朝。基于对农民革命力量的清醒认识，唐王朝出现了从唐太宗"贞观"开始的一百多年的政治开明时期，这为唐朝国力壮大、文化教育艺术繁荣昌盛奠定了基础。唐代统治者不仅把《道德经》、《庄子》等定为士子的必读之书，使道教和道家思想得以盛行，对佛教、景教、祆教、摩尼教和伊斯兰教等也加以提倡，兼收并蓄，从而促进了文学艺术上各种类型、各种流派、各种风格的发展。从以王维、孟浩然等为代表的田园山水诗，以高适、岑参为代表的边塞诗，到伟大的浪漫主义诗人李白和伟大的现实主义诗人杜甫的并峙"双峰"；从韩愈和孟郊的"韩孟诗派"、刘禹锡、李贺、李商隐、杜牧各具特色和风格的诗歌创作，到以韩愈为旗手、柳宗元为积极推动者的"古文运动"，形成了一个百花齐放、百家争鸣、竞放异彩、万紫千红的局面。到了宋代，在文坛领袖欧阳修的大力倡导下，"唐宋八大家"中的宋代六大家包括欧阳修本人、王安石、曾巩、苏洵、苏轼和苏辙的散文在思想和艺术上各具特点，成果卓著，使散文重新走上了文风朴实、反映现实的正确道路，出现了"古文运动"后又一个散文的繁荣时期。宋代的词则发展到了一个极盛时期，以柳永为代表的融情于景、情景一体的"婉约"词派和以苏轼为代表的"文理自然，姿态横生"的"豪放"词派各树一帜，欣欣向荣，使宋词在文学史上获得了与唐诗、元曲并驾齐驱的殊荣。

（4）重视传承文化，讲究传播效果。在南北朝的宗教变文演讲中，佛教徒为了宣传教义而十分注重发挥想象力，虽"言无预撰"，却力求以感人的、可歌可泣的故事打动听众；而民间的"俗讲"更力求生动、形象、通俗，因此佛教得以盛行。到了唐初，教育办学更加兴盛，外国留学生纷至沓来，进入国子、太学、四门学习，还有大量的外国使者来访。比如，从公元630年到公元894年间，日本先后有19次遣唐使团来中国。使团成员除外交官员外，还有留学生、学问僧、随从医师、乐师、画师、技师等。

（5）发展印刷技术，推动文明发展。隋唐时代发明了雕版印刷术，宋代毕昇进一步发明了活字印刷术，并很快直接应用于社会信息传播中（如"邸报"的印刷从手抄改为印刷），使报纸和书籍的大量印刷、发行成为可能，使印刷媒介首次成为中国传播活动的主要媒介，也成了中国和世界传播业的重要里程碑。虽然印刷术对中国社会所产生的影响远不如对欧洲，甚至还被封建统治者当成了封建统治和宣传封建文化的一种工具，但它对全世界，尤其是对欧洲进入文明时代起到了重要的推动作用。马克思说："印刷术却变成新教的工具，并且一般地说变成科学复兴的手段，变成对精神发展创造的必要前提的最强大的杠杆。"恩格斯也说："印刷术的发明以及商业发展的需要，不仅改变了只有僧侣才能读书写字的状况，而且对欧洲学术中心从修道院转到大学，对欧洲文艺复兴和宗教改革的斗争，对世界文化的传播，对世界文明的进步，起了重大的作用。"

（6）统一发行"邸报"，实施新闻控制。曾为复旦大学新闻学院教授的姚福申先生认为，唐代官方传播系统主要包括露布、条报、进奏院状报（邸报）以及榜示等。到了宋代，"邸报"已具规模，并有了中央政府统一的发行机构，出版周期依政事频繁程度而定，传播速度较快，政府对新闻来源、发布方式和新闻检验到出版都有规定，传播立法已见端倪。"邸报"发行至全国范围，且公开发售。与此同时，宋代民间出版的"小报"虽有禁令却屡禁不绝，多是传播"朝报未报之事"，并且办报者以报业为职业，"坐获不赀之利"。

4. 元明清时代的传播思想与实践研究

（1）元朝虽然只有不到一百年的历史，但其传播活动却颇具特点：

①政府不重视官报发布制度，发布体制不完备。由于元王朝掌握全国政权不到90年，实行三省合一，不设立宋朝那样的由中枢部门统一发布官报的制度，所保持的"给事中"官职，只管记录各部门的奏闻诸事，没有"判报"的职责；所设的"通政院"虽和唐宋的"进奏院"名相近，但隶属军事部门，也只负责驿传工作，没有让朝廷政事信息"报行天下"的责任。官方的新闻活动主要集中在中书省上闻于最高统治者，皇帝的诏旨和大臣奏议之类的文件和信息，也通过中书省下达到地方。

②民间新闻信息传播渠道多，门类多，内容广。有专门传布朝廷政事信息的、由民间雕印发卖的"小本"，类似宋代的小报；有传递科举信息的进士名录和登门报录；有传递经济信息的商品广告。

③官方对信息传播"言禁"比宋代更严。据《元史·刑法志》记载，政府严禁"民间辄刻小本卖于市"，严禁"讹言惑众"、"妄言时政"、"诽谤朝政"及"诸人臣口传圣旨行事者"。元太祖还颁布过"诸公事非当言而言者，拳其耳；再犯，笞；三犯，杖；四犯，论死"的禁令。

（2）明朝传播活动的特点：

①由中枢部门统一安排中央掌管的"邸报"的发布抄传事宜。通过朝廷的通政司—六科（吏、户、礼、兵、刑、工）—各省派驻京师的提塘长官—府县，经过筛选和复制，层层抄传，环环相扣，以供各级官员传阅。可见，朝廷对"邸报"的管理严密，其传播内容主要是皇帝诏旨、皇室消息、官吏任免、臣僚奏章、军事信息和社会新闻等。

②民间传播日益活跃，民间报房和抄报行业诞生并得到发展。由于上层统治者对信息传播的控制严密，而当时明代资本主义经济已经开始萌芽，社会急需各种信息的沟通传播，所以"明代中叶以后，首都北京等地的民间传播活动日益

活跃，开始出现民间的报房和从事抄报的专门行业"①，并在万历十年得到官方的认可。最初都是手抄的报纸，后来逐步出现了个别使用印刷手段、发行量比较大的民办报纸。

③郑和七次下西洋，传播和平与文明。从明朝永乐三年开始，受明成祖朱棣派遣，郑和先后七次下西洋，足迹踏遍了三十多个国家。这不仅是 15 世纪初世界航海史上罕见的一次规模巨大、范围广泛、物品丰富的国际贸易活动，而且是明初大力发展与海外诸国之间的和平友好关系的产物，是一次真正意义上的和平与文化传播、彰显国力国威、调解国际纠纷的跨文化传播活动。其最后的一次航海时间，比哥伦布、华斯哥·达伽马发现新航路的时间还要早半个世纪。它向世界充分展示了中国这个文明古国具有的博大胸怀、强盛的经济实力和领先世界的航海技术等文明特征。遗憾的是，由于中国长期闭关锁国，加上郑和下西洋耗资巨大，它最终被视为一种罪行而被声讨。当 15 世纪西方国家掀起航海探险热潮的时候，中国却在欧洲殖民主义者的攻击面前节节败退，重蹈闭关锁国的覆辙，推行海禁的错误政策，这也成为我国 19 世纪民族灾难的缘起。

（3）清朝传播活动的特点：

①官报"邸报"继续作为国家的主要传播手段，发布方式和发行渠道与明朝相近，仍然是通过通政司掌管，层层抄传，严密把关。但后来各省提塘开始发行一种"提塘小报"作为官报的补充，颇受欢迎。后来清皇朝发现这些小报先于部文到达地方，容易使获罪官员得以逃避刑罚，有的信息报道失实，有的小报刊发了未经六科发抄的章奏，均对统治者不利，所以经雍正、乾隆两朝一再查处后被禁绝。

②新闻行业发展带来官报和民报并存的局面。随着清代资本主义经济的萌芽和发展，社会有了更多的信息需求。清代的京城和各省省会乃至较大的地方州府都开始出现"邸报"之外的专门从事新闻活动的行业者。一是部分人开始从提塘及其报房中分化出来，摆脱官方身份，私设报房，专以编发报纸为职业，成为民间报房的发端，后来开始普遍使用"京报"为报头；二是翻印京报，公开发行，或抄卖、刻卖地方性小报为生；三是地方上熟悉官场情况的人编发出版以报送地方消息为主的"辕门抄"，主要为地方官绅提供地方官场的信息；四是清代中叶以后沿海城市不定期出版单页小报，一事一报，发布突发性的重大新闻。

随着西方资本主义经济的发展和清代闭关锁国的政策被打破，官方对报纸的过分控制已不能满足社会日益增长的信息需求，为此兼有新闻、评论、广告和文

---

①　方汉奇，张立华. 中国新闻发展简史（第 2 版）. 北京：中国人民大学出版社，1995.

学作品等多方面内容，信息量大、可读性强，而且时效性强的近代化报刊应运而生。这些报刊先后从东南亚和中国澳门、广州、香港、上海等地兴起，从英文到中文，从外人办到国人办，从知识分子办到革命党人办。其内容和形式不断开拓创新，不但对中国的社会经济发展起到巨大的推动作用，而且宣告了封建官报和民间报房小报历史的终结。

　　5. 近现代中国人的传播思想与实践研究

　　随着清末中国海禁大开，外国在华传教士办报思想在中国知识分子中产生了巨大的影响，近现代中国出现了一批具有较先进、开明传播思想的知识分子。

　　·王韬

　　1874 年创办《循环日报》的王韬不仅是中国"第一个提出报刊言论自由思想的人"，也是"具有专门办报思想的第一人"。王韬十分推崇西方报刊"辩论其是非，折中其曲直"的言论自由观，认为报纸要"指陈时事，无所忌讳"，目的是"名直陈时事，举其利弊，不过欲当局采择而已"，"言之者无罪，闻之者足戒"。他对办报功能的认识，如徐培汀、裘正义先生在《中国新闻传播学史》中所概括的四条：一是"民隐得以上达"；二是"君惠得以下逮"；三是"达内事于外"；四是"通外情于内"。

　　·康有为

　　作为资产阶级革命家、维新变法运动的领袖，康有为是创办我国资产阶级报刊的先驱，也是我国从古代到近代第一位系统提出报刊思想的人。他不仅有深刻的资产阶级新闻思想，而且一生身体力行，以报刊为阵地传播资产阶级思想。他主张舆论一律，对上"以启沃圣听，发扬耳目"，对下"以崇国体，广民智"（梁启超：《莅报界欢迎会演说辞》）。在百日维新期间，他奏请清帝改《时务报》为《时务官报》，以统一全国思想，是一位推崇"忠君忠国"办报思想的政治家。他强调报刊作为国家机器的一部分，应加强舆论控制，制定法律制度来保障传播自由。

　　·梁启超

　　梁启超是清末民初著名的政治活动家、新闻理论家和学者，一生办报达 17 种，著书立说千万余言。他所创办的《时务报》创下中国有史以来报刊发行的最高纪录。他的传播思想理论也主要发表于《时务报》上。他坚持把报刊当成"为国民之耳目，做维新之喉舌"[①]；他概括新闻传播有五项功能："造舆论"、"开民智"、"兴民权"、"合民力"、"陶民德"。并提出报刊传播的四条原则：一

---

① 梁启超. 饮冰室合集（第 2 册·第 3 卷）. 北京：中华书局，1989.

是"广泽王训近事";二是"详录各省新政";三是"博搜交涉要案";四是"旁载政治学艺要书"。他强调并努力开创朴实无华的文风,所办报纸浅显活泼。但他对报纸功能的认识过多集中在党报的政治喉舌功能,忽略了报纸的其他多元功能。关于舆论监督,梁启超不仅指出"凡政治必籍舆论之拥护而始能存立"[①],而且提出制造与健全舆论的五大要素,即"常识"、"真诚"、"直道"、"公心"和"节制"。

此外,如中国传播史上提出报纸自律的第一人郑观应,首次提出报纸是"民史"、"民口"的维新运动著名领袖谭嗣同,以及提出报纸具有教化和劝谏两大作用的著名政治家、思想家、革命家章太炎等,都身体力行,言传身教,从不同的角度为丰富和发展中国现代传播思想作出了不朽的贡献。

6. 中国马克思主义政治活动家的传播思想

随着20世纪初无产阶级登上政治舞台和马列主义与中国工人运动相结合,中国共产党先驱也开始开展新闻报刊传播的活动,出现了一批杰出的无产阶级传播者,他们在开创新闻事业中逐渐形成了自己的新闻传播思想。

·李大钊

李大钊是我国共产主义运动的先驱和最早的马克思主义政治家。他在革命实践斗争中不仅参与创办和编辑多种传播马克思主义的报刊,而且体现了我国无产阶级早期的新闻思想和传播观,其中关于报纸的使命与言论自由方面的论述最为精彩。李大钊在为《晨钟报》写的发刊词中提出,报纸"以青春中华之创造为唯一使命"。他主张"持真理以发言立义之气","吾为爱真理之故,而不敢有所附和唯阿,以趋承此社会"。而言论要合乎真理,"一在查事之精,一在论证之正";二者之中,"尤以据乎事实为要"。李大钊认为"思想自由与言论自由,都是为保障人生达于光明与真理的境界而设的","要利用言论自由来破坏危险思想,不要借口危险思想来禁止言论自由"。

·邹韬奋

邹韬奋是著名的政治家、出版家和新闻记者。从一名爱国的小资产阶级知识分子变成马克思主义的坚定信仰者和杰出的社会主义新闻工作者,他一生创办过6刊1报。他在自己主编的《生活》周刊中指出办报的宗旨是"职业指导"、"职业教育"、"暗示人生修养,唤起服务精神","以读者的利益为中心,以社会的改造为目的"。他一面用笔杆抨击国民党政府的卖国行径,唤醒读者大众共同抗日;一面积极参加救亡运动。虽然其所创报刊多次被国民党反动政府查封和威

---

① 梁启超. 谈十月初三日上谕感言. 饮冰室合集(第9册·第25卷). 北京:中华书局,1989.

胁，本人为此一次入狱，三次流亡，但他是被禁一刊，再办一刊，战斗到生命的最后一刻。

在中国民主主义革命和社会主义建设的伟大历史进程中，涌现出许多伟大的革命导师和领袖，其中不少人不仅是卓越的政治家、思想家，而且是杰出的宣传家和新闻工作者。他们在领导革命斗争的伟大实践中，十分重视舆论宣传和新闻传播工作，亲自创办、主编、指导了许多革命报刊，并作出了一系列有关新闻传播工作的著名论述、谈话和指示，成为马克思主义传播思想宝库中的精品。其中这方面贡献最突出的是毛泽东同志和刘少奇同志。

·毛泽东的新闻传播思想

徐培汀同志认为："毛泽东同志的新闻传播理论是马克思主义基本原理和我国新闻传播工作实践相结合的产物，是马克思、恩格斯、列宁、斯大林办报理论的继承和发展，是我党新闻工作的集体智慧的结晶，是具有中国特色的新闻学教材。"① 对毛泽东新闻传播思想体系的认识，学术界见仁见智。比如，窦其文在《毛泽东新闻思想研究》中将毛泽东新闻传播思想归纳为六个方面：新闻工作的党性原则、党报的作用和任务、办报的路线、新闻的真实性原则、新闻工作者队伍的革命化建设和党报文风；康荫、傅俊卿在《毛泽东新闻理论研究》中则把毛泽东新闻传播思想的内容划分为宗旨的革命性、事实的客观性、报道的求实性、传播的时效性、事业的阶级性、职能的多样性、方针的群众性、新闻的民主性和风格的鲜明性等十五个方面；张昆在《传播观念的历史考察》中提出，"如果把毛泽东的新闻思想比作是一个大系统，那么这个系统就是由三个子系统有机组合而成的。它们是毛泽东党报理论、毛泽东宣传谋略和毛泽东新闻业务观念"②。其中毛泽东党报理论主要涉及党性原则、党报使命观、党报批评和办报方针；毛泽东传播谋略是指毛泽东同志在指导革命宣传实践中，在吸收前人经验的基础上创立的一系列行之有效的宣传策略；毛泽东宣传业务思想则是对新闻业务工作者的具体业务要求，包括对报道内容的"本质论"、对表达方式的"文风论"和对工作态度的"作风论"。

我们应当承认，在马克思主义新闻传播学的发展史上，毛泽东的新闻传播思想不仅以其特有的、符合中国新闻事业发展实际的、个性鲜明的理论丰富了马克思主义新闻传播学说，而且为发展我国无产阶级新闻传播事业，推动社会主义革命与建设事业的发展作出了很大的贡献。当时中国正经历着光明与黑暗的殊死斗

---

① 徐培汀. 毛泽东与新闻学. 转引自中国社会科学院新闻研究所，湖南省新闻学会编. 毛泽东新闻理论研究. 长沙：湖南人民出版社，1984.

② 张昆. 传播观念的历史考察. 武汉：武汉大学出版社，1997. 239.

争，民族危亡迫在眉睫。在这样复杂的民族矛盾和阶级压迫交错的历史背景下，作为党的领袖，从政治斗争的严酷现实出发，重点强调了党报的宗旨、任务、功能和文风，这是很正常的。但另一方面，随着社会的发展、新中国的成立，共产党的地位、中心任务在变化，毛泽东新闻传播思想的局限性越来越突显出来，主要表现在：第一，对新闻媒介"阶级斗争"工具的定位，对传播媒介的功能过分强调党报的政治斗争功能，却忽略了其信息传通、传承文化、协调社会、发展经济以及娱乐身心等迎合老百姓不断增长的需求的多元功能，也忽略了传播媒介更广泛的概念与范畴；第二，在1957年"反右"和后来的"文革"中，由于"极左"思潮的影响，以及"四人帮"出于不可告人的目的对毛泽东"神秘化"，使毛泽东的新闻思想被扭曲、肢解，传播事业受到严重的摧残和破坏而陷入了万马齐喑的局面。直到党的十一届三中全会后其才被拨乱反正，共产党的新闻传播思想才又翻开了新的一页。

· 刘少奇同志的新闻传播思想

刘少奇同志不仅是伟大的无产阶级革命家、政治家，也是共产党出色的宣传家。他在自己的整个革命生涯中，对革命舆论和新闻传播工作十分重视并身体力行投身办报。如在20世纪20年代，他就在领导安源路矿工人罢工时倡导工人俱乐部创办了《安源半月刊》（后改名为《安源月刊》）；1928年11月16日，他和陈潭秋等一道编辑出版了中共顺直省委内部刊物《出路》；他曾多次配合革命斗争的需要在各类报章撰文，或在各种会议上撰文，或发表关于舆论宣传工作的指导性讲话，甚至无数次亲自参与重要文章的修改，指导新闻传播和舆论工作。他的新闻传播思想旗帜鲜明地体现了深厚的中华民族文化底蕴与共产主义信念的结合、原则性与灵活性的结合，强调党的领导、舆论导向与深入联系群众的结合对奠定和发展共产党和中国的新闻传播事业有着十分重要的指导意义和积极贡献。

如果从新闻传播学的角度来分析刘少奇同志的新闻传播思想，可以作出这样的概括：

从新闻传播内容的角度看，刘少奇同志一方面强调新闻要有正确的立场，即新闻导向的正确性；另一方面，他更强调新闻必须真实，而且真实必须具备"全面"和"深刻"两个条件。在立场与新闻客观的关系问题上，他认为：第一，不能片面看待新闻"客观"与"立场"问题。要有立场又不能只强调立场，"如果我们不敢强调客观、真实的报道，只强调立场，那么我们的报道就有主观主义，有片面性"①。第二，新闻事实成为价值导向的基础，新闻真实性的根本就是反映实践、生活的主流和本质，就是要真实、全面、深刻地把人民群众的情绪、要求和愿望反映出来。

从新闻传播者的角度来看，刘少奇同志的论述也是比较全面的。他不但论述了新闻传播者的权利和义务、应具备的素质，而且对新闻工作者应遵循的新闻原则也有深刻的论述。他提出："你们不仅要宣传党的政策，还要在群众的实践中去考察政策是不是正确。"

从新闻传播受众的角度看，在刘少奇同志的新闻思想中十分强调新闻工作的"读者视觉"。他多次在谈话中指出，"读者就是你们的主人"、"报纸就要反映人民的呼声"，他曾多次对媒体行业的同志说："你们写东西是为了给人家看的。看报的人说好，你们的工作就是做好了。""广播跟人民思想、人民生活、人民需要有密切的联系。比如说，时装展览会，人民感兴趣，应该广播。"

从新闻传播媒介的角度看，刘少奇同志对于新闻媒介的论述涉及媒介的功能、作用和性质等内容，既全面深刻，又眼光独到、与时俱进，倡导开放，鼓励竞争。他用"桥梁"形象地概括了新闻传播媒介在密切党和人民之间联系的重要作用。他认为我们"必须有这些桥梁"，党的意志和声音，可以经由这种特殊的"桥梁"传到人民中间；人民的呼声和愿望也可经过"桥梁"及时地让党知道。对于媒介的发展，刘少奇用一种开放的视角，即开放的视野来看待我国的新闻传播媒介。他认为我国媒介除了要坚持自己的新闻指导原则外，还要向资产阶级通讯社学习，学习他们的先进经验。他说，新华社要走向世界，办成世界性通讯社。他在新华社考虑办一家新报纸时说："你们办的这家报纸可以公开宣传和《人民日报》竞赛，看看能不能胜过《人民日报》……搞社会主义竞赛，是必要的。"他的许多传播思想对我们今天在社会主义市场经济条件下发展传播事业还是很有启发意义的。

（二）中国本土应用传播学研究概述

邵培仁认为："首先提出'传播学研究中国化'的人，可能是香港中文大学传播研究中心的创立人兼中心主任余也鲁。"② 香港中文大学余也鲁教授和台湾国立政治大学徐佳士教授于1978年在香港和台湾先后主持召开了主题为"中国文化与传统中（传）的理论与实际"的研讨会，会上讨论了中国历史文化传统中的传播实践以及传播理念问题。这次研讨会是华人学界"传播学本土化"的开端。

---

① 引自中国共产党新闻工作文献汇编（下卷）. 北京：新华出版社，1980. 360.
② 邵培仁. 传播学本土化研究的回顾与前瞻. 杭州师范学院学报，1999.

"越是本土的，就越是世界的。"对于有着几千年灿烂文化的中国来说，文化的创造、积累和应用过程，就是一个传播研究不断发展的过程。中国的应用传播研究源远流长、成果丰硕并具有鲜明的民族特色，过去这方面的总结研究滞后，如何尽快补好这一课、填补这一空白，是传播学研究者责无旁贷的任务。应用传播学的本土化建设，既可以增强中国传播学的学科个性和民族特点，也可以推进我国的传播学研究走出国门、走向世界，融入传播学研究的国际大潮中。而更重要的是，中国传播学只有适应中国社会特征，切合中国国情民意，满足大众信息需求，适应中国文化积淀和符合中国受众的心理态势，才能让传播学和应用传播学真正在中华大地上生根、开花和结果，才能真正融入我国的主流文化圈，成为中国文化传播与消费的一个有机组成部分。也只有这样，我们才能更有效地参与国际传播研究的沟通与交流，取得与国外学者平等对话的地位与权利，并为国际传播学的发展作出贡献。

1. 中国本土应用传播学的概念

中国本土应用传播学是用传播学的原理和方法来研究中国应用传播思想与实践活动中具有中国自身特色的传播现象和规律的一门学科。

本土化应用传播学研究，"实际包括了'传播学研究的中国化'和'传播学研究的中国特色'两种说法。'传播学研究的中国化'是指总结中国传统文化的传播者在几千年的传播实践中产生的传播理论以丰富人类传播理论宝库，这种研究似乎更追求传播学理论本身的本土化；'传播学研究的中国特色'是指根据中国国情，把国外传播学理论运用于中国实践，以西方传播学理论回应本土问题为主要目标，这种研究更关注传播学应用的本土化。这两个方面有很大区别，各有侧重，但也互相关联，互相影响，它们都以'本土化'作为研究目的，殊途同归。"①

2. 中国本土应用传播学的研究对象

中国本土应用传播学的研究对象主要有以下几个方面：中国传播实践应用的源和流的研究；中国传播学与应用传播学的发生、发展历史的研究；中国对国外传播学与应用传播学的引介、传播、吸收、批判、融合、创新的理论与实践的研究；中国本土作为传播者和受众在国际日新月异的传播环境下，在国际信息流动中带有中国特色的传播观念、传播符号、传播媒介、传播信息、传播互动与反馈，以及中国重大社会传播活动、国际传播活动与传播效果的相互关系和发展规律的研究；中国应用传播学独特的研究方法的研究等等。

---

① 姜鹏. 传播学本土化的进路与思考. 人民网—传媒频道，2011 – 12 – 15.

3. 中国本土应用传播学的任务

中国本土应用传播学的主要任务，是指导人们了解中国传播实践与应用传播学研究产生、发展的历史，探索中国传播理论与传播实践应用发展的规律；总结中国传播学理论与传播实践的自身特点和成功经验，指导广大干部群众学习和掌握具有中国特色的本土应用传播学的基础理论；提高我国国际传播的水平与效果，进一步丰富和完善本土应用传播学的研究方法；发展对世界应用传播学具有创造性、借鉴性和应用性的应用传播学的理论研究成果，为发展和增强国家媒体实力作出贡献。

4. 中国本土应用传播学的理论体系

中国本土应用传播学的理论体系，主要应包括以下重要内容：中国本土传播学与应用传播学的发展史研究；中国本土应用传播学的基础理论研究；中国本土应用传播的传播者与受众的特色研究；中国本土应用传播的信息、民族符号、传播媒介、传播环境与传播效果关系的研究；中国本土应用传播的研究方法和理论成果的研究；中国本土应用传播的实践应用、发展趋势和规律的研究。

四、中国应用传播学研究的区域化——区域传播研究独树一帜

"随着人类进入时间与空间的概念被信息高速公路彻底打破的信息时代，有学者预言：21 世纪将是传播学引领风骚的世纪。但是，中国前期的传播学研究，基本上是基于简单照搬西方传播理论'宏大叙事'的现代性传播研究，研究的目的拘泥于对西方传统的传播学普适性知识的获取，这就造成了传播学'上不及哲学之深刻，下不如新闻学之实用'的尴尬境地。"①

区域传播学是传播学的一个分支，也是应用传播学的核心子学科之一，还是一门处于领先地位的新兴学科。它从区域传播的起源和发展分析入手，在系统论述区域传播特有的传播类型、传播形态、传播符号、传播环境以及国际区域传播状况的基础上，提出了区域传播的特点、规律、战略、策略，以及在"地球村"的大背景下应如何发挥媒介的作用。因此，区域传播学具有很强的地方特色、理论意义和应用价值。

（一）区域传播学的概念

传播学发端于"一战"期间美国的政治军事需要，传播学的奠基者之一拉斯维尔所著的代表作《战争的宣传》，其理论形成过程也是立足于本土实证研究

---

① 区域传播学：一种后现代姿态的传播研究. 人民网，http://www.media.people.com.cn，2005 - 10 - 24.

的理论积累过程。理论来源的数据材料本来就具有地域性，但最终被作为一种普遍原理得到确认。直到"二战"之后，"来自西方的发展传播学理论在第三世界国家的实践中受挫"①，传播学研究忽视个性的缺陷才被有所认识。"这些理论在实践中并不是都能实现的，最主要的原因是在考虑传播与社会发展的关系时没有根据各国的具体国情，经济发展水平、传统观念、政治体制、生活习惯等多方面的因素都使这种作用有所偏离。"② 这种所谓各国国情的差异，如果从经济地理的角度来审视，实际上就是一种"大区域"差别。只是这种大区域差别的内涵经常被集中于国际政治、经济、信息力量对比的范畴内论述。区域传播学就是要实现普遍研究的"回落"，细化区域传播问题——以"区域"为依托，以"传播"自身为中心，所有的理论探讨都在这两个基础上展开。因此，对区域传播学研究对象的完整表述应为：区域大众传播活动和区域大众传播规律（"区域"在本文中有严格限定的外延，详见下文"区域"概念）。为行文方便，下文依然以传播指代大众传播。

　　为了准确认识"区域传播学"的概念，我们必须首先统一对"区域"和"区域传播"这两个基础概念的认识。

　　"区域"，是指各学科从各自的学科特性出发，通过选择与特定问题相关的特征而划定的学术概念。比如地理学上将区域定义为"地球表壳的地域单元"；社会学将区域定义为"具有同质的地理环境与社会文化特征的一个较大地区"；文化学上的区域是"有内聚力的地区"；从经济学的观点看来，"区域是人类经济活动及其必需的生产要素存在和运动所依赖的'载体'——地域空间"。区域还可以根据不同的标准作多重划分。如可以从特质上划分为纯地理区域和人文区域。人文区域又可分为政治区域、经济区域和文化区域；纯地理区域可划分为跨国区域、跨省区域和跨市镇的区域。区域传播学中的区域在内涵上更偏重于经济文化区，在外延上限定为一国范围内的区域研究。以国别为界的各国传播研究实质上都是大区域传播问题的辐射。区域传播学的建立，将为我国传播学研究结合不同区域的经济、文化特点走向深入提供一个新的层面、角度和视点。

　　"传播区域系指由人的传播活动所形成的，具有特定的地域构成要素的社会综合体。"③ "传播区域的构成要素有：传播中心、传播腹地、传播网络。"传播中心具有多层次、多等级的特征。传播腹地指传播中心影响和辐射的地域范围；传播腹地也表现出多层次和多等级的特征。传播网络是指传播活动中各项要素间

---

① 王旭. 发展传播学的历程与启示. 新闻与传播（人大复印资料），2000（2）.

② 王旭. 发展传播学的历程与启示. 新闻与传播（人大复印资料），2000（2）.

③ 王旭. 发展传播学的历程与启示. 新闻与传播（人大复印资料），2000（2）.

的联系脉络和这种联系的实体依托，包括传播活动的物质渠道、传播活动的系统和传播活动的组织三个方面。

"区域传播指特定区域内的、具有区域特色的传播。区域传播的构成要素分为实体性要素和非实体性要素。实体性要素有传播者、受众和传播媒介；非实体性要素有区域文化基础、经济发展水平、技术水平和区域传播体制。各要素相互制约。区域经济技术基础和文化发展水平是根本决定力量（建立在一国范围内意识形态统一的前提下）。"①

因此，编者认为，区域传播学是指以特定的区域传播的现象和规律为研究对象的一门学科，它是新闻传播学的一个分支和重要组成部分。

（二）区域传播学的研究对象

区域传播学取得独立的学科地位，其要件之一就是其具有特定的研究对象——区域传播活动和区域传播规律。"现代社会是信息社会，它意味着人们的活动范围的扩大，意味着地球在'变小'，意味着人民交往的频繁……一句话，人类生存环境的变化导致了区域之间人类传播活动的广泛和传播形式的多样化，同时也为区域传播的形成提供了条件。为了提高区域传播的效益，人民必然加强对区域传播战略、策略的研究，必然加强对在'地球村'的大背景下应如何发挥作用以及如何整合媒介问题的研究。区域传播是应用传播学体系中的一个新兴学科，它的研究范围可分为三个层面，即区域传播的内涵、国内区域传播和国际区域传播。"②

张生祥和何晶在《试论区域传播学》一书中则把区域传播学的研究对象概括为国内和国际两个层面："从国内层面上看，它主要注重对地方传播的研究，如地方传播、民族传播、区际传播等；从国际层面上看，它研究的重点是在经济一体化基础上的各国联合性区域的传播问题和模式，如跨国传播、一体化区域性传播、区际传播等。区域传播学的提出，是一种国际传播学与全球传播学在某一区域的具体表现和'地方化'，对它的研究有着特定的意义。"③

"硬件方面制约传播，由于经济发展对文化发展起作用，其也决定着受众的接受观念和传播者的传播观念，决定传播体制是开放型的还是封闭型的。总之，技术和观念制约着区域传播的水平。"④

---

① 王旭. 发展传播学的历程与启示. 新闻与传播（人大复印资料），2000（2）.
② 周鸿铎. 应用传播学教程. 北京：中国书籍出版社，2010.9.
③ 张生祥，何晶. 试论区域传播学. 河南社会科学，2002（3）.
④ 邵培仁，潘祥辉. 论媒介地理学的发展历程与学科建构. 徐州师范大学学报（哲学社会科学版），2006（1）.

（三）区域传播学的任务

区域传播学产生的根本原因在于区域文化的差异和传播条件的不平衡。如果说多年前发达国家以西方大众传播媒介推动欠发达国家和地区现代化进程的做法遭到挫败，其原因就在于忽视了传播与发展的区域性文化与传播条件的具体研究，那么"二战"后西方现代化进程从"独享"到开始推广到欠发达国家去使用，就说明大众媒介可以促进技术和发明的扩散、加速社会发展。其实时至今日，这种传播力量不平衡的"鸿沟"不仅普遍存在，而且差距越来越大。在我国，由于经济、文化和历史的原因，各区域的文化传播存在各自的特点，东西部地区之间、城乡之间存在着的各种不平衡现象也非常明显。俗话说"一方水土一方媒介"，"海派文化"与"京派文化"就截然不同，上海和北京的报业风格也大相径庭。有的专家这样概括南北报业差异："一部中国近代史，南北报业形成两种面孔。"除了从历史方面对出现这种差异的原因进行探析外，还要从人文地理方面找原因。中国的文化区域大体上可以划分为"燕赵文化"、"秦晋文化"、"齐鲁文化"、"关东文化"、"中原文化"、"吴越文化"、"岭南文化"、"闽台文化"、"两淮文化"、"江西文化"、"湘楚文化"、"巴蜀文化"、"云贵文化"、"青藏文化"、"内蒙古草原文化"以及"新疆文化"16个基本地域文化区。各个文化区不同的历史地理和文化地理，必然体现在当地的媒介风格和媒介形态上。

要实现全面的小康社会，我们更有必要在学理层面对东西部传播不平衡的现象进行深入的研究。因此，完全有必要用区域分析的观点建立和完善区域传播学，探寻特定区域的传播规律，在此基础上建立和谐有效的传播发展机制。

（四）区域传播学的理论体系

区域传播学的主要研究内容包括：区域传播发展历史与演进规律研究；区域传播学的基础知识和基本理论研究；区域传播与相关背景关系的研究（如区域的地理位置、社会历史、区域文化、经济条件、技术基础、传播者和受众素质以及习俗情况等）；区域传播各传播要素（传播者、传播对象、传播媒介、传播符号、传播信息和传播环境等）的互动关系和传播效果研究；区际之间的传播差异、联系和发展策略研究（即如何突出区域特色，利用区域优势，繁荣区域传播）；区域传播与国家传播以及国际传播的相互关系和发展策略研究。

当然，也有人认为，由于信息网络、新媒体技术的广泛应用和媒介集团的全球扩张，传统意义上的国家版图、区域空间正在被颠覆，媒介仿佛变成一个有自己主权的新地理区域存在。它无视国家权力、民族传统、区域地理的控制与约束，冲破国门，越过疆界，卷入非领土化与再领土化的复杂互动当中。"出现了一种新的全球—地方关系"，特别是"资本主义的飞速发展与渗透改变了全球的地理。资本主义社会在其发展的过程中利用了空间作为自己壮大和竞争战略的组成部分。这包含了历史上一系列的生产空间结构（Spatial Structures of Production），每一个都与'不同地域内的活动之间的转型关系、社会组织的空间新模式、新特征的不平等和隶属有关系'。在今天这样一个新技术创造的电子文化空间里，我们面对的是一个'无地方特性的图像地理和虚拟地理'"①。

为了研究这一新的发展趋势，探讨在全球政治格局多元化、世界经济一体化和信息传播全球化的背景下如何正确认识和应对层出不穷的诸如"媒介帝国主义"、"后殖民主义"、"地方文化传统和文化融合与入侵"、"媒介与城市"、"媒介与农村"、"地域媒介"、"区域新闻"等新矛盾和新问题，我国已有学者在20世纪20年代出现的西方文化地理学的基础上独树一帜，从媒介学与地理学的交叉边缘地带划分出来的一块小小的学术领地上衍生出一个新的学科——媒介地理学。邵培仁教授在《论媒介地理学的发展历程与学科建构》一文中指出："在这个媒介笼罩一切生活领域的时代，现代人遭受了越来越多的'无家'之苦，人也变得越来越透明，尊严与隐私正在受到严重威胁。媒介切断了所有地理和种族选择性的界限、阶级和国籍的界限、宗教和意识形态的界限，将我们抛入无休止的解体和更新、斗争和对立、含混不清和悲痛的大旋涡之中。人将如何重新确定自己的位置？我们又将置身何处？在这个媒介与地理互相交融的时代，作为一门独立学科的'媒介地理学'正在成形，也更突显了其存在的必要。"② 媒介地理学是以人类同媒介、地理的相互关系及其互动规律为研究对象的，是具有自主和独立条件的新兴学科。"媒介地理学关注和重视特定地域产生的特定媒介形态，及其相同媒介形态中呈现出的不同地理样本，认同和理解生活在不同地理环境下人的不同传播特点，以及不同区域受众对媒介内容会有不同的地理'看'法。这一定义基本涵盖了媒介地理学的研究对象与研究范畴，也标志着媒介地理学作为一门交叉学科开始进入传播学界的视野。"从这一意义上说，媒介地理学和区域传播学都是"志同道合"的新学科，它们结合的意义也许正在于为我们的应用传播学研究提供多种新的研究路径。

思考与练习

1. 如何理解应用传播学的概念与学科性质？应用传播学与理论传播学有什

---

① 邵培仁，潘祥辉. 论媒介地理学的发展历程与学科建构. 徐州师范大学学报（哲学社会科学版），2006（1）.

② 邵培仁，潘祥辉. 论媒介地理学的发展历程与学科建构. 徐州师范大学学报（哲学社会科学版），2006（1）.

么区别与联系？

2. 如何认识中国应用传播学产生的社会基础？

3. 如何理解理论传播学在应用研究中出现的边缘化、国际化、本土化和区域化趋向及其意义？

4. 为什么说中国的应用传播研究源远流长，而中国的应用传播学还很年轻？

5. 什么是区域传播学？它的研究有什么理论意义和现实意义？

第二章　西方国家社会舆论调控与意识形态传播

　　由于美国《宪法第一修正案》的"保护"，美国的媒体似乎真的可以"免于受到政府和国会的干预"。其他西方国家也在不断渲染新闻媒体在反映舆论和传播信息方面是完全独立于行政、司法和立法之外的"第四势力"，他们把"意识形态"和"宣传"几乎都说成贬义词，"宣传是一套专门用来混淆事实，激发热情，或标识敌人，丑化敌人的办法，说谎、扭曲事实、只说一半真相或者对事实的有利于自己的解释等都是宣传的公认做法"①。更有人把美国的政治决策机制比喻为"政府跟着国会走，国会跟着镜头走"，标榜政府"不干预和控制新闻传播"。

　　但美国最有名望的新闻学者之一，密苏里大学新闻学院的约翰·墨瑞尔教授却不信这个"邪"。他在《自由的需要，新闻自治的哲学》一书中说：把媒体视为"第四权力"是美国自由主义者的三大神话之一（另外两个神话是"人民有知情权"和"人民有接触媒体的权利"）。墨瑞尔说："第三个神话在美国有许多信众。这一神话认为，媒体是某种政府非正式但非常真实的一部分。与此相关的类似概念认为，媒体是'看门狗'，是一个对政府滥权的'制衡'及政府的对手。记者尤其喜欢把自己和自己的职业包装在这些闪闪发光的笼统辞藻中。"②美国学者约瑟夫·斯特劳布哈尔（Joseph Staraubhaar）和罗伯特·拉·罗斯（Robert La Rose）在其《今日媒介：信息时代的传播媒介》（2002年第1版）一书中简要地提出一个观点："美国媒体与政府的关系从第一次世界大战到越南战争再到水门事件，经历了从'叭儿狗'（Lap dog）到'看门狗'（Watch dog）再到'攻击狗'（Attack dog）三个角色的转变。"明安香教授认为"这是一种相当形象也相当准确的概括"，他还进一步指出："水门事件以后，特别是'9·11'事件和第二次美伊战争以后，美国传媒特别是主流新闻传媒与政府的关系已经转变成了第四个角色，即'牧羊犬'（Sheep dog）角色。"③

---

　　① ［美］罗伯特·福特纳. 国际传播——全球都市的历史、冲突及控制. 北京：华夏出版社，2000. 95.

　　② 张巨岩. 权力的声音——美国的媒体和战争. 北京：生活·读书·新知三联书店，2004. 137.

　　③ ［美］明安香. 美国：超级传媒帝国. 北京：社会科学文献出版社，2005. 312.

　　美国对政治宣传的研究开始得很早，从总统、军政要人到大量专家学者都直接参与，并与总统选举和战争宣传等国家重要政治生活紧密结合。关于"宣传"的第一个定义就出现在拉斯韦尔的经典著作《世界大战中的宣传技巧》中。他认为宣传是"指以重要的符号，或者更具体一点但欠准确地说，就是以消息、谣言、报道、图片和其他种种社会传播方式来控制意见的做法"。后来，美国官方文件把宣传定义为："任何以影响特定群体的思想和行动为目的的新闻、专题讨论或者有组织的努力和运动，均可称为宣传工作。"并提出"最有效的宣传"就是："宣传对象按照你所指定的方向走，而他却以为这个方向是他自己所设定的。"

　　其实，正如美国政治家罗伯特·达尔所说的："美利坚是一个高度重视意识形态的民族，只是作为个人，他们通常不重视他们的意识形态，因为他们都赞同同样的意识形态，其一致的程度令人吃惊。"[1] 由于当时美国在政治、经济、科学和人才等多方面得天独厚，它不但成了传播学的发源地，而且在社会舆论控制和意识形态传播的理论与实践上积累了丰富的经验。美国前总统里根的第一任白宫联络主任就曾经公开说："我们要尽我们的所能控制人们看到的东西。我们要塑造它，而不是让电视塑造它。你必须想办法把它控制在有利于你的方面。"[2]今天，西方发达国家的新闻传播日益走向国际化、全球化和网络化，而且经济上、科学技术上和信息产业上拥有绝对优势并处于垄断地位，此外，西方正对其主流价值观进行全球性的"整合营销传播"。为此，我们对其社会舆论调控和意识形态传播的理论与实践研究就显得格外重要和迫切。

第一节　西方国家社会舆论调控的理论基础

　　一个国家和民族的某些思想观念的形成有一个构建的历史过程，要了解和认识西方国家新闻传播的策略与技巧，首先要研究他们的理论和观念。

　　真实社会的建构理论告诉我们："所谓'社会建构'是指采取一种集中的组织思路，通过选择、强调、排除和精心处理等方式对新闻内容提供背景，并提出中心议题的做法。在一个争议性的问题上，人们通常可以看到争论各方竭力以自己的术语去定义或构造某个议题，希望媒介也倾向于以各种不同的方法构造议

① 何英. 美国媒体与中国形象. 广州：南方日报出版社，2005. 106.
② David Holberstam. *The Powers That Be*. Urbana and Chicago：University of Illinois Press，1979. 346.

题。"1995 年瑟尔斯在其《对真实社会的构建》一书中提出，角色之间相互作用所形成的观念化的结构对角色行为有制约和规定作用，人是社会的人，社会关系规定了人的社会存在。在这个基础上，建构主义又提出了三个核心命题：一是国际社会不只是物质结构，更是社会结构，表现为一定的社会共有规范和观念；二是观念的认同建构了行为体的利益和行为，共有的观念、规则、标准、制度、习俗、法律和意识形态构成了主体的知识和文化，形成所谓"共有知识"，它建构了行为体同意的身份和利益，主宰着行为体的行动；三是行为体和结构之间是相互构成的关系。这是说行为体的认同是有前提的，这就是承认国际社会的物质结构，承认一定的社会结构下对形成的文化传统、价值观念以及行为规范对国家行为的决定性影响。①

我们不妨从建构主义理论的视角来分析一下西方国家社会舆论调控的理论基础。

一、自由主义理论

自由主义理论是 17、18 世纪启蒙运动时期自由主义在资产阶级革命中同极权主义制度作斗争的过程中形成的，由英国资产阶级革命家、政治家和诗人约翰·弥尔顿（J. Milton）在《论出版自由》（1964）一书中最先提出，由英国著名经济学家和哲学家约翰·斯图尔特·密尔（J. S. Mill）的《论自由》一书加以系统化。报刊的自由主义理论坚持个人的重要性，主张言论和出版自由，进而形成"观点的公开市场"，依靠个人和理智活动能力来辨别正确与错误。其主要代表人物和理论如下：一是英国资产阶级革命家、政治家和诗人约翰·弥尔顿，他提出了"出版自由论"；二是英国哲学家洛克，他主张的是建立在"天赋人权"、"主权在民"观念基础上的"君权民授论"和"宽容异教论"；三是英国的经济学家、思想家约翰·斯图尔特·密尔，他在强调个人的自由对社会进步的意义的基础上提出了"市场调节论"；四是法国雅各宾派的首领罗伯斯庇尔，他提出了"舆论监督论"。

上述自由主义理论的核心观点运用到传播中主要强调了以下原则：出版自由的权利、批评的合法权利、传播观点的争议权和自我修正的调节权；自由主义理论是资产阶级民主主义的基础，在各种自由中，言论、出版自由被认为是核心和前提，对其他一切自由起保障作用；它在推翻集权主义制度及其观念、确立资产阶级民主制度和思想方面起过很大的作用，对于集权主义理论来说，无疑是巨大

---

①　何英. 美国媒体与中国形象. 广州：南方日报出版社，2005. 138、154.

的历史进步。

但是自由主义理论毕竟是资本主义上层建筑的一部分，它只能代表资产阶级的利益。"资本主义体制的结构，决定了它不可能将自由的原则贯彻到底，而且有很大的局限性、欺骗性，包括：经济的不平等造成传播的不平等；所有制的私人性损害媒介的公共性；空洞的自由口号掩盖实际生活中的阶级差异等等。"随着垄断资本主义的到来，新闻媒介控制权越来越集中，不仅一般的人民大众根本无法涉足新闻传播领域，就连许多的中小传媒企业也在此过程中被并购，造成了美国巴格迪坎所说的"五十个公司的男女领导人控制了影响二亿二千万美国人的一半以上的信息和观点"的结果。对这一点，法国新闻学者瓦耶纳就曾将其一语道破："自由主义的广大市场没有任何反对强者之间的联盟的自卫的能力，它更不能保证每个人得到他应有的那份财富。如果你对一个一无所有的人说：'请用吧'，他一定感到十分恼火，无法容忍。"

事实上，在社会发展的过程中自由主义理论导致许多人们有目共睹的社会问题出现，如压制反对意见；以为大企业、大广告主服务为主导；对抗社会变革；内容肤浅、消极和庸俗；危害社会公德；侵犯个人权利；危害公共思想市场等等。这使得自由主义理论面临着种种困惑：各国政府为了维护政治、军事利益，不得不对有可能泄露机密、损害国家利益的传媒进行严格的防范与管制；迅速发展而互相干扰的电波媒介急需有效的依法管理，加强协调和统一管制，以维护经济效益；媒介的商业化、集中化、垄断化的趋向使传媒不得不更多地考虑如何为这些垄断机构赢利服务，而无法做到"以符合公众利益、方便和需要为单一目标"。尤其到了信息飞速增长的当今世界，自由主义理论已经成为某些发达国家凭借其先进的传播技术推行文化帝国主义的幌子。

直到今天，西方国家的意识形态，包括所谓"新自由主义"在内，都还是根植于这种"自由主义"的个人权利观当中。加拿大的学者沙卡文·伯科维奇认为："美国人生活在一个自己制造出来的神话当中，它是一个由一致的意识形态联结在一起的、多元的、讲究实际的民族，它有数以百计彼此之间毫不相同的派别，却都在执行这同一使命。"[1]

二、"把关人"理论

传播学的奠基者之一、美国社会学家库尔特·卢因于 1943 年所写的《生理心理学》一书研究了战争时期家庭主妇购买食物的习惯，并提出了"渠道理论"

---

[1] 何英. 美国媒体与中国形象. 广州：南方日报出版社，2005. 104.

（Channel Theory），他提出"信息总是沿着含有'门区'的某些渠道流动，在那里，或是根据公正无私的规定，或是根据'守门人'的个人意见，对信息或商品是否被允许进入渠道或继续在渠道里流动作出决定"。他认为，"信息的传播网络中布满了把关人"。卢因认为影响行为的心理因素主要有两方面：一是人的认知结构；二是动机，即选择的价值判断、需求和要克服的障碍等。1947年卢因在《群体生活的渠道》一文中重申了这一观点，并指出：在群体传播中，信息抵达受众的过程不是毫无障碍的，往往有一批可以称为"把关人"的管理者存在，他们严格按照群体规范和把关原则筛选信息，只有符合的信息才能进入传播渠道。①

这一理论很快就被传播学者引入到新闻传播学的研究中，指出在向广大受众进行新闻传播的过程中，无论是记者、编辑、播音员、主持人还是媒介的其他管理者，都有责任和权利对信息的取舍、流量和流向进行有倾向性的选择、把关和控制。

三、"二级传播"理论

传播学的另一位美籍奥地利人、著名社会学家保罗·拉扎斯菲尔德提出的"二级传播"理论（后发展为"多级传播"学说），为传播效果、传播机制的研究开辟了道路。他在1940年和1944年总统选举期间，通过不断改进抽样调查技术和量化分析方法，将实地调查和控制实验相结合，发现舆论反馈的并不是最初的大众传播信息，而是经过"舆论领袖"对信息进行了"加工"后再对其他受众进行"二级"传播，从而让广大受众透过大众传媒为"舆论领袖"所建构的"虚拟世界"去"接触"和认识"现实世界"。李普曼对此无限感慨："我们的认识是何等的间接"，"我们大家都直接接触消息，而不是接触我们看不到的外界环境"。② 一方面，它们所创造的"虚拟世界"已经延伸到一般人根本看不到的其他星球上；另一方面，现代人对这种"虚拟世界"的验证能力却相对地大大缩小了，同时又将"虚拟世界"视为"现实世界"来展开现实的行动，这就十分危险了。

李普曼特别强调，由于大众传播的普及、信息技术的飞速发展，无时不有、无处不在的大众传播不仅是"虚拟世界"的主要营造者，而且这样两个世界的"转换"过程，对新闻舆论的调控具有一定的作用。现在西方国家的"新闻发言

① 曾婕. 重大突发公共事件中广播电视舆论引导能力研究. 武汉：湖北人民出版社，2010.64.
② 李普曼. 舆论学. 林珊译. 北京：华夏出版社，1989.48.

人"制度，甚至像伊拉克战争中白宫的"新闻发言人"、国防部的"新闻发言人"都发挥了这样的"二级传播"中"舆论领袖"的舆论调控作用。

四、"沉默的螺旋"理论

"沉默的螺旋"理论的创始人、德国的著名舆论专家伊丽莎白·诺尔纽曼（Elisabeth Noelle Neumann）在 1980 年《沉默的螺旋：舆论——我们的社会皮肤》一文中提出："基于人类的从众意识，受大众传播的公开性、显著性、普遍性的影响，主流意见会不断复制并得到支持，边缘意见则会保持沉默甚至转向主流一方，这个过程就像螺旋一样进行下去。"诺尔纽曼着重从宏观的层面上探讨普通人对公共议程的感知所带来的长期效果，她在 1984 年再一次提出："在某个语境（大众媒介）中得出的观察结果会传递到另一个语境中，鼓励人们要么声明自己的观点，要么把话咽回去保持沉默，直到经过一个'螺旋'的过程。某种观点在公开场合占统治地位，其他观点因其追随者的沉默不语而在公共意识中消失。"诺尔纽曼对于媒介效果的这一观点揭示了在传播中宏观和微观的两种因素在同时起作用，发挥影响力。伊莱休·卡茨在 1983 年的一篇评论"沉默的螺旋"的文章中对该理论持怀疑甚至反对的态度。由于诺尔纽曼当时的研究只局限在联邦德国的范围内，也有人质疑他的研究结果在美国是否有普遍意义。由于当时社会上有限效果论还占有一定的市场，作为非主导观点的"沉默的螺旋"理论和"议题设置"理论一样，既推动了当代传播效果理论研究的拓展和深化，也必然引起激烈的抨击。

五、"议题设置"理论

所谓"议题"（Agenda），是指"依据重要性的不同，而将相互联系的一系列问题进行排序"①。1922 年，李普曼在《舆论学》中首次论述了有关"议题设置"的基本想法。他提出：个人由于对现实的了解相当有限，所以需要严重依赖传媒；可是传媒所提供的有关现实的叙述有时会带有某种歪曲。因此，"外部世界与我们头脑中的图像不尽一致"，但是李普曼当时还没有清楚地意识到议题设置问题的重要性。后来，通过对《纽约时报》、《时代》周刊等新闻媒体和出版业的研究，他阐述了媒体对于事件的解释如何改变人们对于现实的看法以及行为方式。在他看来，媒介像是探照灯（search light），灯照到哪里，人们就关注哪里。1958 年，诺顿·朗（Norton Lang）发表的一篇文章则直接表述了"议题

---

① James W. Dearing, Everett M. Rogers. *Agenda-setting*. Sage Publications, 1996. pp. 1－2.

设置"理论的思想:"在某种意义上说,报纸是设置地方性议题的原动力。在决定人们将讨论什么,多数人想到的事实会是什么,以及多数人认为解决问题的方法将是什么这些问题上,它起着很大的作用。"1963 年,美国政治学家伯纳德·科恩(Bernard Cohen)在《媒介与外交政策》一书中指出:"在多数时间,报纸在告诉人们该怎样想(how to think)时可能并不成功;但它在告诉它的读者该想些什么(what to think about)时,却是惊人地成功。"这句关于报业威力的名言成为"议题设置"理论的一个重要里程碑。1972 年麦库姆斯(Maxwell E. mcCmbs)和肖(Donald L. Shaw)对"议题设置"理论作了经典概括:"传媒形成议题功能的见解,即认为大众传媒对某些命题的着重强调和这些命题在受众中受重视的程度构成强烈的正比关系。这个观点可以用这样的因素关系来表达:大众传播中越是突出某命题和事件,公众越是注意此命题和事件。"①

"议题设置"(Agenda-Setting)理论的核心思想在于:大众传媒不仅告诉我们该想什么,而且告诉我们该怎样想。它认为,传播媒介的效果和作用在于吸引人们的注意力,大众传媒改变其关注问题的做法本身就能够影响公共舆论——大众传媒只要对一些问题予以重视,集中报道,并忽视或掩盖对其他问题的报道,就能影响公共舆论。同时,受众倾向于关注和思考大众传媒关注的问题,并采用大众传媒为各种问题所确定的先后顺序来安排自己对于这些问题的注意力。

六、"媒介社会责任"理论

"媒介社会责任"理论产生于 19 世纪末 20 世纪初,资本主义进入垄断时期。当时的资本主义技术和工业革命改变了美国的面貌和生活方式,也使传媒逐步走向商业化,但同时传媒出现的种种弊端,引发了社会各界的尖锐批评并被要求政府务必加强管制;受众的认识水平有了提高,感到在享受新闻自由的同时也需要媒介的引导和帮助;报业人员的素质有了提高,从社会问题中认识到了自身的责任。1942 年,美国时代出版公司创办人、报阀亨利·鲁斯出资 20 万美元,大不列颠百科全书出资 15 万美元,委托当时美国芝加哥大学校长罗伯特·哈钦斯任主席、哈佛大学法学教授恰菲任副主席,聘请了 13 位社会科学领域的著名专家学者,组成了"新闻自由委员会",开展对新闻出版自由的现状和前景进行调查分析的工作。从 1943 年底开始到 1946 年结束,该委员会提出了一份题为"自由与负责的报刊"的总报告,该报告于 1947 年出版后,被认为是"报刊的

---

① Maxwell E. McCombs, Donald L. Shaw. *The Emergence of American Political Issues: The Agenda-Setting Function of the Press*. West Pub. Co. , 1997. pp. 176－186.

社会责任理论"的权威著作。

"媒介社会责任"理论提出的两个主要目的：一是防止资本主义传媒垄断所带来的社会矛盾日益激化；二是防止媒体内容的进一步低俗化，以保证社会道德和精英文化不致没落。这是对古典自由主义理论的修正，也是"在传统理论上一个新思想的接技"。它的要点是：一定的自由和民主总是伴随着媒介对社会和公众承担一定的责任和义务；媒介在其传播活动中应当坚持和贯彻真实、准确、客观以及服务于公众等专业标准；媒介必须提供高质量的信息并接受受众的严格监督。其中第一点是其理论核心。

与古典自由主义理论相比，"媒介社会责任"理论既倡导了包括政府、公众和传媒在内的"三位一体"的共同、积极的自由，又肯定了政府参与和干预的必要性和重要性，较有效地缓和了传播体系面临的各种矛盾。这不仅是理论上的建树，也在实际运用中弥补了自由主义理论的诸多缺陷，因而成为西方发达国家认同的"范本"，对自由主义理论的缺陷具有一些"治标"的作用。然而，归根结底，"媒介社会责任"论只是对自由主义理论的一种修正与改良，它不能从根本上消除在垄断竞争、利润至上的资本主义体制下媒介与受众面临的追逐利润与社会责任之间的矛盾；不能解决既要求政府不要侵犯传播的自由，又要求政府出面干预媒介的矛盾；不能解决既要求维护媒介的私有制，又强调媒介承担社会性、公益性机构责任的矛盾。这种在资本主义社会体制和资本主义传播制度下出现的复杂而深刻的"二律背反"的现象，是怀有善良愿望的社会责任论者所无从解决的。

七、"刻板成见"理论

美国政治学者李普曼在《舆论学》一书中所提出的"刻板成见"就是强调人们对事物都有自己的"成见"。"完全的客观性"、"纯粹的客观性"是不可能的。美国著名记者爱德华·默罗也说过："任何记者都不可能做到完全客观，因为在某种程度上我们都是个人，都受教育、见识和阅读面影响，即我们经历总和的俘虏。"[1] 美国新闻史学家弗兰克·莫特说："纯粹的客观性甚至对机器人都不可能，因为在创造出机器人的背后，必定存在一定的思想。"[2] 而且媒介及其成员毕竟只是社会的一部分，社会制度、传播制度、阶级划分、政党归属、集团利益乃至个人倾向都会对他们有所影响，因此在新闻的采写编播过程中，作为传播

---

① ［美］查尔斯·威汀贝克. 肩负世界的使命（*The world on his back*）. 纽约，1953.

② ［美］弗兰克·默特. 美国的新闻. *Public Opinion Quartely*. Chicago：University of Chicago Press，1952. 75.

者，不论是传播组织还是组织化的传播者个体，"把关"是传播过程中必然发生的行为，主要是由信息的差异性、传播者传播目的的差异性和受众的差异性所决定的。

第二节　西方国家社会舆论调控的策略和手段

一、西方国家对国际社会舆论的调控策略

西方国家在和平时期的社会舆论调控往往以提升世界对本国发展和进步的关注，正确理解本国的文化和道德价值理念，促进本国与世界各国政治、经济和文化的交流与合作为宣传目标。

（一）和平时期西方国家社会对外的舆论调控策略

西方国家和平时期对外的舆论调控策略包括：

1. 树立"模范的民主体制"的全球榜样

西方国家具有强烈的自命不凡的自豪感和使命感，这根植于西方文化哲学中非理性主义传统的西方基督教精神。他们十分关注本国在世界竞争中的政治地位、经济利益和军事安全等重要内容，在国内追求道德完美和更好的物质生活的同时，通过完善自己"模范的民主体制"来为其他政府和民族树立榜样。所以他们常常密切关注和了解本国在他国心目中的国家形象，在一些重要国家的首都建立本国的信息平台，由总部进行控制和协调，每一个分部监控当地媒体对本国的报道，实行分部向总部汇报机制。

2. 崇尚"软硬兼施"的实力制胜

西方国家大多崇尚实力，尤其是靠着竞争、掠夺与开发崛起的美国更是如此。在历史上，他们曾经极力推行包括军事实力、经济实力和技术实力等核心硬实力来实现自身的既定目标。美国人更是固执地认为，历史已经表明，一个国家强大后必将倾向于扩张，挑战现存主导大国的既得利益与地位，所以美国随着科技和经济的发展不断提升军事实力。他们在"一战"之前就十分重视海军力量建设；冷战期间就重视核力量建设；冷战以后则转向以信息化为核心的整体力量建设。但他们从一开始就注意到了"软实力"的重要性。西奥多·罗斯福有句名言："说话客气，但手持大棒。"这就是说，在运用硬实力的同时，也运用无形的文化价值观来发挥其意识形态潜移默化的深远影响。一是综合运用他们在国内和国际的资源和品牌来扩大影响，大力推荐具有本国文化特色的产品，包括电影、电视等的美国通俗文化产品，其实就是使西方的价值观、风土人情、历史文

化、政治、经济、文化体制等西方意识形态得到生动展现。比如助主演桑德拉·布洛克获第82届奥斯卡最佳女主角奖的体育电影《弱点》，就是一部融合爱国主义、民族主义、美国精神和生活方式的叙事煽情电影，它所包含的价值观念、宗教精神和道德情感，正是西方文化观念的集大成者，是美国意识形态的又一次全面演绎和全球传播。二是把自己打扮成上帝拯救全人类的"使者"，不断以自己的价值观和民主来"实施"救援，向全球"输出民主"。

3. 采用文化公关的有效机制

西方国家的国家形象大多通过雇用国外的大型公关公司从事公关活动来塑造。公关公司将其作为信息源和媒体进行交换，它和媒体的互动、发送材料的形式与内容等，都会影响媒体关系的有效性。如文莱的全球公共关系；"9·11"事件后沙特对美国的公关；伊拉克侵入科威特后，科威特对美国政府的公关都是通过大型公关公司进行的。布什政府在第一个任期内，就花费了2.54亿美元与公关公司签订合同，这差不多是克林顿总统最后一个任期内在这方面花费的两倍。

4. 通过基金会资助或文化交流方式

西方国家经常通过交换留学生、互派访问学者等方式，与其他国家建立文化与学术交流关系，使留学生和访问学者以亲身经历的方式来建立该国的国家形象；他们还定期到世界其他各个国家举办本国的文化节，以独特的历史、文化和艺术吸引当地媒体和民众的关注。文化艺术交流的形式可以打破传统意识形态上的差异和束缚，回避国与国之间在政治经济上的矛盾和敏感问题，还可以另辟蹊径，更有效地让他国受众了解本国的真实面貌，建立起关于该国的正面形象。

（二）西方国家在危机时期对外的舆论调控策略

西方国家十分重视危机时期国家对外舆论调控策略。其主要策略和特色包括：

1. 目标明确，捍卫国家利益，塑造国家形象

在许多西方国家，一切舆论宣传都是为了削弱或转移民众对本国政府的愤怒，建立本国在民众心目中的正面形象，以捍卫自己国家的政治和经济利益。

很典型的一个例子就是美国《新闻周刊》亵渎《古兰经》事件。2005年5月9日，美国的《新闻周刊》在其常规性的每周新闻回顾专栏 *Periscope* 中刊登了迈克尔·伊西科夫和约翰·巴里合作采写的《关塔那摩：美军南方司令部摊牌》，文章寥寥300字，总共10句，却有一句话透露了涉及亵渎《古兰经》的内容。结果一夜之间引起了先是阿富汗，接着是整个穆斯林世界的强烈抗议，并随之逐步升级为流血冲突，5月11日在阿富汗东部城市贾拉拉巴德爆发了大规模的示威游行，2 000多名阿富汗学生举着"美国去死"的口号冲上街头，焚烧

布什肖像，并演变为激烈的反美浪潮和社会骚乱，造成 16 人死亡，100 多人受伤。在各国媒体的争相报道中，《新闻周刊》旋即被推到国际舆论的风口浪尖。美国政府非常敏感地意识到这一新闻信息流对美国国家形象所造成的严重后果，在《新闻周刊》宣布收回报道后，国务卿赖斯立即发表讲话，对《新闻周刊》事件报道的不准确表示愤慨，并称之为"骇人听闻"的报道，这掀起了新的反美情绪，使美国在伊斯兰国家的形象受到巨大破坏，严重损害了美国为改善自身形象及改善与伊斯兰国家关系所作出的努力，以致美国需要花很大的力气来弥补。同时，白宫发言人麦克莱伦也表示，《新闻周刊》的错误报道"产生了严重的后果，已经有人因此而丧生，美国的海外形象也受到了损害"。但是，美国政府和军方对前后被证实的关塔那摩美军基地亵渎《古兰经》的事件始终拒绝作出更大的检讨和回应，这说明他们在国际上充当"霸主"的立场和态度是始终不会改变的。

2. 不择手段，炮制虚假新闻，隐瞒事实真相

西方国家在面临危机事件时，常常把维护国家的利益和正面形象放在首位，有时甚至不惜违背他们一直标榜的"新闻真实"原则，掩盖事实真相，炮制虚假新闻来转移视线，逃避责任，或者避重就轻，转嫁他人。乔治·奥威尔说："政治语言的目的就是让谎言听上去像真理，使谋杀变得合理，还能把无形的风说得像是坚固的实体。"

2001 年，美国"9·11"恐怖袭击事件发生后，美国政府面临内外交困的境地。他们开始处心积虑地要把广大民众的视线转移到自己的"假想敌"身上。2003 年 3 月 20 日，美国绕开联合国安理会，对伊拉克展开了第一轮空袭，新美伊战争正式爆发，掀起了全球竞相报道的狂潮。在这场始终找不到真正"理由"的战争中，以美国为首的几个西方发达国家采取了种种恶劣手段来严苛地控制战时新闻舆论，使得这些长期标榜自己"新闻自由"、"新闻独立"和"政府的反对派"的西方国家主流媒体沦为战争的舆论工具。美方几乎每天都通过各种国家行政或军方机构来炮制和散布谎言，如"某某城已被攻克；萨达姆及其儿子已战死；伊高级将领投降等"。"3 月 21 日，美联社报道说，伊拉克第 51 步兵师包括师长在内约 8 000 人向美军投降，各大媒体纷纷转载。但次日该师师长哈希米却在卡塔尔半岛电视台上辟谣，表示将誓死保卫巴士拉，令国际舆论界哗然。就连英国广播电视网（BBC）新闻部发言人也承认，他们多次从联军方面获得的信息都与事实不符，这使得西方媒体陷入尴尬可笑的境地。CNN 被伊方要求离境，因为'它已经成为美国政府散布谣言的工具'。CNN 片头的小字'最值得

信赖的新闻来源'（*Most trusted name in news*）一时间成了绝妙的讽刺。"①

3. 加强交往，公关游说捐赠，整合营销传播

西方国家对意识形态与商业、外交的微妙关系心照不宣，且熟谙其道。在"9·11"事件之前，沙特是美国在中东的盟友之一；但在"9·11"事件后，两国关系变得岌岌可危，沙特在美国民众心目中成为一个包庇和纵容恐怖分子的国家，国家形象一落千丈。约300个美国受害者的家庭联合起来起诉沙特政府，指控他们暗中支持恐怖分子，要求沙特政府赔偿3 000亿美元。因此，改善国家形象和减低美国公众的愤怒成为沙特政府的当务之急。在此情况下，沙特政府对美国的宣传采取了"整合营销"的宣传模式，努力使传播效果实现最大化。其中最主要的手段包括：

沙特政府考虑到广播和电视无远弗届的优势，在美国几乎所有的主要媒体市场，如《国际先驱论坛报》、《人物》和《星条》等，投放了数百个广播和电视广告，以回顾和自我表白，唤起美国民众对两国之间长达60年友谊的回忆，表明沙特的反恐立场和在反恐中的杰出贡献；努力建立与美国媒体之间的亲密关系，以正面影响美国媒体对沙特的报道。沙特王室通过邀请美国记者到王宫赴宴、放宽美国人访问沙特的限额等一系列手段，努力赢取美国媒体的好感。沙特王室成员在事件发生后立即开始制造媒介事件，加强跟踪报道。沙特外长探望美国驻沙特的外交使团，并亲自赴美，表示哀悼；大量接受美国主流媒体的采访，利用美国的媒体直接向美国民众表明态度、观点和立场；通过一系列的捐赠活动来改善沙特在美国民众眼中的国家形象；通过美国主流电视媒体对沙特王室重要成员和重要政府官员的访问来设定美国电视媒体议程，传达沙特的立场、观点，唤醒美国民众的历史回忆，努力化解美国民众的愤怒，提升沙特在美国民众中的国家形象。

4. "软""硬"兼容，多元主题、题材与角度，塑造元首形象

在国际传播全球化的背景下，国家领导人在国际交流的各种场合的活动，正在成为传播国家媒体形象和意识形态的重要渠道。所以很多国家在国家元首出席国际活动前就对其活动内容、环境和一言一行进行精心策划，力求实现其国家形象传播的既定政治目标。李宇博士为了探寻中国和美国在领导人报道上的差异，对美联社（AP）和我国新华社关于国家领导人的报道进行了为期一年（从2009年3月1日到2010年2月28日，以尾数为0和5的日子为样本）的等距抽样调查和比较研究。统计和研究结果表明，美联社一年的样本中关于奥巴马的报道不

① 吴慧. 从新美战争看美国的新闻自由，载自吴非，项国雄，陈培桃. 中国新闻理论传播. 北京：人民日报出版社，2005.713.

仅有关于内政、外交方面的硬新闻，还有占 17.09% 的软新闻。而且这些软新闻题材多样、主题多元、角度多维，展示了他在社交和家庭生活中的常人感情，甚至连他率领白宫记者团为资深记者海伦·托马斯唱生日歌、出席白宫音乐会、为橄榄球开球以及"第一夫人"与孩子们在花园播种等娱乐性新闻，也成为表现他的人性化、平民化的重要题材。这同样成为美国在国际媒体中塑造元首形象，影响国际舆论的重要手段。①

（三）西方国家对社会主义国家的社会舆论调控策略

"数十年来，美国唯我独尊的霸权主义、反共的意识形态始终如一。美国是一个非常重视意识形态和讲求控制意识形态的国家。美国学者对此有深刻认识：'决定美国资本主义命运和前途的是意识形态，而不是武装力量。''美国的意识形态霸权和精英统治阶层的出现都不是一个巨大的阴谋，而是美国社会建立方式和长期历史演变的结果。'"② 而媒体，则是构建美国意识形态霸权的主要载体，分析美国媒体多年来不断"妖魔化"中国的深层原因，就是其反共的意识形态"指挥棒"在作祟。

1. 坚持意识形态划线，实施西化、分化和异化

对西方国家而言，对外进行社会舆论控制的重点是社会主义国家。大众传媒和意识形态的关系极为密切，美国著名学者 J. 希利斯·米勒甚至认为"媒介就是意识形态"。冷战结束后，世界格局走势日趋复杂。政治格局多元化、经济全球一体化、信息传播网络化的发展趋势，空前拓展了意识形态存在的时间与空间，不同意识形态的冲突与交锋更为频繁、复杂和激烈。西方国家政府努力把西方主流意识形态乔装打扮为"普世"性的意识形态，促使西方媒体在其国际报道中坚持抵制和围堵意识形态不同的国家。在对华报道的问题上，他们坚持认为："中国是一个与美国迥然不同的社会主义国家，中美在社会制度、意识形态和价值观等方面根本对立，中国无论怎样融入国际社会，都不被美国公众所接受，特别是冷战结束后，美国媒体一有机会就攻击中国。"③ 西方国家媒体多年来的负面宣传在其公众的心目中形成了敌视中国的思维定势和偏见，较少关注外部世界的西方公众受到意识形态色彩浓厚的西方媒体的左右。尤其在美国更是这样，正如乔姆斯基等媒体批判学者所揭露的："美国媒体实际上被极少数媒体垄断集团所控制，媒体帝国与军火工业等大垄断集团和美国政治密切结合，形成媒

---

① 李宇. 中国电视国际化与对外传播. 北京：中国传媒大学出版社，2010. 63~67.

② "美国之音"对华广播将停止 为增加效果转战网络. 新闻网，http://news.xinhuanet.com/world/2011 - 02/17/c_121092448_3. htm，2011 - 02 - 17.

③ 陈锋，林宏. 中美交锋大纪实（下）. 北京：中国社会科学出版社，2001. 586.

体帝国，严重危害了公众的知情权、言论自由和新闻自由权。"①

西方发达国家对社会主义国家的舆论控制目的明确，以有色眼镜和双重标准来进行是非判断。"美国之音"是世界上最大的对外媒体，1942年由美国政府出巨资建立，它经常标榜自己是"独立"的新闻媒体，实际上它和美国政府的关系异常密切。"美国之音"电台的台长由总统任命，总统下台，台长自动离职；它的各种语言广播坐"第一把交椅"的都是外交官；美国国务院向"美国之音"派出一个7人小组专门负责审定其新闻分析、评论和宣传政策，并实施监督。"美国之音"前台长杰弗利·科恩1999年6月26日在香港《明报》发表文章《冷战后"美国之音"的六大任务》，提出了"美国之音"的"六大任务"，前三项就是：第一，对抗共产党和集权国家；第二，鼓励美国式的新闻自由；第三，输出美国的价值观。一句话，就是要按照美国的意识形态和价值观来控制社会舆论，对社会主义国家尤其是中国实行"西化"和"分化"。"美国之音"所称的"格言墙"，墙上就有达赖等人的名字以及他们说过的话。美国前任总统里根在谈到"美国之音"的方针时直言不讳，就是要"向全世界宣传美国的制度比共产主义优越"，标榜"美国之音"是"冲击社会主义的破城槌"，以社会主义国家为主要传播渗透对象。七十多年来，"美国之音"在"意识形态冷战"中不遗余力，更一直被美国视为"骄傲"；它第一次发声是代表"人类正义"穿越到纳粹铁骑下的欧洲；它散布的西方价值观推动了"苏联不流血的瓦解"；而"红色中国"则是其近二十年来苦心经营的另一块阵地。

20世纪90年代，互联网刚在全球兴起，1994年"美国之音"成为世界上首家利用互联网的国际广播电台，"美国之音"于1991年设立了藏语广播和藏语专栏节目。达赖就曾通过"美国之音"的藏语节目进行煽动活动。美国给了他们充足的经费保障和政策支持，大力加强对西藏分裂势力的宣传力度。藏语广播的波段由1991年的3个增至1997年的13个，广播方言由1种增加到3种，广播时间也由每天30分钟增加到每天3小时。美国媒体曾报道说："在2008年拉萨'3·14'事件发生前，'美国之音'的对藏广播时间又增加到4小时。"②在苏联解体、中国北京1989年政治风波等重大政治事件中，"美国之音"都充当了"反共"、"反华"的急先锋。东欧剧变后，在1992年"美国之音"建台50周年时，"美国之音"的主管部门——美国新闻署编写了一本介绍"美国之音"历史的小册子，其中得意洋洋地写道："'美国之音'多年来报道了世界的

① 何英. 美国媒体与中国形象. 广州：南方日报出版社，2005. 107.
② "美国之音"对华广播将停止 为增加效果转战网络. 新华网, http://news.xinhuanet.com/world/2011-02/17/c_121092448_3.htm, 2011-02-17.

许多变化，特别是近五年来那些重大的变化。可以说，我们的广播从多方面，至少在某种程度上促成了这些变化。"此后，"美国之音"不但在华盛顿总部成立了"中国研究室"，在香港成立了"中国研究中心"和"亚洲节目部"，而且把原来针对前苏联和东欧的许多广播设施转移到中国的周边国家和地区。其后美国和其他西方国家、地区对华的广播机构在我国从南到北、从东到西构筑了一个四面包抄的发射网，在周边的 10 个国家部署了 26 个发射基地，对我国进行多方向、多频率、多语种、大功率、长时间的多重广播覆盖。美国新闻总署署长沾沾自喜地认为，它"能使整个中国听到'美国之音'"，"并使北京的干扰无能为力"。

近年来，我国对外传播新闻信息的状况有了很大的改进，情况有了一定程度的改观。但是，西方媒体的意识形态还是难以避免地表现出来。2009 年 7 月 5 日，我国新疆乌鲁木齐市发生了打砸抢烧的严重暴力犯罪事件。据不完全统计，"七·五"事件造成 100 多人死亡，1 000 多人受伤，260 余辆机动车（其中 11 辆是警车）被烧被砸，209 家店铺和 2 幢楼房被焚毁，过火面积达 56 850 平方米。尽管我国主流新闻媒体从一开始就不断跟踪发布反映基本事实真相的消息和图片，但是包括 BBC 和 CNN 等在内的西方媒体的报道，还是顽强地表现出其总体的意识形态和舆论倾向。从他们对"七·五"事件设置的基本叙事框架中，可以看到，他们把事件定位为一种"横向冲突"而不是"纵向冲突"，也就是说这里的矛盾不是社会与国家、政府与群体的冲突，而是社会内部各种利益集团之间的冲突；在对事件的定性上，他们并不认同我国主流媒体关于事件是"少数极端分子制造的动乱"的性质，而"将事件归结为中国政府民族政策的失败，归结为汉族与少数民族之间的不平等，归结为中国经济发展中的冒进趋势与不和谐的问题"①。

2. 意识形态攻略和舆论调控策略的调整

近年来，虽然"美国之音"的对华舆论调控策略在不断变化更新，但万变不离其宗，其传输西方国家主流意识形态的核心和灵魂初衷不改。美国《华盛顿时报》2011 年 2 月 15 日报道了这样一条让西方反华势力极不舒服的消息："随着北京逐步扩大在美国乃至全世界的宣传攻势，奥巴马政府周一宣布，将于今年取消'美国之音'对华短波广播。"被视为"民主利器"的"美国之音"的台长丹·奥斯丁向中文部员工宣布了这一计划。这则新闻激怒了一些西方政客，引起海内外的广泛热议，各种解读充斥媒体：有美国政客迅速抨击这是

---

① 程曼丽，王维佳. 对外传播及其效果研究. 北京：北京大学出版社，2011. 154.

"美国对强势中国的畏惧";类似的"德国之声"感慨其为"一个时代的终结";有人认为,这说明"美国之音"中文部对华"黄金时代"结束;也有人认为此乃美国政府为向华示好而放松意识形态攻势的表现;还有人提出这不过是"美国之音"结束广播而转战互联网的标志。

其实,这丝毫不能说明以美国为首的西方国家在对华意识形态传播上的"退让"或"示好",而只是由于国际环境和网络传播技术的变化而作出的传播策略与手段的调整。在美国,一切以国家利益为核心,一切以实用主义为标准,力求投入最小化而收益最大化,讲求策略、重视效果。此次拟削减"美国之音"对华广播而加强新媒体传播,就是对这一原则的最好解释。中国国防大学战略教研部韩旭东教授则指出,美国国家军事战略报告中明确强调,公共空间与网络空间主导权和优势的争夺,已经成为新的战略方向与重点。这正说明社会舆论的"网络公共空间"逐渐成为世界争夺的"新战场",关闭"'美国之音'对华广播"的步骤与这个战略恰好遥相呼应。路透社分析,美英等国关闭各自的对华广播绝不是放弃在意识形态上与中国的竞争,即使"美国之音"停止对华的普通话和广东话广播,其广播业务也会转移到自由亚洲广播电台。"统计显示,自由亚洲电台的中国语言广播时间自 1996 年开台到 2010 年呈现出超过 22.5 倍的急速增长。目前,所有针对中国听众的普通话、广东话以及藏语广播节目时间加起来一天超过 65 小时,占到自由亚洲电台每日向整个亚洲地区广播总时间的75%。""'美国之音'西藏广播电视服务还把视频上传至 Facebook 和 YouTube,或是一些藏人博客中。'美国之音'的藏文频道的访问用户从 2007 年的平均每月 1.45 万增至 2010 年的每月 7.6 万,增加四倍之多。2010 年'美国之音'的藏语频道制作并播放了《网上西藏》视频节目,向受众展示了西藏的一些活跃博客、西藏相关的网站和社交媒体的网络内容。"[①]

更重要的是,美国广播管理委员会考虑到由于新媒体的冲击,广播影响日渐式微,听众大幅下降,而新媒体在中国快速发展,互联网网民人数 4 亿多,手机用户已经超过 8 亿,所以他们当机立断作出战略调整,转向新媒体。美国广播管理委员会专门在其下属的国际广播局(International Broadcasting Bureau,简称"IBB")设立了专门的新媒体办公室(Office of New Media),为"美国之音"更新了内容管理系统和互动平台,并且还增建了 20 个手机多媒体网站,专门针对中国和伊朗创建了移动装置接收音视频网络内容的系统,2012 年计划在新媒体和手机方面每月增加 50 万中国用户,以后每年翻番。为了强推"网络自由"以

---

① "美国之音"对华广播将停止 为增加效果转战网络. 新华网, http://news.xinhuanet.com/world/2011-02/17/c_121092448_3.htm, 2011-02-17.

扩张意识形态霸权，"美国之音"不断与实力强的公司合作，研发能够突破网络审查和封锁的软件，2012年增加专项经费40万美元。

无独有偶，2013年1月，由于英国大幅削减预算，英国外交部2010年10月宣布不再对BBC拨款，BBC也宣布停止中文广播。但与此同时，BBC居然向美国国务院申请资助，以打击中国和伊朗等国的网络审查。事实说明，意识形态的较量并没有因为全球经济一体化的发展而"终结"，我们切不可就此刀枪入库，马放南山。在新媒体环境下，全球化、网络化和社会化发展的新媒体，空前拓展了意识形态存在的时间与空间，使得意识形态斗争无所不在、无时不有，不同意识形态的冲突与交锋更为直接、激烈和多样化，它仍然是中国和以美国为首的西方发达国家较量的重要战场。随着新媒体的勃兴，网络"公共空间"逐渐成为世界争夺的"新战场"。美国政府在国家军事战略报告中多次强调了争夺公共空间与网络空间主导权和优势的战略方向与重点。由于新媒体技术使意识形态的门槛不断降低，在西方国家各类媒体全面占据绝对优势的国际大背景下，意识形态安全的风险在加大。尤其是对中国而言，新媒体给我国主流意识形态的构建提出了极大挑战。对此，中国也应充分利用好互联网的优势与条件，更加有效地进行应对。

3. 不断发出"中国威胁论"的"恐怖预言"

新中国成立60多年，特别是改革开放的30多年来，中国创造了人类历史的奇迹：从来没有哪个国家，在如此短的时间内，让如此众多的人口迅速改变贫穷落后的境况，走上一条繁荣昌盛的道路。但以美国为首的西方国家始终戴着"有色眼镜"来看中国，连篇累牍地发布种种关于"中国威胁论"的"恐怖预言"，始终把中国作为意识形态和社会制度上"不共戴天"的"天敌"。这里面除了文化和意识形态等因素之外，还有双重标准背后的西方国家利益最大化的考量。2009年8月北方网（http：//www.enorth.com.cn）刊登了一篇题为《从中国崩溃到香港之死：西方对中国五大失败预言》的文章，中国新闻网也转发了由李博、奚平采写的发表于《中国社会科学报》的文章，题为《西方关于中国的五大失败预言》。二者都比较详细地分析了这些"恐怖预言"，主要包括：对经济日益崛起的中国的"中国威胁论"；对中国经济高速增长的同时所产生的问题与矛盾的"中国崩溃论"；对中国未来的粮食需求大幅度增加，越来越依赖粮食进口的"中国粮食危机论"；对香港回归后的命运的"香港死亡论"；东欧剧变后的"共产主义终结论"。文章以充分的历史事实和深刻哲理，对此进行入木三分的揭露和批判。

4. 联系中国"大国崛起"背景，立足切身利益进行对华关系调适

虽然西方发达国家不甘心中国在世界上拥有日益举足轻重的国际地位，但是

中国无可争辩地已经成为联合国的五个常任理事国之一和全球第二经济实体，这使得他们不能不借助中国的经济实力和广阔的市场来走出金融危机带来的长时间的经济低谷。所以在涉及与中国的关系问题上，西方发达国家一方面本能地戴上意识形态的"有色眼镜"，表现出不以为然的惯性思维；但另一方面又不得不对这个与切身利益直接相关的"崛起大国"察言观色，进行双边关系的适当调适。其中一个典型案例就是 2009 年 12 月英国毒贩阿克毛把 4 030 克海洛因带进中国被中国司法机关判处死刑一案。在案件判决之初，BBC 和 CNN 对此表示了高度的关注，报道主要涉及事实的认定、案犯亲属和英国政府争取免除死刑的努力和中国司法体系的公开性和公正性等问题。BBC 在没有出示证据的情况下称案犯"有很长的精神病史，患有双极人格失常症"，CNN 和 BBC 都援引出处不明的所谓"人权组织"和"自愿证人"的观点来确认案犯"患有精神病"；与此同时，在讨论中国司法体系的公正性问题上，他们都首先旁敲侧击地渲染中国司法体系的"恐怖"。CNN 在三次报道中都援引数据称"去年中国处决的罪犯数量约占世界总量的四分之三，超过了世界所有其他国家处决数量的总和"。BBC 也指出，"中国的司法系统并不像西方那样公开和独立，死刑判决的透明度很低"。通过这些描述，中国司法的公正性已经在观众头脑中被问题化甚至妖魔化了。但是，在中国司法机关依法处决案犯之后，BBC 为了缓和中英关系不得不承认："这类事件是非难辨，英国在与中国打交道时必须分清轻重缓急"，甚至提出"中国当局更关心的问题其实只是毒品问题"，而英国政府的"外交影响力也被证明不够强大"。而 CNN 的报道则把中国在这一案件上的坚决态度与逐渐在全球政治经济中崛起的情况联系在一起，指出随着"中国在国际舞台上的分量越来越重，在处理此类案件时，也就越来越少受国外势力的左右"①。

5. 抓住机会，捕风捉影，随时发难

西方国家分派在中国的记者可谓俯拾即是，其中不少人几乎天天"如蝇逐臭"般地在街头巷尾"找茬"。一旦听闻什么风吹草动，就会如获至宝地赶到现场。2011 年初，一场背景极为复杂的被西方称之为"草"革命的政治动荡在中亚和北非蔓延，中国少数受到"鼓动"的人于 2011 年 2 月 20 日到北京王府井搞了一场所谓"草"的闹剧。几个人的所谓"行为"艺术，让西方媒体马上抓住这一意外"发现"的稻草，连篇累牍刻意"制造"中国的"草"革命，并不惜捡起了 2008 年"3·14"用过的各种新闻造假的"衣钵"卷土重来。最可笑的是，当时美国驻华大使洪博培居然出现在"2·20"事件现场，并被中国网民抓

① 程曼丽，王维佳. 对外传播及其效果研究. 北京：北京大学出版社，2011. 159.

了"现行",用手机等新媒体录下了视频。事后,一个叫做"四月青年"的网站及时披露了美国驻华大使洪博培在现场的视频和照片,讽刺洪博培"打酱油"。这些照片被海内外媒体广泛转载,搞得洪博培和美国政府不断解释和"掩饰"。事后,"四月青年"网站则制作了题为《揭露外媒造假:2·20王府井究竟发生了什么?》的视频,生动而客观地展示了"2·20"事件的真相和部分西方记者"生谣"、"造假"的证据,极巧妙而有力地批驳了西方媒体"唯恐中国不乱"的险恶用心。一个投入不高的网站,凭借几张图片和几段视频,打败了诸多西方"媒体",这充分显示了新媒体时代的传播特点。①

正如胡锦涛同志在党的十八大报告中所说:"这十年,我们紧紧抓住和利用好我国发展的重要战略机遇,战胜一系列重大挑战,奋力把中国特色社会主义推进到新的发展阶段。""二〇〇八年以后,国际金融危机使我国发展遭遇严重困难,我们科学判断、果断决策,采取一系列重大举措,在全球率先实现经济企稳回升,积累了有效应对外部经济风险冲击、保持经济平稳较快发展的重要经验。我们成功举办北京奥运会、残奥会和上海世博会,夺取抗击汶川特大地震等严重自然灾害和灾后恢复重建重大胜利,妥善处置一系列重大突发事件。在十分复杂的国内外形势下,党和人民经受住严峻考验,巩固和发展了改革开放和社会主义现代化建设大局,提高了我国国际地位,彰显了中国特色社会主义的巨大优越性和强大生命力,增强了中国人民和中华民族的自豪感和凝聚力。"

西方媒体对中国报道的这种冷战思维和意识形态的偏执,引起了中西方许多有识之士的不满。美国前国务卿基辛格在接受美国一家有影响力的电视台采访时对记者说:"你们不要为了寻求对抗而对抗。"记者请他举例,他一针见血地指出:"妖魔化中国。"他在《新闻周刊》上撰文说:"在当今世界动荡不定的情况下,把中国变为敌人得不到任何好处,而探索潜在利益一致的领域则可以得到很大好处。……遗憾的是许多共和党人以中国取代解体的苏联,力求用加速苏联帝国垮台的办法对待中国:外交对抗、经济排斥和发动意识形态战。"美国著名汉学家约翰·拜伦说:"……我们不停地找中国的茬,会不会使我们正在疏远中国?换种说法,我们是不是又在失去中国?"

(四) 西方国家在国际战争中的社会舆论调控策略

传播与战争有着千丝万缕的联系,正如克劳塞维尔所说,"战争是人类交往的行为","精神是战争的第一大要素"②,传播是战争中实现精神征服的主要手

---

① 刘瑞生,周世禄,甄宇鹏. 新媒体与意识形态安全——美国之音"拟停对华广播"背后的西方对华传播战略转型. 海疆在线,2011－07－23.

② 刘继南. 国际战争中的大众传播. 北京:北京广播学院出版社,2004.3.

段，战争的进行，也大大地促进了传播的不断发展。战争需要及时而准确的信息，需要先造成舆论以"攻心"，战争中的各方为了各自的利益企图限制和利用传媒组织和动员大众，使之按照既定的政治目标行动。正是由于信息传播在战争中的重要功能，参战各方非常重视媒体在战争中的作用。拿破仑曾说："报纸一张，犹联军一队也"，"记者的一支笔胜过三千毛瑟枪"。戴高乐将军在"二战"中利用电台在伦敦及时发表抗击法西斯的声明，凝聚了法国人民抗击法西斯的决心，因此被称为"麦克风将军"。早在"二战"时期，美军总司令艾森豪威尔将军就曾在一次报纸编辑的集会上说："舆论赢得战争，我从来都把派驻到我军司令部的记者们看作编外军官"，因为"在宣传上花 1 个美元等于在国防上花 5 个美元"。

刘继南、周积华、段鹏等学者在《国际传播与国家形象——国际关系的新视角》一文中指出："战争中的传播实际上是双方所塑造的国家和民族形象的一个博弈过程。在博弈过程中，双方宣传部门都力图使自己的政治目标和国家利益合法化，而由于国家的政治目标经由大众传媒之后就被表述为一种符号，并最终组成国家形象，这种合法化的力量会在一定程度上影响战争的进程和结果。"美国前总统克林顿在他所提出的"参与和扩张的国家安全战略"中，明确地将信息列入国家战略的四大领域之一，提出了以"营造—反应—准备"为核心的跨世纪战略方针。该战略强调将着手为应对 2015 年前后可能出现的各种安全挑战，特别是新的全球性对手的挑战作好准备，大大推进以信息战为龙头的新军事革命，维护美军在 21 世纪的"压倒性优势"地位。

战争中常用的宣传策略一般是总体和立体的宣传，即多种传播手段和多种传播工具的整合。将公开的"白宣传"与秘密的"黑宣传"相结合，并一致服务于战争中宣传的总目标——通过对世界媒体与信息霸权的掌握，力求"不战而屈人之兵"，使传媒为自己赢得战争服务。主要包括如下策略：

1. 旨在争取国际社会理解、支持的战争宣传策略

(1) 确立为世界人民而战的基调。

如"9·11"事件后，美国决定发动阿富汗战争之前，政府宣传活动主要围绕以下内容进行，如"对世界贸易中心和五角大楼的攻击不是对美国的攻击，而是对全世界的攻击"，"这场战争不是针对伊斯兰教的战争，而是反对恐怖分子和支持及包庇他们的人的战争"，"所有的国家必须站在一起，消除国际恐怖主义的蹂躏"。

(2) 充分运用第四媒体来传递为"我们"而战的概念。

美国信息署在"9·11"事件后不久就设立了"反恐怖主义"网站。该网站每日刷新，并充分运用生动的图片，其中一张世界地图上就标注着 81 个国家的

公民在世界贸易中心遭受袭击时丧生的内容，努力建立各国安危与世贸被攻击之间的联系。

（3）高举人道主义援助的大旗。

如从南斯拉夫战火燃起之日起，西方国家的电视就不断播放有关科索沃难民的镜头：疲惫不堪的老人，面容凄苦、怀抱婴儿的母亲，妇女和儿童哭泣的场面等，这些镜头深深地打动观众，激发观众的正义感。但电视镜头中没有塞族难民的眼泪。这使人道主义成为获取国内外民众支持的工具。

（4）以嵌入的方式来设定他国的媒体议程。

美国的新闻官员也会尽量表现出合作态度。但他们仅对记者提供一个采访的范围，什么地方可以采访，什么地方不可以采访，但关于具体采访的一些细节问题，对记者的报道在时空上的限制控制得非常严格，即报道角度是被设定的。如中国记者胡晓明本人在与美军士兵共同生活的 35 天里共发回 67 则新闻，这些新闻完整地记录了美军的活动，有人认为它们看上去更像美军航母"小鹰"号航海日志的中文版，甚至看上去像是由美军自己带领的美军随军记者的报道。

（5）控制信息源。

俾斯麦曾指出，"大选前、战争和胜利后是谎言最多的时候"。美国参议员海勒姆·约翰逊 1917 年曾说过一句名言："当战争来临时，第一个伤亡者便是事实真相。"战争中的宣传往往通过控制信息、对特定事实强调与对特定事实忽略等专业手段完成。其中包括：

严格的新闻管制控制信息流通。管制针对三个方面进行：一是对于国内媒介的新闻报道有较为严格的新闻控制。如阿富汗战争期间，美国国务院命令不准播放塔利班的声音，国防部以"违反新闻纪律要坐牢"再三警告媒介；当时任美国国家安全顾问的赖斯要求电视慎播拉登的录像带，因为此举可能传递包含恐怖活动在内的秘密信息；"美国之音"台长和主管"美国之音"的国际广播局局长被撤职，因为该台在接到国务院警告后，依然播出了对阿富汗塔利班政府奥马尔的部分专访。二是对于战地新闻采集和报道的控制。控制方式包括组成新闻报道团进行战地报道，不允许记者单独行动；战地记者的一切活动都要在公共事务军官的监督下进行，同时要严格遵守军方制订的行为准则表，采访活动受到严格控制；建立新闻发布会制度，对外报道统一口径。伊拉克战争期间美军和伊方都定期有新闻发布会，向媒介公布战争进展状况。三是对于敌方传播媒介的控制。战争中采用军事手段攻打敌对方媒介，对敌对方媒介实施控制也是信息管制方式之一。美军战机曾用导弹炸毁了半岛电视台设在喀布尔的办公处。起因是卡塔尔半岛电视台此前曾播出本·拉登以及塔利班领导人的声明，报道立场偏向阿富汗塔利班政权，美国政府对此非常不满，并责令半岛电视台停止播出类似节目，但遭到该电视台的拒绝。2003 年 4 月 8 日，美军一枚导弹再度准确地"误炸"了半岛电视台位于巴格达的办公楼。

"包装新闻"。除了控制国内媒体报道、战地新闻的采集和报道外，政府还大量发布经过包装的新闻，包括用媒介事件、准事件、假事件、伪事件等来误导民众的认知。真相被牺牲的同时，充斥媒体的还有大量经过包装的新闻，即媒介报道的事件不同程度地带有有意安排或推动的成分，都无形地集中于事件的某个方面或者某个视角，而对其他方面避而不谈。如成为布什政府说服民众出兵科威特的"育婴箱惨案"，后来被证实是一个假事件。英国也有媒体报道称，伊拉克士兵把 312 名科威特婴儿从育婴箱中取出来，任其在冰冷的地上死掉。科威特少女的证词使得数百万美国民众义愤填膺。美国总统布什在科威特少女国会作证后一个月的各种演说中，曾经六次提到"育婴箱惨案"，有七位支持美国参战的参议员也在其演说中提及此惨案。盖洛普的民意调查显示，支持对伊拉克战争的民众比例急剧上升，1991 年 1 月 12 日美国发动了海湾战争。但事后证明，这位科威特少女并非医院的义工，而是科威特驻美国大使的女儿，整个"育婴箱惨案"是旨在对美国民众舆论进行战争动员而一手策划的伪事件。

"妖魔化"的宣传手段。即给予某个对立面的人物或思想塑造一个面目狰狞的形象，犹如给其贴上一个恶魔头像的标签，使民众由直觉的厌恶马上转化为拒绝和谴责这个人或这种思想。此法除了用于平常的新闻舆论宣传外，还经常用于战争爆发前夕和战争中的宣传活动。例如在第一次海湾战争前，伊拉克入侵科威特后，美国媒体很快形成了对这一事件作出反应的主流观点，即给萨达姆·侯赛因贴上"恐怖分子"、"希特勒"、"恶魔"、"暴君"、"血腥残酷的统治者"等标签，破坏伊拉克在美国民众心目中的形象，使人们不假思索就拒绝这种形象。又如，对南斯拉夫米洛舍维奇的描述中，美国媒体一致称他为"恶霸"、"独裁者"和"屠夫"，说他有"一张娃娃脸"和"一颗冷酷的心"，说他是"制造痛苦的人"，而把以美军为首的联合国军队描绘为英雄，美国军队被描绘为智力超群、勇敢解救被压迫民族的英雄，以在统一的媒体舆论中获得民众支持。

2. 紧密围绕不同宣传对象展开心理战

西方国家在战争总目标的指导下，一切宣传紧密围绕不同宣传对象的心理展开。其宣传对象主要包括本国民众、参战官兵、敌军和国际社会的民众等。面对不同的宣传对象，宣传内容和宣传手段不同。

(1) 针对国内民众，旨在争取支持，为战争造势。

这是一种"正名"宣传，旨在为战争造势。即战争之前为政府作出卷入战争的决定找一个合适的理由，使本国民众相信参战的决定是正确的，是为正义而战，为捍卫国家和民族的利益而战，为国际公义和人道主义而战，使民众从思想上和行动上支持政府的决定；在战争过程中则不断利用占绝对优势的国际媒体强化一边倒的舆论轰炸，使受众的大脑完全处于被灌输和被监禁状态，没有思考和批判的余地，把受众变成一边倒的新闻囚徒。宣传片或纪录片是政府影响国内外民众的重要手段。

（2）"鼓动"参战士兵，自诩"正义之师"，树立精神榜样。

在宣传中，鼓舞士气主要围绕以下几个方面进行：一是让官兵们明确作战的政治意义和军事目的，坚信自己是正义之师，是为正义而战，为本国的安全、本民族的生死存亡而战，为人道主义、为解放被压迫的民族而战；二是宣传敌人屠杀、强奸等以暴力剥夺无辜百姓生存和生活权利的暴行，从情感情绪上激发官兵对敌方的仇恨和保护受害民众的正义感；三是树立典型，让官兵们从榜样中获得力量。如在伊拉克战争中，美军再度塑造了爱国主义榜样。女兵林奇在美军进入伊拉克时翻车被俘，由伊拉克医生救治后，被美军突击队戏剧性地救回。随后林奇被塑造为美国的战争英雄而名噪一时，成为美国各大媒体的顶级记者拼命争抢报道的主角和《新闻周刊》、《时代》和《人物》杂志的封面人物；和约旦王后拉妮亚一起成为《魅力》杂志评选出的 2003 年度女性；美国全国广播公司（NBC）要开拍关于她的电影《拯救大兵林奇》；美国广播公司（ABC）也将她评为 2003 年度风云人物。但英国BBC报道将其中的企图一语道破：这是好莱坞导演替五角大楼策划的宣扬爱国主义精神的伪事件，是鼓舞美国国内民众和其他士兵士气的公共战略。

（3）造假蛊惑敌方，恐吓胁迫攻心，散布厌战情绪。

针对敌方士兵的心理承受能力和意志力，瓦解敌人士气主要围绕以下几个方面进行：

精心取舍，制造谣言。通过制造假象和揭露真相，让敌军相信他们是为非正义而战，在战争中失败的格局已定，从而使其无心恋战。在伊拉克战争中，美方几乎每天都有一些暗中炮制的不实信息：某某城已被攻克，萨达姆及其儿子已战死，伊高级将领投降……2003 年 3 月 21 日，美联社报道说："伊拉克第 51 步兵师包括师长在内约 8 000 人向美军投降"，各大媒体纷纷转载。但次日该师师长哈希米却在卡塔尔半岛电视台辟谣，表示将誓死保卫巴士拉。国际舆论界一片哗然。

恐吓胁迫，打击意志。通过恐吓胁迫，让敌方相信双方实力悬殊，己方失败已成定局。如"越战"期间，美军曾在无线电广播中大量运用恐吓手法，给北越军制造恐怖气氛，打击他们的意志。

激发乡情，散布厌战情绪。太平洋战争爆发后，日本军方为瓦解美国军人的斗志，洞悉美国大兵心理的女播音员"东京玫瑰"们使出浑身解数力图勾起美国大兵的乡愁、激起他们对那些送他们上战场的"老板们"的怨恨。女播音员们习惯用暗示性的语言评论说他们留在家里的妻子或情人在和什么人干一些见不得人的勾当，而这些"太平洋的孤儿们"却还稀里糊涂地在外为她们拼命。这些勾起了美国大兵饥渴难耐的生理欲望和浓重的乡愁、劝诱他们放弃企图打败日本帝国的美梦的手段，成为日本在"二战"中打击盟军士气的隐形武器。

指明出路，规劝投诚。让敌方相信在必败的局势下，不要坐以待毙，应当放弃对抗，以求生路。如在伊拉克后来的对美宣传中，没有了声嘶力竭的阿拉伯语口号，代之以流利的英语，"苦口婆心"地规劝美军士兵放下武器甚至要为投降的美军士兵提供保护。

（五）西方国家垄断国际媒介的舆论调控策略

信息和媒介的全球化在进一步扩大西方国家与发展中国家在国际信息流动中的差距，形成巨大的信息鸿沟的同时，也必然大大有利于西方国家对国际新闻传播的控制。历史发展的无数事实一再表明，西方国家对国际新闻传播的控制其实已远远不是一般的策略与技巧的问题，而是在意识形态和国家利益立场指导下的一个宏观的战略决策问题。

进入20世纪90年代，在信息全球化的趋势下，国际传播业的垄断局面进一步加剧，国际传播秩序愈加混乱。随着信息全球化趋势的加强，传媒业更加走向商业化，一些不能为媒体集团带来利润的国家和地区被排斥在信息出版范围之外。新的数字技术和卫星技术的结合，最大的受益者还是西方的电信业和传媒业。在世界的信息鸿沟进一步扩大的情况下，传播到世界大部分地区的新闻，80%~90%由美国垄断。"按销售状况来看，世界最大的五家全球媒体跨国公司分别是美国在线—时代华纳、迪斯尼、贝塔斯曼、维亚康姆以及新闻集团；全球报纸市场仍然由西方通讯社'四巨头'美联社、合众国际社、路透社和法新社统治着；全球电视的主导机构仍由路透社电视和世界电视新闻占主导。"[①] 由此可见，虽然传播技术已经进入数字化时代，但全球信息传播依然呈现从东到西、从北到南的流向，传播秩序呈现更加不平衡的趋势。这种信息鸿沟其实就是技术普及与网络接入的马太效应：越是富裕的国家，上网的设备价格和服务费用越便宜；越是贫穷的国家，上网的设备价格和服务的费用就越昂贵，其结果又进一步加剧了国家和地区之间的数字鸿沟。

在对全球媒体并购的众说纷纭中，还有一种新的观点值得我们注意。他们认为全球化不是历史发展的必然结果，而是英美等国的政策制造者一手营造的陷

---

① ［美］爱德华·赫尔曼，罗伯特·麦克切斯尼. 全球媒体——全球资本主义的新传教士. 甄春亮等译. 天津：天津人民出版社，2001.82.

阱。他们的分析是：英美推行全球化的思潮渊源是英国著名贵族贝兰特·罗素在20世纪50年代中期提出的"世界政府论"；主要经济理论来自经济学家弗里德曼（里根政府的经济顾问）以及冯·哈耶克（英国经济学家，被撒切尔夫人长期崇拜），主要决策人是里根和撒切尔夫人；全球化的核心结构是美国联邦储备委员会、美国财政部、国际货币资金组织和世界银行；主要政策机构是美国对外关系协会、英国皇家国际事务研究所；主要媒体是美国《纽约时报》、《华尔街日报》、《华盛顿邮报》、英国路透社以及《金融时报》。就这样，经过英美几代决策集团的不懈努力，全球化终成气候。① 在《全球化的陷阱》一书中，两位德国学者清晰得当地分析说："要说全球化是一种客观趋势，这完全是一派胡言。全球经济的紧密连接绝对不是一着重自然而然的结果，而是由于有意识推行追求既定目标的政策所造成的结果。"

对全球媒体的"并购"现象，学者们的看法并不一致。赞同者认为"这是不以人的意志为转移的客观规律"，"它有助于解决市场的低效率和低生产力的问题"，认为"这些全球媒体的出现是因为国内媒体无法满足人们日益膨胀的信息及娱乐的需求"，"更重要的是，全球媒体的出现，能够加快民主化的进程，能有效利用可支配资源生产高质量、多种类的产品。最高程度上检索战争、社会冲突，从而加深人们之间的理解"。但是对全球媒体并购持反对意见的人也不在少数。他们认为："并购后媒体寡头们关心的并不是多元化、民主化以及平等问题。他们唯一关心的是利润。全球媒体是扼杀优秀新闻以及民主自由价值的贪婪机构。他们生产的新闻及娱乐节目品位不会高，助长消费主义和物质主义的情绪在全球蔓延，而忽略了不平等和不公平的社会现象。另外，全球媒体权力高度集中，对新闻理论及实践的发展以及民主原则的建立也百弊而无一利。"②

由此可见，在信息和媒介全球化和全球数字鸿沟不断扩大的情况下，西方国家对国际新闻传播的宏观控制，实质上不但进一步确保了西方发达国家在全球的经济垄断和文化殖民，而且为他们在全球兜售普世价值、传播意识形态、调控国际社会舆论打开了方便之门。

二、西方国家对国内社会舆论的调控策略

（一）讲究策略，秘而不宣

西方国家对新闻传播控制的隐蔽性主要体现在以下几个方面：

---

① 俞可平. 全球化：西方化还是中国化. 北京：社会科学文献出版社，2002. 134.
② Divid P. Demers. *Global Media*：*Menace or Messiah*? Hampton：Hampton Press，1999. p. 4.

　　第一，以美国为代表的西方国家，变媒介的所有制为私有，媒介与政府之间、党派之间、财团之间的关系错综复杂，不可能把媒介作为国家的喉舌直接加以控制。他们一向标榜的"言论自由"、"舆论独立"以及"政府不加干预"就是从这个意义上说的。美国宪法第一修正案就明确规定："国会不得制定关于下列事项的法律：确立国教或者禁止信教自由，剥夺言论自由或出版自由；剥夺人民和平集会和向政府请愿伸冤的权利。"审视这条规定，第一修正案所保护的言论自由包括四个维度：免于政府检查与许可的传播自由；免于被强迫表达某种言论的自由；免于由政府主导言论环境的自由和获取有效传播渠道的自由。这四个维度几乎都是针对政府对言论自由可能的限制而展开的，从法律上确保了媒体的独立性。虽然由于经济上的独立和法律上的保护，美国政府和美国的政党也没有大量的大众媒介来作为自己的宣传平台，在一般的情况下无法直接操纵和控制大众媒介，但这并不意味着他们没有政治宣传，所不同的是他们的政治宣传活动更需要讲究策略，也更隐蔽。

　　第二，美国的新闻传播业经过政党报刊时期、大众报刊时期和现代传播飞速发展时期，已经达到一个相当成熟的阶段。以政治斗争为视角审视，由于新闻自由的长期运作和滋润，美国的各级新闻媒体对政府权力的监督、腐败行为的揭露，对于维护公众的知晓权、警醒公众，对于议题设置、引导舆论，对于公民自由表达个人的意愿、信息传递的公开透明，对于传布社会的共同知识、信仰、规范和价值观等方面，发挥出其他工具所无法代替的巨大作用。它在一定程度上制约了国家公权的滥用，推进了国家政治民主化，促进了公正和平等，整合、凝聚、稳定了社会，维护了资本主义制度。这很容易给人一种错觉：是传媒的功能在协助国家监督政府和维护社会管理，而不是政府在控制传媒以控制社会。

　　第三，自从西方媒介从党派的争斗中抽身出来以后，就变成由独立的企业来经营，在受众这只"看不见的手"的支配下，它展开了争夺受众、争夺市场的经济"自由竞争"。因此，为了制造"轰动效应"以标榜"独立"、"公正"邀宠于受众，诸如"水门事件"、"克林顿总统十大丑闻"、"国会议员绯闻"等新闻报道随时可以在媒体曝光，这就不足为怪了。而这也从侧面显示了西方媒介有其独立的一面，并由此使得西方对新闻传播的社会控制带上了隐蔽性的特点。

　　（二）意识形态，"三面大旗"

　　西方国家对新闻传播的社会控制具有隐蔽性，并不等于控制就消失了；相反，西方国家对新闻传播的控制既是高屋建瓴的，又是无微不至、刚柔相济的。所谓"高屋建瓴"，首先就突出地表现在其意识形态的"三面大旗"上。

　　1.　"国家利益至上"不含糊

　　西方国家的传媒很强调维护国家利益，尤其是美国传媒的新闻报道完全是奉行国家利益至上主义。它成为当今美国民族强烈而稳定的集体意识，而且一旦遇到涉及国家利益的重大问题，往往容易使美国人情绪化。其表现是：在涉及国家利益的重大问题上，媒体坚决与国家政府保持一致，唯美国政府马首是瞻。而对大众来说，美国媒体说对就是对，说错就是错。因为媒体已经成为促进公众与政府和商界中的统治精英们达成共识的桥梁，媒体的新闻和信息是由政府机构、商业公司以及由这些机构和公司资助的专家学者提供的，他们在国际新闻报道上的宣传模式是：根据美国的利益和政府的调子，通过策划选题，制定关注焦点，限定报道框架，过滤有关信息，对新闻事件进行定调，对重点加以强调，把舆论控制在既符合国家利益，又让精英集团能够接受的范围内。所以无论是海湾战争、科索沃战争，还是伊拉克战争等，尽管事前美国大众和媒体都有不同的意见，可枪炮一打响，美国媒体马上"舆论一律"。美国的跨国媒体甚至还可以配合政府的某些政治、军事行动发挥一种战术威慑的作用。美国的跨国媒体都会与美国军方联手，安排有关记者登上美国的航空母舰或其他军事设施，按照美国精心策划的"脚本"，进行快速、实时的跟踪报道，发挥战术威慑作用。所以美国海军新闻局长堪德尔·皮斯将军称赞美国的跨国媒体是美国"军事力量的放大器"。

2. "自由"、"独立"的大旗不离手

"自由"和"独立"是西方国家永不离手的大旗。对美国来说，二者更是他们意识形态的核心和灵魂。美国的政治家和大众传媒最喜欢把"自由独立"说成是超越历史、超越时空和文化差异的永恒真理。客观地说，西方媒体为了适应商业竞争的需要，在国内的新闻报道中，只要不涉及国家或权力集团的利益，他们还是比较讲究大众媒体监测社会和维护广大知情权的功能，所以他们有时也会与政府在某些问题上唱"反调"，或将某些国家领导人、知名人士以及其他的"公众人物"予以"曝光"来取悦民众。因此，长期以来美国媒体在国内新闻报道中建立了一定的公众信用，绝大多数美国人认为美国媒体"不受政府控制"，是"自由、客观、公正"的，以致有的百姓是"宁信媒体，不信政府"。一位在西方居住的华人说，西方公众不信政府，但"坚信传媒"，加上媒体宣传"尊重人权"，"不忍看人受苦"，故虽然觉得出兵轰炸别国并不符合国家的一贯形象，却也表示理解。所以，你与他讲此战非正义，他们马上会信手拈来印着难民大照片的报纸推到你的面前，问你："难道你赞成种族歧视吗？"你如果再问："传媒上说的就是事实吗？"他们就会理直气壮地说："我们的传媒不受政府控制，是完全独立和自由的。"

3. 坚守"道德"、"人权"的"高地"不退却

美国媒体之所以能左右世界舆论，除了他们拥有世界最先进的技术手段外，

更因为他们披上了一层道貌岸然的道德外衣，用一层貌似崇高的道德观包装着。在1975年"越战"失败后，美国新闻界、军事界和学术界总结出的一个教训就是政府和军方对新闻传媒缺乏严格的控制，以致媒体的报道使美国的公众感觉到"越战"缺乏正义感和政治上的正确性。战争正义与否关键在于制造的舆论，于是美国的传媒业人士和国会议员一样，把新闻报道建立在"道德"和"人权"口号的感召力上，绝不退让。他们把一切符合国家利益集团的事情和他们支持的伙伴都赋予某种宗教的狂热："这一切都是为了人权和上帝。"[1] 他们这种善意的面具，使大多数公众无法产生疑心，反而让他们因国家为"捍卫人道主义"而出兵援助别国、战胜"妖魔"产生了一种自豪和神圣的英雄情怀。他们要以罗宾汉式的心态和形象站在道德与人道的高地上，支持国家与媒体用炸弹和新闻去轰炸和谴责那些"践踏"人道主义的"魔鬼"。在美国轰炸中国驻南斯拉夫大使馆后，得克萨斯大学的教授罗斯·特里尔在全国公共电台对听众说："不错，我们杀死了三个中国记者，但是我们绝不能因为死了三个中国人就向中国示弱，我们绝不能从道德的高地上退却！"这就像鲁迅先生所说的："他们的历史书上每一页都写着'仁义道德'，但仔细一看，满本都写着'吃人'。"这就是美国传媒和学界的"道德"、"人道主义"的"高地"。

（三）软硬兼施，"舆论一致"

长期以来，西方国家在大众传播理论和实践研究中，已积累了制造国内外社会舆论一致的明确策略、丰富经验和各种伎俩。李希光、刘康等著的《妖魔化和媒体轰炸》一书就详细介绍了西方国家传媒的"洗脑十四招"：一是"周密策划、精心包装"；二是"以自由、独立的面孔增加其可信度"；三是"国际报道的国家至上主义和政府声音的放大器"；四是"在道德的高地上绝不退让"；五是"制造新闻用语"；六是"制造恐怖新闻，妖魔化对方"；七是"制造标签化用语向受众灌输"；八是"排除不符合自己价值标准和利益的信息"；九是"媒体轰炸把受众变成一边倒的新闻囚徒"；十是"因果倒置、避重就轻、转移视线"；十一是"制造虚假的真实遮掩事实的真实"；十二是"运用直接刺激受众感官的画面与煽情描写"；十三是"媒体宣传结合学校教育"；十四是"以新闻自由之名，行宣传机器之实"。

西方国家对国内媒介新闻传播控制的隐蔽性，并不意味着西方国家对媒体的失控。因为作为一个社会大系统中的体制化、组织化的大众传播系统，社会的统治阶级必然要求它与所在社会和国家的政治、经济制度、文化传统、价值观念和

① 李希光，刘康等. 妖魔化与媒体轰炸. 南京：江苏人民出版社，1999.239.

利益保持一致。帕森斯说："除了离经叛道不整合进高层系统的组织外，组织的价值系统必定包含高层系统的更一般的价值要义。"大众传播是一个与社会多方面发生多边关系的事业，彼此是既相互依存又相互制约的勾结与依赖关系。马克思也说过："支配着物质生产资料的阶级，同时也支配着精神生产的资料。"而丹尼斯·麦奎尔也说："社会地位越高，社会的和经济的势力越大，接触和控制传播过程的力量就越强。"所以，西方国家不但懂得对新闻传播进行社会控制，而且有多样化而又隐蔽的控制手段。

1. 硬性控制

硬性控制主要体现在国家的法律和政府的政策制度上。

（1）法律控制。西方国家推崇法制，对新闻传播的控制也纳入这一框架之内，用法律来约束新闻活动，使之随着政府的指挥棒行动。一方面，几乎任何一个西方国家的宪法中，都规定了要保护言论和新闻出版的自由；而另一方面，无论是宪法、刑法、民法，还是新闻出版法，都有许多限制新闻出版自由的条款。主要的法律有著作权法、色情管理法、隐私权保护法、新闻保密法、惩治诽谤罪法、反媒介垄断法、广告管理法、许可证申请法、广播影视管理法等。

（2）政策制度控制。主要通过政府制定颁布有关的政策、条例和制度明确规定媒介必须遵循的原则，把媒体置于政府合法的领导、管理、检查和监督之下。如创办媒体、申请颁发许可证的批准制度，传播内容的战时检查制度，出了问题的追惩制度等。

2. 软性控制

在美国，政府与新闻的基本关系是一种对立和统一的共生关系。一方面，两者的关系是对立的。政府希望媒体能够听命于政府，只报道对政府有利的消息，而媒体认为自己的职责是站在公众的立场上监督政府。而且由于负面新闻一直是各个媒体的主要卖点，所以挖掘丑闻，报道政府的管理不善、腐败、官员渎职是媒体的重要活动之一。另一方面，两者关系又是相互需要、相互依赖的，在社会生活中所扮演角色的特殊性和重要性，使得政府天然地成为不可或缺、无可替代的重要信息来源，而媒介记者的职业特性决定了他们必须和信息主要来源保持长期稳定的紧密关系，以确保能掌握源源不断的新闻线索。因此，政府就抓住这种关系，实施软性控制，即主要通过信息源控制、经济控制、情感拉拢等非强制性的灵活的管理策略和手段来达到对媒体进行社会控制的目的。

（1）对媒介和信息源的控制。虽然西方新闻界十分忌讳当政府的传声筒，但却往往不能摆脱政府消息来源的软性摆布。正如哈佛大学教授罗杰·希尔曼所言："他们想当政府的批评者，他们竭尽全力避免成为政府的工具，但他们明白，白宫、国会议员和行政官员在利用他们，而他们对此无能为力。官员是他们的消息来源，反过来又利用他们的语言把这些消息公之于众。"①　而政府也十分清楚他们与记者的这种微妙关系，深知可以通过控制消息来源的方式设定媒介议程，并使媒体听命。所以白宫和五角大楼每天各有两次新闻发布会，国务院一天一次，白宫每天要印发 15 到 20 条新闻发表单。美国联邦政府雇用 13 000 多人专职与新闻媒介联络，仅此一项开支政府每年就要支出 30 多亿美元。顾耀武在他主编的《我看美国媒体》一书中说："在白宫的 400 多名官员和职员中，处于公共宣传第一线的新闻秘书办公室和交流办公室人员占四分之一。他们负责回答记者的提问，安排记者随总统出访，准备文件材料。新闻办公室还负责为地方报刊和专业报刊提供资料、管理政府部门发言人上电视台做访谈节目的谈话口径、协调政府部门的新闻运作、为总统准备讲话稿等。"政府提供用新闻语言写成的新闻简报、材料或清楚详尽的事实、数字，这些材料不但让记者用起来方便，而且容易引导记者写出对采访对象有利的报道。

政府利用对信息源的控制来设定媒体议程的手段也是多样的。比如，在美国政府与媒体公开直接的正式见面，包括每天在白宫的媒体"吹风会"和由总统亲自出马召开的新闻发布会，其直接为媒体提供信息，甚至连总统也经常走到媒体的镜头前直接把握新闻议程设置的走向。新闻史上著名的"炉边谈话"就是1933 年 3 月 12 日即罗斯福就职总统后的第 8 天，其在总统府楼下外宾接待室的壁炉前接受美国广播公司、哥伦比亚广播公司和共同广播公司的录音采访，在担任总统的 12 年当中，他一共做了 30 次"炉边谈话"，召开了 998 次记者招待会；到了杜鲁门担任总统期间，记者招待会从总统办公室转移到一个大厅里举行，那里可以同时容纳国内外的几百名记者；艾森豪威尔总统在 1955 年 1 月 19 日主持的记者招待会第一次被拍成电视和电影新闻纪录片；肯尼迪总统则更进一步召开了现场转播记者招待会，使其可以站在电视摄像机前直接向美国人民发表讲话。

新闻秘书、国会议员和政府各部发言人直接主持召开各类记者招待会和各种巧立名目的"吹风会"，总统和高级官员有选择地单独会见或非正式宴请有特殊背景的记者，私下透露某些重要信息，这也常常成了媒体活动某些重要内部信息的唯一来源。对来源稀缺的媒体消息的利用，是政府设定媒体议程屡试不爽的标志和妙招。

政府有时还通过发布预先包装过的电视新闻和编造的假新闻来操纵舆论。例如在新政策出台需要民众支持时，政府就让记者或是干脆花钱雇一些写手、名家来撰写专栏文章肯定和支持新政策。政府各部门向新闻机构发送"电视新闻"

---

① 张隆栋. 外国新闻事业史简编. 北京：中国人民大学出版社，1988. 303.

片断的数量更是大幅增加。政府"制造"的新闻就这样"自然而然"地走进了千家万户，成为美国舆论的"导航仪"。

近年来，美国首脑对社会舆论的控制甚至充分利用了网络新媒体。如奥巴马在 2008 年和 2012 年的两次总统竞选中都在利用网络上的信息源来控制舆论。在 2008 年竞选期间，奥巴马接受了斯坦福法律教授劳伦斯·莱斯格提出的利用因特网开展竞选的建议。劳伦斯·莱斯格说："现在人们已掌握了这一技术。奥巴马竞选现场运行的关键网络之进步就在于对建设社会的工具进行着很好的配置。"通过招募 Facebook 的合伙人、24 岁的克里斯·休斯来进行研发，奥巴马竞选班子利用 MyBO 进行自我组织，创建了最佳的网上政治机器。竞选班子甚至利用微博客服务网站 Twitter 召集大约 5 万个追踪奥巴马短帖子的奥巴马"追随者"。正如"个人民主论坛"的创始人安德鲁·拉西耶所说："竞选班子有意无意地让自己更像媒体运作机构，通过把他们的信息发送到不同的平台，他们的支持者就会替他们传播。"他们为人们提供远程培训的工程和资金，临时还追加了一个早已建好的网络下部结构和志愿网络。选民说："这次竞选的规模前所未有，任何一种行动都变得简便易行——向数百万人发送电子邮件，组织数万个活动，把网上的活动和现实世界中人们能够进行的任务紧密整合在一起。"在 2012 年的大选前，两位候选人都充分运用了 Facebook 这个平台。他们通过这个社交网站发布视频和信息，并发送在线讨论。美国总统奥巴马 4 月 20 日访问了 Facebook 加州总部。奥巴马还与网站创始人马克·扎克伯格（Mark Zuckerberg）进行会面，两人的会谈进行了直播，对用户通过 Facebook 提交的问题进行回答；而另一方的共和党人自然也不甘落后——就在一周前的 4 月 13 日，Twitter 成为了他们向奥巴马政府发难的平台。

（2）经济手段控制。西方国家一方面由政府通过参股、控股、税收、拨款和制定相关产业政策等手段对媒体信息传播进行控制，另一方面在其背后控制媒体的还有另一个威力更大的"无形指挥棒"——以权力集团为主体的经济力量。它由代表市场的商业巨头（如哥伦比亚的老板通用电器公司）、金融寡头（如资助"自由欧洲之声"电台的索罗斯集团）、媒体大亨、国家的行政当局、国会乃至学术界等权力精英组成，他们使得美国的媒体开始从新闻自由的立场上后退，并"把灵魂交给了市场"。早在 20 世纪 50 年代，哥伦比亚大学社会学家莱特·弥尔斯就指出："这些权力精英们制定了一整套社会知识的行为准则，使他们与美国社会的其他人不同。他们决定采访什么人，不采访什么人。他们不宽容任何不同政见的挑战，特别是在国家或国际的危机时刻。他们绝对不允许美国主流社会以外的人参加这个由他们制定规则的游戏。"正如施拉姆所说："经济的控制远远比政府控制对美国大众媒介施加的影响更为有力。"① 经济手段的控制主要表现在广告赞助控制和投资控制。据美国 PEW 研究中心 2008 年公布的一份调查显示，高达 81% 的新闻从业人员认为，大公司收购广播、电视和报纸对新闻传播产生了负面影响；三分之一的新闻从业人员认为，控股公司对其下属媒体报道的新闻有重要的影响；四分之三的美国新闻从业人员同意新闻应该跟其他商业一样对股东负责。

（3）公关联络的情感控制。在美国，不论是联邦政府还是州政府，都设有庞大的公关机构，并与传播媒介紧密结合。联邦政府有 6 000 人从事公关活动，白宫还有单独的公关机构，每年的公关花费以亿美元计算。美国的历届总统都力图同新闻界的头面人物建立或保持密切的联系和友谊，对报刊发行人和广播电视业主礼遇不菲，并在内部培植代理人或笼络某些资深的记者。美国政府还十分善于利用一些国内外重大的政治、外交或其他事件，请职业的公关专家来协助策划像总统选举这样大型的公众活动。有人说，这种"媒介总统"和"媒介产品"现象已经改变了美国权力政治的面貌，由职业性的公共关系和广告专家执导的大众媒介竞选运动已经取代了政党竞选运动中的政党组织结构。一年一度的"白宫记者晚宴"，美国最有名的记者、艺人和政治人物会受到邀请，一些记者将因其前一年的工作而受到"白宫记者协会"的嘉奖，授奖宴会后的演说包括总统的评论和艺人的助兴，整个晚宴气氛热烈、充满欢乐。在美国历史上，自卡尔文·柯立芝总统之后的每一位总统都参加过这个活动，由此可见政府对它的重视程度。

除了上述两种正式场合外，各种鸡尾酒会和政治募捐会也是政治人物进行媒体公关的场所。在这些地方，著名政治人物、记者、编辑和媒体的业主们经常在一起谈笑风生，显得亲密无间。政界和媒体双方熟谙此道，心照不宣：政界人物可以因此减少不利于自己的报道，巧妙地通过媒体"泄密"来达到自己的目的，而媒介可因此获得独家新闻。这早已成为政府利用和控制媒介的"潜规则"。政治人物和他们的公关人员擅长向各个媒体驻华盛顿记者提供匿名的"独家新闻"，释放"试探性气球"，经常把一些不一定付诸实施的新政策或者新念头披露给新闻界，以测试公众的反应。很多时候，泄密是有计划、有步骤、有明确媒体目标的，这种泄密通常都事先经过种种公关策划和安排。通过泄密传播的消息在报道中通常被冠以"据国务院高层人士透露"、"据消息灵通人士透露"、"某些西方外交家声称"等名义，这样做一方面保护了发言人的身份，另一方面达

---

① ［美］威尔伯·施拉姆，威廉·波特. 传播学概论. 陈亮，周立方，李启译. 北京：新华出版社，1984. 189.

到了传递消息的目的。对于"泄密"的好处，曾任美国国务卿的基辛格解释说："这样做的好处在于，外国政府不必把我说的视为正式立场，但可以接收到美国政府的立场倾向。"

除此以外，"旋转门"也是美国政府与媒介建立关系的重要方式之一，即政界、公关公司、学界和媒介从业人员可以来回"跳槽"。例如受雇于政府的公关人员许多就是记者出身，他们不仅会写新闻，而且懂得媒体的喜好和不同媒体的不同需求。政府新闻部的许多工作人员直接来自媒体，并深谙媒介记者的心理，而且与媒介有着千丝万缕的联系。政界人物在卸任后，或到大学教书，或经常做客电视新闻节目，以专家身份就重大的新闻时事发表评论；有的干脆直接投身媒体，从事新闻报道评论工作或者成为某个电视台新闻栏目的主持人；有的到公关公司工作，利用在从政时期人际关系的积累，从事政界游说工作。如前国务卿奥尔布赖特现在回到大学教书；赖斯以前是普林斯顿大学的教授兼教务长；美国广播公司的著名主持人戴安·索耶曾为尼克松做过八年助理。"在这里，公关与新闻报道之间的传统界限已经含混不清。"(《纽约时报》) 尽管政界、新闻界、公共界之间频繁的人事旋转现象并不是美国政府为了让媒体偏向自己而刻意作出的安排，但客观上，"旋转门"现象使得政界、媒体和公共之间建立了亲密关系，为政府借助来自媒介新闻部的人员，或借助公关公司影响，或政府人员卸任后直接参与媒介工作等方式来操控和影响媒介，以隐形方式设定媒介议程。

(四) 受众为王，投其所好

西方国家媒体的宣传在长期的理论与实践结合的基础上积累了丰富的实践经验，尤其是在如何满足受众心理需求的问题上的一些经验，很值得我们学习、深思和借鉴。

1. 受众需求的针对性

当媒体成为西方国家独立的赢利机构以后，消费者的选票（钞票）而不是政治家的选票成为媒介生存与繁荣的基础。只有根据媒介产品消费者以及潜在消费者的需求来"度身定做"，组织生产，满足他们的多元化需求，才能获得更多的广告主，才能在激烈的竞争中求生存、求发展。为了使受众对情况获得快速、客观、持续和多方面的需求反馈，在美国专门从事受众调查的机构应运而生。它为媒介的定位和发展，为推动媒介更好地为受众服务提供了很有价值的参照因素。根据受众的多元化需求，他们充分运用现代信息传媒的高科技，推出各种带有"分众化"特色的信息服务。

2. 新闻事实的客观性

在一般情况下，西方国家的媒体在报道中特别强调用事实说话，选择事实时不以自己的观念和偏好为标准，提倡新闻应能被某些原始的记录加以对照证实，多用中性的词语，反对在事实未清之时就用主观性的推论，反对倾向过于鲜明，要求重视再现新闻的现场，让读者或听众自己去身历其境，观察思考。

3. 语言文字的易读性

易读，不仅指文字要浅显易懂，更重要的是让一般人都感到简洁明快，不但容易理解，而且乐于读，愿意看。这就要求新闻写作时要抓住核心，开门见山，句子不宜过长，力求具体、生动、形象，甚至富有人情味。

4. 信息传递的时效性

西方国家的时间观念非常强烈，技术又非常先进，抢时效是媒体竞争的家常便饭。为了争时效，他们中不少人常冒风险，在长期的实践中不但练就了嗅觉灵敏、闻风而动、起早摸黑、捷足先登的习惯，而且练就了出口成章、下笔成文的本领；再加上他们独有的信息渠道和现代化设备，所以常常能抓住机会进行对包括战争和突发事件在内的"现场直播"。

第三节　西方国家的意识形态传播

西方国家的意识形态是资本主义社会条件下的上层建筑，是资产阶级阶级意识的集中体现，是为资本主义社会形态的经济基础服务的一种软实力。

西方国家的资本主义意识形态包括资产阶级的政治、法律、思想、哲学、经济、教育、文学、艺术等各种思想理论与思想形式，涵盖人生观、价值观、道德观、宗教观等各种思想观念，它们彼此有机联系，渗透到资本主义社会生活的方方面面。

资本主义意识形态本质上是维护资本主义私有制的思想体系。当资产阶级掌握了政权，资本主义制度确立以后，资本主义意识形态日益演变到公开为资本主义剥削制度辩护，充分暴露出资本主义意识形态的阶级本质和阶级局限性。

一、西方国家意识形态的概念和起源

德崔希伯爵在 1796 年所创造的"意识形态"（Ideology）一词，是指一种观念的集合。拿破仑称帝之际，发现欧洲大陆的哲学家多数对他颇有微词，高傲的他遂以"意识形态家"轻蔑地称呼他们。后来也有人用柏拉图《理想国》中的"高贵谎言"（the noble lie）来比喻和解读"意识形态"一词，表现出负面的内涵。19 世纪初，法国哲学和经济学家 D. 特拉西在《意识形态概论》一书中使用"意识形态"这个概念时，认为意识形态是考察观念的普遍原则和发生规律

的学说。马克思、恩格斯把意识形态作为和经济形态相对应的一个历史唯物主义的重要范畴。

意识形态的各种形式起源于以生产劳动为基础的社会物质生活，并随着经济基础的变化而变化，意识形态是与一定社会的经济和政治直接相联系的观念、观点、概念的总和，涵盖了政治、法律、思想、道德、文学、艺术、宗教、哲学和其他社会科学等丰富内容，以特殊的方式，从不同侧面反映现实的社会生活。

广义的意识形态源于生命宇宙，生命是宇宙中营造社会的主人，那么生命就必然会催生一系列社会现象。正是这些纷繁复杂、纵横交错、无处不在、变幻莫测的社会现象孕育出意识形态这只思想观念的"领头羊"，开拓着历史向前发展的新轨迹。

狭义的意识形态是指从国家政治利益出发，体现为政党、政府、社会团体的思想和行为原则，并主导经济、文化、教育及社会生活的各方面。一种被这些机构团体广泛接受的意识形态，就成为一种重要的凝合剂，一种强大的精神力量，将各种运动、党派和革命团体凝聚起来，按照一定的意识形态对自然界和人类社会进行改造。

意识形态具有历史性、阶级性和演进性的特点。意识形态按其阶级内容和它所反映的社会经济形态即生产关系可分为奴隶主意识形态、封建主意识形态、资产阶级意识形态和无产阶级意识形态。随着社会制度的演变，社会的主流意识形态也会发生相应的变化。

事实上，历史上从奴隶社会、封建社会、资本主义社会到社会主义社会，各种社会形态，都是社会统治阶级的意识形态占据统治地位，它集中反映该社会的经济基础，表现出该社会的思想特征。而与社会统治阶级意识形态并存的还有已被推翻的旧经济制度和政治制度的意识形态残余，以及社会里孕育着的并为建立新的经济制度和政治制度服务的新的意识形态。

意识形态的形成是一个动态发展的生命意识过程，是人的意识作用于宇宙能量所形成的自然规律在社会发展中的体现，是支配人们生存方式的思想体系，是沟通、作用于自然界和人类社会的神经意识，是天、地、人和社会的综合体。

二、西方国家意识形态的思想理论基础

（一）西方国家的核心价值观——个人至上主义

资产阶级的自由主义传播制度理论，思想根源在于西方国家在基督教等宗教情结主导下的"个人至上主义"追求。这是以美国为首的西方国家与中国在文化上的本质差别。美国文化是以"我"、个人主义为核心，突出个人，不重视集

体。美国的警匪片，包括"007"系列电影，都是突显个人英雄主义，功劳都是给某个身怀绝技的盖世英雄，连国家警察局也只是陪衬。这与中国人淡化个人，突出集体，"众人拾柴火焰高"，"一个臭皮匠，没个好鞋样；两个臭皮匠，做事有商量；三个臭皮匠，顶个诸葛亮"的以"家族主义"、集体主义为核心的中国传统文化形成了鲜明对照。罗伯特·贝拉教授在《心灵的习惯》一书中说："美国文化最核心的东西是个人主义……我们相信个人的尊严，乃至个人的神圣。我们为自己而思考，为自己而判断，为自己而决定，按自己认为适当的方式而生活。违背这些权利的任何事情都是道德上的错误，都是亵渎神明的。对于我们自己，对于我们关心的一切人，对于我们的社会和整个世界，我们最崇高的愿望都是同个人主义密切联系的。而我们自己和我们社会的一些深层的问题，也是同个人主义密切相连的。但是我们并不争论是否美国人应该放弃它，因为放弃个人主义就等于放弃我们的最深刻的本质。"伊安·罗伯特逊在《社会学》一书中也指出："工业化社会，特别是正在出现的后工业化社会最突出的特征就是个人主义……在这类社会里，作为个人的目标，人们越来越关心的是自我实现，个人欲望变得比传统的对社会的义务更加重要了。"

当然，美国人所说的个人主义同中国《辞海》里所说的个人主义（"一切以个人的利益为出发点的思想，表现为损公肥私、损人利己、唯利是图、尔虞我诈等"）不一样。美国人和其他西方人所言的个人主义则如《简明大不列颠百科全书》所说，是"一种政治和社会哲学，高度重视个人自由，广泛强调自我支配、自我控制、不受外来约束的个人和自我……任何人都不应当被当作另一个人获得幸福的工具"。简明地说，它包括"等价交换"和"费厄泼赖"（Fair Play）的资产阶级信条，即"我信我的个人主义，但也尊重你的个人主义"。

西方国家的个人主义不是头脑里固有的，也不是无中生有的，其源于欧洲的"文艺复兴"。中世纪的欧洲，受到封建主义和天主教义的严重压制。自14世纪到16世纪，兴起的文艺复兴运动，要求复兴古代希腊罗马比较自由的文化，实质上是要求以人权对抗神权，以人道对抗神道，以理性对抗迷信。在恩格斯的《自然辩证法》一书中，它被称为"一次人类从来没有过的最伟大、进步的变革"。1776年美国《独立宣言》中开宗明义地说："我们认为这些真理是不言而喻的：一切人生而平等，他们都被造物主赋予某些不可剥夺的权利，其中包括生命的权利、自由的权利和追求幸福的权利。"个人主义成了西方国家政治生活和文化传统的基石和思想的习惯模式。于是，在以个人主义为核心的西方文化里，有着丰富多彩的内涵，如个人隐私、个人自立、个性张扬、个人思考、个人自由、个人选择、个人平等、个人竞争和个人生命等，都属于神圣不可侵犯的个人领地。

诺贝尔奖获得者、美籍华人杨振宁教授说:"美国问题重重,所有这些问题,都是从一个最基本的观念来的,这个观念就是'个人至上'。'个人至上'是美国传统中非常重要的组成部分,它曾经发挥过很大的作用。不过,我想在许多地方它发挥得远远过火了,造成了今天美国有很多大家都不晓得怎么解决的问题。"

(二) 西方国家的文化优越感——"西方文明至上"

西方国家自诩"西方文明至上",他们认为西方国家向东方国家传输"西方文明",是上天赋予的神圣使命。他们把自由、民主、公民权利、三权分立、政教分离、以私有财产不可侵犯的原则为基础的市场经济、宪法至高无上的法治等西方文化与文明,作为西方民众不容挑战的传统根基。对诸如"共产主义"、"公有制"和"无神论"的思想观念本能地予以排斥。

由于西方国家对非西方国家长期以来的偏见,以及我们自身的闭关自守、夜郎自大和对外宣传的自以为是,他们常常对我们不屑一顾,既不调查,也少报道,更不学习。再加上他们在经济、科技、军事上处于领先地位,所以人们常常发现西方国家记者对发展中国家是那样不感兴趣,甚至表现出对东方国家和民族认识上的肤浅无知和孤陋寡闻。而他们偏偏又喜欢先入为主、以偏概全,用有色眼镜看待别人。在这种民族优越感的支配下,他们坚信西方价值观"在全球具有普遍性",表现为一种主导价值观中心主义。这几乎成了许多西方人士的思维定势。

"西方文明至上"说到底是一种殖民主义心态,它经长期积淀成为西方的核心价值观念和价值取向。美国塞缪尔·亨廷顿教授在其《文明的冲突与世界秩序的重建》一书中,尽管对西方文化中心的地位面临的危机担心,但字里行间仍然一再流露出对西方文明的自豪感:"在所有的文明之中,唯独西方文明对其他文明产生过重大的、有时是压倒一切的影响。……西方,特别是一贯富有使命感的美国,认为非西方国家的人民应当认同西方的民主、自由市场、权力有限的政府、人权、个人主义和法制的价值观念,并将这些价值观念纳入他们的体制当中。然而,在其他文明中,赞同和提倡这些价值的人只是少数,大部分非西方国家的人民对它们占主导地位的态度或是普遍怀疑,或是强烈反对。西方人眼中的普世主义,对非西方人来说就是帝国主义。"

(三) 西方国家的民族优越感——"天赋使命感"

近代以来,资产阶级革命在西方国家的接连成功,使他们在科技、经济、军事等各方面飞速发展,文化、艺术等领域也取得了显著的成就。这让西方人的历史成就感和民族优越感进一步膨胀,一方面,他们对西方的文明成果沾沾自喜,形成一种唯我独尊的狭隘文化视野和被称为"东方主义"的意识形态框架;他们怀有一种制度优越感和特殊使命感，认为上帝赋予他们的神圣使命，就是要把西方的价值体系和社会模式作为普遍真理和绝对标准，推广到世界的每一个角落。另一方面，长期的思维定势决定了他们简单地把生产力不发达的东方国家和民族视为落后和愚昧而对他们不屑一顾。在这样的意识形态框架下，西方人一般都认为人类的历史是围绕着西方文化展开的，西方国家在特殊的历史条件下形成的社会模式、制度框架、价值观念、社会方式等方面都带有全世界的普适性，完全应当按照这样的理念来"殖民"全球。美国前任驻华大使约瑟夫·W. 普利赫在北京大学的一次演讲中就说道："长期以来，我们拥有世界上最强大、最富有生产力的经济。我们有一支服从民众领导的军队……我们还有非常高的国内生产总值……我们有 225 年的历史、稳固的制度和简洁明了的宪法……"他还毫不掩饰地说："因此，美国在对华关系中所面临的挑战就是如何扮演积极的角色，以一种有益的方式来鼓励、影响中国发生变化——美国如何才能帮助中国成为一个可持续发展的、成功的、真正拥有全面安全的国家。"[1] 一种典型的西方中心主义政治观念和政治优越感溢于言表。

西方国家的清教徒特别强调选民意识和使命感，并强调基督教徒对社会的改造作用，认为基督徒是被上帝挑选出来荣耀上帝和光照后人的，并且应该对社会进行改良。这就是他们"天命意识"的主要源流。美国人至今仍然抱有的"美国是上帝祝福的国度"、"美国人要将世界领向善"的天命思想和使命感，是美国人从殖民时期的先辈那里传下来的传统，它来源于基督教的选民意识和救世主义，来自清教徒改造社会和改造世界的天命意识。

（四）西方国家的精神道德观——基督教等多元宗教

在西方，古希腊神话中早就存有"命运"的意象，"当柏拉图在《蒂迈欧篇》中描述神以'善'的理念（最高理念）为指导、以理念时间为模型进行创世活动时，他实际上是用哲学语言表述了希腊神话中命运决定论的思想，明显地表现出一种与希腊的感性直观宗教（主要是奥林匹克神话）截然相反的形而上学特点，并且把奥尔弗斯宗教中的唯灵主义倾向和灵肉二元论思想推向了极端，从而成为希腊多神宗教向基督教转化的重要理论中介"[2]。基督教有作为宗教和作为文化的两个层面，宗教是基督教的本质层面，基督教作为宗教为人类提供了终极关怀的模式。基督教诞生于以色列，但不到一个世纪，它就在欧洲站稳了脚跟。同一时期罗马帝国境内存在的宗教，不止基督教一种，但最后基督教之所以能战胜其他宗教，是因为它具有独特的精神内核，即坚定的三位一体的一神论、

---

① 程曼丽，王维佳. 对外传播及其效果研究. 北京：北京大学出版社，2011. 140.
② 赵林. 西方宗教文化. 武汉：武汉大学出版社，2006. 49.

救赎论和对终极的关怀。基督教诞生三个世纪以后就成为罗马帝国的国教。1877年至1945年，荷兰一共产生15位首相，其中新教徒14名（改革宗教徒12名，阿米尼乌斯派教徒2名），罗马天主教徒只有1名；"二战"后到2002年间一共产生14位首相，其中罗马天主教徒8名，新教徒5名，不可知论者1名。美国更是一个笃信宗教的国度。依据美国盖洛普的调查，在美国，有95%的人"信仰上帝"，其中86%的人为基督教徒。在基督教徒中，60%的人为新教徒，28%的人为天主教徒，10%的人为东正教徒。其余信仰犹太教或伊斯兰教。成年人中，70%的人属于某个教会。据美联社的调查，美国人花在宗教上的时间和金钱，远比花在体育和娱乐上的要多得多。在20世纪末，有三分之二的美国人从属于某个宗教组织，而只有五分之一的人从属于工会或商会。美元上至今还印有"我们坚信上帝"的字样，美国的"爱国誓词"也说："我宣誓效忠于美利坚合众国的旗帜以及它所代表的共和国，一个国家，归上帝主宰。"

在美国，几乎每个人都有一份宗教情结，宗教信仰给予了美国人道德情感和自我约束的能力。在现实生活中，宗教是美国人的精神支柱，基督教从一开始就坚持把个人的价值置于突出的地位。"真正的自由、个人之权利以及对个性的尊重，在希腊和罗马文化里无处可寻。"基督教对个人和自由的强调是自由与自由权利的一个必要条件，这在《大宪章》（1215）、英国的《人权请援书》（1618）和《人权法案》（1689）以及《美国人权法案》（1791）里都有体现。美国人在成功地创造了一个新大陆的同时，建构了其独特的充满生机的美国文化，其中渗透着创业者的锐意进取、乐观向上和注重实效的精神，这就是"美国精神"。个人至上主义可以说是美国价值精神中最基本且恒久不变的核心价值观。

美国学者奥尔森在讲述新教徒大量涌入北美的历史时说："当清教徒在17世纪自动离开英国的时候，他们寻找的是一个新世界，可以不受不虔诚的皇权和不纯洁的国家教会的阻挡，在那里建立这种基督教联邦。他们认为北美是应许之地，所以为了神与神的国度，他们要占领北美。"[1] 这就使得美国从一开始就是一个高度宗教化的国家，因为基督教在美国的政治生活、社会生活和国民心理上都起着关键的主导作用。美国著名政治学者托克维尔在《美国民主》一书中说："在美国，宗教虽然不直接参与社会的管理，却是政治设施中最为重要的设施。"美国政治学者海茨克也说："不了解宗教向度就不可能了解美国的政治。"

（五）西方国家自由主义新发展——当代"新自由主义"

新自由主义是当代西方最重要的经济、政治思潮之一和占主导地位的意识形

---

[1] 于歌. 美国的本质：基督新教支配的国家和外交. 北京：当代中国出版社，2006. 27.

态。新自由主义的形式、发展与变化，显示着百年来西方社会经济、政治生活的巨大变化。新自由主义思潮使西方经济、政治思想和社会实践产生了深刻的变革。

新自由主义的主要内容是：

第一，倡导自由放任的个人主义。认为在经济活动中的原动力首先是利己，其次才是利他；认为自由放任的市场经济中自由选择是经济和政治活动最基本的原则。应当倡导和保证私人财产支配、商业交易、个人消费和个人就业的自由。

第二，崇拜"看不见的手"——市场的力量。认为每个人都是很理性的，市场是完全自由的竞争。市场竞争的自动调节是最优越和最完善的机制，是实现资源最佳配置和实现充分就业的唯一途径。认为由国家计划经济、调节分配，必然破坏经济自由，扼杀了"经济人"的积极性，反对任何形式的国家干预。

第三，主张全面私有化。认为私有制是推动经济发展和保证市场机制充分发挥作用的基础，私人企业是最有效率的企业。要求对现有的公共资源进行私有化改造。新自由主义特别强调和坚持三个"否定"：否定公有制，否定社会主义，否定国家干预。在他们看来，任何形式的国家干预都只能造成经济效益的降低。

第四，鼓吹经济全球一体化。他们认为以超级大国为主导的全球经济、政治和文化一体化，是人类社会发展的必然趋势和历史过程。这实质上就是国际垄断资本企图统一全球的制度安排。20世纪80年代末90年代初"华盛顿共识"的炮制及其出笼，就远远超出了经济全球化，是美国化的经济体制、政治体制和文化体制的"一体化"。

新自由主义的实质，是撇开人们的社会属性和在生产关系中的地位，脱离经济基础和上层建筑，以一种抽象的"理想市场"假设作为理论前提。其目的，就是让全世界处在以美国为首的西方资本主义垄断资本的控制之下。

新自由主义在全球的实践中造成贫富差距不断扩大、失业人数迅速增加的局面。在美国和西方发达国家的干预和控制下，发展中国家和转轨国家实行新自由主义，实现市场开放，导致了在一个有利于发达资本主义国家的国际分工体系中南北差距的不断扩大。伴随着社会福利的大幅削减和股市的动荡，西方发达国家内部的贫富差距也日益扩大。新自由主义的"重灾区"拉丁美洲已经成了全球贫富分化最严重的地区，而新自由主义的私有化、放松管制和大幅度削减社会福利等措施为资本投机打开了方便之门，使西方发达国家的资本获得了大量廉价的原料和劳动力，在一些国家甚至出现了产业空心化现象。发展中国家的企业，在外来产品和资本的持续冲击下不断破产，失业群体不断扩大，一系列严重的经济和社会问题层出不穷。

三、西方国家意识形态传播的战略演进与策略手段

长期以来，西方国家怀着一种民族优越感，一直希望以西方的意识形态统治世界。用他们的术语来说就是通过"全球治理"来"重建世界的秩序"。BWCHINESE 中文网发表了中国人民大学国际关系学院国际政治教授庞中英的一篇题为《一场关于世界秩序的革命》的文章，其中谈到当前西方国家正处在一个"全球治理"的过程，这里的"全球治理"并不是"全球国家的全球治理"，而是"西方国家对全球的治理"。它以西方国家的意识形态为主导，把中国等所谓"专制制度"国家列入被治理的范畴。说到底，问题的"根"就在意识形态和社会制度的根本对立上。在前苏联解体后，西方国家自觉或不自觉地把中国当成西方意识形态对付的主要对象，中国成为与西方国家冲突的新战场。虽然中国已经一再表明要韬光养晦，潜心发展综合国力，绝不做社会主义阵营的"领头羊"，但"树欲静而风不止"，无论中国和西方国家的最高领导层如何更替，无论美国哪个政党的候选人任总统，意识形态带来的对立情绪和矛盾斗争都将继续下去，这是不以我们的意志为转移的。西方发达国家在长期的意识形态掌控实践中，形成了一套成熟而有效的战略思想，这为他们在国内外成功地进行资产阶级价值观念、政治思想意识、生活方式等意识形态的宣传和灌输，提供了相当明确的指导思想和策略思想，对其国家经济的发展、社会的稳定和外交的渗透发挥了不可估量的重要作用。

由于意识到原来的"西方自由秩序"面临多元危机，难以应对全球挑战，西方发达国家主动提出对"现存国际制度"（包括联合国和国际金融机构）进行改革，但是中国如果想在其中加入中国意志和中国特征，全球治理将成为中西冲突的新战场。在以美国为首的西方发达国家仍然占据世界秩序主导地位的前提下，所谓改革"现存的国际制度"并非要放弃在全球治理的"领导权"，而是试图保持甚至扩大其主流意识形态对全世界的"领导权"。他们的战略和策略如下：

（一）全球信息文化传播

人类社会进入了以世界信息高速公路为血脉的现代信息社会，信息网络的信息海量、使用便捷、互动平等、管理扁平、传输高效等技术特点与优势，使其成为无国界、低门槛的一种信息传播手段。上述特点给它涂上了一层民主、自由、平等、高效的色彩，在很大程度上掩盖了美国对信息的垄断性和意识形态扩张的强制性。

以美国为首的西方发达国家，凭借在信息和互联网技术上的绝对优势，掌握

了信息全球流动的控制权，确保了其在信息霸权背后西方媒体的首要职能，即对西方国家意识形态的全球传输。这些国家不仅通过广播、电视、报刊、网络、书籍和电影等媒体向发展中国家宣传西方世界所谓的"普世价值"观、西方自由主义至上的生活方式、多元的宗教观念和民主自由的私有制等思想理念，而且对社会主义国家进行大量歪曲事实的"妖魔化"宣传。网上的信息传播非常不对称，信息主要是由发达国家流向发展中国家。他们通过五花八门的形式进行文化和意识形态输出，以期达到其对外意识形态渗透、重塑年轻人精神世界的目的。随着经济信息、科技信息的流入，意识形态、价值观念等文化信息也开始整合移入，其他国家原有的民族文化和主流意识形态受到压制和影响。而这一现实使文化全球化、意识形态全球化实际上成为意识形态西方化。世界上本来就明显存在的信息鸿沟被进一步扩大，在互联网上实施的信息霸权和文化霸权的扩张也开始呈现出强势化的特点，对其他国家的主流意识形态建构形成了严峻的挑战。尤其是在我国加入世界贸易组织以后，美国意识形态传播的手段更加多样化：借助知识产权贸易的增加，直接扩大浸润着西方文化意识形态的美国精神产品对我国的输入；利用货物贸易、服务贸易范围的扩大，拓展美国和西方文化意识形态在我国的传播；利用国际贸易规则和最惠国待遇的益处，诱使一些人逐步对西方的行为方式、思维方式趋之若鹜；还利用经济贸易中的附加政治条件，提出所谓"人权"、民主方面的要求；通过经济制裁，强行推行西方价值观。[①]

（二）多元宗教全球传播

尽管西方国家大都实行政教分离政策，但在现实社会中，宗教与政治确实存在着相互渗透与相互利用的关系。对宗教教徒来说，信仰不是认同一些抽象的教条，而是一枚"婚戒"（路德语），是宗教与信徒相互的承诺和联合。在西方国家，宗教是联络社会的精神纽带，是加强民族团结和国家统一的共同价值道德观念，是法律和道德的软性约束手段，是实施社会管理和控制的有效工具。

虽然美国是一个宗教信仰深厚的清教徒移民国家，不存在传统民族主义土壤中天然的种族和血统认同，但同样存在着爱国主义的信仰，这就是"上帝赋予他们的""民族优越感"和"历史使命感"。美国著名的政治学者托克维尔在《美国民主》一书中说："在美国，宗教虽然不直接参加社会的管理，但却是政治设施中最为重要的设施。"美国的政治学者海茨克也说："不了解宗教向度就不可能了解美国的政治。""西方国家利用宗教教义所具有的精神麻醉功能，使人们安于现实，把希望寄托于来世。正是以上社会功能的实现使宗教成为西方社

---

① 张骥. 中国文化安全与意识形态战略. 北京：人民出版社，2010. 254～258.

会不同群体之间的黏合剂。它在意识和行为两个方面维系着社会共同体，为西方国家与社会的稳定和持续发展提供了坚实的心理和文化基础。另外，西方国家也将宗教作为对外渗透与颠覆社会主义国家政权的工具。""宗教是一种意识形态，有着系统的价值判断体系。它无法摆脱与种族、利益和集团势力的结合，因而宗教具有强烈的政治归属性。西方宗教源于私有制及其政治体制，与社会主义是完全对立的，因而成为西方国家进行意识形态进攻的武器。"① 了解了这一点，对于西方国家为何常常将宗教问题与民族问题结合起来为社会主义国家制造麻烦，利用佛教与所谓的"西藏民族问题"制造事端，企图分裂我们的民族和国家，就完全不难理解了。

（三）国民思想政治调教

"二战"以后长期的经济繁荣为西方发达国家带来了物质财富，但是随着商品经济的发展，追求金钱物欲的个人主义恶性膨胀，西方许多国家的社会道德趋向发生了巨大偏差。随着欧洲"理性主义"指导下的经济伦理和道德人格——"资本主义精神"在全世界的传播，人们开始把道德、人格和人的声誉、地位紧密联系在一起。德国著名社会学家马克斯·韦伯提出："唯有理智的正直诚实，才是最有价值的美德。"在美国，詹姆士和杜威的实用主义理论重新被视为挽救社会的"灵丹妙药"，并成为社会道德批判的武器。实用主义哲学家杜威明确反对违反现代历史潮流的极端利己主义和享乐主义的道德观。他认为应建立和倡导一种不以获取个人私利而以服务于社会的不断改造和进步为宗旨的新型个人主义，其基本特点是尊重个人的人格和个性，最大限度地发挥其创造性和主动精神；把个人对快乐和幸福的追求寓于创造快乐和幸福这种道德行动本身之中，而不是获取创造活动的结果。实用主义哲学试图在处理爱国主义、社会道德与个人价值的关系上寻求出路，成为西方国家政治思想教育的哲学基础和理论依据。西方国家非常推崇这种新型个人主义，并且在实践过程中形成了成熟的教育理念以及一套行之有效的教育方式、方法，在教育内容安排上注重对受教育者素质的提高，同时还非常注重家庭、学校和社会的密切配合，形成了一个辐射全社会的互相合作、不断协调且目标一致的思想政治教育网络，通过"合力"的作用取得了最佳的教育效果。而西方传统文化中政治经济制度的优越性、民主与平等、尊重与理解、责任与义务、诚信教育等在素质教育中处于核心地位。在教育方法上其强调方法的间接性、启发性，并与教育环境相结合，以使受教育者在教育实施过程中进行自我感受、自我体验与自我规范，在潜移默化中达到教育的最终目

---

① 王勇桂，夏禹. 西方国家掌控意识形态的途径和做法. 求是理论网，http://qstherory.cn，2009-08-18.

的。西方国民思想政治教育的有效推行，使国民对国家政治经济制度、文化价值观念、生活方式等有了高度的认同，并成为西方国家制定对外政策和传播主流意识形态的重要支撑。

（四）突发事件危机传播

随着全球科学技术的迅猛发展和经济一体化时代的到来，由于人类在激烈的竞争中相互利益关系的不协调、物质文明与精神文明发展的不均衡以及人和自然的关系不和谐，人类社会不仅在社会、政治、经济、思想、文化等各领域的多元碰撞加剧了，而且在处理人与大自然的关系上面临的国际性重大问题也增多了。"地球村"进入一个突发事件、灾难事故和敏感事件频发，而且后果呈"多米诺骨牌"连锁扩散的相对脆弱的风险社会时期。"20 世纪中期以来，随着风险问题在西方社会变迁中的凸显，关于风险问题的争论在西方公共话语中也开始展开。风险问题的争论不断强化了人类风险意识的普遍化和风险问题研究的理论自觉。"①

20 世纪 80 年代以后，西方危机传播研究迅速发展起来，人们的目光开始从管理逐步转移到另一个焦点，那就是以危机信息为中心的信息管理和舆情管理。舆情即民众的社会政治态度，它反映了社会公众与国家管理者之间的关系，是社会心理的"风向标"。西方发达国家政府十分重视对舆情和民意的调查研究，通过对舆情信息的收集和分析，及时准确地把握社会心理，并以此作为制定对内对外政策、化解社会矛盾、有效开展思想政治教育和维护社会稳定的依据。西方发达国家对社会舆情的控制包括三个层面：一是广泛、完备的民意调查，为制定政策提供依据；二是重视对社会舆情表达的有倾向性的引导和强有力的控制；三是政府舆论调控行为中"国家利益至上"的原则，并据此制定了保护国家利益的政策，任何损害国家利益的言行都会受到国家机器的惩罚。如为了限制美国"文化帝国主义"的入侵，法国政府提出了"保卫法兰西文化"的口号，并立法规定法国乃至欧洲的影视作品的播出时间、财政资助的金额等。法国《当代新闻学》一书谈到法国广播电视事业时说："他们大部分（电视几乎是全部）归国家管辖，因此一位共和国总统称他们为'法国之声'。"在"9·11"事件和伊拉克战争的报道上，美英媒体以及西方主流媒体如 CNN、ABC 等始终站在政府的立场上报道事件的经过，左右整个社会的舆论导向，为其制定对外政策提供国内舆论支持。所以，马丁·沃克在《报纸的力量——世界十二家大报》一书中说："一家严肃认真的有理智的全国性报纸几乎必然是国家权力机构的一部分。"

---

① 刘岩. 风险社会理论新探. 北京：中国社会科学出版社，2008. 19.

为了加强国家传播中对意识形态的掌控，西方国家一直把中国看成是他们潜在的最大威胁，他们的许多媒体始终企图把中国描绘成地区局势稳定的破坏者，以此抹黑中国形象，挑拨中国同周边国家的关系。他们经常制造事端，以激起他国对中国的敌视情绪。如 1989 年天安门事件、1994 年"银河号"事件、1995 年吴宏达事件、1996 年亚特兰大奥运会 NBC 播音员攻击中国体育代表团事件、1999 年美国轰炸中国驻南联盟使馆事件和李文和事件、2001 年中美撞机事件等，无不带有强烈的政治色彩和意识形态偏见。在今天的美国媒体等西方媒体中，中国仍然是一个神秘、复杂、动荡、不稳定和带有强烈扩张意识的大国，是一个时刻都要提防和遏制的假想敌。

（五）对外经济文化渗透

"二战"之前，西方发达国家就十分注重文化输出与国家地缘战略的结合并用，意识形态的侵略曾经是导致苏联解体、东欧剧变的一个不可忽略的因素。冷战结束后，以反攻主义为主流意识形态的美国随即将意识形态外交的触角伸向了中亚独联体国家，社会主义意识形态鲜明的中国自然也成为美国意识形态外交的主要目标。1989 年，前美国国家安全事务助理、著名谋士布热津斯基就在其专著《大失败——20 世纪共产主义的兴亡》中提出："美国要加紧用如民主、自由、人权等思想观念向社会主义中国发动进攻，最后'埋葬'马克思列宁主义，使共产主义在'历史可以预见的时期内''寿终正寝'。当互联网在中国飞速发展的时候，前美国国务卿奥尔布赖特就非常兴奋，'这是我们的可乘之机，我们要利用互联网把美国的价值观送到中国去'。"

在当前信息传播全球化的大环境下，文化已经走上商业化、市场化、国际化和多元化的道路，"国界"对于许多商品劳务和文化推销来说几乎已经荡然无存。西方的文化霸权和美国文化商品传播意识形态的巨大优势、丰富经验和文化张力，不仅使他们获得信息文化产业的丰厚利润，而且成为美国传播国家主流意识形态的最重要载体之一。借助 WTO 的"国际游戏规则"，通过快速便捷的"信息高速公路"，西方国家使大量经过精心包装后的浸润着西方文化色彩的精神"快餐"，畅通无阻地涌进我们千家万户的"厅堂"和"寝室"，对我国国民尤其是广大青少年产生着潜移默化的影响。严峻的现实向我们提出的一个重要课题是：以这种方式传播文化价值观念，更具隐蔽性和迷惑性，往往能达到"无为而治"、"润物无声"的潜移默化的作用。像风靡全球的美国好莱坞电影就是典型代表，有媒体甚至称好莱坞电影是"铁盒里的大使"。"许多西方国家的时尚、风格、生活方式、文化理念等意识形态的传播，无时无刻不在深刻地影响着其他国家的民族想象和文化认同，并形成了世界文化工业制造的'单一化'、'同质化'或'趋同化'的趋势，'那些高级的文化艺术产品大都被看成了消费品；无节制的复制、模拟和戏仿、增殖甚至大宗制作等均取代了现代主义时代对文化艺术产品的精雕细琢，平面的人物描写取代了对人物深层心理的细致描写，碎片甚至精神分裂式的结构取代了现代主义艺术的深度结构等等'。"①

"随着全球化进程的加速和互联网的迅猛发展，西方世界又从中国身上看到了'希望'，加快对中国进行意识形态渗透的步伐，促成中国的颜色革命已经成为西方世界新的对外目标。2002 年 9 月，小布什在《美国国家安全战略》的序言中写道：'今天，美国拥有无与伦比的军事实力和巨大的经济政治影响'，我们将'把自由的好处推广到全球各地，我们将积极致力于把民主、发展、自由市场和自由贸易的希望带到世界每一个角落。'为了加强西方媒体对中国的影响，美国不惜花大价钱监控全球舆论，不惜借助任何卑劣的手段和途径，竭力向社会主义国家人民灌输资本主义的生活理想、价值观念和行为方式，大力鼓励和扶植社会主义国家中的资产阶级自由化思想倾向，并把其作为他们实现'和平演变'战略的重要思想基础。"②

（六）全球兜售普世价值

20 世纪 90 年代，美国的左派人士对经济危机的起因作出了完全不同的解释——"资本主义是被它自身携带的病毒害死的"，美国三合一大学南亚历史系主任普莱沙德（Vijay Prashad）如是说。他解释，自由经济的特点就是为追求利益不顾需求拼命生产。2008 年美国总统竞选期间，奥巴马提出"财富均沾"的"施政纲领"，被对手麦凯恩指斥为"在鼓吹社会主义思想"，并由此引发了美国"姓社姓资"的大讨论。但就连左派人士也坚决不认为奥巴马是己方阵营的一员，社会党的领袖沃顿说："我也希望总统是社会主义者，但很遗憾，他不是。"

其实，奥巴马的一系列改革策略都是迫于形势的策略调整，当然也包括对原来"和平演变"战略的调整。奥巴马在谈到"普世价值"时曾经说："这就是为什么美国永远为了世界各地的核心原则说话，我们不寻求把任何政治体制强加给任何国家，但是我们也不认为我们所支持的这些原则是我们国家所独有的，如表达自由、宗教崇拜自由、接触信息的机会、政治的参与等，我们认为这些是普世的权利，应该是所有人民能够享受到的，包括少数民族和宗教的族群。不管是在中国、美国，还是其他任何国家，对于普遍权利的尊敬，是作为美国对其他国家开放态度的指导原则，我们对其他文化的尊重，是我们对国际法的承诺和对未来信念的原则。"③ 其实，所谓"普世价值"，其核心还是以往那些抽象的"民

---

① 王宁. 全球化时代中国电影的文化分析. 社会科学战线，2003（5）.

② 王勇桂，夏禹. 西方国家掌控意识形态的途径和做法. 中国社会科学文摘，2009 – 08 – 18.

③ 奥巴马谈普世价值. 新华网，http：//view. QQ. com，2009 – 11 – 16.

主"、"自由"、"平等"、"人权"等概念，只不过它又上升到一个"超越"阶级、"超越"国家和民族的的高度，成为所谓全人类共同的"真理"和"价值"。其实"普世价值"的理论依据，依然是资产阶级抽象人性论，是原来"意识形态趋同论"和"意识形态终结论"的"翻版"或"改版"，他们争夺的重点则是青年人。美国中央情报局旨在针对中国的《十条诫令》中的前三条诫令是："尽量用物质来引诱和败坏他们的青年，鼓励他们蔑视、鄙视、进一步公开反对他们原来所受的思想教育，特别是共产主义教条。替他们制造对色情奔放的兴趣和机会，进而鼓励他们进行性的滥交。让他们不以肤浅、虚荣为羞耻，一定要毁掉他们强调过的吃苦耐劳精神"，"一定要把他们的青年的注意力，从以政府为中心的传统引开……"他们的目的是让中国的年轻人相信，是这些所谓的"普世价值"造就了西方世界今天的发展与繁荣，以诱惑和"忽悠"没有社会经验、缺乏理性判断的年轻人去仰视西方，接受西方国家以个人主义为核心的价值观念和生活方式，乃至议会民主、三权分立、多党制和私有化，进而否定中国特色社会主义道路。

所谓"普世价值"本身，在理论上经不起推敲和分析，在推行中更难以自圆其说，因为美国等西方国家极其虚伪的双重标准在这里遭遇了"以子之矛，攻子之盾"的尴尬。就连美国前国家安全事务助理布兰特·斯考克罗夫特也认为小布什政府之所以遭到"世界的拒绝"，原因之一就在于对"自由"之类词汇的滥用："我们到处在讲自由之类的词，但自由对于不同的人意味着不同的事情。自由从何而来呢？拥有自由去做什么呢？自由的限制又是什么呢？这都令人费解。"[1] 美国著名学者亨廷顿所著且影响甚大的《文明的冲突》一书也对此进行了精彩而深刻的批判，他认为推行这种错误的观念是不道德的，对西方乃至世界都有危险的后果。他认为"西方文化的普世性面临三个问题：错误，不道德，危险"，并进而指出"普世主义是西方对抗非西方文化的意识形态"[2]。

（七）意识形态全球渗透

在旷日持久的意识形态斗争实践中，西方发达国家非常重视对外施加文化影响和进行文化渗透，并形成了成熟而有效的意识形态外攻策略与手段，加强对国际社会舆论和民众思想观念产生的深刻影响。张艳梅的《西方发达国家进行意识形态外攻措施述论》和其他一些文章以比较详尽的数据分析了西方国家的如下策略与手段：

---

① http：//www. question – everything. mahost. org/Socio – Politics/thoughtcontrol. html.

② "Ideological Hegemony：Thought Control in American Society" Posted by Morpheus on Saturday April 03，2004. http：//www. question – everything. mahost. org/Socio Politics/thought Control. html.

1. 名目繁多、暗度陈仓的学术交流

"从历史上看，美国往往有目的、有计划地把文化权力作为实现国家利益的一种特殊工具加以运用，并通过制定和实施文化战略去实现美国的对外政策目标。"近年来，西方国家越来越重视利用"研究中心"、研究机构及各种基金组织等名义，举办诸如"国际访问学者计划"、"培训中心"、"文化和学术交流中心"等国际文化交流活动。尤其注重对意识形态对立国家的高等院校、科研机构频繁发出邀请，在全面宣示西方思想文化和意识形态的同时，通过名目繁多的学术交流有目的、有计划地影响知识分子的思想，进而暗度陈仓，影响这些国家的社会舆论，有时甚至借此机会直接支持对象国家反对派的反政府活动。

2. 诱之以利、釜底抽薪的交流赞助

一些西方国家把"洗脑"的目标瞄准了发展中国家科技文化界的精英人士。目前，西方国家的"国际政治研究中心"有数百个；大批"基金会"都设立了名目繁多的面向发展中国家的国际"交流"、"赞助"项目，其中大部分赞助机构是美国国会、五角大楼、国家安全委员会、美国海军学院等政府部门。美国亚洲基金会、美洲研究基金等机构经常针对各国的优秀大学生等精英群体举办各种各样的多边论坛、研讨会和科研资助活动。资助项目包括访问学者、博士奖学金、博士培训以及资助书刊的出版和发行。他们还通过多种形式的培训和讲座，提高当地反政府青年组织和青年对抗政府的实战技巧。索罗斯基金会、美国民主基金会、国际共和党研究所等在原苏东各国甚至中亚、拉美、东南亚都设有办事处或分支机构，司法、人权专家定期与美国外交使团联合或单独地为青年组织举办讲座；让反政府青年组织代表到国外参加培训性质的讲习班，有针对性地培植、扶持和豢养对象国的"持不同政见者"、"反对派"，达到意识形态外攻和颠覆对象国政权的目的。我国的台湾问题、新疆问题和西藏问题都是西方国家关注和利用的"交流"重点，尤其是西藏问题。1989 年 10 月，西方国家把该年度的诺贝尔和平奖授予企图分裂中国的政治流亡者达赖喇嘛，肯定并支持他分裂祖国的行动。根据美国国家民主基金会（NED）自身公布的数据显示，2002—2006年，它向达赖集团提供了 135.77 万美元的专项资金援助。近年来，美国国会批准每年向藏身印度的"西藏流亡者"提供约 200 万美元经费，国会还敦促政府再提供 200 万美元以支持这些人所谓的"民主活动"。

3. "用心良苦"、计划周密的课题资助

近年来，西方国家设立了大量奖学金项目在全球多个发展中国家实施，总投资为 3.75 亿美元。如他们资助某些大学或研究所的"中国刑事诉讼配套措施和保障机制研究"、"加快少数民族地区贫困地区普及义务教育步伐的实验研究"、"现代化与中国妇女地位变迁研究"、"中国离婚研究"、"中国西部成都平原及周边地区农村劳动力不充分就业调查研究"、"听证制度研究"等研究项目，多数属于边缘课题或敏感课题，可见其扩大西方主流思想和价值观影响的"良苦用心"和周密计划。

4. 润物无声、耳濡目染的学生交流

美国国务院甚至认为："交换留学生的计划，是美国外交政策的执行工具之一，是美国对外文化关系的核心部分。"美国教育基金会提出"外国留学生在美国机构学习时，应加深对民主制度的认识"的建议，同时指出，这种学习应从属于美国外交政策的总目的。50 多年来，有 255 000 人参加了该计划。美国新闻署的国际访问者项目每年使 5 000 多名来自世界各地的从业者赴美国与同行业人员进行交流。其真正的目的，是用一切可能的方式进行文化渗透。美国还通过开展"和平志愿者项目"等对外援助活动，把本国教师、传教士、医生派遣到海外从事志愿工作，向海外赠送图书、杂志、画册、录像带或幻灯片等。这些志愿活动既含有西方文明中的"慈善"成分，也是为了通过这类文化援助，把美国的价值、观念及意识形态传播到海外。

由此，我们可以从更深广的意义上理解当今全球化时代所遭遇到的文化殖民的挑战和威胁。美国前国务卿詹姆斯·贝克（James Baker）曾经强调说："随着我们进入一个民主新时代，理想主义和现实主义对立的老论点必须被理想主义加现实主义所代替。"他还说，美国的新任务就是"实行美国的理想和美国利益的任务"[1]。"综观美国战略思维的复杂内涵及其影响，我们不难发现其中隐藏着两个重要范式：现实政治（Real politik）与理想政治（Ideal politik），两者化合构成美国战略思维的核心范式，即权力理想主义。"[2]"回顾美国从内政、外交到它的商业文化传播，所有的行为无不服务于它的这两个战略目标，如果说美国在世界各国面前一直在凭借它的经济、军事和科学技术的实力来实现这两个坚定不移的目标的话，那么在其一切行为的背后，则一直游荡着美国民族文化的'幽灵'。它不仅影响着美国对战略环境的评估和国家安全战略目标的确定，而且给美国文化战略实施的手段和方式打上了深厚的印记。文化决定了一个民族的目标，权力则提供了实现这些目标的手段。"[3]

我们务必从西方国家的上述意识形态斗争策略中认清这一尖锐的复杂形势，掌握意识形态斗争的客观规律，制定长期意识形态斗争的战略思想，探索坚持发

---

① 詹姆斯·贝克. 民主和美国外交——1990 年 3 月在德克萨斯州达拉斯世界事务委员会上的演讲，载新华社. 参考资料，1990 - 05 - 24.

② 赵景芳. 美国战略文化研究. 北京：时事出版社，2009. 128.

③ 肖沛雄，万文双. 中美体育电影文化观念的比较与嬗变. 广州：暨南大学出版社，2012. 13.

展和创新国家主流意识形态的新策略，有效应对新的历史时期意识形态斗争的新局面、新矛盾和新问题。

四、我国主流意识形态的建设与发展

（一）我国意识形态建设面临的机遇与挑战

西方敌对势力从对苏联解体和东欧社会主义国家"颜色革命"的成功中尝到了"不战而屈人之兵"的"甜头"，正如《华盛顿邮报》宣称的："西方世界在寻找瓦解共产主义的方法，花费了近半个世纪的时间和亿万美元，却发现答案就在电视新闻里。"由此他们更注重通过文化渗透来传播意识形态，把争夺话语权、网络控制权、信息发布权、规则制定权、文化领导权等"软权力"作为国家综合国力竞争的焦点。中国作为一个以马克思主义为指导思想和理论基础，以公有制为社会体制主体和基础的社会主义国家，在这场"无硝烟战争"中不可避免地被推到意识形态斗争的最前沿，成为西方敌对势力和平演变的重要目标国家。在当前复杂的全球化背景下，无论是政治斗争、经济竞争还是文化博弈，都必然与意识形态方面的挑战有着紧密的联系。如何在抓住信息化的机遇中迎接挑战，在坚持我国主流意识形态的同时，进一步实现改革开放，推动我国经济的发展和综合国力的提高，更好地建设和谐幸福的社会主义小康社会，是新的历史时期赋予我们的伟大历史使命。

我国意识形态建设上面临的严峻挑战主要来自西方发达国家和我们自身存在的问题，概括起来主要有如下四个方面：

（1）西方国家在国际传播技术设备和世界市场经济上处于垄断优势的挑战。

西方国家通过利用全球化的现代传媒和五花八门的整合营销手段等强大优势，进行无孔不入的文化渗透，美国的 CBS、CNN 等媒体发布的信息量，是世界其他国家发布的总信息量的 100 倍。现代科技使这种直观的、五彩缤纷的感官刺激成为广大年轻人追求的时尚。而这种文化渗透规模大、成本低、覆盖面广，成为意识形态斗争无所不在的一个重要阵地，并将以"润物细无声"的潜移默化的方式，长期威胁着我国的意识形态安全。

（2）西方国家利用 WTO 规则传播西方主流意识形态优势的挑战。

西方发达国家利用我国正进行改革开放的机会，让经过乔装打扮的各种极具迷惑性的文化思潮，畅通无阻地进入我国的大街小巷、千家万户。这些竞相登场、五花八门的文化思潮，不再是简单地兜售西方的享乐主义、消费主义等生活价值观，而是另辟蹊径，把一些陈旧的政治、哲学价值观经过改头换面来向不知就里的年轻人故弄玄虚。如布热津斯基攻击共产主义学说的"大简化理论"、丹尼尔·贝尔的"意识形态终结论"、福山的"历史终结论"等。其实只要揭开那神圣的学术面纱，就可以发现其兜售的无非是主张自由化、私有化和市场化的新自由主义，主张改良、倡导民主和自由的民主社会主义，还有丑化、虚化中国共产党历史与领袖的虚无主义。由于"文化大革命"后，我国一些人政治观念淡漠，苏东剧变也削弱了其对主流意识形态的信仰，他们对社会主义前途产生悲观甚至绝望的情绪，将社会主义实践的挫折和失误归罪于马克思主义，价值观选择日趋多元性、独立性、选择性、多变性和差异性，这些在一定程度上削弱了我国传统主流价值观的主导作用，使主流意识形态遭遇冲击和淡化。加上我国社会上一些客观存在的负面事实的影响，西方国家这些名目新鲜、标新立异、条分缕析的系统性理论很容易赢得一些文化理论素养薄弱的人们的信服和认同，从而导致对马克思主义的怀疑、动摇和背弃，并容易陷入西方某些文化思潮的误区。这是我们固守主流意识形态阵地中一个非常值得重视和需要切实解决的问题。

（3）西方国家通过网络的全球传播营造全球"公共领域"优势的挑战。

德国"政治经济学派"代表人物、著名学者哈贝马斯为了揭露资本主义社会的本质，在1962年提出了"公共领域"理论。这种"公共领域"的活动对发扬政治民主，加强对政府事务的监督，形成社会舆论无疑有着进步的意义。但这种咖啡屋型的"公共领域"，主要还是属于中产阶级以上文化精英的自由论坛，广大的劳动阶级和弱势族群没有过多的闲暇和财力去参加这样的高层研讨，批判社会政治与社会决策。如今随着信息工业社会的形成，高速、四通八达的信息网络，尤其是微博的广泛应用，形成了一个比过去任何时候都更庞大的"虚拟公共空间"。从表面上看，它用分权的民主性取代了集权的控制，扩大了公众的知情权、话语权、监督权和自由选择空间，削弱了集权控制的能力。但网络传播在社会政治生活中却存在最明显的局限性——客观存在并还在继续扩大的"信息富有者和信息贫困者之间的鸿沟"。

"网络以及其他现代时尚产品其实是一小撮专家、商人搅拌起来的旋涡，而时尚追逐者就在这旋涡中享受晕眩的快乐"，接受大量真假莫辨的信息的自由并不是真正的自由。尼葛洛庞帝强调："数字化会改变大众传播媒介的本质，'推'送比特（bit）给人们的过程将一变而成为允许大家（或他们的电脑）'拉'出想要的比特的过程。"从"推"到"拉"确实提高了选择的自由度，但最终你所"选择"的都还是人家为你提供的，都是渗透着网络媒介的意识形态的。

当今世界以美国为首的西方国家在全球信息流动中，无论是资金、技术、信息还是设备，都处于绝对优势地位，信息全球流动的便捷性、平等性和高效性不但成为西方国家获得经济利润的最大支撑，更成为他们传输西方意识形态和普世价值观最便捷、最高效的得天独厚的优越条件。西方发明创造的互联网所张扬的价值规律是全球化观念和个人自由主义，反对任何网络的控制。在世界经济一体化、全球信息网络化的前提下，跨国公司正在超越国家意识、民族意识、集体主义和传统道德，这容易导致国家意识和民族观念的异化和虚化，导致青少年的道德滑坡与心理变异。

（4）我们队伍内部对主流意识形态观念淡漠的挑战。

在苏联解体和东欧剧变与世界两极格局终结的背景下，西方一些学者提出了"意识形态终结论"，认为全球化带来的"全球意识"将超越意识形态界限，所以意识形态会随着全球化的发展而走向"终结"。我们有的人只看到全球化带来的思想观念的多元性和某些观念表面的新颖性和哲理性，却没有从世界观的层面上清醒地认识到：中国是当今世界上最大的社会主义国家，而且历史地选择了马克思主义作为我们的理论基础，这与以私有制和个人至上主义为根本制度和思想基础的西方国家，在意识形态和价值利益取向上是水火不容的。实际上，新中国建立以来无数深刻的教训也一再证明了这一点。

当年西方国家敌对势力企图用军事暴力和经济压榨的方式来实现颠覆中国政权的战略目标，现在已经发现"此路不通"。他们从苏东的巨变中获得了启发，开始通过使用商业文化、交流赞助来推行"普世价值"，完成意识形态的渗透，动摇马克思主义在我国意识形态领域的指导地位，以实现他们在意识形态领域和平演变的主攻目标。但是我们当中的一些人没有正确地总结"文化大革命"的历史经验教训；没有看到中国改革开放以来所发生的翻天覆地的巨大变化；没有看到马克思主义的基本理论与中国革命实践过程中不断地用"拿来主义"吸收人类所创造的先进思想观念和科学文化，不断地在激浊扬清中发展创新；没有认识到我国发展社会主义市场经济正处于历史变革和社会转型时期，产生一些问题在所难免。于是他们在面对中国数千年来探寻真理的历史实践与经验时陷入了虚无主义的误区，对中国传统文化、主流意识形态和马克思主义的思想理论一概淡漠、反对和排斥，却把改革开放后一股脑涌进国门的西方意识形态、资产阶级学派理论等各种文化思潮当作灵丹妙药，对其趋之若鹜、奉若神明，似乎觉得照搬西方资产阶级的理论就能解决中国的一切问题。这种非常危险的认识，也使我们面临着十分严峻的挑战。

（二）处理好关于意识形态建设的两个重要关系

1. 坚持发展国家主流意识形态与谋求清新鲜活思想文化在内容和形式上的共生关系

"意识形态是一种特殊的有组织的理论信念体系，这种理论信念体系以富有逻辑的方式，通过一系列价值符合的特定结合来论证某种政治运动、经济政治体制或现有秩序的合理性以及某种特定的理论目标的合理性，并规定一个国家、民族与社会成员所应承担的义务，以此作为广大民众的政治共识的基础。"①
人类在历史的长河中所创造的灿烂思想文化本身就是一项人类意识形态传播的丰
硕成果。

从国家意识形态传播的角度看，一个国家、民族历史文化积淀而成的主流意
识形态和文化观念是民族发展的立国之本，意识形态是人类文化的重要组成部
分，它影响着公民的世界观、历史观、价值观和人生观。中国共产党代表着中国
先进文化的前进方向，加强对意识形态工作的领导，是全面加强党的执政能力的
重要思想基础。但是随着历史的进步和文化的发展，主流意识形态既不可能轻易
被改变，又不可能一成不变。广大公众对思想文化的内容、形式甚至是更新思想
观念的需求，也会向着现代化、国际化和多元化的方向发展。我们国家的各项文
化宣传事业无疑应当注意倡导、敬守、传播和发扬中华民族先进文化的核心观
念，但作为价值观念与艺术审美的统一论者，不能一厢情愿地为了传播意识形态
而抓意识形态，把文化宣传工作和精神产品完全作为国家传播意识形态的政治工
具。我们要站在时代发展、"四个面向"的历史高度上，抛弃过去那种游离在艺
术作品之外的"政治口号"和"政治标签"，我们的主流意识形态应当成为一种
"内置"并溶解于清新鲜活的文化艺术内容和形式中的精神内核，使观众通过我
们的思想文化、科学艺术和人物故事等意识形态的载体，在这种艺术形象的基本
精神图景中感悟、理解出关于人性的、道德的和伦理的文化内容；使观众从对思
想文化、科学艺术作品的审美价值认同，延伸为对文化核心价值的共鸣，乃至对
国家主流意识形态的接受，进而赢得国际市场上的普遍认同，为我国思想文化、
科学艺术的发展和主流意识形态的传播提供一种确实可行的文化路径。

2. 应对西方国家"文化殖民"与利用机遇加快观念文化创新发展的关系

当后殖民时代的强势国家以其政治、经济、文化和全球传播技术的优势，向
全世界推行文化殖民，一意孤行地向全世界兜售西方意识形态和普世价值时，潜
在的媒介帝国主义垄断同样表现在经济和文化市场上。他们在面向未来的主旋律
精神之下，把商业性、艺术性与娱乐性的"三维"结合推向极致，不仅成为了
世界信息文化超级市场的宠儿，也成为文化殖民的精锐之师。美国式的时尚、风
格、生活方式、文化理念等意识形态的传播，无时无刻不在深刻地影响着其他国
家的民族想象和文化认同，并形成了世界文化工业制造的"单一化"、"同质化"
或"趋同化"趋势。"那些高级的文化艺术产品大都被看成了消费品，无节制的
复制、模拟和戏仿、增殖甚至大宗制作等均取代了现代主义时代对文化艺术产品

---

① 邓伟志. 社会变革中的政治稳定. 上海：上海人民出版社，1997. 293.

的精雕细琢，平面的人物描写取代了对人物深层心理的细致描写，碎片甚至精神分裂式的结构取代了现代主义艺术的深度结构等等。"① 深刻认识这一点，可以帮助我们从更深广的意义上来理解当今全球化时代所遭遇到的文化殖民的挑战和威胁。

"中美文化关系是影响中国国家文化安全环境和战略走向最重要的国家文化安全因素。对华和平演变战略，通过文化问题干涉中国内政，并通过文化影响来改变中国政治制度，长期以来一直是美国政府的对华文化战略。"② 在当今信息传播全球化的环境下，发达国家掌控世界话语权，西方国家通过 WTO 的"国际游戏规则"，借助"信息高速公路"和跨国传媒垄断集团的实力，在全球传播中占据了压倒性优势，发展中国家的民族文化内容难以在全球传播中觅得恰当的世界位置，在政治格局多元化和经济全球一体化的条件下，"国界"对于意识形态来说几乎已经荡然无存。面对西方的文化霸权和美国传播意识形态的巨大优势、丰富经验和文化张力，形势固然是严峻的，但结论决不应当是自怨自艾或怨天尤人，更不应当是听天由命或束手就擒，而应顺应规律、因势利导、运筹帷幄、扭转乾坤。

社会主义核心价值体系是兴国之魂，决定着中国特色社会主义的发展方向。胡锦涛在党的十八大报告中提出："要在坚持固守中国主流意识形态的同时加快观念文化创新发展，必须深入社会，贴近群众，正视现实。把意识形态传播与普通大众的现实生活紧密结合起来，和广大人民喜闻乐见的文化社会内容与形式结合起来，关注和回答人们在日常生活中提出的新问题，并对日常生活世界进行科学、合理的引导和提升，使马克思主义意识形态看得见，摸得着，深入人心，通过大众文化多样性的形式满足个体多样性的需求，潜移默化地对大众进行价值观念的渗透，从而使人们的价值观念与主流意识形态趋近，从而实现意识形态与日常生活世界的和谐统一，成为社会主体熏陶和塑造作用的重要途径。"为了加强社会主义核心价值体系建设，"要深入开展社会主义核心价值体系学习教育，用社会主义核心价值体系引领社会思潮、凝聚社会共识。推进马克思主义中国化、时代化、大众化，坚持不懈地用中国特色社会主义理论体系武装全党、教育人民，深入实施马克思主义理论研究和建设工程，建设哲学社会科学创新体系，推动中国特色社会主义理论体系教材进课堂、进头脑"。

"城中桃李愁风雨，春在溪头荠菜花。"我们应当充分意识到，以信息网络技术为代表的新的生产力必将推动人类社会全方位的深刻变革。"与狼共舞"的

---

① 王宁. 全球化时代中国电影的文化分析. 社会科学战线，2003 (5).
② 胡惠林. 中国国家文化安全论述. 上海：上海人民出版社，2005.

结果，绝不意味着与"文化殖民"画上等号。全球化、一体化的历史发展趋势，为我国经济发展提供宝贵机遇的同时，也带来了发展、交流和创新民族文化的重要契机。经济文化全球化也同时使各国、各民族在坚持自身主流意识形态和文化传统、保持多元的文化趣味和思想价值方面，面临着严峻的挑战与发展的契机，从而也在一定程度上推动了我们思想文化国际对接、视野拓宽、题材挖掘、审美创造和模式创新的发展，为世界思想文化的交流与碰撞、借鉴与吸收、融合与创新提供了空前广阔的时代背景和延伸空间；为中国思想文化的发展提供了一个填平艺术性与商业性、民族性与世界性之间鸿沟的有效手段；同时也比较成功地为我们经济与文化的结合寻求国际舆论支持、跨国资本支撑和国际市场认同的新平台，从而获得在全球化的环境下共生共荣发展的可能性。

我们必须认真、客观、辩证地研究这个时代的发展趋势、特点和规律；研究西方国家价值观念传播和文化艺术技巧、商业整合营销策略的关系；研究如何借助外来的文化传播经验，更有效地传播历史悠久的中华优秀文化和我们的主流意识形态。

广泛开展理想信念教育，把广大人民团结凝聚在中国特色社会主义的伟大旗帜之下。大力弘扬民族精神和时代精神，深入开展爱国主义、集体主义和社会主义教育，丰富人民的精神世界，增强人民的精神力量。倡导富强、民主、文明、和谐，倡导自由、平等、公正、法治，倡导爱国、敬业、诚信、友善，积极培育社会主义核心价值观。牢牢掌握意识形态工作的领导权和主导权，坚持正确导向，提高引导能力，壮大主流思想舆论的影响。

思考与练习

1. 什么是社会舆论、社会舆论调控和意识形态？

2. 如何理解国家政府、广大受众和新闻业界对社会舆论调控的必然性？他们进行社会舆论调控有什么不同的手段和意义？

3. 试联系国际背景、国际事件和国际战争实例，说明以美国为首的西方国家在和平时期、危机时期和战争时期对社会舆论调控的策略和手段有什么相同点和不同点。

4. 试联系2008年北京奥运前发生的西藏暴力事件和其他国际事件，说明西方国家对中国进行舆论调控的策略和手段有什么特点。

5. 随着北京逐步扩大在美国乃至全世界的宣传攻势，奥巴马政府已宣布，取消"美国之音"对华短波广播。这是否意味着他们放松了对我国的舆论调控和意识形态宣传？对此你是如何理解的？

　　6. 近年来，随着世界逐步走向政治格局多元化、经济全球一体化和信息传播全球化，西方国家意识形态向全球渗透有哪些战略和策略？这些战略和策略有什么新的调整变化？其隐蔽性和双刃性表现在哪里？我们应当如何应对？

第三章　国际传播与国际关系博弈

世界生产力的持续发展和人类对两个文明进步与日俱增的需求，一直是加速人类信息传播与经济合作最强大的原动力。当今世界正处在新一轮工业革命的起跑线上，信息网络和通信技术的迅猛发展，为"穿越国界"的全球化国际传播提供了强大的技术支持。

英国学者贾斯廷·罗森伯格曾指出："因为我们生活在一个名副其实的'全球化研究的时代'，所以在这个时代中，一个接一个学科将触角伸入到'全球范围'内，并将自己重新定位于一个地理上扩大的全球视野中。这种延伸使其他学科也进入到国家关系的门槛。因为一种世界范围内的'国际关系'的存在，已经非常必要地构成了研究的经验实体。"[①] "当代的国际关系已经越来越脱离信息传播的规定性甚至是依赖性。"[②] "仅仅把民族国家作为理解和分析当今世界的政治经济关系及与此相关的传播现象的主体已经远远不够了。"国际传播所关注的内容已经囊括了政治、经济、社会、文化以及军事等各方面，尤其是随着冷战结束，跨国公司与超国家级机构如世界贸易组织、国际货币资金以及世界银行力量的增长，以及市场关系在全球范围内的胜利，不但区域对思想、经济和文化交流的管制日益困难，就连民族国家统治的权力也在不断削弱。世界原来的秩序被打破，对它的研究已经到了刻不容缓的地步。对此，许多学者在新千年开启之时就提出了关于国际传播与国际关系的一系列新的理论表述："从右翼的福山的'历史的终结'和亨廷顿的'文明的冲突'，到左翼的哈维的'后现代状况'和卡斯泰尔的'网络社会'。最近，哈特和内戈雷关于帝国的理论在西方知识界引起了强烈的反响。"[③] "对于国际传播各方面的研究探讨早已成为媒体文化全球化的必然结果。"[④]

"国际关系"和"国际传播"等概念在现代世界体系的国际政治、经济、文化、教育等领域中已具有举足轻重的意义，并且相互紧密联系、频繁互动。然

---

① [英]贾斯廷·罗森伯格. 质疑全球化理论（中文版）. 南京：江苏人民出版社，2002.10.

② 陈卫星. 国际关系与全球传播. 北京：北京广播学院出版社，2003.

③ 陈卫星. 国际关系与全球传播. 北京：北京广播学院出版社，2003.

④ [英]达雅·屠苏. 国际传播：延续与变革. 董关鹏译. 北京：新华出版社，2004.5.

而，由于国际传播学与其他众多学科交叉重叠，因此世界各国对国际传播的研究如雨后春笋般迅速发展，其学科归属在许多国家和地区尚无定论。美国的许多高等院校和研究机构把它放在了国家关系和国际政治的领域来研究，但它与传播学的关系十分密切，国际传播和国际关系也必然有许多理论问题与现实问题需要传播学给予分析和解决。

第一节　当代国际传播的经济基础和技术基础

一、当代国际传播的经济基础——经济全球化

1492 年以哥伦布远航美洲为标志的 15 世纪 "全球航行热"，强烈刺激了早期资本主义国家的商品和资本输出，促进了国际贸易和世界市场的拓展，从而揭开了人类社会 "全球化" 的序幕。但 "全球化" 作为一种思想，最早发端于加拿大学者麦克卢汉，1962 年他在《理解媒介》里提出了 "地球村" 这一概念，认为电子媒介把世界缩小为一个村落。地理政治学家布热津斯基 1969 年在《两代人之间的美国》中正式提出了 "全球化" 的概念，他认为其中的关键是电子技术设备所带来的变化。"全球化" 首先就是经济全球化。

由于工业革命以后资本主义生产力的高速发展，需要打破原来地区、国家和民族的局限来重新配置各种资源、资金和市场，所以，全球化是从经济全球化起步的。"经济全球化是指生产要素的配置已越出民族和国家的范围，在世界范围内实现优化配置，从而使国家之间在经济上相互依赖的程度加深、世界经济越来越密切相关的过程。""20 世纪经济领域发生的最大变化及其特征，就是经济呈现的全球化的趋势，并由此引发了世界范围经济结构的大调整。经济全球化进程的加快，主要依靠信息、技术和金融三大要素的迅速发展。"

二、当代国际传播的技术基础——信息传播全球化

如果说，人类在漫长的历史长河中，先后借助物质和能量的支撑创造工具来 "延伸人体" 进行信息传播的话，那么在 21 世纪这驾马车快速前行之时，是一种 "穿越国界的传播" 把各种媒体 "一网打尽"。世界信息高速公路的诞生和广泛使用，更创造了一个打破地缘政治、地缘经济和地缘文化束缚，以信息网络为中心的跨国界、跨文化、跨语言、跨行业的全球开放性的虚拟空间。互联网不仅是一种最先进的技术手段，一种传播速度最快、最广泛的传播媒体，还是一种建立在先进生产力基础上的社会力量，它代表着一种新的观念，一种先进的现代科

学技术和生产力，一种现代管理结构，一种迅速增值的经济模式，一种社会生活交际的方式和一种社会文化形态。作为一种先进的生产力，它理所当然地对全球的每一个国家和领域产生着全方位、强烈和深远的影响。互联网正在并将持续不断地推动社会各领域从思想观念、生产方式、生活方式、社会结构、生产结构、社会管理、生产技术、人际交往到个人消费发生深刻变化。随着信息全球化的到来，几乎各种媒介都纷纷跨入全球化的行列，一些跨国媒介公司在全球迅速扩张，使得发展中国家的媒体面临着全球化传播的竞争。信息传播全球化的主要标志是全球性广播网、电话电信网和因特网这三大全球性网络的建成和迅速普及。

虽然网络全球化的出现为我们各项事业的发展提供了前所未有的机遇，但在互联网提供的思维平面化舞台上，我们一旦"触网"，许多新的困惑、矛盾和困难就会向我们的思想观念、文化技术、知识结构、管理水平和交往方式提出严峻的挑战，当然，这也对我们的传播学理论研究提出了许多需要解决的新命题。

第二节　国际传播、国际关系的概念和国际传播的新趋势

一、国际传播和国际关系的概念

关于"国际传播"（International Communication），学界有广义和狭义两种界定。广义的国际传播包括跨越国界的大众传播和人际传播。"国际传播可以被认为是一个以上国家的个人、群体或政府官员跨越被承认的地理性政治边界的各种传播。"① 比如，不同国家的人、社会团体组织、政府之间所进行的人际传播、组织传播和大众传播都属于广义的国际传播。日本学者鹤木真曾在《国际传播论》中下过这样一个定义："国际传播是以国家社会为基本单位，以大众传播为支柱的国与国之间的传播。"②

狭义的国际传播，特指跨越国界的大众传播，即主要依靠大众传播媒介进行的跨越国界的信息传播。"③ 其中涵盖两种概念：一是泛指跨越国界的大众传播，包括国家行为主体和非国家行为主体，以大众传播为主要依托，在国际社会进行的跨越国际和文化的信息交流和沟通活动。它是国际交流的手段和产物，是国际政治的一部分，是在主权国家的主导下，在广泛、自由的信息交流下各国互为传

① ［美］马克·海姆. 载自第一届上海传播学国际学术讨论会论文选编. 上海：上海外语教育出版社，1987. 91～92.
② ［日］鹤木真. 国际传播论.（日本）新闻学评论，1990.
③ 程曼丽，王维佳. 对外传播及其效果研究. 北京：北京大学出版社，2011. 3.

受主体的大众传播沟通；二是特指在少数大国传播议程垄断下的政府与政府之间的信息交换，或者说是以"国家社会及其代表，以及各种各样的政府间的国际机构为主体"所进行的信息传播。它具有主体的高层次代表性和国际信息交流性两个特点。实际上这是指国际环境中的政府信息传播，是指政府利用各种传播渠道，主要利用大众传播媒介向国际公众传递信息的过程和行为。这既是一种传播行为，也是一种管理行为。

本教材对"国际传播"采用广义的定义，主要是基于如下考虑：

首先，人类已经进入"知识经济时代"或"信息时代"。由于经济和科技的迅猛发展，人类社会呈现出全球经济一体化和政治格局多元化的态势，所以各国的开放度大大增加，以经济贸易、旅游、留学、移民、访问、会议等方式过境的人员往来日益频繁。据新华网记者钱春弦 2011 年 10 月 28 日报道，最近十年，我国在世界主要出境旅游国家中出境旅游人数增长最快。我国已批准 146 个国家和地区为我国公民组团出境旅游目的地，其中 114 个已正式实施组团业务。我国公民出境旅游呈现井喷状态。2002 年到 2011 年，出境旅游人数由 1 660 万人次增加到 7 025 万人次，增长 323%；2011 年，我国出境旅游人数达 7 025 万人次，是亚洲第一大出境旅游客源国和世界第三大出境消费国。国家旅游局局长邵琪伟说，据测算，2011 年我国对全球入境旅游的贡献率超过 30%。

我国不仅是世界重要的旅游客源地，也成为主要的旅游目的地。我国入境旅游保持稳定的快速发展态势，一直位居世界前列。2011 年，我国入境过夜旅游人次达 5 758 万人次，继续保持了世界第三大入境旅游接待国地位。从 2002 年到 2011 年，十年间我国入境过夜旅游者人数增长了 56.5%；2002 年国际旅游（外汇）收入为 204 亿美元，2011 年为 485 亿美元，十年间增长 138%。据《今日日本》2012 年 1 月 17 日报道，联合国世界旅游组织年度调查显示，2011 年的经济危机以及日本大地震等灾难并未对全球旅游业造成重大破坏，2011 年全球跨国游客人数较上年仍有显著增长，增加了 4.4%，达到 9.8 亿人次，而 2010 年为 9.4 亿人次。世界旅游组织 2013 年 2 月发布的报告还显示，2012 年全球跨国游客较 2011 年上升了 4%，达 10.35 亿人次，历史上首次突破 10 亿大关。可见，人际的国际传播已经非常广泛，并起着不可忽视的作用。

其次，大众传播的迅速普及和信息网络技术的迅猛发展，使网络传播、大众传播与人际传播日益融为一体，尤其是网络技术的发展使几乎任何人要获得公开传播信息的话语权都成为可能，不仅网络公司可以发布新闻，就连个人网站也可以成为有影响力的专事发布新闻网站。国际传播的信息发送者中，某些团体和个人的作用日益增强。如年仅 32 岁的美国网上个体户麦特·德拉吉，在家中仅利用两部电话和四部廉价电脑，便独自创建了"德拉吉报道"网站，他利用网络的邮件列表功能，日复一日地从家中发布各类似是而非的新闻，这些新闻一般新闻媒体都不予报道。其中包括像 1998 年 9 月 12 日，美国检察官斯塔尔在美国国会公布的电脑网上，全然不顾堂堂的"皇室尊严"，和盘托出了长达 445 页、15 万字的有关美国总统克林顿与前白宫实习生莱温斯基性绯闻的调查报告，引发了全球网民争相点击浏览，使许多网站一时都处于超负荷的工作状态。据统计，丑闻案公布一小时内，美国在线的使用者就下载了 5.2 万份报告，报告公布当天互联网访问率达每分钟 32.3 万人次。

国际传播与"对外传播"、"跨文化传播"的概念既有联系，又有区别。它们的共同点是都从一定的地域范围向外传播，但是彼此的传播主体、传播角度和传播对象不完全相同。"对外传播"是就传播的出境来说的，以自身国家为主体，传播对象是传播对象国或国际社会；但"跨文化"并不是"对外传播"或"国际传播"的主要特征和要求。如中国对外传播和国际传播的对象也可能是身处国外的华人、华侨和华裔，这种传播对象和文化内容很可能就属于"同文化"传播，而不存在"跨文化"的特点。"跨文化传播"是"同文化"区域向"异文化"区域进行的信息传播活动，国际传播是国家之间的信息传播活动。但即使是同一国家、地区内部，也存在"异文化"的差别，而部分不同国家之间也存在"同文化"的情况，所以国际传播和对外传播不一定就"跨文化"；而跨文化传播也不一定是对外传播和国际传播。

国际关系，是指世界各个被公认的历史上形成的国家之间在政治、经济、文化、教育、军事、意识形态等各方面的相互关系和相互影响。

二、当今国际关系发展的新趋势

研究国际传播，必须紧密联系国际关系发展的特殊语境。国际传播的实施主体虽然包括不同国家、地区、社会团体、媒介和国民等多个层面的团体和个人，但是从对全局的影响来看，国际传播是一种跨越国界的，对国家政治、外交事务、地缘政治，甚至国际政治、世界经济产生一定影响的重要传播活动。所谓"外事无小事"，在传播全球化的时代背景下，国际传播在一定程度上与一定的国际政治、外交、经济、文化及媒介相联系，常常与一定的国家形象和国际经济贸易、文化交流发生纵横交错的复杂关系，并产生相应的政治、经济和文化影响。因此，从总体上说，应当把国际传播看成是国际政治、经济和文化斗争格局中的一个有机组成部分。这一点，在"后冷战"时代，以美国为首的西方国家依靠经济、文化和高科技的绝对优势和精心包装的意识形态无孔不入地渗透，如塞尔维亚、伊朗、格鲁吉亚、乌克兰、缅甸等国家发动的"颜色革命"，就是充分的证明。

　　虽然和平与发展仍然是当今世界的主题，但要正确认识和把握当今国际传播与国际关系之间的紧密联系，首先必须正确、全面把握当前国际形势的新特点，这是我们正确认识国际传播的重要依据。

（一）政治格局多极化

　　随着苏联的解体和社会主义东欧国家的剧变、经济上"经互会"和军事上"华沙条约组织"的相继瓦解，冷战中东西方两个"巨无霸"阵营相抗衡的局面已不复存在。发展中国家的独立、民主意识和国家实力逐步增强，要求重新建立国际关系新秩序的呼声日益高涨。美国虽然极力想维持它的霸权地位，坚持搞单边主义和强权政治，但随着历史文明的发展，政治多极化的潮流不可阻挡。"9·11"事件后，虽然非传统安全问题因素增加，局部战争还时有发生，但美国的霸权主义因遇到了国内外包括联合国、欧盟国家、俄罗斯和发展中国家越来越大的阻力而变得内外交困，进退维谷。而在这世情的变化中又有三个不变，即和平与发展的主题不变，世界多极化的趋势不变，我们面临的环境依然是机遇大于挑战。现在的环境是：总体和平，局部战争；总体缓和，局部紧张；总体稳定，局部动荡。这是今后一个时期国际局势的基本态势，非常有利于我国争取时间，加快发展，提升国力。

（二）经济全球一体化

　　经济全球一体化是当代世界经济的重要特征之一，也是世界经济发展的重要趋势。国际货币基金组织（IMF）在1997年5月发表的一份报告中指出："经济全球化是指跨国商品与服务贸易及资本流动规模和形式的增加，以及技术的广泛迅速传播使世界各国经济的相互依赖性增强。"所谓"经济全球一体化"（Economic Globalization），是指世界经济活动超越国界，地理上分散于全球的经济活动开始综合和一体化，通过对外贸易、资本流动、技术转移、提供服务、相互依存、相互联系而形成的全球经济日益成为紧密联系的一个有机经济整体。具体表现为资本、技术、产品等跨国快速流动或扩散，以及跨国公司垄断势力的强化。其主体一般认为是跨国公司；而它的载体，是全球贸易自由化、经济全球化、生产国际化、金融全球化和科技全球化。为了抓住经济全球一体化的宝贵历史机遇，实现跨越式的发展，各国政治家、战略家和企业家都力争在全球范围内优化资源配置、实现强强联合、争夺技术优势、抢占国际市场、获取更大利润等方面上进行深层的较量。

　　由于世界各国在自然资源、生产力和科技水平、政治经济制度和民族文化等方面存在着巨大差异，以及资本主义经济、政治发展不平衡规律的作用，经济全球一体化对不同的资本主义国家会产生不同的影响。西方发达国家是经济全球化的主导，能够在经济全球化过程中占有更多的优势，获得更多的利益。而中国稳定的社会秩序、良好的发展势头和最广阔的份额市场，使各国的有识之士达成这样一种共识："欲称霸世界，先逐鹿中原。"这对我们参与国际竞争与合作既是严峻的挑战，也是不可错失的宝贵机遇。

（三）信息传输全球化

冷战结束后，传播通信技术在信息技术的数字革命、多媒体技术（电脑、电信和大众媒体的相互融合）、网络技术三个方面得到重大发展。以"'信息高速公路'为标志的第二次信息革命，揭开了信息全球化时代的新篇章。地球愈益紧密地被联结成一个整体，不同国家、区域间的信息传播、处理可以在同一时间完成。新媒体传播的这种即时、共时的特征，不但改变着传统媒体的传播理念及运作方式，而且对同样以大众传播为支柱的国际传播的影响也不可小觑。面对以信息无疆界流动为内在需求的信息全球化浪潮，一向由国家利益驱动并由国家控制的国际传播当如何自处并寻找到新的平衡点——既遵从历史发展的逻辑，又确保信息主权不受他国的践踏，这是一个值得探讨的课题"①。

信息全球化大大加快了国际传播的速度，对传统媒体产生了重大的影响，推动了大众传媒的重大变革，如传播主体的扩大、信息的海量、模式的互动、媒介的融合、功能的拓展、管理的复杂化等；此外，它对人类社会的国际关系、文化传播、思维方式、政治观念、生产技术、管理模式、生活方式、经济结构、交际方式等方面也产生了深远的影响。

（四）国际传播总体格局的复杂变化

上述国际政治、经济和科学技术发展的新形势、新特点，必然带来国际传播总体格局的一些复杂的新变化。

1. 国际传播斗争新的中心舞台——世界贸易组织

当今，世界贸易组织成为国际传播斗争新的中心舞台。世界贸易组织的前身是"关税贸易总协定"（GATT），是第二次世界大战后国际上为了调整大多数国家之间贸易关系的极为重要的多边国际协定。它是 1947 年 10 月 23 日由美国、英国、中国等 23 个国家签署的，到 1994 年底已经拥有了 125 个缔约国，这些缔约方之间的贸易额占世界贸易总额的 90% 以上。国际关税贸易总协定建立和完善了一套多边贸易的规则，并且使世界上三分之二的国家都遵守这些规则。GATT 的缔约国经过从 1986 年到 1994 年的八年谈判，决定从 1995 年 1 月 1 日开始，以世界贸易组织（WTO）代替关税贸易总协定，使其成为与世界银行、国

---

① 程曼丽. 信息全球化时代的国际传播. 传媒学术网，2011 – 10 – 09.

际货币基金组织并列的世界三大经济组织之一，又被称为"经济上的联合国"。到 20 世纪 80 年代后期，联合国教科文组织开始丧失了先前研讨国际传播问题的关键舞台地位，在经济利益的驱动下，全球电子通信和跨国信息流通的问题取代了新闻和信息流通问题而成为新的论辩焦点。在世界关税贸易总协定演变成世界贸易组织的过程中，美国和欧盟达成了共识：把信息业列入"服务业"。国际贸易包括了服务贸易和信息产品，世界贸易组织成为国际传播的中心舞台。

2. 国际传播的新主角——跨国传媒公司

20 世纪 90 年代国际传播业逐步走向私有化、传播市场自由化、传播信息产业化和商品化。随着全球经济一体化、信息文化产业的国际化和世界贸易组织的诞生，大型跨国传媒公司成为国际传播的主角之一，全球媒体经常是由十来家大型跨国传媒公司来控制。其中不少作为媒介巨头的集团公司，给予并巩固了美国在全球性文化传播中的统治地位。他们所关心的是加速出售美国大众文化工业的产品，并利用这些信息来保持美国文化在全球的影响。

3. 国际传播媒体发展的新趋势——媒介多元整合

国际传播媒体发展的新趋势是多元整合。首先是媒介功能的整合。"越原始的文化越呈现出文化基本要素上的多元性，而高级的文化则表现出较强的趋同性。"[1] 随着信息时代的到来和传播手段的进步，不但世界范围内的文化发展呈现出以整合为主流的发展趋势，就连传播媒介也是如此。电话、电报、广播、电影等电子传播媒介，是通过对传统的传播方式如邮驿、戏剧等整合后产生的。整合过后，可能有部分旧有形式消失，另一部分却保留了下来或者在媒介的整合中获得了新生，成为我们继往开来的桥梁。而新的传播媒介都有集旧有媒介功能之大成的趋向。幻灯机的"视"和收音机的"听"被电影整合为一体；电视又把电影和广播整合为统一的视听媒介；今天的计算机与信息高速公路又将电视的"视、听"与电话的"交互"功能整合到一起，升级为功能更强大的几乎可以进行任意的视、听、说及其他传播功能的超级传播系统。[2] 整合的结果是新媒介的功能越来越强大，对旧媒介的覆盖程度越来越深，而且越来越便于使用。[3]

其次是传播产业规模的整合。经济全球化、信息和文化产业市场化，以及国际上的竞争加剧，促进了传播业在国际范围内的规模整合。少数大型的股份有限公司控制了世界的大众传媒。1995 年末，美国三宗价值 30 亿美元、涉及美国六家主要媒体的合并震惊了全世界：时代华纳公司与拥有 CNN 的特纳广播公司联

---

① 沙莲香. 传播学——以人为主体的图象世界之谜. 北京：中国人民大学出版社，1990. 67.

② 李艺. 传播媒介：整合与多元化. 北京广播学院学报，1999（1）.

③ 沈正. 谁控制着美国的大众传媒. 世界广播电视参考，2003（4）.

合、迪士尼公司与大都会美国广播公司联合、西屋电子买断了曾是美国广播电视业龙头老大的哥伦比亚广播公司。在国际通信领域，现在唱主角的是美国的时代华纳、NBC、迪士尼、默多克的新闻集团，日本的索尼，意大利的金融投资公司和德国的贝塔斯曼公司。2000年，美国在线与时代华纳公司的合并再次震惊世界。美国学者本·巴格蒂肯的研究发现，1982年时，美国全部的新闻娱乐业控制在50家大公司手里；1996年，对传媒的垄断已集中到10家公司手中；到2000年，美国的传媒体育娱乐业，几乎被五大财团所垄断。近年还出了集电视制作和播放、电影生产、报纸期刊和图书出版、音乐制作、通信广播器材生产于一体的巨型公司。

4. 国际传播中西方新自由主义理念的强烈影响

国际信息传播的全球化、自由化，以及跨国公司的迅速发展，使西方新的自由主义思潮对全球各国产生了强烈的影响，使许多国家的大众传播理念发生了重大而深刻的变化。为了适应资本主义全球化发展的需要，曾经出现在20世纪二三十年代的新自由主义，到了七八十年代，随着高新科技革命的迅猛发展以及资本主义从国家垄断走向国际垄断，新自由主义再次作为一种意识形态强势崛起，并很快向全球蔓延。它经常以反政治的形式出现，其本质是倡导私有化、自由化和市场化，积极鼓吹以超级大国为主导的全球一体化，即全球资本主义，反对国家干预。它既有推动世界经济向全球化发展、推动世界资源的重新配置与加强国际合作的好的一面，同时又越来越表现出它的弊端。关世杰教授在《国际传播学》中就通过拿西方国家新自由主义与人道主义相对比，概括出两者在接收信息、知识、全球广告、隐私权、知识产权、文化贸易、产业集中和公共广播等八个方面的差异，结论是在这八个问题上新自由主义都占了上风。它进一步扩大了由于经济、科技等多方面的差距而造成的信息鸿沟及贫富国家之间的差距，进一步加剧了以美国为首的西方发达国家对发展中国家的文化殖民和意识形态渗透，进一步使非西方国家面临传统的思想文化、经济制度和传统道德被颠覆的严重威胁。

5. 对国际信息传播秩序的控制与反控制斗争

第二次世界大战后，以联合国成立为标志，形成了当代国际新秩序。近70年来，国际社会中的多数国家始终在努力建设一个更加均衡、公正、合理的国际政治经济秩序，其中就包括国际舆论传播的秩序与规则。然而，由于以美国为首的西方发达国家的垄断与抵制，国际舆论传播的秩序与规则基本上是依然故我，与时代发展潮流极不相称——国际传播结构状态极端不均衡，信息传播主要呈从西方流向东方、从北方流向南方、从发达国家流向发展中国家的流通状态。鉴于此，1980年，联合国教科文组织第21届大会曾提出了建立国际新闻传播新秩序。多年来，包括某些西方人士在内的越来越多的有识之士都对不尽公正、合理、平衡的国际舆论传播秩序，提出了质疑，并呼吁改变。但是由于目前国际传播缺乏足够公平的"定约"与博弈，现代信息流和国际舆论场的"桥"正在发生某种断裂，这不仅直接影响国际传播的可持续发展，而且在一定程度上也造成当今世界的许多矛盾和问题。

冷战结束后，在经济一体化和社会信息化的进程中，西方媒体凭借它在经济和技术上的种种优势，进一步增强了英美两国在国际传播领域的霸主地位，其中包括世界语言中的主导地位、商业文化上的主导地位、国际新闻的主导地位、传播技术上的主导地位和数据资料的主导地位。由于西方发达国家对国际信息系统的垄断加深了信息资源占有的不平衡和国际传播发展的不平衡，对于在信息技术的硬件和软件方面都严重依赖发达国家的第三世界国家来说，它们不但难以获得一个主权国家应有的话语权，而且在经济发展和意识形态的维护上也受到了极大的影响。所以，围绕着西方国家坚持新闻"自由流动"的"控制"与发展中国家提出的争取建立国际信息新秩序的"反控制"之间，国际社会展开了一场尖锐的斗争。

第三世界国家的领导人表示，西方国家通过控制最主要的国际信息渠道，对其他国家采取剥削和歪曲的态度。于是，建立国际信息与传播新秩序（NWICO）的要求和提议被提了出来。第三世界国家要求建立新秩序的代言人、突尼斯的信息部长斯姆地（Mustapha Masmoudi）认为，"现有的秩序和结构产生的是依赖模式，这种依赖对于发展中国家的政策、经济和社会都有负面影响"。他指出第三世界国家"主要的抱怨是：由于社会技术的不平等，造成了信息从'中心'向'外围'的单向流动，这样在'有'和'无'的国家之间形成了很深的鸿沟；信息强国处在一个对信息穷国发号施令的地位，因此产生了结构性依附，造成了穷国普遍的经济、政治和社会的分化，这种纵向的信息流动（与全球横向信息流动相对）是由西方跨国公司垄断的；信息被跨国媒体看作'商品'，使之服从于市场原则；整个国际信息和传播秩序维持着不平等状况，这样就产生了新殖民主义"①。1978年，国际信息与传播新秩序大会通过了《大众传媒宣言》。当年12月，第23届联合国大会通过了建立NWICO的决议。在麦克布莱德委员会领导下成立的"研究传播问题国际委员会"在关于建立世界信息传播新秩序方面做了许多工作，通过了100多份开创性的工作文件和关于NWICO的决议。然而，以美国为首的西方国家认为，新秩序的要求与西方国家基本的自由观念和"信

① ［英］达雅·屠苏. 国际传播：延续与变革. 童关鹏译. 北京：新华出版社，2004. 53～54.

息自由流动"的原则相抵触,它只是第三世界独裁者窒息媒体自由、强调审查和支开外国记者的借口。这些西方国家认为像"文化自我管理"、"媒体帝国主义"、"国家主权高于传播权"等口号都是为了控制传媒的渠道,西方新闻组织坚决抵抗对于旧秩序作出的任何改变。

在 1991 年苏联解体和东欧剧变及超级大国的冷战历史终结后,取而代之的是一个由独一无二的超级大国——美国组成的单极社会。东西方长期的意识形态的尖锐斗争局面发生了巨大逆转,尤其在欧洲和其他一些地方,普遍在实施资本主义的和平转变,以美国为首的西方国家也在改变对世界信息流动的控制策略,包括:成立积极活跃的国际电信联盟;帮助非西方国家建立以美国为主导的媒体机构;利用电信机构开发第三世界市场,推广新进科学技术的运用;让卫星电视技术穿越民族国家的制度和文化屏障在第三世界国家"落地";支持一些国家媒体逐渐面向市场开放;努力建立和发展全球跨国的电信企业;加强国际电信企业的并购和融合。媒体原有的体制逐步被私有化体制所代替。

信息技术和信息产业的全球化、市场化的发展使权力结构中的软性资源成为民族国家综合国力的重要资源,利用全球化和信息化加快发展,对非西方国家也是一种历史性的宝贵发展机遇,但其实质还是"美国化"和"西方化"。当今西方国家的信息殖民主义行为,已经以温情脉脉的面纱和诱人的胡萝卜,替代了当年以武力或实力相威胁的霸主面孔,非西方国家主权所构筑的意识形态的"堤防"要直面信息殖民无孔不入的侵蚀,要在国家传统意识形态、价值观念上"保持一致"绝非易事。随着西方国家与非西方国家的信息鸿沟进一步扩大,要想避免成为西方的"信息附庸国",面临的困难和挑战是巨大的。

但是,与此同时,西方国家在意识形态方面的"登顶行为",进一步暴露了其"司马昭之心",也激发了非西方国家的警惕和防御心态。20 世纪 90 年代,新加坡的缔造者和"亚洲价值观"的倡导者李光耀在接受香港《南华早报》采访时就强调:"新加坡永远不希望成为一个西方式的、自由主义的、个人主义的社会,假如这种情形发生,新加坡将会破产。"所以,西方和非西方关于传播秩序的斗争仍在继续。许多国家都采取了多种防御手段,包括:以政策、市场等手段限制西方媒体的进入,即使他们获得准入资格,也要限制其发展空间;对于具有文化殖民倾向的媒体,政府不但出面干预,还采取警告和惩戒措施,如限量发行,甚至把有关当事人驱逐出境;积极加强本土文化建设,如伊朗面对美国向世界市场进军的"芭比娃娃"以美国的生活方式影响伊朗的青少年,伊朗文化机构就推出一个具有穆斯林风格的"萨拉布娃娃",她"编着长辫,披着头巾,表情刚毅"，这张"东方的脸庞"给人留下了深刻的印象。①

2011 年 6 月 1 日，美国《华尔街日报》刊登了我国新华社社长李从军一篇题为《构建世界传媒新秩序》的文章，他郑重提出，要建立公平的国际舆论新秩序，首先就必须实现价值理念的进一步变革，"就应遵循如下四项原则（即 FAIR 观念）：①更加公平（Fairness）：就是一方面要实现各个地区和国家媒体以平等身份普遍参与国际传播进程的权利；另一方面，不同国家和地区的媒体对国际、地区和各国情况进行全面、客观、公正、平衡、真实、准确的报道，最大限度地减少歧视和偏见。②更多共赢（All-win）：就是要积极创造条件，让不同国家和地区的媒体共享信息传媒领域的发展进步，并在国际信息舆论传播中发挥积极作用，努力扭转'强者恒强、弱者愈弱'的发展失衡状况。③更大包容（In-clusion）：就是要维护世界的多样性，媒体要尊重各国人民在漫长的历史进程中创造的独特文化、传统、信仰和价值观，努力消除不同文明和文化间的疑虑与隔阂，加强对话交流，求同存异。④更强责任（Responsibility）：就是媒体机构既要确保新闻信息传播的公开性和透明度，推动建设开放社会，又要坚持新闻报道的理性和建设性，让舆论传播成为社会发展进步的积极力量"②。

6. 发达国家和发展中国家之间的数字鸿沟进一步扩大

美国商务部的"数字鸿沟网"把"数字鸿沟"概括为："在所有的国家，总有一些人拥有社会提供的最好的信息技术。他们有最强大的计算机、最好的电话服务和最快的网络服务，也受到了这方面的最好的教育；另外一部分人，他们出于各种原因不能拥有最新的或最好的计算机、最可靠的电话服务或最快最方便的网络服务。这两部分人之间的差别，就是所谓的'数字鸿沟'。"联合国《千年宣言》颁布已经十余年，但贫富国家之间的数字鸿沟还在不断扩大。西方国家的"信息全球化"理论说要通过全球范围的广泛合作，帮助欠发达地区获得信息传播途径，让更多人分享科技进步带来的福利，利用信息科技推动欠发达地区的经济与社会发展，缩小由信息鸿沟所造成的社会发展不平衡。但其实现在的情况是"信息穷人"越来越多，所谓信息的"全世界自由流动"，其实是建立在生产力发展水平、经济水平和科技文化水平都存在巨大差距的基础上的。在经济全球化的今天，在全球信息产业中，1999 年美国因特网用户占全球因特网用户总量的一半以上，电子信箱占全球总量的 58%，电子商务额占全球总额的 75%，商业网站占全球总数的 90%。2002 年，世界性大型数据库近 3 000 个，其中 70% 设在美国，全球共有 13 台顶级域名服务器，有 10 台设在美国。2003 年，

① 陈卫星. 国际关系与全球传播. 北京：北京广播学院出版社，2003. 91.
② 李从军. 构建世界传媒新秩序. 新华网，2011 - 06 - 02.

中央处理器（CPU）的产量美国占92%，系统软件产量美国占86%。美国IT产业投资占全球总投资的41.5%。美国微软公司的"视窗"（WINDOWS）系统占据全球操作平台应用量的95%。据2007年我国国家统计局国际统计信息中心测算，美国信息能力的总指数约为我国的11.6倍。占世界人口五分之一的最富有的国家决定着全世界84.7%的社会生产总值，他们的贸易额占世界贸易额的84.2%，无线电话的用户有80%在发达国家，而只有8%的用户分布在100多个发展中国家。而更重要的是在世界的新闻信息输出方面，20年前全球新闻的80%由美联社、合众国际社、路透社和法新社传播的局面基本上没有改变，只是少了合众国际社。

7. 传统意义的国际传播面临新挑战

随着互联网和移动通讯等新媒体手段的广泛运用，传统意义上的国际传播面临着新的挑战。

第一，新媒体技术的广泛应用使国际传播的管理难度加大。由于新媒体自身所具有的优势，已经广泛应用到社会各个不同的领域与层面，传播信息的主体变得更加多元；传播的环境更加复杂，网络连接着世界上绝大多数国家和地区，为不同地域、民族和拥有不同宗教信仰的人们进行全球性交流提供了快速通道。人们对于参与国际传播的意识大大增强，除了各国家、地区、机关团体和企事业单位都在大办新媒体外，天南地北的许多个人网站也自发地应运而生，传播的海量信息鱼龙混杂，真假莫辨，直接进入全球的国际传播渠道并发生无法预测的影响。这"更加难以凭借制度性手段加以控制"[1]。

第二，新媒体技术的广泛应用使国际传播"双刃剑"的影响进一步突显。它大大拓展了参与国际传播媒介的数量与方式，同时也拓展了国外通过新媒体向国内进行海量信息传播的渠道与方式。虽然新媒体对推动人类社会的文化传播、思维方式、政治观念、生产技术、管理模式、生活方式、经济结构和交际方式都产生了深远的影响，但它同时也为西方国家的文化殖民、宣传色情与暴力、灌输西方的意识形态和生活方式等提供了非常便利的条件。一些西方国家凭借自己的霸权地位运用各种方式打压和抑制不利于其霸权的各类挑战者，从而进一步扩大了网络世界中的"马太效应"和"数字鸿沟"。

第三，新媒体技术的广泛应用使国际传播成为国际关系博弈的新平台。媒体的国际传播不再停留在一般的思想文化交流上，而是把政治观念、意识形态、商务营销、文化艺术等"一网打尽"，成为在经济、技术、军事和语言上具有绝对

① 程曼丽，王维佳. 对外传播及其效果研究. 北京：北京大学出版社，2011. 21.

优势的西方国家政治控制、经济垄断中权力博弈的新国际平台。这对主权国家的权益维护、主流意识形态的坚守和民族经济的发展，乃至国家社会秩序的稳定都是一个严峻的考验与挑战。

8. 中国成为美国等西方国家意识形态"攻坚"的主要对象

东欧剧变之后，美国把对外宣传的重点从前苏联转移到了中国。1994 年，美国在《国际广播法》等法规文件中，把中国、朝鲜、伊拉克、伊朗、缅甸、越南等国家作为意识形态攻坚的主要对象。在 20 世纪 90 年代之后，美国开动强大的国际媒体，抛出所谓的"中国威胁论"、"考克斯报告"等一连串莫须有的罪名，对中国进行"妖魔化"；1997 年，"美国之音"的台长杰弗里·科恩明确提出，"美国之音"的六大任务之首是"对抗共产党和极权国家"；苏联解体和东欧剧变后，美国把过去设在前苏联的媒体发射台的包围圈大部分转移到了我国周边的国家，并且把其对我国的播出语言从 1996 年的华语一种增加到现在的普通话、上海话、广州话和维吾尔语四种，播出时间从 1996 年的每天 1 小时增加到现在的每天 20 小时。英国等许多西方国家媒体也长期对社会主义中国的新闻报道表现出发自意识形态对立的偏见。

新中国成立 60 多年，特别是改革开放以来的 30 多年，创造了人类历史的奇迹：从来没有哪个国家，在如此短的时间内，让人口如此众多且贫穷落后的所谓"东亚病夫"，迅速走上了一条繁荣昌盛的道路而被世界所瞩目。这是对新中国成立前西方国家攻击中国的所谓"黄祸论"的最有力驳斥。

法国学者魏柳南（Lionel Vairon）曾说过，中国既不是一个基督教国家，也不是一个和西方体制一样的私有制国家，这正是中国的崛起让部分西方人不安的原因之一。他们习惯于戴着有色眼镜看待中国，企盼着按照西方的意志改造中国。但中国毕竟不是一个习惯于按照别人的节奏跳舞的国家。因此，当中国在国际舞台上影响力越来越大时，一些西方人难免会用双重标准来遏制中国的发展，尤其害怕中国崛起后像西方那样走对外扩张的路线。中国逐渐壮大，使西方渐渐感受到压力与不适。掌握着话语权的西方媒体面对不符合西方核心利益的声音，自然会想把它过滤掉。这里面除了文化和意识形态等因素之外，还有双重标准背后的西方国家利益最大化的考量。所以西方国家始终把中国作为意识形态和制度上"不共戴天"的"假想敌"。

无数历史事实一再告诫我们，以美国为首的西方国家这样一种观念形态和惯性思维逻辑将会本能地持续下去。即使是许多本来和中国人没有特殊恩怨的西方民众，也很容易对他们一直"看不顺眼"的中国热表现出这样的对立心态。据英国《每日邮报》2012 年 1 月 8 日报道，英国广播公司（BBC）著名主持人杰瑞米·克拉克森于 2012 年 1 月 7 日，在英国《太阳报》专栏中刊文，就伦敦奥运会花样游泳门票一事进行评论并恶毒地表示，"'花样游泳'只是一些在水中头朝下、戴着帽子的中国女人，你可以在莫克姆湾海滩免费看到这些"，以此隐射2004年发生的23名来自中国的非法劳工在英国兰开夏郡的莫克姆湾海滩捡拾蛤贝时突遇涨潮而遇难一事。中国驻英国使馆发言人当地时间8日就此事表示强烈不满和坚决反对。据驻英使馆官方网站消息，使馆发言人称："我们对克拉克森无端侮辱中国人的言论以及《太阳报》登出这种缺乏基本道德底线和媒体责任感的评论表示强烈不满和坚决反对。我们要求《太阳报》刊登我馆发言人表态，纠正上述错误言论，以正视听。"英国本地人对此也表示非常愤怒。一名莫克姆湾当地人在接受采访时表示："我选择无视这些言论，因为这些真是非常卑鄙。他总是装作自己高人一等。但事实上，我们当时被这个悲剧深深震惊了。"

第三节　国际传播与国际关系博弈研究

国际传播以大众传播、卫星通信技术和信息网络传播作为主要工具，并使之互相结合、互为补充、相互叠加，使"地球村"任何一个角落发生的重大事件，可以在瞬间传播至地球的四面八方，使人类有可能在同一时间分享同一重要信息，这加速了科技和文化最新成果的交流和扩散，适应了人类和平与发展的总体基调和根本需求。但是，由于国际传播与其他的科学技术一样都是一把"双刃剑"，利与弊共存。在关于传播技术进步带来的跨文化交流与国际传播及其对国际关系的作用的探讨中，存在着两种截然相反的理论。一种是"相互依存论"，强调国家之间相互依存的重要性和国际传播对人类进步的推动作用。如美国著名的政治学家多伊奇认为："科学、技术和医学是不分国界的……要是没有外国发明贡献的巨大帮助，世界上没有一个民族和国家能够在技术、繁荣和健康方面达到今天的水平，保持今天的进步速度。"[①] 另一种是"差异冲突论"，如美国著名国际政治学家、哈佛大学约翰奥林战略研究所所长塞缪尔·亨廷顿认为："民族间的互动，强化了他们的文明意识，亦由此激发彼此的差异和仇恨，而这些差异和仇恨往往源自历史的深处。"他还认为，冷战后世界冲突的根本原因将不再主要是意识形态因素或经济因素，主要的全球性政治冲突将发生在具有不同文明背景的国家和集团之间；人类的最大分歧和冲突的主导因素将是文明方面的差异，文明的冲突将主宰着全球政治，文明的差异将成为未来的战线。在这里，"将文

---

① ［美］卡尔·多伊奇. 国际关系分析. 周启明等译. 北京：世界知识出版社，1992. 6～7.

化学意义上的文明互动关系嫁接到国际政治领域，从民族情绪、大众心理、文化特质、血缘标识、宗教基础、认同层次、角色意识、地缘因素和历史渊源方面来分析冷战后的世界政治变化，不能不说是亨廷顿的高明之处"[1]。

美国对国际传播非常重视，它本来就是研究国际传播学最早和著述最多的国家。国际传播学诞生在美国，到了 20 世纪 60 年代，国际传播学作为一个研究的学术领域在美国得到承认，新闻与大众传播教育协会在 60 年代建立了国际传播分会。1971 年，美国首都的美利坚大学国际关系学院第一次在美国设立了国际传播的硕士学位。1974 年美国传播学会（SPA）出版了《国际与跨文化年鉴》。美国开拓者和奠基人从一开始就为国际传播学注入了鲜明的美国特色。"二战"以来，美国大众媒介研究的历史表明，他们对"国际传播的研究是以心理战和美国的对外政策的名义进行的。政府通过诸如福特资金会的资助，常常占了像 MIT 的社科研究机构全年费用的大部分，并且实际上是由中央情报局（CIA）和军方资助的，主要研究如何大规模控制人类态度行为，其中主要考虑的是大众媒介对发展中国家社会发展的影响"[2]。

一、国际传播和国际关系博弈研究的主要动因

现如今，国际传播和国际关系博弈的研究已成为全球政治家、战略家、企业家、传播学界乃至传播业界非常关注的一个重要的热点问题。其原因有以下四个方面：

第一，从政治上看，近几十年来，亚非原殖民地国家纷纷取得政治独立，这些国家不仅要求建立国际经济新秩序，而且要求建立世界信息与传播新秩序。1976 年世界不结盟国家向第 30 届联合国大会提交了旨在建立世界信息与传播新秩序的议案，与联合国和教科文组织展开了争取世界信息传播新秩序的斗争，国际信息传播的研究成为全球学者十分关注的重要问题。

第二，从经济上看，经济全球一体化和信息全球化进一步发展，世界贸易组织建立后，各国的政治家、战略家和企业家都意识到在物质流、能量流和信息流三大资源中，信息流的重要性已超越其他两种因素成为发展国民经济的最主要战略资源。而国际传播就成为在新一轮的国际竞争和国际分工中举足轻重的环节之一：在现代经济生活中，无论是工业、农业、服务业还是信息产业，国际传播都是人们获得经济信息的重要渠道，它有助于外贸经济的发展，有利于使国际有形

---

① 张桂珍. 国际传播是国际关系的一部分. 载自刘断南等. 国际传播——现代传播论文集. 北京：北京广播学院出版社，2000. 5.

② 关世杰. 国际传播学. 北京：北京大学出版社，2004. 14、177.

贸易和无形贸易进一步拓展，有利于电子商务的发展，有利于开拓和巩固国际市场。

第三，从文化上看，正如霍尔所说："文化即传播，传播即文化。"他将文化放置于传播中，使文化避免成为一种静态的死物，而成为了最生动的交流互动行为，赋予了文化一种动态的行进感；而"传播即文化"，又将传播内容放置于文化背景中，赋予传播行为更深刻的文化意义。① 因为今天人类正从工业社会步入信息社会，全球经济一体化、政治格局多元化的发展趋势导致"地球村"内跨国家地理边界的政治、经济、科技、文化和军事的信息流动日益频繁，传播速度加快，跨国家交流的信息量呈几何级数增长，促进了跨文化的交流和融合，促进了新的文化形式和文化行业的出现；同时，跨国信息给世界文化多元化也带来严峻挑战。西方某些霸权主义国家实施"文化侵略"的危险性日益明显，发展中国家正在争取缩小数字鸿沟，建立世界信息传播新秩序。一些全球关注的问题有待于利用国际传播加以解决。

第四，从大众传播的角度来看，在信息网络化时代这样的新技术形态下，大众传播媒介如何针对时代的发展态势，抓住新的宝贵历史机遇，解决新的矛盾和问题，迎接风险与挑战，创造新的历史辉煌，是时代摆在我们大众传播工作者和理论研究者面前的神圣而艰巨的任务。为了适应信息时代社会经济、生产力和文化发展的需要，也为了适应传播走向国际化的理论建设的需要，近年来关于国际传播与国际关系博弈的研究方兴未艾，如何在前人努力的基础上，进一步建立系统、全面的国际传播和国际关系博弈的系统学说，已成为历史赋予我们的神圣任务。

二、国际传播在国际关系博弈中的重要性

随着国际政治格局多元化、全球经济一体化和社会信息化的时代发展趋势日益明显，国际传播对国际关系的影响是相当大的，我们应当全面、深刻、辩证地对其加以认识和应对。

（一）国际传播是维护国家主权、树立国际媒体形象的重要手段

国家是国际关系行为的主体，任何一个国家参与国际传播的出发点和落脚点，都是要维护国家的安全利益、经济利益和政治利益。首先就要通过国际传播扩大国际交流和影响，提高本国的国际威望和国际地位，树立国家的良好国际媒体形象。所以，任何国家都会十分重视运用国际传播工具来宣传国家形象，增加

① 刘菲菲，王泳惠. 单一化与多样化：跨文化传播的双重语境. 青年记者，2010（7）.

国家在国际关系中的"砝码"。我国在有关对外宣传政策的文件中也早就规定："在宣传中要准确而鲜明地树立社会主义中国的形象。"其次，还要通过国际传播来维护国家的主权。尤其是在西方发达国家在世界"信息自由流动"的资源占有和传播权的使用中占据了绝对优势，并长期对中国进行"妖魔化"和"文化输入"的情况下，中国要在世界的大舞台上重新树立自己的良好形象，争取在国际关系上的主动，除了要努力增强自身的综合国力之外，还必须通过改变国际传播的观念，充分发挥国际传播工具的威力，增强在国际传播中树立国家形象的效果，以维护国家主权的独立和完整。

（二）国际传播是国家实施国际发展战略的重要桥梁

国际传播是国家实施国际战略，加快发展的重要桥梁。现代大众媒介、通信技术和信息网络技术的突飞猛进与紧密结合，是当今世界走向全球经济一体化的重要物质基础，它不但适应了人类社会生产力进一步发展的需要，而且使人类对自己赖以生存和发展的这个世界有了更深刻、更长远的认识。过去那种闭关自守、自给自足、夜郎自大的观念已被抛进了历史的垃圾堆，同样那些依仗自己国力强大、肆意扩张、以强凌弱的霸权主义者，也到处碰得头破血流。各国的战略家和政治家都开始认识到，知识和信息已成为当今世界最宝贵的第一战略资源。新一轮更广泛的跨国界、跨文化的国际分工合作，使全球资源进一步优化配置，而不同文化的互相交流、互相碰撞、互相交融和创新，是当前国际竞争中占据主动权的关键。

从另一个角度说，人类社会当前所面临的越来越尖锐的"金融问题"、"反恐"问题、局部战争问题、环保问题、生态平衡问题、艾滋病问题、禁毒问题等无一不需要全球所有国家的协调沟通和相互配合，这离不开国际传播的桥梁作用。国际传播不但使各国的信息沟通有了更自由、更方便、更迅捷、更宽广的通道，带来了国际事务更多的参与者，提高了国际关系的透明度，加强了对国际关系和国际事务的国际舆论监督力度，而且由于信息流动快，决策与反馈也快，从而也加快了国际关系活动的节奏，有利于加快历史的发展进程。

（三）国际传播是国家实施对外政策的强有力手段

任何国家要处理国家政府之间的关系，协调国际关系，参与国际事务，实施国际战略，维护本国利益和对外行使国家主权，主要是通过外交的手段。而各种国际战略和对外政策斗争的实施手段（国际文化交流手段、政治外交手段、经济手段和军事手段）中，通过大众传播媒介开展国际传播的手段显得尤为重要。其原因有四：

第一，通过大众传媒和信息网络进行的国际传播是实施国家国际战略和宣传国家对外政策的最有效手段，因为这些媒介的信息传递比任何其他途径都来得更迅速、更广泛、更直接。"有些对外政策的目标是能够直接对付外国人民而不是他们的政府的。通过应用现代新闻工具的器械和技术，今天就有可能联系一国人口的大部分或其有影响的部分——向他们报道，影响他们的态度，有时甚至诱导他们到一个特定的行动方向。这些群众反过来就能够对他们的政府施加明显的，甚至断然的压力。"①

第二，通过大众传播和信息网络进行国际传播，对树立本国领导人的形象和影响他国领导人的决策发挥着重要的作用。对本国领导人来说，他参与国际重大活动时对国际重大事件的言行举止要更快、更广泛、更直接地让世界更多的人耳闻目睹，最有效的途径就是国际传播。而国际传播对他国领导人来说，则会对他们的外交决策有重要的影响作用。因为国际传播通过及时传送多边的信息、议程设置、新闻评述和专家评论，以及民意的反馈，造成强大的舆论攻势，形成对他国领导人的巨大压力而影响其决策。

第三，大众媒介进行国际传播有议程设置的功能。由于传播媒介（也包含它的控制者）在新闻的社会价值和新闻价值的判断上有差异，为了进行对传播的社会控制，政府会利用大众媒体的"议题设置"原理，对同一新闻在安排次序、所占版面的位置和篇幅的大小上作出不同的处理，而"受众判断一个主题是否重要，主要是看媒介对该主题的重视程度。媒介可以通过选择和提供某些消息而忽略其他，并对报道内容给予不同的重视程度来影响受众对其他报道的重视程度"②。

第四，通过大众传播和信息网络进行国际传播，各国都开始把原来政治色彩很浓的外交宣传与充满了人情味的文化交流融合在一起来增强外交政策宣传的效果。冷战时期在意识形态对立的情况下所流行的简单、强硬的政治外交宣传，随着冷战的结束，在国际经济合作利益的驱动下，已经逐步退出了历史舞台。人类开始进入大规模的跨越国界和文化的全球化的信息自由流动的信息时代，如何通过精心包装的跨文化信息传递来对异文化圈的人产生更有效的潜移默化的影响，达到"不战而屈人之兵"的目的，是当今世界在推行国家对外政策时的一种新的战略思想。而对在国际传播中处于劣势的发展中国家来说，如何在新的形势下抵御"文化帝国主义"的入侵，发展自己的民族文化，并在宣传本文化和吸收外来文化精华的同时，加强国际传播，捍卫国家的主权和民族的利益，也是摆在发展中国家面前的一个十分紧迫和严峻的问题。

---

① ［美］赫伯特·席勒. 新闻工具与美帝国. 国际新闻界，1997.8.
② 胡正荣. 传播学总论. 北京：北京广播出版社，1997.317.

（四）国际传播是增强国家综合实力的强大动力

一个国家在国际关系中的地位，与其综合国力尤其是经济实力有着极为重要的关系。而国际传播又是推动经济全球化和发展经济贸易的强大动力。

首先，国际传播是传递国际经济信息的主渠道。经济全球化时代，大众传播的经济信息功能——通过信息传递经济资讯，协调经济关系——更加突显。从管理的角度来看，经济贸易活动实质上是对人力、物力、财力和信息资源的掌握和配置问题。谁能在各种与经济相关因素的信息传输方面在全球范围内占据主动，谁才能在激烈的国际市场竞争中获得主动权。国际传播不仅仅是国际政治的晴雨表，也是国际经济竞争中开展信息战的范围最大，反映最全面、最快捷的一个重要阵地。

其次，国际传播业本身就是世界经济中的重要产业。生产力是推动人类社会发展的最终决定力量，而"科学技术是第一生产力"。建立在现代信息科学技术基础上的信息网络技术，以其强大的渗透力、聚合力、牵动力、加速力和增值力，很快就使信息传播发展成为当今世界的最大产业之一。在西方许多国家，信息产业已经成为国民经济的主导产业，部分发达国家信息产业的产值已占国民经济总产值的45%～70%。他们正是把这一优势与他们的国际传播结合起来，把他们的意识形态宣传、经济贸易推销和西方文化的兜售紧密结合起来，形成一种极大的合力优势，这也为他们在国际关系的发展上增添了筹码。

第三，国际传播是各国经济扩张的新阵地。国际互联网与电子商务的越来越广泛的应用，加速了全球经济一体化，打破了企业间竞争和合作的地域限制，全球在线贸易额迅速增加。在开拓和巩固国际市场的过程中，国际传播成了许多跨国公司的有力武器，从而也使美国成为多极世界中唯一的国际传播信息数量超级大国。

（五）国际传播是加强国际合作的重要手段

随着跨国多元媒体的广泛应用、经济全球化的推动，以及信息传播全球化如排山倒海般的时代发展趋势，国际传播的穿透力、扩散力和整体效力越来越大，其影响范围和力度也在不断加大。国家传播不仅是国家政治的工具，而且在国家进行对外政治决策，处理国际关系，加强国际经济、文化和军事合作等方面，国际传播的影响也越来越大，已成为国际政治斗争、经济竞争和文化传播的重要部分。国际信息网络已不仅是一种新的媒介形态，而且与一个国家的经济、文化和社会生活等多个方面关系密切。未来社会的经济活动将主要在高度发达的信息传播网络中进行，而目前个别发达国家因拥有全球大部分的媒体硬件，正在掠取其中的高额增值。

商业性跨国媒体，凭借其雄厚的资金、高新的技术及强大的实力，维护和提升自身地位，并追逐更高的经济利益，成为国内及国际政治的一个重要组成部分，同时在国际传播中占据着重要的地位。国际传播既推动了全球经济一体化进程，又直接为国际财团形成经济垄断服务，促进了超大型跨国信息产业集团的形成。

国际传播推动各民族文化在国际交流中碰撞、融合、创新和发展。伴随着世界经济的一体化和信息传播的全球化，建立在新传播技术上的国际传播，由于本身蕴含着丰富的文化内涵，实际上已成为各国各民族互为传受主体的跨地域、跨国界和跨文化的国际传播行为，并大大推动了全球不同文化的碰撞、交流、融合和发展。当然，文化之间的融合不是对等的，一般来说，先进、文明程度较高的文化对于落后、文明程度较低的文化具有较强的同化作用。

（六）国际传播是现代战争的重要决胜因素

翻开传播学的发展历史可发现，传播学的诞生与两次世界大战紧密相联。美国成为传播学的发源地。第一位提出5个"W"传播模式、搭建传播学第一个理论框架的先驱拉斯维尔，其最伟大的贡献就是对大众宣传传播与战争的关系。而到了今天，对战争而言，传播的作用已经远远超越了一般意义上的战前动员，它成为现代战争胜利的重要决定因素之一。由于现代社会信息网络技术的迅猛发展并广泛应用，它的许多功能正好适应了现代战争的需要。第一，强大的国际传播可以冲破任何阻碍，在第一时间以铺天盖地的信息渗透到任何一个国家的任何角落，造成强大的国际舆论攻势。随着信息科学技术的发展和在军事上的应用，现代的信息战成为战争重要的组成部分。其中就包括类似"斩首行动"的指挥控制战，寻找和打击军事目标的情报战，对本方士兵的鼓舞和瓦解敌方士气的心理战，以及控制、利用、摧毁敌方指挥作战的信息指挥系统的黑客战等。

（七）国际关系对国际传播的反制约作用

国际传播对国际关系起着十分重要的作用，这是毫无疑问的。但是作为社会上层建筑的国际传播，它也不可避免地会受到社会各种关系的影响，这种影响甚至会随着时代的发展而越来越明显。这主要表现在如下四个方面：

第一，国际传播的内容大部分来自国际重大事务，国际关系自然就成了国际传播的最主要内容；

第二，国际形势的不断变化，必然引起国家之间利益关系的调整和国际关系的变化，这必然影响国际传播中媒体报道内容重点的转移和走势的变化。

第三，国际关系会影响国际传播媒介的报道方法。因为在新闻传播中包含了传播者取舍事实的新闻抽象和受众取舍新闻内容的抽象这两个过程。而这种二度抽象过程是互相制约的。为了获得受众的认同，取得更好的传播效果，传播者不得不在一定程度上满足受众的需要。因此，在国际传播中，随着国际关系变化中各种对传播者来说不利的事实的出现，国际传播就必须在报道的角度、方法上尽量贴近受众的特点而加以改变和调整。

第四，国际关系制约国际传播的性质。在国际社会当中，各个国家和各种社会力量彼此的利益不同、立场不同、意识形态不同、价值观念不同，必然不断产生各种各样的矛盾和冲突，从而使国际关系呈现千变万化、此起彼伏的复杂状态。国际传播属于上层建筑、意识形态的范畴，应当服从于经济基础，贯彻国家的国际战略意识。各个国家的统治集团必然顺应国际关系的变化情势，从全局利益出发，在调整其国家相关政策策略的同时，加强对国际传播的控制，以按照其统治集团的价值要义来决定其传播的性质。

第四节　中国在国际关系博弈中国际传播的主渠道和主阵地

在中国共产党的十八大报告中，胡锦涛同志高度概括了十年来我国在政府外交和公共外交中所取得的成就。他说："外交工作取得新成就。坚定维护国家利益和我国公民、法人在海外合法权益，加强同世界各国交流合作，推动全球治理机制变革，积极促进世界和平发展，在国际事务中的代表性和话语权进一步增强，为改革发展争取了有利国际环境。"

新世纪以来，中国的外界传播环境不断发生着复杂而深刻的变化。在国际社会中，"西强我弱"的传播格局没有得到根本性转变。欧美发达国家媒体仍然主导着世界范围内的国际话语权，跨国媒体集团正凭借资本与新传播技术手段加深对发展中国家文化市场的渗透，试图用西方世界观、价值观影响发展中国家的文化。中国要实现跨世纪发展的宏伟目标，必须营造一个包括国际舆论环境在内的良好国际环境。

近年来，我国充分利用国际关系博弈中的各种国际传播平台做了大量工作。其中发挥着最主要作用的，有如下几方面的主渠道和主阵地：

一、我国对外传播的决策机构

由于我国对外传播事业的特殊重要性，国家对外传播的决策与党和政府多方面的管理机构有关。主要有：隶属于中共中央的中宣部，是意识形态的最高决策和指导机构；国务院新闻办公室（简称国务院新闻办），属于国务院的办事机构，同时与中共中央对外宣传办公室同属一个机构，两块牌子，共同列入中共中央直属机构系列；国家广播电影电视总局、国家新闻出版总署；新华通讯社，该机构属于国务院直属事业单位，涉及决策，偏重于执行；中国外文出版发行事业局（简称中国外文局），则是负责规划和组织外文书刊出版、印刷、发行业务的管理机构。

二、我国主要的跨国传媒机构

目前，我国的跨国传播媒介机构已经完全打破了以往单一媒体、单一形式的原始格局，形成了包括报刊、广播、电视、互联网等在内的门类齐全的跨国传播媒体阵容。

目前我国主要的跨国传媒机构有:[①]

（一）中国国际出版集团

我国印刷媒介对外传播的主体，中国外文出版发行事业局，简称中国外文局，又称中国国际出版集团（China International Publishing Group，简称 CIPG），为中央所属机构，是国内历史最悠久、规模最大的承担党和国家书、刊、网络的专业对外传播机构和新闻出版机构。该集团下属 20 个机构，包括 11 家出版社、5 家杂志社，以及中国网、中国国际图书贸易总公司、对外传播研究中心、翻译资格考评中心等单位，在美国、英国、德国、比利时、俄罗斯、埃及、墨西哥、日本、中国香港等 12 个国家和地区设有分支机构，形成了涵盖翻译、出版、印刷、发行、互联网和多媒体业务、理论研究及社会事业等领域的事业格局。每年以 20 种外文及中文出版 1 300 多种图书，编辑近 30 种期刊、运营 30 余家网站，书刊发行到世界 180 多个国家和地区，网络受众遍及世界各地；其辖下的北京周报社、今日中国杂志社、人民画报社、人民中国杂志社、中国报道杂志社等出版社，每年都以多种语言编辑出版 21 种中外期刊和 25 种网络版杂志。中国外文局对外传播的信息，全面反映了中国悠久的历史文化，真实展现了中国改革开放取得的新进展、新成就，为增进中外理解和友谊发挥了积极作用。

（二）《中国日报》

创刊于 1981 年的《中国日报》是我国专门对外传播的国家级报刊，"是中国国家级英文日报，是国内外高端人士首选的中国英文媒体，是最有效进入西方主流社会、国外媒体转载率最高的中国报纸，是国内承办大型国际会议会刊最多的平面媒体，被全球读者誉为中国最具权威性和公信力的英文媒体，是中国了解世界、世界了解中国的重要窗口"[②]，全球发行 50 余万份。中国日报传媒集团紧

---

① 以下关于"我国在国际关系博弈中的国际传播平台"的资料，主要来源于百度百科相关条目。
② 引自"百度百科"百科名片。

贴时代脉搏，坚持创新驱动，秉持"内容为王"的理念，报道中国、点评世界，不断加快海外"本土化"发展步伐，完善全球采编和传播网络，向着构建世界级现代新型全媒体集团的目标迈进。该集团旗下共有 12 种纸质出版物，包括《中国日报中国版》、《中国日报美国版》、《中国日报欧洲版》、《中国日报亚洲版》、《中国日报香港版》、《中国国家形象专刊》、《中国商业周刊》、《北京周末》、《上海英文星报》、《21 世纪英文报》、《21 世纪学生英文报》和《21 世纪英语教育报》。中国日报社海内外事业快速发展，拥有国内最大规模的高水准专业团队与日益完善的全球采编体系、国际传播渠道和媒体关系网络，在完善美国版、欧洲版、亚洲版、香港版和已成立美国分社、欧洲分社、亚太分社的基础上，还将推出非洲版并逐步增设一批海外分社。中国日报社在"亚洲新闻联盟"中发挥着重要作用，使中国和亚洲的声音在全球传播。

中国日报社不但具有国内最大规模和高专业水准的国际团队、日益完善的国内新闻采编体系和遍设全国各地的 31 个分社、记者站，而且建立了放眼全球的海外传播渠道、海外控股公司、海外印点、发行网络和欧美主流媒体关系网络；并与路透社、美联社、法新社、彭博社，《纽约时报》、《华盛顿邮报》、《今日美国》、《时代周刊》、《金融时报》、《卫报》、《环球邮报》、《费加罗报》、《国际先驱论坛报》以及英国广播公司、美国全国广播公司等媒体广泛开展合作与交流。中国日报社与亚洲各国主流媒体广泛开展稿件互换、人员交流、合办活动等合作，在亚洲 2 000 万中高端读者中扩大影响，实现报道的大面积覆盖。

以中国日报网为核心的中国日报新媒体，形成了多渠道、全天候向全球传播权威中国资讯的现代传播体系，含七个网站集群和三大移动平台，分别为英文新闻、中文新闻、经济中国、地方政务、文化娱乐、英语学习、言论互动，以及中国日报 iPad、iPhone、Android、Blackberry、Kindle 客户端等移动终端，中国日报手机网站，中国日报系列手机报等。

（三）中国国际广播电台

我国广播电视媒介对外传播的主体是中国国际广播电台（CRI），它创办于 1941 年 12 月 3 日，原为"延安新华广播电台"，1950 年 4 月 10 日更名"北京广播电台"；1978 年 4 月 18 日正式更名"中国国际广播电台"，是中国向全世界广播的国家级广播电台。其宗旨是"向世界介绍中国，向中国介绍世界，向世界报道世界，增进中国人民与世界人民之间的了解和友谊"。中国国际广播电台目前使用 38 种外国语言和四种方言向全世界广播。遍布世界各地的听众组织已达 3 600 多个，成为世界主要国际广播电台之一。它是中国语种最多、规模最大的对外新闻媒体，在全世界的对外广播中居第三位。该台除新闻节目外，还设置了 400 多个专题节目，并同 60 多个国家和地区的广播机构建立了节目交换、人员交流和互访关系，每年向国外电台、电视台传送和寄送介绍中国的各类节目约1 400小时。从1998年底开始，中国国际广播电台网站作为中国重点新闻网站的"国际在线"开始对外播出，将全部广播节目送上了互联网。据不完全统计，世界范围内链接"国际在线"的各语种网站首页的网站数量将近1 500个。2006年2月27日，中国国际广播电台在海外开设的第一家调频电台——肯尼亚内罗毕调频台（CRI 91.9FM）开播，开创了中国对外广播在境外整频率落地的先河。

中国国际广播电台的"国际在线"网站是中央重点新闻网站之一。目前，它已发展成为由43种文字、48种语言音频节目组成的中国语种最多的网站。"国际在线"的访问者来自世界160多个国家和地区，网上节目时长达到每天221.5小时，日均收听人次70万。此外，通过开展对外合作，转载"国际在线"内容的境外网站不断增加。据不完全统计，世界范围内链接"国际在线"各语种网站首页的网站数量已经达到近1 500个，标志着国际台的新媒体事业进入新的发展阶段。中国国际广播电台主办的《世界新闻报》，以报道国际新闻为主，内容涉及国际政治、经济、文化、体育、教育、科技、社会等领域，面向全国发行。中国国际广播电台办有39种外文报刊，读者遍布世界各地。国际台还拥有中国国际广播出版社和中国国际广播音像出版社。

目前，中国国际广播电台已经拥有报纸、广播、电视、网络和新媒体传播手段，包含了从第一媒体到第五媒体的全部形态。中国国际广播电台在世界重要国家和地区建有30个驻外记者站，并在国内各省、市、自治区以及香港、澳门特别行政区建有记者站，拥有庞大的信息网。截至2009年5月底，中国国际广播电台在境外共有23个整频率调频或中波台，153家调频/中波合作电台；新增6种在线广播，在线广播总数增加到59种。落地节目每天累计播出总时数达754.5小时，除国际台北京本部制作的英语、法语、俄语、德语等30种外语，及汉语普通话和4种汉语方言节目外，在北欧还合作制作芬兰、瑞典、丹麦语节目。目前，国际台在海外调频台的数量每年都稳步上升，在欧洲、中美洲、澳洲和南太平洋地区都进行了节目落地。

（四）中央电视台国际频道

中央电视台国际频道主要包括中文频道和英语新闻频道。

1. 中央电视台中文国际频道

中央电视台中文国际频道（CCTV-4）开播于1992年10月1日，是中央电视台唯一面向全球播出的中文频道，是以华人、华侨和港澳台观众为主要服务对象的专业频道，其秉承的一贯宗旨是"传承中华文明，服务全球华人"，每天24小时不间断滚动播出。它的播出信号采用数字压缩技术，通过多颗国际卫星传输，基本上实现了卫星传输信号的全球覆盖和卫星直播信号的重点地区覆盖。

多年来，中央电视台陆续与各国电视传媒机构签约合作，使 CCTV - 4 以进入当地有线网络或直播卫星平台等多种方式，在遍布于亚、非、拉美、北美、欧洲和大洋洲的许多国家和地区实现了全频道或部分时段的落地播出。在中国大陆地区，CCTV - 4 也是落地覆盖范围最广的频道之一。北京时间 2007 年 1 月 1 日 4 时起，CCTV - 4 实现亚洲、欧洲和美洲三版播出。此次"一分三"扩版是 CCTV - 4 继 2006 年全新改版后的又一次重大举措，也是中文国际频道自 1992 年 10 月 1 日创办以来，由单一平台面向全球观众转变为针对亚洲、欧洲、美洲地区进行针对性编排播出的重大转变。经过这次扩版，亚洲、欧洲、美洲以及相应卫星覆盖的地区观众可收看到与当地作息时间及收视习惯相适应的电视节目。无时差的编排，满足了不同时区的收视习惯。相应地，2010 年 12 月 1 日起，中文国际频道又进行了全新改版。此次是该频道有史以来规模最大的一次改版。改版后的中文国际频道定位，由原来的以新闻为主的综合频道拓展为"新闻—文化"综合频道，更加贴近海内外观众的需求，着力突出文化时尚内涵，提升节目内容与形式的质量，增强频道影响力和公信力。这次改版共凸显六大亮点。其中，重磅推出《远方的家》、《流行无限》、《文明之旅》和《城市 1 对 1》四大新栏目，着力打造《走遍中国》、《中华医药》、《国宝档案》、《快乐汉语》《海峡两岸》、《天涯共此时》、《华人世界》、《中国文艺》、《中华情》和《体育在线》十大文化品牌，力求塑造"国际化、民族化、主流化"的具有人文意境的频道品格，通过一系列措施来努力实现"全球第一华语电视频道"的目标。

2. 中央电视台英语新闻频道

中央电视台英语新闻频道（CCTV - NEWS），开播于北京时间 2010 年 4 月 26 日，由中央电视台原第九套节目英语国际频道（CCTV - 9）更名改版而来。这次改版是中央电视台加强国际传播能力的一项重要措施。该频道的理念与口号是："全球视野，世界眼光，国际表达，本土价值。"改版后的中央电视台英语新闻频道突出"国际化"特色，每天提供 19 小时的新闻节目，以新闻资讯报道为主，辅以深度报道、评论节目和纪实类专题节目。在及时、准确、全面地报道中国发展变化的同时，英语新闻频道还将增加国际新闻的报道规模，特别是亚洲国家的新闻报道，为海外电视观众了解多元世界提供"东方的视角"。要求无论在报道手法、节目形态，还是在演播室设计、包装和主持人风格方面，更贴近海外电视观众的收视习惯。该频道计划在两年至三年时间内打造为与 CNN 和 BBC 等西方主流媒体具有同样影响力的英语新闻频道，成为全球最具影响力的国际化新闻传媒平台。英语新闻频道目前已在 110 个国家和地区落地，拥有 1 亿多用户，它与中央电视台西班牙语、法语、阿拉伯语和俄语四个国际频道共同构成了中央电视台多语种的国际传播平台。

（五）新华通讯社

新华通讯社（简称"新华社"），是中国国家通讯社和世界性通讯社，是涵盖各种媒体类型的全媒体机构。它的前身是1931年11月7日在江西瑞金成立的红色中华通讯社（简称"红中社"），1937年1月在陕西延安改名"新华通讯社"。在全国除台湾省以外的各省、自治区、直辖市以及香港、澳门特别行政区设有33个分社，在台湾省派有驻点记者；在境外设有140多个分支机构，建立了比较健全、覆盖全球的新闻信息采集网络，形成了多语种、多媒体、多渠道、多层次、多功能的新闻发布体系，每天24小时不间断用中文、英文、法文、俄文、西班牙文、阿拉伯文、葡萄牙文和日文8种文字，向世界各类用户提供文字、图片、图表、音频、视频、网络、手机短信等各类新闻和经济信息产品。先后与80多个国外通讯社和政论新闻部签约，交换新闻和新闻图片。目前新华社拥有最新的通讯技术装备的现代化通讯网络和向全世界各地用户供稿的系统，并已经建成以国内综合业务卫星数据通讯保密网、国际干线高速数据通讯网、计算机广域网和综合信息资料数据库为标志的现代通讯技术系统，其装备水平已经接近西方四大通讯社。

新世纪以来，新华社全面推进战略转型，加快了直接面向终端受众的现代多媒体新闻信息业务拓展，有重点地更大范围参与国际竞争，逐步完善了包括通讯社业务、报刊业务、电视业务、网络业务、金融信息业务、新媒体业务和多媒体数据库业务等为一体的全媒体机构，逐步探索出一条以事业体制为主导、与市场经济成功对接、多元运营体制并存的事业发展新路子，舆论引导能力和国际传播能力不断提升，在国际传媒领域的地位和影响力与日俱增，正阔步向着中国特色社会主义世界性现代国家通讯社和国际一流的现代全媒体机构加速迈进。新华社多媒体数据库是中国媒体行业最大的多文种多媒体数据库，也是世界上最先进的多媒体数据库之一。截至2010年底，该社已存储1.2亿条文字信息，1 000多万张新闻图片和图表，3.5万多小时音视频新闻信息，并与日俱增。通过不断改造提升，它将逐步建成多语种、多媒体、全方位展示新华社新闻信息产品并直接面向海内外终端受众的现代商业数据库；新华社编辑出版并公开发行20多种报刊，包括《新华每日电讯》、《参考消息》、《经济参考报》、《中国证券报》、《上海证券报》、《现代快报》、《现代金报》、《瞭望》、《瞭望东方周刊》、《环球》、《财经国家周刊》、《半月谈》、《中国记者》、《摄影世界》、《金融世界》、《世界军事》、《中华人民共和国年鉴》（中、英文版）等，单期总发行量最高时超过1 000万份。新华社经过80余年发展，已建立起117个驻外机构，每天用中、英、法、西、俄、阿、葡、日文播发对外文字稿1 600多条，新闻信息产品在海外的有效用户达1.6万多家，覆盖了世界上所有的主权国家。

　　新华网是新华社主办的中国重点新闻网站，被称为"中国最有影响力网站"，每天24小时以8种文字和通过多媒体形式不间断地向全球发布新闻信息，开通31个地方频道，承办中国政府网、中国平安网、中国文明网、振兴东北网等大型政府网站，形成了中国最大的国家级网站集群。创办新华网产业园区，为进一步拓展全媒体业态打下了基础；与中国移动合作推出"盘古搜索"，着力打造"国内一流，世界领先"的搜索引擎。

　　中国新华新闻电视网（CNC）是新华社主办的跨国新闻电视台，电视新闻采集量日均800分钟，居国际电视新闻行业首位。开通的中文台、英语台24小时不间断播出新闻节目，节目信号卫星覆盖亚太、北美、欧洲、中东、非洲等地200多个国家和地区的55亿人口，并进入香港、澳门、奥克兰等地170万户有线电视家庭终端，建成亚太卫星台、北美卫星台、非洲卫星台等10个直属台和合作台，覆盖面积和影响力不断扩大。创办手机电视台、网络电视台，并与中文台、英语台一同在苹果产品终端上线，在利用新媒体全球传播渠道方面取得突破。新华社主办的中国全球图片总汇是国内规模最大、内容最权威、产品最丰富的新闻图片库，每天实时更新各类新闻图片、图表2 000余张。

（六）中国新闻社

　　中国新闻社（简称"中新社"，CNS），成立于1952年9月14日，其前身是抗日战争期间由范长江先生于1938年在中共领导下组织成立的"国际新闻社"。新中国成立后，更名为中国新闻社，并于1952年10月1日开始正式对海外播发电讯通稿。作为综合性的国家通讯社，中新社承担着对外新闻报道的国家级通讯社、世界华文媒体信息总汇、国际性通讯社等职能。其履行职能的主要形式包括：传统形式的文字、图片、专稿等；网络、信息、视频、手机短信等新形式的报道；海外华文报纸供版；社办报刊等。中国新闻社在国内各省、市、自治区和香港、澳门特别行政区设有分社和记者站，在美国、法国、英国、日本、澳大利亚、泰国、马来西亚等国也设有分社。中新社建有多渠道、多层次、多功能的新闻信息发布体系，每天24小时不间断地向世界各地播发文字、图片、网络、视频、手机短信等各类新闻信息产品。平均每天播发中文新闻电讯稿100余条，向二十多个国家和地区的新闻媒体播发新闻稿；每月播发约1 000多幅重大新闻和专题新闻图片，并根据港澳台和海外华文报刊的要求，提供图文并茂的彩色图片专稿；定期向海外华侨、华人社团和中国驻外机构提供展览图片。同时每日在北京和香港出版《中国新闻》中文稿刊，提供给国内外新闻机构和读者。中新社主办的《中国新闻周刊》，是中国最知名的时政周刊之一。此外还有《中华文摘》月刊以及下属一些分支机构在当地出版的多种报刊。中新社还办有亚洲上网最早的中文媒体——"中国新闻网"、"中国新闻图片网"两个大型网站，为网络受众提供即时的新闻和图片。各分社也都设有子网站。由国务院侨办和中国新闻社发起并主办的每两年主办一次的"世界华文传媒论坛"成为全球最具影响力的华文媒体"峰会"。该项目将借助国务院侨办和中国新闻社海外资源优势，发挥好"世界华文传媒论坛"窗口作用。2011 年 10 月 28 日，中国新闻社在中央指导下正式成立"东南亚财经专线"，专门聚焦东南亚地区财经动态。目前，中国新闻社总社提高设在国内外的分社、记者站和发稿中心的能力，健全了 24 小时不间断的信息发布系统，拥有文字、图片、特稿、网络、期刊、供版和视频七大主干新闻产品体系，形成了覆盖海外大多数华文媒介的用户网络。

（七）《环球时报》

《环球时报》（原名《环球文萃》）是人民日报社主办的国际新闻报纸，创刊于 1993 年 1 月 3 日。从 2006 年 1 月起，《环球时报》更改为日报；2009 年 4 月 20 日，《环球时报》英文版创刊，英文环球网同时开通。这是中国第二份面向全国发行的英语综合性报纸。这份"有独立采编队伍的英文报纸""秉承《环球时报》中文版客观、敏锐、对敏感问题不回避的报道传统"，向世界展示不断变化的中国，以及从中国人的视角报道世界，传递中国民众在重大国际问题上的立场和看法。《环球时报》在世界 120 个国家和地区驻有 500 多位特派、特约记者，单期发行量超过 240 万份，引起国内外媒体广泛关注，也是被海外媒体转载最多的中国媒体之一，所刊文章经常被美联社、路透社、法新社编发通稿。此外，美国《洛杉矶时报》、《华盛顿邮报》，英国《金融时报》，加拿大《渥太华公民报》、《环球邮报》，澳大利亚《澳大利亚人报》，日本《朝日新闻》，韩国《东亚日报》、《朝鲜日报》等世界知名报纸也纷纷转载《环球时报》的文章。《环球时报》最高发行量达 200 万份，拥有近千万读者。

（八）地方媒体走出国门

近年来，具备一定实力的地方媒体大都逐步实施了走出去的战略，不仅仅是在国外落地覆盖，还通过购买国外电台电视台播出资源、销售广播影视节目、到国外举办广播影视节展、与国外合办晚会或项目等多种形式，全方位地对外展示中国形象，传播中华文化，扩大中国在世界的影响力。例如，一些地方媒体通过购买国外电台电视台的频道频率和时段的新形式，运用这些播出和覆盖渠道传播中华文化、礼仪、历史、风土人情、发展成就和产品品牌等，并取得了良好的效果。而向国外销售广播影视节目则进一步扩大了中华文化对海外的影响，成为对中央媒体国际传播的有力补充。如作为《南方日报》的海外版与《星岛日报》海外版合作编制的《南粤侨情》专版，通过"借船出海"成为南方报业重要的系列海外版，每周一期，随《星岛日报》（海外版）发行北美、欧洲、大洋洲等地各大主要城市。该专版自 2010 年 4 月 1 日承办并同步上网以来，以全新的版式、翔实权威的新闻资讯深受海内外读者的欢迎，同时也大大提高了合作媒体如美国《侨报》、加拿大《现代日报》、法国《欧洲时报》、巴西《南美侨报》在海内外的知名度和影响力，在国际上产生了越来越广泛的影响。中国国际传播初步形成了"以大众传播为主体，以文化交流、文化贸易为辅助；以中央级媒体为核心，以地方媒体为协助；以中国媒体为主领，以国际合作媒体为补充"的传播新格局。

种种迹象表明，媒体在国际传播领域中如此密集的动作，并不仅仅是国家和媒体发展的结果，更多的是国际传播政策导向在各种不同媒体形态中布局的结果。中国国际传播的新格局正在悄然形成——以电视媒体和新媒体为主导，以中央级新闻媒体为核心的"现代国际传播体系"雏形初现。[①]

三、对外新闻发布会和记者招待会

对外新闻发布会和记者招待会，是一个国家或社会组织直接向国内外新闻界发布有关国家或组织的重要信息、解释重大事件而举办的国际新闻传播活动。我国正式建立新闻发言人制度，是从 1983 年中宣部、中央对外宣传领导小组联合下发《关于实施〈设立发言人制度〉和加强对国外记者工作的通知》开始的。2003 年"非典"过后，深刻的教训让我们认识到主动通报、信息透明、舆论引导的重要性，国家新闻办公室、国务院各部门和各级政府纷纷设立新闻发布制度，新闻发言人相继登台亮相，2003 年也因此被称为"新闻发言人年"。在国际舞台上，利用国际新闻发布会和记者招待会，可以通过新闻工作者和媒介向世界公布事实真相，表明政府机关在事件处理的政策、态度和措施，以执行政务公开并满足国内外群众知情权的需要，在处置突发事件时能起到稳定民心、改善政府形象和协调国际公共关系的作用。新中国成立以来，我国政府和有关机关通过不同时期的认真探索，已经逐步建立和健全了这两种会议的制度并积累了丰富的经验，在协调国际关系和树立国家媒介形象上取得了积极的效果。到了 2010 年，连各地党委新闻发布制度也取得了突破性进展。

我国新闻发言人制度的发展，为我国在世界上树立真实的国际媒体形象发挥了积极有效的作用。2008 年 3 月 14 日，北京奥运会举办前夕，在拉萨市发生了一起骇人听闻的严重暴力犯罪事件。不法分子在西藏自治区首府拉萨市区的主要路段实施打砸抢烧，给当地人民群众的生命财产带来重大损失，使当地的社会秩序受到了严重破坏。此次事件造成拉萨 908 户商铺、7 所学校、120 间民房、5

---

① 张毓强. 中国国际传播迈出六大步. 中广网，2011 - 03 - 08.

座医院受损，10 个金融网点被砸毁，至少20 处建筑物被烧成废墟，84 辆汽车被毁；有18 名无辜群众被烧死或砍死，受伤群众达382 人，其中重伤58 人；拉萨市直接财产损失达24 468.789 万元。该事件发生后，引起了境外媒体的高度关注。西方国家的媒体在大量的报道中表现出截然不同的立场和态度。尽管中国政府对国外媒体的报道敞开大门，但某些西方媒体仍然对固有的事实视而不见，选择用"偏见"代替"事实"。在成为"疆独"分子传声筒的同时，一些外媒不惜用张冠李戴、颠倒黑白、以偏概全、混淆视听的文字和图片进行歪曲性报道。某些报道甚至还充斥着"军事管制"、"藏人被杀数百人"等"妖魔化"中国的话语和字眼。有的西方国家的新闻频道还完全采用了新华社的视频稿件，播出了暴力分子破坏正常社会秩序的画面，然而他们在解说中首先就强调这些视频来自中国官方，暗示视频的真实性值得怀疑，同时又将这些暴力活动说成是在政府镇压以后发生的，是一种"反抗"。这其实就是企图要让观众解读出与事件完全相反的结果。

面对某些西方国家的敌视和歪曲，西藏自治区政府和公安机关在大量取证的前提下，以事实为依据，法律为准绳，采取了断然的行动依法处置拉萨严重暴力犯罪事件，维护了人民生命财产的安全，并获得了国际社会的广泛理解和支持。一百多个国家、地区和国际组织通过不同方式对中方的正义立场表示理解和支持。

与此同时，为了进一步澄清事实，揭露国内外敌对分子的罪恶行径和狼子野心，我国外交部新闻发言人刘超和秦刚先后在该年3 月17 日、18 日、20 日、25 日、26 日、27 日多次举行新闻发布会，就事件的真相和国内外记者们提出的相关问题，有理有据地进行了精彩的回答。发言人在回答国内外记者的问题时，开门见山，铺陈事实，历数达赖一贯从事分裂祖国的罪恶活动的五方面事实，并指其"从未真正放弃"，进而揭示达赖所谓"宗教人士"的本质——其实是一个彻头彻尾的长期在国际上从事"分裂祖国、破坏民族团结活动的政治流亡者"。这进一步证明了达赖集团这次策划的发生在拉萨的"打砸抢烧严重暴力犯罪事件"是其"分裂本质"的再次暴露，并深刻指出："这是由达赖集团有组织、有预谋，精心策划和煽动境内外'藏独'分裂势力相互勾结制造的。这些不法分子的行径根本不是什么'和平示威'，而是暴力犯罪。他们滥杀无辜，手段残忍，激起西藏各族人民极大愤慨和严厉谴责。西藏自治区有关部门依法予以处置，完全是为了维护社会稳定，维护国家法制，维护西藏各族人民群众的根本利益。在整个处置过程中，执法人员保持了极大的理智。这次事件再一次暴露了达赖集团的分裂本质及所宣称的'和平'、'非暴力'的虚伪性和欺骗性。"这一连串的新闻发布会发言词以充分的事实依据和理性、法制的分析，入木三分地揭穿了对方所谓"长期被压制"的"西藏民众"，其实是"由达赖集团有组织、有预谋，精心策划和煽动，境内外'藏独'分裂势力"；所谓"和平示威"，其实是"不法分子""滥杀无辜，手段残忍"，"打砸抢烧的严重暴力犯罪"。

　　我国对西藏事件的果断处置和客观报道，及时澄清事实真相，受到了国际社会广泛的理解和支持。国际奥委会主席雅克·罗格在接受路透社记者采访时说，至今没有一个政府因西藏问题而要求抵制北京奥运会。罗格说："欧盟和世界主要国家政府的立场让我们深受鼓舞，他们几乎一致表示，抵制不是解决办法。"法新社2008年3月18日报道称，因西藏问题抵制北京奥运会的呼声遭到国际社会广泛驳斥，国际奥委会希望稍后的圣火传递能够按计划途经西藏地区。欧盟委员会发言人克里斯蒂亚娜·奥曼表示："在我们看来，这种抵制不是出于对人权的尊重处理问题的恰当办法。"

四、政治生活的重大事件、高峰会议和国际盛会

　　世界各国主要领导人举行的"高峰会议"或一个国家的重大政治生活以及国家所举办的重要国际盛会，往往是该国在国际舞台上显示其政治立场、内外政策、国际交流合作态势、国家经济文化面貌的重要契机，所以常常成为国际传媒每天聚焦的重点和跨国媒体跟踪报道的主要内容。在全球化背景下，世界各国交流与对话日益广泛、丰富和深化。这就使得地球村成员加深彼此的了解变得更为迫切。在中国逐渐加速崛起，并成为世界第二经济体的今天，其他国家对中国的研究和解读不断升温，他们有着近距离观察中国、接触中国和对话中国的迫切需求。随着我国近年来对外传播观念的更新、传播政策的革新和策略的演进，我们非常注意运用国家重大政治生活和举办国际盛会的宝贵机遇，加强对外传播的全球性、科学性、策略性和实效性，从而取得了比较理想的效果。

　　如2012年11月8日召开的中国共产党第十八次全国代表大会，对外新闻报道工作的成功就是一个强有力的证明。十八大的新闻报道以大量雄辩的事实告诉全世界：中国共产党每次党代会的召开，都必将意味着中国新的发展、新的进步。这不仅是世界进一步了解中国、感受中国和研究中国的途径，同时也是中国在世界面前展现、提升自身国家形象的机会。"和谐世界"理念的提出，突显了中国有决心和信心实现"和平崛起"的承诺，也表现了中国正在用实际行动有力回击"威胁论"、"称霸论"、"麻烦论"等不和谐声音。委内瑞拉总统查韦斯曾这样说过："中国人民告诉我们，成为一个强国，未必要通过霸权。中国从不侵犯任何国家，展现的是一个向世界开放的强国形象。"中国正以开放的态度、从容的步伐，走在由中国共产党领导的中国特色社会主义道路上。面对世界的关注，中国昂首挺胸，充满自信。

在十八大前，党和国家的主管机构就对外传播工作进行了周密的部署。胡锦涛同志在十八大报告中强调，要继续促进人类和平与发展的崇高事业。在国际关系中弘扬平等互信、包容互鉴、合作共赢的精神，共同维护国际公平正义。外交部从10月9日开始就接受外国记者的报名，从开放之日起，十八大新闻中心就以从容开放的姿态迎接世界各国媒体的光临。各类设备、资料、语言服务一应俱全，全面客观介绍中国的政治、经济、文化、法律、社会情况，极大地方便了外国记者的采访。其中，仅图书一项，就提供了42个品种、9种语言的图书3.3万多册。外国媒体记者对此次大会主办方为媒体记者提供的新闻服务表示赞赏，普遍认为此次大会为他们的新闻采访提供了极大的便利条件。除了例行采访，新闻中心还特别为外国记者安排了北京的中关村、首钢集团、中国动漫游戏城以及天津滨海新区、河北霸州等多场采访活动。对于采访十八大代表的政策是"只要本人同意，就可以接受采访"。而开放团组更是令外国记者们大呼过瘾。

据统计，报名采访十八大的注册记者创下了历次全国党代会记者人数之最，共有2 732位，其中境外记者就高达1 704人，比十七大的1 146人多约50%。从数字上看，境外记者的人数甚至超过了国内媒体。这些记者来自世界111个国家和地区，其中美国和日本的报名记者人数最多。单是港澳台媒体人数也有约500人。半数以上世界主流媒体都关注并报道了十八大的相关新闻。一些前来采访的记者甚至表示，对十八大的关注度比美国大选还高。英国《每日电讯报》记者马谦说："我还在广东代表团的开放日得到了提问的机会，可以说，十八大不仅给我们也给世界提供了了解中国共产党和中国的绝好机会。"

十八大是中国展示自身形象、传递中国声音的重要时刻，同时也是世界观察中国未来走向的最重要契机。十八大以大量客观事实和翔实的数据告诉世界：十年来，中国取得的标志性成就令世界瞩目。国际社会普遍认为，回顾十年来中国所发生的巨大变化，这其中，中国外交为建设持久和平、共同繁荣的和谐世界作出了重要贡献。中国在国际舞台上正不断提高自己的地位和发挥更大的作用，中国坚持实行独立自主的和平外交政策，反对霸权主义，一贯致力于通过对话和协商解决国际纠纷。中国坚持不论国家大小都平等对待的原则，在国际和地区事务上发挥着越来越重要的作用。关注十八大，其根本也就是关注这种"中国力量"——一种正义的力量。

巴基斯坦联合通讯社驻华记者马苏德·萨塔尔·汗在接受我国记者采访时列举了十八大时新闻中心为媒体记者提供的各种便利条件，如组织了多场新闻发布会、联合采访和参观考察活动，让外国记者增进了对中国和中国共产党的了解。他特别指出，新闻中心及时处理媒体提出的采访代表的申请，他先后采访了多位党代表，还得到了在发布会上提问的机会。数十位"媒体人"党代表的亮相是十八大的又一大特色，他们同样受到了外媒的关注。

第三次采访中国共产党全国代表大会的乌克兰《明镜周报》记者艾力克西表示，他感到中国共产党越来越开放，越来越透明。他说："新闻发布会、联合采访、媒体开放日、参观采访……新闻中心为我们的采访工作提供了各种便利条件，我通过采访获得了很多素材，回去以后我要写一个整版的文章来报道这次大会。"

美国《洛杉矶时报》的报道称，中国正经历人类历史上规模最大、速度最快的"工业革命"，所面临的挑战自然也更多。一名路透社记者说："中国正以坚定的信心和开放的态度，从容迎接在发展中所面临的挑战。世界上很多声音，都对中国的未来充满了期待。""中国过去十年取得的成就证明了很多悲观者是错误的，我希望未来十年中国的发展能再次给人们带来惊喜。"

德国主流媒体《法兰克福汇报》的报道称，在对来自不同阶层的1 001名德国人进行调查后的结果显示，多数德国民众对中国的发展持正面看法。联合国常务副秘书长扬·埃利亚松、联合国拉美和加勒比经济委员会执行秘书阿莉西亚·巴尔塞纳、联合国非洲经济委员会副执行秘书哈姆多克分别接受了新华社记者专访。他们认为，中共十八大确定的一系列政策方针释放了令世人鼓舞的信号，不仅有利于中国的长远发展，而且具有重要的国际意义。

五、利用国际重要外交事件

国际外交事件是发生在不同国家、地区之间并涉及国家主权和利益问题的事件。这类事件的发生、发展和解决，除了对当事国需要通过外交途径甚至国际法律手段进行协调和解决的重大事件使国家主权、国家利益、国家形象和国际威望产生影响外，不同国家在处理事件中所体现的法律观念、政策措施、立场态度等，也必然对国际关系产生直接或间接的影响。而处理这些国际外交事件的过程实质上也是一个借助国际传媒进行国际传播和国际关系博弈的过程。

在新中国成立以来的不同历史时期，我国多次经历了许多错综复杂的国际外交事件，涉及国家的政治、经济、文化等各个方面，在挫折与成功的实践中也在理论与实践的结合上获得了许多宝贵的经验。这对加强我国的对外传播和塑造国家的媒体形象作出了积极的贡献。

近年来，国家之间领土主权的外交争端屡见不鲜，如中俄黑瞎子岛之争、新马白礁岛争端、日俄北方四岛争端、日韩独岛之争等。而我国近年聚焦的无疑是中日钓鱼岛外交事件。钓鱼诸岛自古以来就是中国的领土，但由于日本政府对岛上的石油觊觎已久，在美国的纵容下，钓鱼岛问题成为中日之间已持续了一个多世纪的敏感问题。2012 年以来，在日本政府的支持下，日本右翼分子接连上演"命名"、"登岛"、"海上垂钓"、"慰灵"、"购岛"等闹剧。

在当今和平与发展为时代主题的背景下，对于钓鱼岛的领土争端，最符合两个国家利益的解决办法，本来就是通过外交、谈判或国际法院等和平手段解决，以期达到中日双方共赢的目的。但是日本见利忘义，不断挑战中国底线，使中国国家领土主权受到直接威胁。为此，我国借此机会以国际传播手段表明我方的立场与态度。胡锦涛、温家宝等国家领导人就当前中日关系和钓鱼岛问题表明立场，全国人大外事委员会、全国政协外事委员会、国防部、外交部、海洋局、农业部、中央气象台、各民主党派和群众团体先后发表声明，严厉谴责日方无视历史事实、公然违反国际法、侵占中国领土的无耻行径。

六、加强与世界大国及其政党的对话与合作

当今世界，政治格局走向多元化，世界经济走向全球一体化，科技进步日新月异，和平、发展、合作的潮流浩浩荡荡。同时，生产要素流动和产业转移速度加快，主要经济体发展状态继续改善，世界经济总体增长平稳。但是以美国为首的西方发达国家凭借他们在军事、经济和科技上的绝对优势和强大张力，力图使整个世界按照他们的"资本主义全球化"的政治和经济方略发展。因此，加强与大国的战略对话，拓展合作领域，增进战略互信，推进相互关系长期稳定健康发展，是直接关系到我国积极参与多边事务和全球治理、推动国际秩序朝着更加公正合理的方向发展的重大问题。

在 2012 年 3 月 5 日召开的第十一届全国人民代表大会第五次会议上，温家宝总理在政府工作报告中指出："我们将加强与各大国的战略对话，与此同时，人类发展面临的矛盾和挑战有增无减。地区热点此起彼伏，经济发展失衡仍然突出，南北差距继续扩大，油价长期在高位波动，贸易保护主义上升并有新的表现，恐怖主义、环境污染、自然灾害、传染病等全球性问题日益突出，对世界和平与发展构成现实威胁。需要特别指出的是，许多发展中国家特别是非洲国家的不利处境没有得到改善，发展仍然面临诸多困难。这些都是国际社会必须面对和解决的重大问题。"

2002 年党的十六大以来，中联部加强了与发达国家和新兴大国重要政党的交往，中美、中俄、中日等政党交流机制为增进战略互信、扩大政治共识发挥了独特作用，也在加大与大国的战略对话中积累了多方面的经验，并为协调大国之间的关系，解决彼此之间的矛盾，建设持久和平、共同繁荣的和谐世界，争取发展中国家的合理合法权益作出了重要的贡献。2012 年 3 月 5 日，温家宝总理在

落实《政府工作报告》重点工作的讲话中强调，必须继续深化同周边国家的睦邻友好关系，积极参与周边各种合作机制，推动区域合作深入发展，共同营造和平稳定、平等互信、合作共赢的地区环境。与广大发展中国家加强团结合作，深化传统友谊，扩大互利合作，推动实现联合国千年发展目标，维护发展中国家的正当权益和共同利益。加强与各大国的战略对话，增进战略互信，拓展合作领域，推进相互关系长期稳定健康发展。积极参与多边事务和全球治理，推动国际秩序朝着更加公正合理的方向发展。

在加强大国之间的战略对话中，分别位居世界第一、第二经济体的美国和中国的战略对话无疑是举世瞩目的重头戏。1979 年 1 月 1 日，中美正式结束长久的敌视，两国关系走向正常化。但是，曾在这一重大事件中承担穿针引线工作的关键人物——美国前国家安全事务助理基辛格却认为，中美关系正常化的最后一步是在 2010 年才完成的。在这一年 3 月，中国共产党与美国民主、共和两党正式建立起两国政党间的机制化交流平台——中美政党高层对话。这是中联部作为对外交往核心部门在十七大期间重点推进的工作之一。

众所周知，中美在意识形态上的对立非一日之寒。冷战时代留下的偏见"疙瘩"远远没有消亡，仍在某种程度上影响着两国关系。据学者分析，自建党以来，民主、共和两大政党的活动一般仅限于美国本土，基本上不与外国政党直接接触，更没有与外国政党建立党际关系的传统。但是，随着 2008 年国际金融危机的爆发，中国在世界经济大潮中的崛起和在世界舞台上的作用，令美国不得不更深层次地了解中国共产党的执政理念，加上中国近年已经与英国、法国等大国政党间建立起了机制化的交往，中方也多次向美方释放出加强战略合作的积极信号。在这些因素的推动下，2010 年春，被美方学者盛赞为"中美关系正常化的最后华彩篇章"、"10 年来中美关系最具意义"的交流——中美第一届政党高层对话在北京举行。对话几乎涉及所有中美问题。美国媒体认为，这次对话为来自两国的三个政党提供了一次讨论关切问题的史无前例的机会。历史性的中美政党高层第一届对话最终以获得成功而载入国际关系史册。

2010 年 11 月 23 日，朝鲜与韩国相互炮击交火，朝鲜半岛局势紧张升级。随后，美国开始有人攻击中国"偏袒"朝鲜，双方你来我往的辩驳在国际媒体舆论中被迅速放大，中美关系也因此次"炮击事件"受到影响。而且这时中美双方在人权问题、台湾和西藏问题以及贸易问题上也继续发生争论和摩擦。一周后的 12 月 1 日，由我国中联部长王家瑞率领的中共代表团抵达华盛顿参加"第二届中美政党高层对话"。在华盛顿参会期间，美方参会代表、前国务卿玛德琳·奥尔布赖特除去正式对话外，曾私下几次就朝鲜半岛问题与王家瑞交谈。据中联部美大北欧局副局长李明祥介绍，王家瑞在交谈中向奥尔布赖特全面深入地介绍了中方关于朝鲜半岛局势的立场并敦促美方同朝鲜接触对话。据中美政党高层对话主办方之一，美国东西方研究所提供的资料，王家瑞在公开的演讲中提及朝鲜时表示："鉴于美国方面要求我们对于朝鲜采取更为有力的行动，我必须要说明中国并不是一个要把自己所做努力通通都要大肆宣传的国家，但这并不代表中国什么都没有做。"在此次访问之后，北京时间2010年12月6日，胡锦涛应约与奥巴马通电话，这次通话的核心话题是两周前刚刚发生的"朝韩炮击"事件。朝韩炮击仅两周之后，中美两国最高领导人便以通话方式在这一棘手问题的处理中达成一致，中共代表团的此次访问功不可没。

2010年以来，"中美政党高层对话"已经举行了四届，双方政党参与者众多。双方探讨的议题则可大致分为两部分：第一部分是各政党的执政理念、政党制度和发展方略，这体现了政党对话的特色；第二部分就是中美关系存在的问题，以及双方都关心的国际和地区性话题，如朝核问题、伊朗核问题、西亚北非局势、亚太地区、南海问题、对非援助问题等，几乎所有的相关问题都会涉及。王家瑞在一署名文章中总结说，十年来，一些一度存有偏见的外国政要、媒体人士，通过同我们党的交流对话，有的"颠覆了原有成见"，有的变成我们党的朋友。①

大国的战略对话也包括大国与发展中国家的对话。2006年7月17日，在圣彼得堡召开了八国集团同发展中国家领导人对话会议。时任我国国家主席的胡锦涛同志在大会上积极呼吁，各国应该围绕关系各国经济命脉和民生大计的全球能源安全、传染病防控、教育和非洲发展为议题，提倡树立和落实互利合作、多元发展以及协同保障的新能源安全观。比如能源问题，着重从以下三个方面进行努力：第一，加强能源开发利用的互利合作。实现全球能源安全，必须加强能源出口国和消费国之间、能源消费大国之间的对话和合作。第二，形成先进能源技术的研发推广体系。节约能源，促进能源多元发展，是实现全球能源安全的长远大计。第三，维护能源安全稳定的良好政治环境。维护世界和平和地区稳定，是实现全球能源安全的前提条件。

中国等新兴大国在集体崛起过程中，也积极加强多边外交，调整国际关系和发展国际合作。2010年世界经济脆弱复苏之际、国际金融体系改革之年，巴西、俄罗斯、印度和中国等"金砖四国"领导人于4月15日至16日在巴西利亚举行第二次正式会晤。这四国都是对全球事务具有影响力的新兴国家，按购买力平价计算，他们对世界经济增长的贡献率已超过50%。特别是中国在金融危机爆发后，率先出台大规模经济刺激计划，调结构、扩内需、保增长，经济迅速回升，

---

① 10年来中美关系最具意义的交流. 南方都市报，2012 – 11 – 08.

被举世公认为全球经济复苏作出了重要贡献。"金砖四国"峰会举行，传递出新兴大国加强对话与合作、携手参与和推动全球经济治理、共同维护发展中国家整体利益的强烈意愿，意义重大。四国此次再度以峰会为平台加强对话与合作，积极协调立场，增强战略共识，扩大和深化利益交汇点，携手参与和推动全球经济治理，有利于增强新兴市场国家和发展中国家的整体声音和影响，推动多边主义发展，有利于促进世界经济全面、可持续发展，有利于国际经济金融体系向公平合理的方向调整。正如俄罗斯驻华大使拉佐夫所言："'金砖四国'并非一个排外的俱乐部。'金砖四国'旨在构建和谐的国际关系，而非划出新的分界线。'金砖四国'将致力于为全人类所面临的经济问题寻求解决之道。"

除"金砖四国"外，近年来，IBSA 三国对话论坛（印度、巴西和南非）、"基础四国"（中国、印度、巴西和南非）、"展望五国"（越南、印度尼西亚、南非、土耳其和阿根廷）、"发展中五国"（中国、印度、巴西、南非和墨西哥）等都显著加强了彼此之间、与发达国家之间、与其他新兴市场国家和发展中国家之间的高层对话与务实合作，以更加积极主动的姿态加入全球经济治理议程中。

新兴大国的这种不谋而合，令人们对各方参与度更高的全球经济治理前景感到乐观，对国际经济金融秩序趋向公平合理增强了信心，也对建设持久和平、共同繁荣的和谐世界有了更多的期待。①

思考与练习

1. 如何理解当代国际传播的社会基础和理论基础？

2. 为什么说，当今社会我们如果仅仅把民族国家作为理解和分析当今世界的政治经济关系及与此相关的传播现象的主体已经远远不够了？

3. 如何理解"国际传播"和"国际关系"、"跨文化传播"等概念的联系和区别？

4. 试联系国际形势背景和国际事件，谈谈当今国际关系发展的新趋势下国际传播总体格局发生了哪些复杂变化。

5. 如何理解国际传播在国际关系博弈中的重要性？

6. 我国国际传播的主要平台和手段有哪些？就你所了解的情况谈谈它们所起的作用和存在的不足。

7. 试以我党的"十八大"，以及近届全国政协和人大"两会"国际传播的情况和经验，说说它们在国际关系博弈方面所发挥的积极作用。

---

① 新兴大国加强对话　利在全球经济治理. 河南日报，2010 - 04 - 16.

第四章　全球化时代与国家媒体形象传播

第一节　全球化时代与国家媒体形象传播

一、"全球化"的概念

全球化是人类社会发展的一个现象过程。"全球化"（globalization）一词，20世纪80年代就已经在西方报纸上出现。90年代以后，前联合国秘书长加利宣布"世界进入了全球化时代"，"全球化"一词被广泛地引入各个领域。许多学者各持己见，从不同的角度给"全球化"下了许多定义。美国学者托姆林森（Tomlinson）从时空的角度对全球化的观念做了这样的概括："全球化指的是全世界各国社会、文化、体制以及个人之间，产生复杂交互关系的快速发展过程。它是一个牵涉到时间与空间压缩的过程——在一定时间内将距离——物理上的或再现的距离也拉近了。但是它同时也是一个社会关系'伸展'的过程，将那些主导我们日常生活的地方性脉络移动到全球性的层次。"

"全球化"是指在信息网络的技术支持下，各国的联系不断增强，全球人类的经济、文化和生活紧密联系，以及人类全球意识逐渐崛起，国与国之间在政治、外交、经济和文化上互相依存，全球越来越成为一个不可分割的整体的社会现象。这是目前大家比较公认的意义。

从物质形态来看，全球化是指货物与资本的全球流动。货物与资本的跨国流动是全球化的最初形态，它经历了跨国化、局部的国际化以及全球化这三个发展阶段。在此过程中，相应的地区性、国际性的经济管理组织与经济实体应运而生，文化、生活方式、价值观念、意识形态等精神力量在跨国交流中碰撞、冲突与融合。"二战"后，人们亲身体验了全球化的一系列趋势，包括全球范围内通用标准的数目的增长、国际贸易以比世界经济增长更快的速度增长、由跨国公司控制的世界经济股份增长、更多的国际间的文化交流与影响、更快的国际旅游业和移民发展……这使全球化成为20世纪80年代以来国际形势发展趋势的一个突出特点和基本特征。

全球化以网络全球化为物质基础，以经济全球化为核心，以文化全球化为主要内涵，使各国各民族各地区的经济、政治、文化、科技、军事、安全、意识形态、生活方式、价值观念等多层次、多领域的发展紧密联系、相互影响、彼此制约。"全球化"可概括为科技、经济、政治、法治、管理、组织、文化、思想观念、人际交往、国际关系等多个方面的全球化。

（一）网络全球化

网络全球化是全球化的物质通道和技术基础。作为一种工具和媒介，网络和古代的竹帛本质上都只不过是为人类的信息传递提供更多的便利和自由。但是凭借着现代科学技术的发展，网络传播具备了速度快、多变化、无边界、多维度等特点，减小了差异阻隔，打破了时空藩篱，为人类构筑了一个似乎更民主、更自由的虚拟世界，使人与人之间的许多关系由"社会的"转变为"网络的"，由"真实的"转变为"虚拟的"。这就为人类社会的全球化提供了技术基础和物质通道，也为当今时代开启了不可阻挡的、无法逆转的历史进程。它超越了国界与国家主权，使世界在全球范围内得以呈现一种全方位的沟通与联系、交流与互动的趋势。它以经济全球化为核心，以信息化、网络化为手段，对世界各个国家和地区的政治、外交、经济、文化和社会生活的发展产生了巨大而深远的影响。

（二）经济全球化

"经济全球化"这个词，据说最早是由 T. 莱维于 1985 年提出的，但至今仍没有一个关于它的公认的定义。有人从生产力发展的角度分析，认为经济全球化是一个历史过程：世界范围内各国各地区的经济相互交织、相互影响、相互融合成一个统一的整体，市场经济一统天下，生产要素在全球范围内自由流动和优化配置。也有人从生产关系的角度分析，认为"经济全球化"实际上是以美国为代表的发达国家和跨国公司利用科技进步，借自由化之名，行控制世界经济之实，使发达国家越来越富，发展中国家越来越穷的历史过程。

虽然计算机的发明最初是用于美苏军事斗争的需要，但是计算机网络发展的最大动力却是因为它不仅具备多元功能，而且能满足全球资源共享的需求。资本主义的高速发展需要在更大的范围内获得更先进的技术，更丰富、更廉价的资源和劳动力，以及更广阔的市场，网络的出现则为这一切提供了得天独厚的条件。邓小平曾经说："现在世界上真正大的问题，带有全球性的战略问题，一个是和平问题，一个是经济问题或者说是发展问题。"

经济全球化主要表现为市场全球化、生产全球化、技术全球化和金融全球化。"经济全球化的基本含义是指商品、服务、信息、技术和各种生产要素在全球范围内大规模地流动配置，跨越边界的经济活动增多，从而使世界各国经济在各个层面上互相渗透、互相交织和相互融合。从本质上说，经济全球化是生产社会化跨越国界在全球范围内展开的一种趋势，是以各种生产要素特别是资本为追求最大收益而在全球范围内开拓市场和优化配置资源进行开发、生产和营销的必然结果，并最终表现为市场、生产、投资、金融和科技活动的跨国界联系不断发展，各国在经济上相互联系和相互依存，任何一个国家的经济都不能不受到全球经济发展的影响。可以说，经济全球化已经成为当今世界的一个基本经济特征。"①

它导致"全球统一市场"的形成，并以此为基础建立起世界范围内的经济运行全球机制与规则。

经济全球化是一把"双刃剑"。它在推动全球生产力大发展，加速世界经济增长，为少数发展中国家追赶发达国家提供一次难得的历史机遇的同时，也加剧了国际竞争，增多了国际投机，增加了国际风险，并对国家主权和发展中国家的民族工业造成了严重冲击。更为严重的是，在经济全球化中，由于实力不同，发达国家和跨国公司将得利最多，而发展中国家所得甚少。因此，发展中国家与发达国家的差距势将进一步拉大，一些最不发达国家将被排除在经济全球化之外，越来越被"边缘化"，甚至成为发达国家和跨国公司的"新技术殖民地"。经济全球化趋势是在不公正、不合理的国际经济旧秩序没有发生根本改变的情况下发生和发展的，因而势必继续加大穷国与富国的发展差距。这就决定了其根本的出路在于努力推动公正合理的国际经济新秩序的建立，以谋求各国共同发展。

（三）文化全球化

文化全球化是指世界上的一切文化在"互异"和"融合"的同时作用下，以各种方式在全球范围内的流动中形成的文化共同体。对全球化文化特性的认识就是对文化全球化的把握。有专家认为"文化全球化"是对"全球化"概念的泛用。他们不赞成存在"文化全球化"的说法；但也有学者认为，"文化全球化"就是"文化趋同化趋势"，或者说是文化的同质化；还有学者认为，"文化全球化"其实就是"文化的殖民化"，它正在逐渐消融"民族文化"。

由于以美国为首的西方国家在网络全球化和经济全球化中占据着绝对的优势和拥有强大张力，所以文化全球化也必然演变为文化的"西方化"或"美国化"。文化全球化的时空维度有三个要素，即促使文化全球化的主体、符号和实物。三要素只有通过跨民族、跨国界的流动，或者说三要素通过运动的方式，以运动（文化全球交流、传播）所占据的时间和空间（文化全球交流和传播所覆盖的空间），构成现实的文化全球化的时空维度。

在当代的全球化传播中，形态信息和图像数字化、卫星传播和远程电话、新

---

① 毕吉耀. 当前的经济全球化趋势及提出的新要求. http：//www.dss.gov.cn.

电缆和光纤技术以及全球互联网，使文化生产和传播的形式跨越了民族和国家的界限，实现"即时性"的传递和接受。这使当代的文化全球化具有直接性、即时性和广泛性的特点。而英语俨然成了"世界语"，其不断国际化必然会产生英语的迅速"国际化"。由于文化的嵌入程度不同，各个国家和地区的基础设施、对文化制度的接受程度、对跨地域和跨文化的信息容纳程度和文化模式都面临着严峻的考验，这很大程度上可能导致文化交流在事实上的不平等，甚至出现文化入侵和文化殖民主义现象。在文化全球化传播中，如果中国被动地接受和消费西方的文化商品，难免让西方国家通过精心包装的文化商品把他们的意识形态和生活方式对中国民众进行全方位灌输，且起到潜移默化的作用。美国《华盛顿邮报》曾发表一篇题为《美国流行文化渗透到世界各地》的文章，认为美国最大的出口产品不再是地里的农作物，也不再是工厂制造的产品，而是批量生产的流行文化、电影、电视、音乐、书籍和电脑软件。一些西方社会学家声称，美国流行文化的传播是"长久以来人们为实现全球统一而作出的一连串努力的最近的一次行动"。阿根廷著名电影导演费尔南多·索拉纳斯认为，文化多样性正在世界范围内"受到威胁"。面对美国影视文化"不停顿的狂轰滥炸"，第三世界国家的人民"无法展示自己的形象"。他们的文化"正在遭受严重的扭曲"，甚至遭受"一场严重的劫难"。

　　但是，全球化是由现代科学技术和生产力的推动而产生的，全球化时代确实是历史发展的必然。我们应当从另一个角度和层面来正确、全面地理解文化全球化。文化全球化的深层价值意蕴是：一个国家、一个民族在跨国界的文化交流、文化交往等实践基础上，在坚持与传播自身的主流文化价值观与主流意识形态的同时，与其他国家、民族、地区展开文化观念、文化模式、文化形态、文化成果的交流、冲突、碰撞、磨合与整合，从而建构出新的文化关系、文化模式和文化形态。文化全球化是全球各国家、各地区多元文化的一次宝贵的对接，是我们的民族文化抓住机遇、走向世界、西为中用、发展和超越自我的宝贵契机，是世界文化融合创新的必由之路。文化全球化的结果，并不必然就是文化的殖民化，"与狼共舞"不等与"送羊入虎口"。马克思主义的中国化，从文化全球化的价值层面分析，可以说是马克思主义传入中国以后，在中国革命和建设实践中逐渐融入中国的政治、文化制度和观念，并被中国共产党人在实践创新中确立成一种新的文化关系、文化模式和文化制度。在人类发展的历史长河里，我们要从全球文化观念与实践的交流、借鉴、斗争和融合中，找到当代人类文化所共有的东西，如人类的生态意识与生态文化、人口素质及其文化、人类健康与文化等共同具有的文化价值观，这些都可印证文化全球化的积极意义。

二、全球化与国家媒体形象的关系

自从人类进入 20 世纪 90 年代以来，随着现代信息传播技术的飞速发展，在国际政治格局走向多元化的同时，"全球化"进程逐渐加深，经济全球一体化、文化全球化一浪高于一浪。世界重大信息在网络全球化的信息高速公路上的快速流动，使得社会舆论对于国际政治的影响更加直接和广泛，也使得国家在影响世界舆论方面获得了更大的潜力，国家间的政治、外交、经济、思想、文化和生活方式的相互依存和影响更为明显。

（一）网络全球化——传播国家媒体形象最亮丽的大橱窗

网络全球化已成为当今一股席卷全球的浪潮，成为各国媒体生存和发展必须面对的真实环境和发展机遇。在改革开放前，封闭的中国社会对所谓的"国家媒体形象"几乎没有概念和标准，自我感觉良好，对国外的评价不屑一顾——"走自己的路，让别人说去吧！"但是改革开放后，国人才发现："外面的世界很精彩！"我们逐步意识到人类世界是一个开放的大系统，中国作为世界总系统中的一个分支系统，前些年正是因为脱离了世界总系统才严重滞后。在知识经济时代的新历史机遇中，中国必须主动投入世界经济和现代科技的发展大潮中，了解大千世界，参与全球合作，传播中国信息，配置各类资源，树立媒体形象。没有良好的国际形象就没有在国际上的话语权和影响力。要在新一轮的国际分工和资源配置中获得更好的合作机遇和发展条件，中国的国际形象显得至关重要。而媒体的作用当然是关键。在传媒塑造中国国际形象的过程中，信息网络传播全球化、传媒全球化是其首先要面对的新环境、新趋势。

互联网已经成为全球的信息高速公路，并联结全世界的计算机，把各种电子通讯网络融为一体，把各种传播技术、传播方式"一网打尽"。互联网超越了过去的印刷时代、大众传播时代，形成了大众化、全球化、网络化和多媒体化的新的信息传播媒介模式，开启了一个崭新的信息网络时代。

互联网是人类社会最新颖、信息最丰富且更新最快的传播工具，网络的多媒体功能实际上是三种媒体的综合体，它具有许多以往大众媒体所没有的最大特点和优势，如网络传输与接受信息的自由性和平等性，扩大了政治的公开化、管理的民主化，对培养民众的社会责任感和自主的公众意识、提升网民的政治和文化综合素质、提高国家意识和传播民族传统观念有着重要的意义。与传统媒介相比，网络传播具有资源丰富性、互动共享性、文献信息检索的即时性和便捷性、多媒体组合性等优势，人们在计算机上真正体验到"秀才不出门，能知天下事"的生活。新闻的超文本链接方式实现了新闻跳转，更好地体现了受众的主体地位及联想的思维规律。网络传播开拓了"深度报道"的新途径，可以保障读者对国内和国际新闻发生的广阔背景及其影响进行全程跟踪。这同样可以吸引和促进更多的网民参与到全球化的网络传播中，为传播国家的媒体形象作贡献。

（二）经济全球化——传播国家媒体形象最宽广的大舞台

"弱国无外交"，经济实力是国家媒体形象的底气。全球经济一体化的发展大潮，在为中国的改革开放与世界接轨提供最宝贵的发展机遇和最宽广的合作渠道的同时，也提供了打造有影响力的国际媒体形象的基础，为中国创造了提升国家软实力和塑造良好国际媒体形象的重要契机。

20世纪90年代，随着两极格局的解体，经济全球化的步伐不断加快，各国淡化了社会制度和意识形态领域的差异，积极参与国际分工与合作，经济贸易、经济安全、经济竞争成为各个国家及地区发展战略的重点，贸易、投资、金融、销售、消费越来越超越国界。市场经济制度在全球范围内普遍得到认可和接受。国际经济组织特别是世界贸易组织的成立与日益发展、完善，在国际社会中发挥着越来越重要的作用。与此紧密相连的是生产活动全球化、贸易全球化、金融全球化、投资活动的全球化和文化全球化。经济全球化为资源在全球范围内的优化配置提供了新的有利条件。作为全球经济组成部分的各个国家，可以发挥自己特有的优势，在国际经济交往中实现优势互补。中国凭借自己三十多年改革开放所获得的举世瞩目的建设成就和逐步提高的综合国力，正在经历从工业经济向知识经济的过渡阶段，经济发展呈现出强劲的发展势头。虽然我们面临的是一场不平等的竞争和严峻的挑战，但是经济全球化对中国来说依然是促进资本、技术、知识等生产要素在全球范围内优化配置的一次难得的机遇。通过大力发展外向型经济发展战略，积极引进直接投资和其他形式的外国资本，采取一系列措施促进进口，通过引进外资提高资本积累水平，获得先进的技术和管理经验，中国就可以在一定程度上缩短同发达国家之间的差距，获得比较优势，加入新兴工业化国家行列。我们正确的方针应当是：抓住机遇，战胜挑战，发展自己。在加强国际经济合作，大力提升中国综合国力的同时，更具体、充分地展示国家的媒体形象。

（三）文化全球化——传播国家媒体形象最宽阔的展示平台

文化全球化同经济全球化一样，是一种世界发展的趋势，通信网络技术的全球化发展必然会加速和扩大异域文化之间的交流。在当今的世界经济大潮中，国际市场上的商品品牌文化成为国际竞争的开路先锋和核心竞争力，而经济全球化发展也为跨文化的发展注入新动力。文化的全球化是经济扩张的必然。文化又是一个特定地区一种价值观、世界观的表现，为了减少不同地区之间人们的隔阂和误解，增加信息的流动，人们有必要增加不同文化体系下的文化交流，这样一种趋势反过来也会推动民族文化的全球传播。中国通过文化全球化的舞台与通道，有利于更好地传播中国悠久、灿烂的历史文化和不断创新发展的现代文明，从而也更有效地塑造中国的国家媒体形象。

信息时代的经济竞争，说到底就是人的文化理念和文化传输的竞争。文化既是一种社会商品，也是任何国家形象、文化观念和主流意识形态的最好载体。陀思妥耶夫斯基曾经评价过"俄国文学之父"——普希金的创作，他首先指出普希金的诗歌的民族性表现出俄罗斯民族的力量：他的作品"充溢着俄国的精神，跳动着俄国的脉搏"。接着他又揭示了其中的奥秘：普希金的作品"体察全世界性、深谙全人类性、具有善于对一切作出反应的能力"；具有"对欧洲民族各种迥然不同的精神方面作出反应的才能"，即"能够深刻地领会其中任何一种文学并能够在自己的诗歌中加以体现，能够巧妙地将别国文学特有的神韵和奥妙熔于一炉"。普希金是民族文学的伟大代表，所以成为"人类中联结一切、调和一切和革新一切的基础"。

越是民族的就越是世界的，越是时代的就越是人类的。文化全球化既然是新时代世界性的文化潮流，民族文化就不能片面拒斥或袖手旁观，而应该利用文化全球化的历史进程，整合传统文化与现代文化、外来文化与本土文化的关系，将本民族文化的习惯、信仰和价值观念上升为国家意志，排除盲目的"华夏中心论"和"西方中心论"的干扰，破除一味强调"中西对立"的僵化思维方式，以开放的胸襟、兼容的态度和探求真理的科学精神对待古今中外的一切文化成果。在文化全球化中，应积极自觉地实现"传统"向"现代"的转变；对外来文化观念的借鉴和吸收应立足于有利本民族文化发展的基础；实行产业政策的战略性调整，要从整个国家战略的高度构建适合本国的文化产业体系，以形成能够抗衡西方文化大举入侵的重要力量。抵制"文化霸权主义"和"文化殖民主义"，要保证"文化全球化"中新文化体系的建设，实现对国家媒体形象的塑造。

（四）传播全球化——传播国家媒体形象的宝贵机遇与严峻挑战

在网络全球化的条件下，各国的国际媒体形象基本上是在少数跨国传媒公司为主体的全球信息传播体系中被塑造出来的。信息的生产和国家国际媒体形象的产生和传播过程，通常体现着传播媒介及其所属的国家、所代表的垄断资本集团的政治态度和立场观念，再加上全球传媒体系中竞争的经济、技术、语言、文化上处于失衡状态，这些导致了全球传播体系对发展中国家和社会主义国家国际形象的歪曲性塑造。西方传媒对后冷战时代的社会主义中国，更是极尽丑化、歪曲、"妖魔化"之能事。一篇题为《全球化背景下我国国家形象传播的策略分析》的文章（网上署名"uniquemedia"）指出：美国著名的普利策新闻奖在1999年和2001年分别授予两名和报道中国有关的记者，其中前一名记者是《纽约时报》的杰夫·葛斯，他因报道揭露了美国政府无视国家安全，允许公司将美国的技术出售给中国而得奖。另一名是《华尔街时报》的伊恩·约翰逊，他获奖的原因是他写的"中国政府镇压法轮功，对镇压的结果及其前景有揭露性的报道"。其实以上两名记者有关中国的报道也只是美国媒体对中国诸多负面报道的皮毛而已。古德曼（Goodman，R.）在1999年的一项研究表明，在《纽约时报》和《华盛顿邮报》对中国的报道中，24%是有关严重危机的，70%和冲突有关，32%和暴力有关。[①] 这对中国的国际形象和对外开放事业都产生了极坏的影响。

因此，"国家形象"的好与坏，信誉的好与差，不仅对国家内部的政治、经济、文化、思想意识形态等领域产生重要的影响，而且直接影响到国家对外交往、经济合作、文化交流和在世界舞台上的公信力、话语权和影响力。近十年来，世界各国尤其是在国际信息传播中处于劣势的发展中国家，都把提升和改善本国的"国家形象"提上了议事日程。由于复杂的政治、文化和意识形态等方面的因素，我国在国际信息传播中一直处于劣势，加之长久以来与西方国家在政治、文化、意识形态领域的分歧与对立，使得我国国家形象在西方国家被歪曲和被误读，中国形象被"妖魔化"的现象依然比较严重，这势必影响我国在国际上的地位和影响力，影响改革开放和现代化建设，影响我国的国际地位、国际声誉和国际合作，甚至影响到综合国力的提高乃至国家的长治久安。全球化的时代背景对当今我国政府和媒体对外新闻传播工作提出了更高的要求。而要把这种劣势转化为优势，必须反思我们过去的历史教训，树立正确的、现代的国家形象观，确立中国应有的国家媒体形象定位，努力培养我国对外国家形象传播的战略思想，采取科学有效的传播策略，逐步改善我国在国际上的形象，为我国的政治、经济、文化发展创造良好的国际环境。

第二节　国家媒体形象的概念、作用和形成过程

一、国家媒体形象的概念

"形象"一词，古已有之。《尚书·说命》疏注中言及殷武王丁梦见天帝送给他一个助手，于是令百工根据他的回忆，"刻其形象"，并据此去民间寻找。

---

① Goodman, R. Prestige Press Coverage of US – China Policy During the Cold War's Collapse and Post – Cold War Years. *Gazette*, 1999, 61（5）, pp. 391 –410.

《周礼·天官·司会》注在解释书契版图时所言："土，土地形象，田地广狭"，可见，"形象"的原始本义，就是人之相貌或物之形状。可是随着社会的发展进步，"形象"一词已经演化出更广泛、更深刻的内涵。它一般是指社会公众对某人、某事物或组织的印象、看法、态度、评价甚至情感的综合反映，是人、事物或组织的客观状态"投影在公众心目中或舆论中所确立的整体印象"。商务印书馆1993年出版的《现代汉语词典》解释，"形象"是指能引起人的思想或感情活动的具体形状和姿态以及文艺作品中的创造出来的生动具体的、激发人们思想感情的生活图景，通常指文学作品中人物的精神面貌和性格特征。由此可见，现在对"形象"的理解已经超越了人与事物的外在表现，侧重的是人与事物的内在含义。

　　国家形象，则是"存在于对外传播领域或国际传播中外部社会公众对某一国家的认识和把握，是外部公众作为主体感受某一国家客体而形成的复合体，也即某一国家行为表现、形状特征、精神面貌等在外部公众心目中的抽象反映和外部公众对某一国家的总体评价和解读"。"国家形象的概念可以分为三个层次，或者说国家形象具体由国家实体形象（或者说是未被认知的国家本原形象）、国家虚拟形象（就是通常意义上的国家媒体形象）和公众形象（国家实体形象在外部公众心目中的主观反映）三个子概念组成。"① 因此，国家形象不等于国内公众对本国的整体印象和综合评价的"自我形象"。因为国家的"自我形象"一般是建立在爱国主义、民族自信心与自豪感等基础上的，而不是以国家在国际公众视野中的形象为基础的，并且这种"自我形象"的功能所及也并不直接构成国际战略博弈的基本范畴。在全球化时代，特定国家在国际社会被普遍认同的国际形象更具有现实的战略价值。因此，无论从逻辑语义还是现实价值来看，国家形象都应该理解为特定国家的国际形象。

　　"国家媒体形象"是指"这个国家的行为、表现、现状特征和精神面貌等方面，通过媒体在国际公众心目中的抽象反映和国际公众对国家总的评价和解读"，也可以说就是一个国家的国际媒体形象。美国政治学家布丁（Boulding, K. E.）认为："国家形象是一个国家对自己的认知以及国际体系中其他行为体对它的认知的结合；它是一系列信息输入和输出产生的结果，是一个'结构十分明确的信息资本'② 。编者在《新编传播学》一书的第十一章谈到：'国家形象''是指一个国家在新闻流动中所形成的形象，或者说是一国在他国新闻媒介的新

---

① 段鹏. 国家形象构建中的传播策略. 北京：中国传媒大学出版社，2007.8.
② 引自让中国形象挺立世界. 新华网，2009－12－03.

闻和言论报道中所呈现的形象。'"①

　　我们在研究"国家形象"时之所以要重点研究"国家的国际媒体形象"，一方面是因为一个国家的媒体形象有否形成固然与这个国家的历史、现状乃至国家的综合国力、行为有重要的关系；但另一方面，任何一个认识主体所接触的另一个国家，在时间和空间上都只能是局部的，甚至有可能是片面的。国家形象的形成过程是一个传播的历史沉淀的过程，但是对不同国家和地区的人来说，感性的跨文化接触和传递的机会实在是太少了，认识面也太狭窄了。良好国家形象能否形成，境外的主流媒体起着十分重要的作用，尤其在今天的信息网络时代，传播走向全球化和信息化，每天都有大量关于各个国家的重要新闻通过各种全球化传播媒体不胫而走，在加强、影响和改变着人们对某一国家的形象。从对外传播的实际效果来看，境外主流媒体的影响是排在第一位的，特别是当某些西方发达国家尤其是美国的跨国传媒集团和新闻网络已经垄断性地成为世界各地公众了解国际社会的主要信息渠道的时候。"从涉华报道的量来看，那些主流媒体对中国关注的程度呈逐年上升的趋势，其报道覆盖了中国社会发展的政治、经济、文化等方方面面。应该说，虽然境外媒体只是我们对外报道的间接渠道，但是它们所产生的巨大作用（可能是正面作用，也可能是负面作用）却是任何直接渠道所不可比拟的。"② 因此大众传播中的国际新闻流动是形成国家形象的主要因素和渠道，在探讨"国家形象"问题时，人们往往会称之为"国家媒体形象"。

　　我国国情专家胡鞍钢认为，作为一种"软实力"，国际传播是世界上重要国家长期博弈的重要手段。他通过深入的调查研究发现，2004 年中国国内传播实力是美国的 89%，传播基础力是美国的 56%，而国际传播和传播经济实力则分别只相当于美国的 14% 和 6.5%。③ 这个调查所发现的中国和美国在国际传播中所表现出来的"软实力"上的巨大差距很值得我们深思。

　　在国家媒体形象的形成中，国际新闻的流动起着十分重要的作用。换言之，大众传播中的国际新闻流动是形成国家媒体形象的主要因素。"国家的媒体形象"是"这个国家的行为、表现、现状特征和精神面貌等方面，在国际公众心中的抽象反映和国际公众对国家的总的评价和解读"④。但是一个国家的媒体形象的塑造，也不是被动地任由他国公众的评价和历史的沉淀来完成的，它的构建

　　① 肖沛雄. 新编传播学. 广州：广东人民出版社，2006.
　　② 程曼丽，王维佳. 对外传播及其效果研究. 北京：北京大学出版社，2011. 175.
　　③ 胡鞍钢，张晓群. 中国，一个迅速崛起的传媒大国——传媒实力实证分析与国际比较. 中华传播网，2004 - 06 - 28.
　　④ 郭可. 当代对外传播. 上海：复旦大学出版社，2003. 113.

与该国的媒体传播中意识形态、价值取向所具有的世界影响力有着重要的关系。段鹏先生在他所著的《国家形象构建中的传播策略》一书中提出："对外传播媒体塑造国家媒体形象的基本理念，是指一国媒体塑造本国形象和他国形象的哲学轴心——具有意识形态倾向的世界观和价值观，即作为塑造行为主体的媒体构建和传播国家形象这一客体时的基本看法和价值取向。"①

国家媒体形象的主体公众既有本国国民，也有国外受众。作为认识对象的国家主体既包括政治意义上的"国度"（包括领土、居民、政权机构及主权等要素），又包括国际传播中的媒体世界。

国际媒体形象的特点是：国家形象的历史传统性与现代演变性的矛盾；形象本体的主观评价性与传播对象的多元差异性的矛盾。

二、国家媒体形象的作用

当今世界，各国的政治家、外交家、战略家越来越重视国际舆论中的国家媒体形象问题，原因就在于国家媒体形象对这个国家的国际地位与发展有着至关重要的影响。

国家的媒体形象是国家综合国力的集中表现，是民族精神的重要象征，是主权国家的无形资产，它直接或间接影响到这个国家在世界上的国际威望、认知度、美誉度与和谐度，甚至影响到他们与他国进行政治、经济、文化交流合作时的方针、政策与积极的程度，影响到本国人民对国家的自信心与凝聚力，影响到一个国家内在生存的根基和外在拓展的空间。吴征在其所撰的《中国的大国地位与国际传播战略》一书中认为："国家形象是国家综合国力的最大无形资产。"

综合多位研究学者关于国家媒体形象在国际交往中作用的论述，大概主要表现在以下几方面：

第一，从政治层面上说，在政治格局多元化的背景下，国家媒体形象是一个国家在国际舞台上抗拒"强权政治"的重要武器。多年来，国际政治学的理论体系构建都离不开"政治权力"的概念，一个国家在国际上的声音（形象）将直接决定其在国际政治经济交往中发挥的作用大小。"弱国无外交"，一个在国际政治、经济和国际传播中没有实力的国家，在国际舞台上肯定是弱小和孤立的。

第二，从经济层面上说，在经济全球一体化的背景下，国家媒体形象是一个国家和民族进入国际大舞台的"通行证"。一个国家在国际市场上的份额融资能

---

① 段鹏. 国家形象构建中的传播策略. 北京：中国传媒大学出版社，2007. 16.

力和一个国家的形象（政治稳定性和经济发展潜力等）密不可分。外商投资首先考虑投资环境。一个稳定的社会环境对外资总是具有强大的吸引力。

第三，从科技的层面上说，随着世界科学技术的飞速发展和全球生产力的不断提升，国家媒体形象必然有利于一个国家、民族科学技术和先进生产力发展的对外宣传和影响，从而扩大一个国家在国际交流与合作中的强大吸引力，有利于增强积极参加全球新一轮资源配置和国际分工的主动权。

第四，从国家综合实力的层面上说，除了上面所说的硬实力外，还包括"软实力"——国家传统文化的凝聚力、政治稳定的向心力、成功外交的影响力和民族精神的感染力等。良好的国家媒体形象有利于增强国家软实力，有利于提高一个国家对外思想文化交流的影响力、对境外侨胞的自豪感与发展事业的"话语权"。新闻集团董事长鲁伯特·默多克曾经说过："一个国家的对外传播能力——分享它的历史遗产，表达它的智慧，以及在国内外交换特殊人才——才可以保证这个国家能够进入连接着世界最强大的媒体网络……它们是一个民族参与世界范围伟大思想交流的必经之路。"[1]

第五，从国家管理秩序的层面上说，国家媒体形象还有利于增强广大国民对国家政权组织和社会制度的认同感、民族自豪感、责任感和自信心；有利于建立和保持社会政治稳定与和谐发展的良好环境；有利于增强国内外民族、各地区、各行业和群体的全局意识、大局观念，鼓舞大家为进一步树立更好的国家形象、增强国际竞争力而团结奋进，实现国家的加快发展、全面发展、和谐发展和可持续发展。

三、国家媒体形象的形成过程

（一）形象的形成过程

"形象"的源本体（或者叫一级本体）是人类所存在的包括自然界和人类社会在内的整个物质世界。次级本体是物质世界的综合表征，也就是信息。源本体一定是客观物质的现实存在；次级本体是人们主观上对源本体的反映，虽然不是物质的，但它也是对物质世界的运动属性的反映和表现，带有主观色彩的"形"，但是这个"形"与"形象"是有区别的。我们从下面关于"形象"的形成和传播过程图示就可以看得很清楚，从"源本体"的运动到"构成形象"需要一个信息流动、主观加工和对外传播的过程：

---

① ［澳］鲁伯特·默多克. 文化产业的价值——在中共中央党校的演讲. 对外大传播，2004（8）.

物质运动源像 → 信息流动（噪音）→ 人脑接收信息 → 主观加工 → 初步成像 → 对外传播 → 构成形象

（二）国家媒体形象的多级"变形"

"国家媒体形象"的形成过程要比一般"形象"的复杂得多。

根据国际关系学中系统论的观点，每一个国家发出的信息最终都会进入国际社会信息系统。在这个系统中，每一个国家系统面对的是外部的国际社会系统，是国际社会的公众以及各种国际组织。一个国家的国际形象形成过程都有这样一个共同的过程。

首先，国家媒体形象的形成基础是国家系统发出信息的综合作用的结果，作为一个国家系统内部的成分，其本身就十分复杂多变，所以传输出来的信息也就复杂多变。所谓"见仁见智"，"横看成岭侧成峰，远近高低各不同"，"一千个观众就有一千个哈姆雷特"。

其次，一个国家系统不是单纯的物质，它还存在大量不同的意识形态，信息在国内传递的过程已经经过了许多的加工和抽象，有的甚至已经发生了扭曲和变形。如"文化大革命"时期就是这样。

这其中，形象在传递过程中起码有五级的变形：

（1）物质运动，形成表征（经过 $1-N$ 次传输），进行符号编码，表征产生第一级变形。

（2）受众获得信息，经过加工形成初步形象，并再次编码输出，产生第二级变形。

（3）媒介传播者根据自身认识，对初步形象再加工编码并输出，产生第三级变形。

（4）特定条件下，国家适应经济利益、意识形态、舆论环境的需要，自我认定、自我描述、自我塑造，在更高的层面上编码，成为国家模板，进入国际传播，形象产生第四级变形。

（5）国际信道中的传播者和其他国家传播系统中的主控族群，获得来自不同国家、地区、社会团体或个人传播的信息与形象，在意识形态、国际关系格局、自身利益等众多因素的影响下，利用他们在各级传播中的地位和实力进行编码并向国际输出，传播国家媒体形象，产生第五级变形。

这样，在五次变形中实际上就形成了起码三种"国家形象"：一是具有不可描述性的国家形象的"源像"；二是本国系统中主控族群所描述的国家媒体形象；三是国际传播信道传输和其他国家的主控族群所描述的国家媒体形象，如"黄祸论"、"麻烦论"、"威胁论"也是这样形成的。

上述"国家形象"的形成过程如同一场博弈，最终形成的某历史阶段的"国家媒介形象"就是这场博弈的阶段结果。这告诉我们，国家媒体形象一方面是以自身客观存在的源像为物质基础的，也就是国家一定要有良好的综合实力和发展态势；二是国家形象不能仅凭自我感觉，不能停留和满足于国家主控族群所描述的状态；三是国家的媒体形象最终要靠加强国际传播信道和国际主控族群对这个国家的形象的正面描述，力求产生最佳的正面形象效果，减少负面形象。

第三节　国内外对中国媒体形象认知的差异和嬗变

国家的公众认知形象是指在国内外公众心目中国家的主观形象，它与国家在世界被认知的媒体形象常常具有一定的差距。一个国家的媒体形象主要还是"要看外部公众对一国形象认知或外部公众通过媒介传播所获得的对某一国家形象的认知。它在本质上是国家虚拟形象对外部公众的一种影响，是国家实体形象在外部公众意识中的反映"[①]。在信息传播全球化的今天，塑造公众认知形象的重要基础是国家的实体形象，而塑造国家媒体形象的主要途径当然是全球信息流动中的国际传播。如上所述，国家媒体形象有国家形象的历史传统性与现代演变性的矛盾、形象本体的主观评价性与传播对象的多元差异性的矛盾，加上历史发展过程中种种复杂的原因、意识形态的分歧、社会制度的差别、不同文化背景下各种社会意识和生活习俗的差异，以及世界各国政治、军事、科技实力的巨大落差所带来的世界信息传播的不平衡、不平等诸种原因，难免造成国内外公众对一国形象认知上的差异性、片面性、滞后性、偏见性、误差性甚至是歪曲性。所以，任何国家在国际社会的媒体形象都不是十全十美的，而这也会导致国与国之间产生隔阂、矛盾甚至是严重的冲突。因此，为了使中国在国际化的进程中更具影响力，进一步提高国际地位，增强综合国力，让世界正确、客观、辩证地认识中国，在中国国内的问题上不误解中国，在国际重大问题上理解和支持中国的立场，在经济上与中国建立更积极全面的合作，这就急切需要加强对树立国家形象的研究，并在理论的指导下总结经验教训，探索发展规律，扬己之长，克己之

---

① 段鹏. 国家形象构建中的传播策略. 北京：中国传媒大学出版社，2007.9.

短，在对外传播中不断构建和优化我国良好的国家媒体形象。

一、我国国家媒体形象的历史演变

在改革开放之前，中国受几千年封建制度留下的劣根性影响，一直是一个闭关自守、夜郎自大的封闭国度。多少年来，几亿中国人如同生活在另一个星球一样，对国外的世界几乎一无所知，其他国家对中国的了解也"定格"在"四世同堂"，穿清一色的蓝制服、解放鞋，"日出而作，日落而息"的"画面"上。我们的对外传播也长期是"千人一面"、"百部一腔"的"东风压倒西风"，自欺欺人，自我陶醉。据说"文革"前，北京一所名牌大学在接待外国友人的访问时，只敢介绍校内的一座塔、一个"未名湖"和一个图书馆。谈到其他事情，则"讳莫如深"或"无可奉告"，据说是因为怕给中国人"抹黑"。难怪有人说：到该学校参观，只能看"一塌（塔）糊（湖）涂（图）"。2000 年，国务院新闻办公室和文化部在美国举办了"2000 年中华文化美国行"大型活动。"接待受众近 10 万人次，经电台、电视台、报纸、网络的间接受众无法统计。美联社、路透社、法新社、《纽约时报》、《华尔街日报》、BBC、ABC、CNN、C - SPAN等著名传媒普遍对这次活动进行了比较积极的报道，认为这是'中国政府第一次利用公关和营销手段让美国了解中国'，是以'人情味'对抗'妖魔化'的一次'魅力攻势'。"① 联合国秘书长安南盛赞其中的中国民族音乐会是一次"伟大的演出"，美国副国务卿利伯曼称赞这次活动是"一次文化外交，有利于增进两国人民之间的了解和友谊"。当"走近中国"的展览在纽约贾维茨中心举办时，接踵而至的美国人在参观后激动不已，纷纷用中文、英文留下自己的感慨："中国实在伟大，极富创造性"，"感谢你们把中国文化带给美国的家庭和我们的下一代"，"参观'走近中国'展览，是对中国文化一次最好的体验"。一位前来参观的美国历史教师表示："美国中学的历史教科书有关中国的内容不到 10 页，因此对中国难免存在隔阂"，"美国人民了解中国，是不客观的宣传造成的。我来看'走近中国'展览的原因之一，是我打算走近中国。"她还说第二天她要把今天参观的丰富内容告诉学生们。她希望这个展览最好是"一次又一次地展出"，因为还有很多美国人对中国感兴趣。

美国学者哈罗德·伊萨克斯在《美国的中国形象》一书中认为，在中美文化交流的几百年里，美国人对中国的印象大致有以下发展过程：①崇敬时期（18世纪）；②蔑视时期（1840—1905 年）；③仁慈时期（1905—1937 年）；④钦佩

---

① 顾潜. 中西方新闻传播：冲突·交融·共存. 上海：复旦大学出版社，2003. 417.

时期（1937—1944 年）；⑤幻灭时期（1944—1949 年）；⑥敌视时期（1949 年至今）。

外国人对中国的形象宣传有这样大的关注、兴趣和感慨，与历史上自我封闭的中国展示给世界的信息太少，中国又长期落后挨打，国家形象复杂多变、正负交替，而正面宣传太薄弱，负面影响被肆意夸大是分不开的。当然，我国学者也对中国的国家形象进行了认真的反思和总结。郭可先生在《当代对外传播》一书中阐述了我国在国际舆论中的国家形象经历的七次变化：第一次，我国元朝、明朝和清朝早期——这是一个辉煌而神秘的中国形象；第二次，鸦片战争到清朝结束——这是一个衰落的帝国和"劣等民族"的中国形象；第三次，从国民党统治到新中国成立——这是一个有了希望和终于崛起的中国形象；第四次，从新中国成立到"文革"结束——这是令人迷惑和恐怖的中国形象；第五次，1972年尼克松访华到 20 世纪 80 年代初——"田园诗"般的中国形象；第六次，20世纪 80 年代中期到 2001 年美国"9·11"事件——逐步改革开放，发展迅速却被"妖魔化"的形象；第七次，今后一段时间内——处于发展中的但又会给西方带来"麻烦"的中国形象。

中国"申奥"、"申博"和加入 WTO 获得成功，尤其是在改革开放三十多年中，中国在世界的政治地位、经济实力和文化进步的无数铁的事实和雄辩数据已经向世界展示中国正在有中国特色的社会主义道路上成长为一个世界瞩目的第二经济实体国家，是一个爱好和平、愿意加强国际合作并对世界负责的发展中国家。而"9·11"恐怖事件和伊拉克战争也冲淡了原来某些西方国家所散布的"中国威胁论"，使大家认识到威胁主要不是来自中国，而是来自恐怖主义。在经济方面，中国改革开放带来巨大变化，政府外交、公共外交双管齐下的国家形象传播的改革也产生了越来越大的国际影响力。总部设于华盛顿特区的一间美国独立性民调机构——皮尤研究中心（Pew Research Center）每年都进行涉及若干国家的民意调查，近年的调查显示美国普通公众以及参议院对外关系委员会成员认为美国在全球的地位正在下降，而中国则在日渐上升。当中国作为一支新型的世界力量逐渐显现出来时，有 38% 的对外关系委员会成员认为中国是主要的威胁，这一数据到 2005 年降为 30%，至 2009 年则降为 21%。[①]

皮尤研究中心还于 2012 年 3 ~ 4 月发起了一项涉及 21 个国家的民意调查，其中调查对象包括美国、中国、巴西、日本、印度、法国、埃及、巴基斯坦等国家。2.6 万名受访者通过电话或当面采访方式表达自己的看法，最终结果在美国

---

① 贺文发，李烨辉. 突发事件与信息公开——危机传播中的政府、媒体与公众. 北京：中国传媒大学出版社，2010. 210 ~ 211.

当地时间 2012 年 6 月 13 日被公布：41％的受访者认为中国已经是世界经济"领头羊"，觉得美国才是头号经济强国的人数约占 40％。而在经济危机爆发前的2008 年，在 14 个国家开展的相同民调中，45％的受访者认为美国是"老大"，只有 22％的人支持中国，差距十分明显。但情况在四年以后发生了逆转，在同样的 14 个国家中，中美两国的支持率已经变为 41％∶40％。中国已取代美国被多数国家民众视为世界经济"领头羊"，出现这种情况还是第一次。这说明美国的精英对中国的形象评价有了一定的改变，并且对美国的右翼和保守派提出了批评意见。美国《新闻周刊》刊载《中国不应该是琢磨不透的》一文，在题头话语中耐人寻味地说："说中国一切还是老样子，这不是十足的无知，就是意识形态在作怪，或者二者兼而有之。"作者认为："中国是个复杂的国家，其政治体系尽管相对封闭，但经济开放，社会越来越充满活力。正是由于对今日中国的无知才导致我们出现严重的政策后果。我们不理解这个国家的内在运转机制，不了解中国民众的看法和心声。许多批评和谩骂中国的人根本甚至就没踏足过中国。他们根本就不了解中国，更不了解中国国民。"[①] 不过，美国官方面对这一调查显然"不服气"。白宫发言人卡尼回应称，美国仍是世界最大经济体，美国的平均生活水平仍高于中国。美国媒体在报道这一事件时也称，调查结果并不完全与实际情况相符，目前美国的经济实力仍高于中国。

　　2012 年 7 月皮尤研究中心的全球公众态度调查表明，中国人对中国发展的满意程度达到惊人的 86％，比排在第二位的澳大利亚还高出 25 个百分点。所有这些数据虽然反映了国人对自己祖国发展的认同与信心，但这些评价基本上不在西方媒体的视野中。由于意识形态、社会制度的对立，也出于对政治霸权、经济垄断需要的考虑，以美国为首的一些西方发达国家始终对中国抱有戒心，常常不厌其烦地巧立名目，散布反华的论调，向中国发难。尤其是美国人，大都认同中国可能会是"对西方有麻烦的国家"。皮尤研究中心这一调查议题的结果在美国的普通公众与对外关系委员会成员中则有很大的差异。普通公众对中国的"威胁论"观点基本保持不变，甚至略有上升，2001 年为 51％，2005 年为 52％，至2009 年为 53％。

二、现阶段国际传播中我国媒体形象的差异性及原因

（一）国内外媒体塑造中国形象的巨大差异

我国的对外传播事业几十年来经历了三个阶段的发展。第一阶段是起步阶

---

① 广州日报·大洋新闻，2012－06－15.

段。1930 年国民党人从美国人柯东文手中买下了《北京导报》，并改名为《北平导报》，于 1930 年 1 月 10 日问世。作为我国第一份用外文出版的报纸，它标志着我国对外传播事业进入起步时期。

第二阶段是 1949 年新中国成立到 1980 年，这是我国对外传播的发展和动荡时期。我国不但创办了像《人民中国》、《人民中国报道》、《中国画报》、《中国建设》等一批有影响力的外文杂志，还建立了包涵 20 个语种的对外广播事业，不断扩大对外影响力；中国新闻社和新华社相继成立，成为中国对外的信息总汇。但随着"文革"的开始，在极"左"路线的干扰下，对外传播事业严重萎缩，中国的国家形象严重受损。

第三阶段是经过 1976 年到 1980 年的"拨乱反正"后开始的对外传播的成熟阶段。1981 年 6 月 1 日在北京创办的《中国日报》成为我国对外传播的重要窗口，国家通讯社、新华社成为世界六大通讯社之一，中国国际广播电台每天能用 40 多种语言播出 200 多个小时的广播节目，覆盖全球 200 多个国家或地区，进入世界对外广播三强之列。1997 年中央电视台推出的国际卫星频道（CCTV-4）和 2000 年 9 月 2 日开播的英语频道（CCTV-9）开创了中国的英语电视时代，中国电视开始可以覆盖全球并正在逐步进入西方主流社会，成为我国对外传媒的主力之一。此外，我国的网络媒体对外传播已形成人民日报网、新华网、中国日报网（英语）、中央电视台英语网络、中国国际广播台网和中国网六大中央级网站，以及北京的千龙网、上海的东方网和广东的南方网三大地区性网站。这大大地拓展了我国对外传播系统的力度和纵深度。随着党中央和国家政府对我国对外传播系统的高度重视，以及我国改革开放事业的迅猛发展和国家综合国力的大大增强，我国媒体对外传播的力度、深度和广度都进一步加大。

中国正在力图向外界展示这样一个发展中国家的真实形象：维护世界和平，坚持改革开放，政治安定团结，经济持续发展，民族团结和睦，坚决捍卫国家统一和主权、领土完整，维护国家独立自主，不畏强权政治。

然而，国内外的学者研究和无数事实表明，国际媒体和舆论中的中国国家形象与我们自己心目中的形象还是存在相当大的差距和矛盾。如果说改革开放前，西方国家媒体所展现的中国形象是封闭、落后及千篇一律的愚昧和独裁的话，那么，我国经过三十多年的改革开放，经济上已经取得了巨大的成就，综合国力有了很大的增强，人民生活得到逐步改善，按理说，我国在国际上的形象应该已经大大地改善了。但事实是，"自 1989 年以来，我们国家在西方媒体中的形象大多是负面的，或者说是被'妖魔化'了。正面形象基本上没有得到塑造，国际主流媒体在报道中国的时候基本上没有体现其一直标榜的公正性、客观性和真实性等原则"①。而1989年以来美国新闻界对中国的报道成了"鞭笞中国"（China Bashing）的惯例。他们从美国的政治图谋和经济利益出发，不厌其烦地抓住一些重大事件，策划了一连串对中国的负面报道。比如，1993年的"银河号"事件，1995年的吴弘达事件，1996年的上海孤儿院事件、亚特兰大奥运会NBC播音员攻击中国体育代表团事件、1999年美国轰炸中国驻南使馆事件、李文和事件，2001年中美撞机事件，2005年攻击中国人大通过《反分裂法》等。无数事实表明，中国发生的大事，只要美国的上层人士觉得不符合美国人的利益，或者可能对其"霸主"地位产生威胁，或者是对煽动人们反华情绪有机可乘的，他们都会抓住不放，千方百计歪曲事实和丑化中国的国际形象。这是他们惯用的"妖魔化"伎俩。1997年《时代》杂志驻中国的第一任社长理查德·伯恩斯坦（Richard Bernstein）和美国外交政策研究所亚洲项目主任罗斯·芒罗（Rose Munro）在他们出版的《即将到来的美中冲突》（The Coming Conflict with China）一书中，通过对中美贸易逆差、中国在美国的院外游说集团、中国军事实力的增加等主题进行分析，得出了一个结论：中国与美国的冲突导致"中国威胁论""即将到来"，这在全世界引起了很大的反响。虽然包括美国在内的许多有识之士驳斥了他们的论调，但最值得我们关注的是它折射出这样一个事实："现在的跨国新闻机构及其从业者，他们的角色已经不再局限于像马可·波罗和吉普林式的'信使'，他们能够并且已经对国家的外交政策产生重大的影响，在这个意义上，他们也超越了其他国家或者文化的'形象'塑造。"②

　　许多国家的新闻传播研究表明，西方国家，尤其是美国在全球信息传播中处于一种绝对优势的地位，而从他们"自由主义至上"、"国家利益至上"、"民族自我中心"等观念形态的立场出发，他们在国际新闻传播中，尤其对中国的国家形象的传播，长期以来都是片面的、简单化的、绝对化的、模式化的、不完整的、有偏见的甚至是有意扭曲的。从新中国成立前的"黄祸论"到新中国成立后的"极权论"、"刻板论"，他们这一系列的传播基调都是一脉相承的。而1989年北京政治风波，则被一些西方国家解释成是学生、公众反对荒谬的极权主义和政府进行"粗暴残忍的军事镇压"的矛盾；20世纪80年代以后，中国改革开放所带来的政治开明和经济的迅速发展，则又被他们看成是资本主义的胜利和共产主义的失败。同时，他们又抓住新闻自由、台湾、西藏、人权、法轮功等他们认为可以利用的问题大做文章，颠倒是非，混淆视听，竭尽歪曲丑化之能事，一而再、再而三地制造"中国威胁论"，并着重渲染中国由于经济强大而人

　　① 郭可. 当代对外传播. 上海：复旦大学出版社，2003.103.
　　② 郭可. 当代对外传播. 上海：复旦大学出版社，2003.97.

口多，必然带来粮食、消费、环保等"经济威胁"；鼓噪说中国军费增加，有限核试验和军事演习必然带来"军事威胁"；还煽动说中国的儒家文明和伊斯兰教文明正在挑战基督教文明，带来"中国文明威胁"。这些言论都对中国在世界上的国家形象产生了极坏的影响。

2005 年 3 月 7 日，BBC 国际台（英国广播公司国际广播电台）公布了一项在全球 22 个国家进行的有关中国国家形象的调查。这项调查是 BBC 国际台委托全球舆论调查公司和美国马里兰州立大学国际政策态度项目组联合进行的，被调查的 22 个国家覆盖了五大洲，分别是美国、加拿大、墨西哥、巴西、智利、阿根廷、英国、法国、德国、意大利、西班牙、波兰、俄罗斯、澳大利亚、南非、土耳其、黎巴嫩、印度、菲律宾、印尼、日本、韩国。调查从 2004 年 11 月到 2005 年 1 月，通过面访、电话访问的形式，访问了 22 953 个典型样本，在各国调查抽样误差为 2% ~ 4% 不等。这个调查涉及三方面的内容：一是如何看待中国在世界的影响。在 22 个国家中，有 18 个国家的民众对中国持正面看法，48% 的民众认为中国对世界的影响是正面的，30% 的人持负面看法；二是是否希望中国在经济上进一步强大。调查发现，49% 的人其答案是肯定的，33% 的人持否定态度。在发达国家中，法国、英国、加拿大和澳大利亚的态度较为积极，美国受访者的 46% 希望中国经济继续发展，但也有 45% 不希望；三是是否希望中国在军力上进一步强大。总体来说，24% 的受访者认为中国军力增长对世界将产生积极影响，59% 的受访者认为中国的军力增长将对世界产生负面影响。

（二）国际传播中我国媒体形象造成巨大差异的深层原因

造成我国在国际传播中国家媒体形象巨大差异的原因是多方面的，主要有如下几方面：

1. 从中国的具体国情上找原因

虽然中国有着五千年灿烂的历史文明，在历史发展的长河中为世界文明发展和人类进步作出了卓越的贡献；但中国同时又是一个长期在封建统治下闭关自守的农业大国，错过了工业革命的宝贵机遇，在许多方面远远落后于西方发达国家。新中国成立后，我们虽然建立起了人民共和国，人民自己当家做主，但此时，我们所走的社会主义道路和信奉的马克思主义不可能被实行私有制的资本主义国家所理解和接受，西方国家的根本利益和意识形态主要表现在资本主义的私有制和以基督教为核心的有神论上。我们以公有制为主的社会制度和马克思主义、无神论等意识形态是西方绝对不能接受的。

从新闻事业看，以往我们的许多"党报"常常以政党学说话语代替新闻话语，在舆论调控上把意识形态的认识和规律，作为几乎所有新闻媒体全部的、一般的认识和规律；在新闻报道管理上要求舆论一律上下一致，以意识形态取人，以社会制度划线；在新闻内容与形式上简单化、公式化，夜郎自大，文过饰非，报喜隐忧。这本身就与新闻传播的真实性和"大众本位"的要求背道而驰，引起外国人对我们的反感。

从我国客观存在的社会问题上看，虽然经过三十多年的改革开放，我们在政治、经济、文化等各个领域取得了跨越式的发展，大大提高了国家的综合国力和国际威望。但由于我们在"摸着石头过河"中缺乏经验，各个领域的法制、管理体制、营运机制、民主监督机制都还不完善，所以不可避免地也出现了许多严重影响我们改革、发展和稳定的问题，如干部腐败、钱权交易、制度缺失、贫富悬殊、国企改造、"三农"问题、食品卫生、社会治安、环境污染、生态保护、民主政治与知识产权问题等。加上接二连三的挫折和失误，进一步加深了西方国家对我们的偏见。这些问题难免授人以柄，一天不解决，都会有损我国的国家形象。

2. 从中国的对外传播严重滞后找原因

长期以来，我们在不断地发展进步及对外传播中始终没有解决好如下几个问题：

（1）对外传播观念严重滞后。缺乏以世界眼光和全球发展的需要来调整我们的对外传播观念，缺乏对国际媒体真实形象的认识和反思。长期的民族中心主义、意识形态的唯我独尊和文化观念上的盲目自信，使我们一直未能清醒地看到我们国家的自我形象，感觉不到在全球范围内的巨大落差和深层原因。这表现为五个误区：一是宣传上报喜不报忧；二是对问题遮丑不"抹黑"；三是观念上崇"社"不信"资"；四是教育上重"德"不言"利"；五是舆论上求"同"不存"异"。殊不知，在这样极端片面的思想路线下，在观念多元化、全球经济一体化和信息传播全球化的今天，如果连我们自己的同胞都说不服，更不要说去向长期信奉私有制和有神论，推崇法律、民主、自由、人权的西方国家传播我们的马克思主义世界观和有中国特色的社会主义制度了。

（2）对外传播体制缺乏活力。尽管我国媒体对外传播的科学技术与发达国家的差距已经不大，但国际社会对我国的了解并不全面，这在一定程度上与我国传播特别是对外传播的体制还缺乏一个规范、畅通、协调的体制有关，以往意识形态主宰的政府管理模式和以"计划经济意识"为主的对外传播模式，导致媒体的所有权和经营权没有分离，这是制约我国对外传播发展的瓶颈；我国的各类对外传播媒体长期以来各自运营，没有形成真正意义上的"大外宣"、"大集团"式的格局和体制。我国的对外传播媒体要完成国家所要求完成的传播任务，资金使用捉襟见肘。在广播电视的对外传播上，我们的局限和劣势是十分明显的，即使是我国发行量最大的对外传播报纸《中国日报》，在该报 2007 年 30 万份的发行量中，除了中国内地和香港地区外，仅有 2 万份在境外发行，这与西方国家全球发行的知名大报在规模和影响上根本无法相比。[①] 所以，许多西方国家的老百姓对中国的历史发展轨迹和发展现状缺乏最起码的了解和认识。一位在中国留学的意大利学生介绍，在来到中国以前，他稍有了解的中国人只有两位：毛泽东和李小龙。在加拿大曼尼托巴省求学的中国学生刘一凡则说，当地人通常了解中国的载体是中国餐馆和体育。"我身边的加拿大人最常提起的中国人是姚明。而当中国女子冰壶队在 2010 年温哥华冬奥会上获得铜牌后，他们觉得中国冰壶运动虽起步很晚，却能获得这么大的成绩，很了不起。"

更常见的状况是，我们的对外新闻报道缺乏吸引力和影响力，同时价值理念的差异、意识形态的区别以及对中国快速发展的不适应，使我国形象长期难以被他人认同，西方国家对中国的偏见和误解仍然存在。中国人民解放军原副总参谋长、国防大学教授熊光楷上将曾在多个场合提到，美国政府 2003—2009 年连续几个年度的《中国军力报告》中，都把中国外交政策中的"韬光养晦"翻译为"掩盖自己的能力，等待时机东山再起"（hide our capabilities and bide our time）。此后，熊光楷在出国访问和参加国内外一些学术交流活动时多次就这一问题作出说明，解释"韬光养晦"实为"不要锋芒毕露，特别是自己有才能的时候更不要太张扬自己的才能，保持低姿态"之义。

3. 从西方国家，尤其是美国国家利益方面找原因

西方国家媒体涉华报道的好恶褒贬，从表面上看似乎是新闻报道者的理念所决定，其实，从根本上说，是由国家利益和意识形态这两只"无形的手"所决定的。一向标榜自己具有"独立性"的英国 BBC 早在 20 世纪 40 年代就明确地规定："在国际冲突中应当表明英国官方的立场"，"BBC 的节目安排，应从维护英国利益着眼"。在国家利益面前，所谓新闻自由标准和客观公正原则都是相对的。尤其在过去十多年的国际新闻报道中，西方国家的这些原则正逐步被他们的国家利益所左右，成为现实中国家利益的工具。像伊朗战争、科索沃战争、伊拉克战争，都是最好的明证。美国人认定的国家利益安全包括生存、保卫领土完整、保持和提高美国人的生活水平、维护美国人认可的世界秩序。如果从利益的层面上看，又可以分解为美国跨国财团的利益和美国两个政党——共和党和民主党所分别代表的北方和南方的利益。克林顿上台后，就曾经对美国新时期的利益作出了新的归纳，即"一个目标，三个支柱"。"一个目标"是指在全世界建立和巩固美国的领导地位；"三个支柱"是指军事实力、经济安全和促进民主。

---

① 段鹏. 国家形象构建中的传播策略. 北京：中国传媒大学出版社，2007. 49～52.

作为一个以移民为主体的发达国家，美国人的民族性格、思维特点、价值观和哲学取向等从某一精神的角度上又表现为一种独特的美国精神：注重眼前实际利益的实用主义精神、自视高人一等的民族优越感和"非友即敌"的直线性思维。正因为美国传媒是美国意识形态和全球文化的一个重要组成部分，既然"美国认为它是冷战的最大赢家，如今它要建立一个一元一极的、美国独霸的世界新秩序"，不需要听从包括联合国和美国总统在内的任何权威的指挥，也不必承认自己在搞什么"阴谋"，相反，它只想通过国际媒介"公开地告诉世界，今天我的价值观、我的自由观就是真理，顺我者昌，逆我者亡"[①]。正是这样一个霸权国家的"国家利益"的驱动，以及不同意识形态和不同民族文化形态的矛盾，使他们一直把共产党领导的社会主义国家作为一个"敌国"，正如美国著名历史学家阿瑟·施莱辛格所指出的："美国需要一个敌国，以给外交政策带来焦点和连续性。"冷战结束后，以儒家文化为基础、马克思主义为指导思想、共产主义为奋斗目标的中国，成了美国的"首要敌人"。西方国家主流媒体之所以曾把"中国威胁论""炒作"得甚嚣尘上，究其主要原因，就是西方发达国家面对社会主义中国通过改革开放所取得的经济发展迅猛的势头，内心深处感到在新一轮的国际竞争与合作以及国际资源重新配置中自己昔日的"霸主风光"已经不再，在一种无可名状的忧虑和恐惧中，从国家利益至上的理念出发，国家政府与主流媒体终于形成了一种"共生关系"，作为一种有力的舆论武器——"中国威胁论"应运而生。虽然西方这种"中国威胁论"主要源于美国的霸权野心，但它同时又是世界各种战略利益相互交织的产物。欧盟想在充当欧洲事务主导者的同时向亚洲扩张；日本企求占据亚太地区经济的主导地位；东南亚国家由于复杂的原因也担心中国强大后的走向。这些国家都不希望中国强大和发展。于是，"中国威胁论"在这些战略利益的交织中形成了一定的市场。

4. 从西方媒体、利益集团、受众与市场的关系找原因

由于全球政治经济日益走向国际化，利益集团也深深地卷入美国政治和内政外交的决策中并占据着重要的地位。他们一般通过游说、影响选举、抗议示威等手段实现影响政府的目标。其中传媒是极其重要的政治传播工具，利益集团和跨国公司的巨头常常又是大众媒体的业主和股东，公司常常通过股份控制报社，拥有电台、电视台（NBC即属通用电器公司所有，ABC是迪士尼乐园的子公司），通过大笔广告费的投入，操纵媒体命脉，影响媒体的议程设置、新闻确认和把关；媒介精英也通过参加董事会成为其中的一部分。结果是媒体"不怕总统怕

---

① 李希光，刘康等. 妖魔化与媒体轰炸. 南京：江苏人民出版社，1999.11.

老板"。在对外报道中媒体极力维护的是业主和赞助商的利益,新闻从业人员则以自我约束来保住职业,争取升迁。美国媒体在中国最惠国待遇、知识产权、"入世"等问题上的态度,就十分清楚地显示出利益集团的影响力。

极端的市场取向,是西方媒体新闻价值标准最显著的弊端。他们虽然鼓吹自己新闻的绝对真实性、客观性和公正性,但是从其新闻选择原则来看,坚持的是新闻消费主义倾向。由于资本对媒体的控制无所不在,在资本唯利是图的本性驱使下,追逐商业利润成为媒体的首要目标。以受众为上帝,收视率就是金钱,市场"卖点"压倒一切,"广告进账才是硬道理"。只要"读者需要"、"观众喜欢",该报的可以不报,不该报的可以爆炒。其新闻报道常常刻意迎合一般受众追求的接近性、趣味性、奇异性、娱乐性以及意识形态一致性等"口味",就是为了给媒体带来更大的利润和影响力。

对于以自我为中心、推崇美国至上的美国人来说,他们对一般的国际新闻并不感兴趣,在选择国际新闻时首先要看其与美国的利益关系,并普遍以美国的意识形态为价值标准来注意和解读新闻。说实话,美国公众连本国的正面新闻都不感兴趣,对中国的新闻就更不用说了。美国新闻媒体偶尔发了某则关于中国的正面新闻,美国人根本不感兴趣,甚至马上就认为是中国政府在"作秀",觉得会"倒胃口"。所以中美关系紧张比中美关系平衡更能使美国记者热血沸腾,他们认为只有写"中国坏蛋"才符合逻辑,才能刺激报纸的阅读率和电视的收视率。这样一来,美国媒体对中国的新闻报道自然就侧重表现灾难和负面性内容。"坏消息才是好新闻"成为西方媒体信奉的新闻价值标准,越是反常的、负面的、突发的、耸人听闻的事情才越有新闻价值。在有关发展中国家的报道中,战争、政变、动乱、灾祸等阴暗面被大肆渲染。美国媒体对华新闻报道中多次无中生有或张冠李戴,比如所谓"中国窃取美国的高科技军事机密"、"中国对于持不同政见者的迫害"、"中国在西藏实行民族同化"、"压制宗教信仰"、"中国侵犯人权"、"中国用武力威胁台湾"和"镇压法轮功"等"新闻"与"故事",就因为这些符合西方价值判断的惯性思维——中国历来就是与西方国家民主与自由的主张相背离的专制国家。

西方媒体之间的竞争十分激烈,为了在政府、利益集团、受众之间寻求平衡,他们不得不通过权衡利弊来实施各方面的传播策略和自我约束,如广告商、财团乃至传媒的审查等。这实质上是由制度文化层面所决定的,它必然导致新闻传播中的"合奏"倾向和"群狼"现象,即媒体在重大的新闻上一般不敢越"雷池"半步。既然以美国为首的西方发达国家把中国作为自己假想的"首要敌人",那么他们对于中国的媒体形象塑造常常采取统一口径共进退的立场,就不足为奇。

5. 从西方媒体的意识形态和思维定式找原因

在西方的政治词汇中，"意识形态"一词多属贬义，他们"不大肯承认自己的外交政策是受意识形态指导的，更不肯承认自己的目标是在意识形态下推行的"①。西方新闻界经常强调其新闻理念是"真实"、"客观"、"公正"，没有意识形态障碍。但事实上正如威廉·哈森所坦率承认的："所有媒体体系都体现了他们在国家的政治与经济体系的价值取向。"因此，国际大众媒体塑造中国国家形象的矛盾性和差异性，与国际大众媒体的意识形态和思维特点有着直接的重要关系。英国《卫报》驻京首席记者华衷（Jonathan Watts）应邀到武汉大学做学术演讲时，有位中国教授冷不丁问他："你承认西方记者有偏见吗？"他很直接地回答说："可以肯定的是，我的社会背景和文化背景也一定会塑造我对中国的看法。我个人并不认为记者是客观、中立的。我们都有我们的感情、背景和偏见，我们必须认识到这些偏见，必须努力做到公正，让双方有同样的机会出现在报道中。而事实是，我们是有感觉的人，当事情发生的时候，我们会有自己的感觉，这种感觉会部分地影响到我们的报道，它确实是影响的一个因素。正是因为这一点，我们对中国的认识总是不够真实。"②

美国热衷于推行维护自由、人权、民主的价值观和制度，表面看起来好像是世俗的价值观和社会制度，但其实是起源于基督新教的价值观和宗教改革，体现着基督新教的信念。法国著名作家、政治家托克维尔曾经说过："世界上没有国家像美国那样，基督教对人的心灵保持着如此巨大的影响。"这些价值观和新教义一起，构成了延续 200 年的美国式的价值观及社会体系，构成了美国的国家和社会的本质，构成了美国内政和外交的内在动力。它不仅促使美国在世界上推行这些民主、自由、人权的价值观和社会制度，而且充当了这些价值观和社会制度的保护人的角色。

刘小燕在《关于传媒塑造国家形象的思考》一文中提出，媒体塑造本国形象的基本理念是指一个媒体塑造国家形象的哲学轴心：具有意识形态倾向的世界观和价值观，也就是媒体在塑造国家形象的过程中的基本看法和价值倾向。她认为"不同国家的媒体有着不同的意识形态、不同的价值观和世界观。在塑造一国形象时，由于媒体遵循的理念不同，围绕的轴心不同，因此会形成不同的坐标参照系，在不同的坐标参照系下，自然会映照出不同的国家形象"。由于中国作为被报道的国家而其总体价值取向不符合西方国家媒体的价值观，中国国家形象

---

① ［美］汉斯·J. 摩根索. 国家间的政治——寻求权力与和平的斗争. 徐昕，郝望，李保平译. 北京：中国人民公安部大学出版社，1990. 12.

② 单波，石义彬，刘学. 新闻传播学的跨文化转向·导论. 上海：上海交通大学出版社，2011.

就往往被放入负面形象区（第三象限）。失去抗衡力量制约的西方媒体可以游刃有余地显示其传播的优势与威力，他们有意无意地按照自己的意识形态和价值判断的思维定势设定了新闻框架，把新闻事件编入他们的价值尺度与市场规定的要求、意识形态和利益的框架中，体现了先入为主的观念。

他们中当然也有少数偏执者，习惯利用或制造若干起让世界舆论关注的媒体事件，或精心包装，善加利用，或无中生有，刻意炮制。在"尊重知晓权"和"坚持新闻客观性"的幌子下，他们组织强大的舆论机器形成"妖魔化"的合力报道，企图在精心设定的新闻框架中让对手陷入穷于应付、任人涂抹的险恶境地。

当然，不可否认的是，由于中国在改革开放中发生了巨大变化，在对西方国家的政府层面与民间层面的交流对话方面有了大力改进与加强，西方国家的领导人和政党代表人物有时也会为中国政府说一些公道话，西方国家的涉华报道中有时也会出现真实、客观的正面报道。如20世纪70年代尼克松访华时对中国浪漫化、神奇化的报道；80年代中国刚改革开放时把中国称为"乖孩子"的报道。1979年1月1日中美两国关系走向正常化后，这种比较客观的报道更是增加了，尤其是最近几年。据中联部美大北欧局副局长李明祥表示："美方想法的转变始于近几年，随着2008年国际金融危机的爆发，中国的表现令美国想要更深层次地了解中国共产党的执政理念，加之中国近年已经与包括英国、法国等大国大党间建立起机制化的交往，同时中方也向美方释放出了积极的信号。"在这些因素的推动下，2010年3月，中美政党高层对话在北京举行，双方从各自介绍政党制度、执政理念、发展方略到中美关系存在的问题，还有中美都关心的国际和地区性话题展开讨论，像朝鲜核、伊朗核问题，西亚北非局势、亚太地区、南海问题，对非援助问题等，几乎所有的相关问题都会涉及。中联部部长王家瑞发表文章指出，十六大以来的十年，中联部加强了与发达国家、新兴大国重要政党的交往，中美、中俄、中日等政党交流机制为增进战略互信，扩大政治共识发挥了独特作用。

但是，上述例子都属于特定时期西方某些国家领导人和个别新闻记者对某些国际新闻事件、国家关系问题表现出来的个体客观性，它所产生的相应结果是被报道对象暂时的、局部的形象；而与个体客观性相对的是整体客观性，它是个体客观性的总体、长期的积累，所反映的是被报道对象在较长的一段时期内的一个整体印象。从受众的角度来说，整体客观性则是指媒体对某一报道对象所塑造的一个长期的相对稳定的整体形象。整体客观性是以个体客观性及其新闻报道量为基础的，假如国际性媒体在报道某国家时所占有的正面、负面和中性报道量或比例（即个体客观性）相对比较均衡时，其所塑造的该国国家形象一般会更接近全面、公正和真实的形象；反之，如果媒体在报道某一国家时所占的正面、负面和中性报道严重失调且时间较长，又达到了足够的新闻流量时，就会产生相应的偏离真实的国家形象。这在当今某些搞单边主义的西方国家保持着在媒体视野中较高的频度和力度的前提下，国际大众传播媒介的"曝光点"和"聚焦点"常常就成了受众心目中国际事务的"热点"，从而极容易吸引国际受众的注意，引发他们的认同，影响他们的判断，形成相应的舆论，左右受众的行为。因此，西方媒体长期以来涉华报道所造成的这种所谓"整体客观性"的结果，自然是国际媒体和广大国际受众心目中被丑化、被歪曲的中国形象。

另外，这种"整体客观性"对"个体客观性"也会产生较大的反作用。如果整体客观性在个体客观性的基础上对某一个国家形象形成了某种固定的形象，成为偏见和思维定式，那么，按照克拉伯的选择性心理理论，今后这些国际媒体和其拥有的受众在接受媒体信息时也会根据这种思维定式来进行选择性注意、选择性理解和选择性记忆，从而选择和理解与之相吻合的个体客观性。换言之，一个媒体如果对某些国家已形成了某些不那么公正、客观、全面的"整体客观性"思维定式的话，那么在选择和报道该国的信息时，就会有意无意地按其形成的思维定式来实施价值判断和新闻把关。这就形成了个体主观性与整体客观性上的恶性循环。

6. 从东西方国家文化观念的差异找原因

哈佛大学社会学和哲学教授丹尼尔在他的代表作《资本主义的文化矛盾》中说到关于文化的一个深刻定义："文化本身是为人类生命过程提供解释系统，帮助他们对付生存环境的一种努力。"① 考察中西方"文化"内涵和外延研究的发展轨迹发现，虽然共同的核心概念是"人文"，即"以文化人"，这是文化的真谛，也是东西方文化的共同概念和特质；但是，回顾以美国为首的许多西方国家，从内政、外交到它们的文化传播，所有的行为背后，无不一直游荡着西方文化观念的"幽灵"。它给西方国家文化战略实施的手段和方式打上了深刻的印记。文化决定了一个民族的目标，权力则提供了实现这些目标的手段，在全世界面前传输着各自的文化观念和意识形态，同时也以此为标准来评价其他国家和民族的优劣得失。在文化观念上中国与西方国家存在着同样巨大的差异。

比如世界观方面，中华文化的核心观念是天人合一的宇宙观、和而不同的哲学观、刚健有为的进取观。西方思想文化的核心是实证科学、宗教精神和个体主义。个体主义是美国文化的核心，美国人说，我们坚信个体主义的尊严。任何损

① ［美］丹尼尔·贝尔. 资本主义的文化矛盾. 赵一凡等译. 北京：生活·读书·新知三联书店，1992. 24.

害我们自己思考、按自己的标准判断是非、由自己作出决定、按自己意愿进行生活的权利的事情，都是不道德的，亵渎神圣的。

又如价值观方面，本尼迪克特认为，每一种文化模式中，都有一个价值模式和价值系统作为文化模式的核心。① 哲学人类学奠基人舍勒曾提出："不论我探究个人、历史时代、家庭、民族、国际或任一社会历史群体的内在本质，唯有当我把握其具体的价值评估、价值选取的系统，我才算深入地了解它。"② 价值观念的研究已经成为人文社会学研究的热点。中国传统的价值观推崇的是爱国救民，修己安人，重义轻利；在人、家、国的关系问题上是以天下为己任，家国同构，精忠报国，注重人伦，讲信修睦，提倡爱国家、爱集体的"群体原则"。而西方国家崇尚的是个人自由、个人至上、竞争、金钱至上。一切以个体自由为重心，尊重人的尊严和价值、民主制度。在以个人主义为核心的美国文化里，有多种多样的表现，如个人隐私、个人自立、个人表现、个人思考、个人自由、个人选择、个人平等、个人竞争、个人生命等。长期居住在美国的诺贝尔奖获得者杨振宁教授说："美国问题重重，所有这些问题，都是从一个最基本的观念来的，这个观念就是'个人至上'。'个人至上'是美国传统中非常重要的组成部分，它曾经发挥过很大的作用。不过，我想在许多地方发挥得远远过火了，造成了今天美国有很多大家都不晓得怎么解决的问题。"所以，这两种价值追求有着根本性的差别。

再如宗教观方面。宗教是人类社会发展到一定历史阶段出现的一种社会意识形态范畴的重要文化现象。作为一种信仰和价值观体系，它是人类智慧的结晶。宗教的主要特征之一，是人对某种超自然力量的坚定信仰和图腾崇拜。博大精深的中国宗教文化，突出的是普世仁爱的道德情怀。在儒、释、道"三教"中，对中国影响最为持久和深远的是儒家学说。而西方国家则崇尚多种有神论，尤其是基督教，它是西方文明的支柱。西方文明从基督教中继承了丰富的遗产，而其本身的演变也是一部文明史。现代基督教不止是一种宗教信仰，更是一种文化形态和文化习惯，就如同伊斯兰教在阿拉伯世界、印度教在南亚次大陆、儒家伦理在中国一样，深深地扎根于各自的文化土壤之中。

---

① ［美］露丝·本尼迪克特. 文化模式. 王炜等译. 北京：生活·读书·新知三联书店，1988.
② ［德］马克斯·舍勒. 舍勒选集（下）. 刘小枫译. 上海：上海三联书店，1999.739.

第四节　如何塑造国际媒体中的中国国家形象

不少战略家、政治家、企业家把21世纪称为"中国的世纪"，这与美国时代华纳集团《财富》论坛提出的"欲称霸世界，先逐鹿中国"的口号是一脉相承的。西方国家固然希望通过更多地进入中国的巨大市场以解其市场疲软之困，但又不甘心让中国强大起来。他们对中国实施"西化"、"分化"的图谋并没有改变，所以在舆论上必然要不断变换手法来塑造中国"威胁"与"麻烦"的国家形象，以丑化和孤立中国。因此，要塑造一个与我国国家本体互为良性支撑的国家形象，既是一个光荣而伟大的历史使命，又是一个长期而艰苦的斗争过程。在这项系统工程中，我国的大众传媒当然是第一线的"雕塑家"和"推销员"。我们首先必须正确认识到：塑造中国国家形象，是21世纪中国实现全民小康的伟大目标、宣传和实施我国国际发展战略、推进我国内政和外交的必然要求，也是21世纪我国国际传播战略的核心内容。

从传播学的角度看，国家形象的塑造就是力图通过有目的、有效果的国际传播，在国际社会塑造、传递和加强一个国家的认知度、美誉度及和谐度的活动与过程。在知识经济时代里，人们对信息的巨大需求和不可或缺的依赖，使传播信息更有效地笼罩着全球的每一个角落，并发挥着无远弗届的穿透力。事实上大众对各个国家乃至整个世界的了解，主要也是通过对大众媒体所传递的历史与新闻信息进行解读、接受或反应实现的。新闻事实作为现实世界的"微量元素"，虽然源于事实，但是不等于事实，它不过是现实世界的某些事实在媒介主体面前作出的主观反映，正是这种带有逼真性、虚拟性和非常态性的"新闻"，聚合成为媒体所创造的"媒体虚拟世界"。所谓国家形象就是在这样的一个国际传媒塑造的"媒体虚拟世界"中形成的。大众传媒在传递、营造信息环境方面的传播面广、速度快、信息丰富的突出优势，使它成为国家形象进入国际社会的重要通道和塑造国家形象的最有效工具。

要有效地打进和影响国际主流舆论并塑造我国真实、客观的良好国家形象，我们必须做好如下几个方面的工作：

一、转变国际传播观念，制定长远战略目标

在国际传播战略的层面上，我们必须转变观念。国际传播"塑造国家媒体形象的基本理念，是指一国媒体塑造本国形象和他国形象的哲学轴心——具有意

识形态倾向的世界观和价值观，即作为塑造行为主体的媒体在构建和传播国家形象这一客体时的基本看法和价值取向"①。我们要充分认识国际传播对塑造国家形象的重要意义——国际传播是塑造国家形象的最重要力量、主要途径和决定因素。我们还要充分认识国际传播主流媒体中中国国家形象的客观现实与发展规律。在国际传播中能否成功地塑造中国的国家形象，从传播学的理论上说，是一个传播主体与传播效果的问题。

前些年，我们不少人在对外传播上的一个误区，就是从我国作为一个共产党领导下的社会主义的价值判断标准出发，忽略、不敢正视或不敢全面理解世界上不同政治体制和意识形态国家的价值判断标准，无视或不敢正视国际传播中我国国家负面形象居多的客观现实，还错误地把自己心目中的国家形象当作国际媒体上的国家形象，简单地把国际媒体对中国国家形象的误解和扭曲，全部归咎于意识形态的对立，片面地强调对外传播的"以我为主"、"坚定不移"的政治性、原则性、正面性、一致性和本土性，而忽略了多元性、丰富性、阶段性、阶级性、实效性、策略性、灵活性、实效性和矛盾性。这就陷入了主观主义和形而上学的误区。在这种观念的指导下，我们的对外传播实践就会脱离国际传播中主流舆论对我们极其不利的现实，进而盲目乐观、夜郎自大、唯我独尊、我行我素，缺乏一种作长期、艰苦努力的心理准备，而一旦在实践中遇到困难和挫折，就会变得手足无措、悲观失望。同时，在客观效果上，这也会进一步加深国际媒体和国外受众对我们的误解和成见，甚至使我们的国家形象受到进一步的损害。因此，我们应当摒弃这种主观、消极被动的对外传播观念，树立一种实事求是的、积极的、发展的对外传播指导思想。对外传播既是一场国际政治、外交和意识形态的严肃较量，又是国与国之间沟通、合作的重要渠道和过程，还是国际受众进行跨文化交流，实现文化和科技的竞争、借鉴、融合和创新的平台。这种竞争与合作是社会与历史发展前进的必由之路，但它们又是在一种彼此实力和条件极不均衡的基础上交织在一起的，尤其是国际信息在全世界"自由流动"的今天，各国对某一国家的了解和印象的来源，主要就是媒体所创造的"虚拟世界"。

我们应当冷静地认识到，一直以来我国在国际主流媒体的形象，主要是由占绝对优势的西方媒体塑造出来的，所以造成了我们不佳的国际媒体形象。正如李希光教授所说的："在制订中国网络传播发展规划时，必须对以美国为主导的全球信息传播体系有充分的认识"，"今天的国际舆论和国际传播被美国所主导，只要谁不服从美国的领导，谁就会被认为是美国的敌人，谁就会遭到美国控制下

---

① 段鹏. 国家形象构建中的传播策略. 北京：中国传媒大学出版社，2007. 16.

的全球新闻系统和媒介平台的攻击；或者是呼吁实施经济制裁，或者是煽动民族和宗教事件，或者是以人权为借口使之在国际上孤立"。① 面对这种严酷的事实，我们只能正视它，承认它，再改变它；而不能漠视它，否认它。无论是面对强权国家，还是面对具有不同意识形态、文化背景，甚至已形成对华负面思维定式的国家及其受众，我们的对外传播都不能搞一厢情愿的自我欣赏、唯我独尊，也不能一味求稳、千人一面、百部一腔，只能从实际出发，运用传播和跨文化交流的规律，实现原则性与灵活性相结合，以及战略上的长期性、防御性与战术上的主动性、进攻性相结合。

中国媒体的传播活动应通过对外传播去创造和形成一种有效机制，以传播中国在历史上和现实中的国家根本制度、政治外交立场、对外交往方针、经济合作意向、传统文化渊源、思想教育现状等信息，营造一个有利于中国国家利益的国际舆论氛围。这样一种传播效果，绝不是以往那种一厢情愿的唯我独尊、妄自尊大、文过饰非、报喜不报忧的"外宣"所能实现的。我们应当有自知之明，有反思自我、革故鼎新的智慧、勇气和行动。真正有效的中国国际传播，既指中国媒体借助目的明确的、真实的有效信息，使受众（主要是国外受众）对中国的态度和行为产生预期的应激改变，也包括影响受众的思维方式、生活态度、价值观念、文化性格与社会历史等更为广泛的领域。而要达到这一目的，我们的对外传播必须符合传播的规律，必须适应受众的心理特点与性格需求，必须提高传播信息的手段、技巧来增强传播的效果。

我们的当务之急是要树立如下几个关于对外传播的新观念和战略思想：

一是变"宣传"观念为"信息服务"观念。我们一贯使用的"宣传"（Propaganda）二字强调单方面的表达和灌输，缺乏双向的交流。但在传媒全球化和信息传播多元化、大众享有高度信息选择权的今天，我们的对外传播应当具备为受众提供其所需信息的"服务"功能，突出传播的服务性、互动性和亲和性，增强传播效果。

二是变"政治斗争"观念为"以人为本"观念。在当今全球经济一体化的时代里，和平与发展是时代的主题，人是社会生活的主体，世界人民向往全球和谐发展是主流，发展经济、提高人民的生活水平是人民的共同愿望。所以，我们的对外传播应当顺应这个时代的主流，"以人为本"，尽量贴近大众的现实生活，满足他们的心理需求。信息的表达要讲究接近性、亲切性、趣味性、形象性、生动性和哲理性，做到"动之以情"、"说之以理"。

---

① 李希光，孙静惟. 全球新传播：来自清华园的思想交锋. 广州：南方日报出版社，2002.64.

三是变"以我为中心"观念为"全球"观念。我国 2001 年已加入 WTO，现正进一步扩大对外开放，并按国际的"游戏规则"与世界接轨。目前信息网络技术的突飞猛进和广泛应用，使全球信息传播冲破了国界与意识形态的界限。所以我们应当尽快树立全球的战略眼光，不但要熟悉国际政治与经济的新形势、新规则、新特点和运行的新规律，还要尊重和熟悉国际传播的规律和要求。这就要求新闻传播在信息层面的真实客观性，道德伦理层面的反对恐怖主义、反对非正义战争和拥护世界和平，技术层面的传播信号对接、传输网络对接、话语方式对接等方面，做到知己知彼，判断准确，分析全面，扬长避短，因势利导，运筹帷幄。

四是在国家媒体形象传播战略目标的层面上，应当树立国际传播的总体战略。其中至少包括以下一些重要内容：一是对全球政治、经济、安全、文化发展总体趋势的全面、清醒、辩证的认识和塑造国际媒体形象的战略思考；二是应当确立国际传播塑造国家媒体形象的长期、中期、短期战略目标，制订不同时期的发展规划；三是确定近期国际传播中塑造国家媒体形象的中心任务、方针政策、战略战术、重点任务、重点区域、重点对象和重点手段；四是建立健全国际传播与塑造国家媒体形象的长效工作机制。

二、科学定位国家媒体形象，旗帜鲜明潜移默化

要正确、鲜明、客观地塑造国家媒体形象，还必须要有科学、明确的形象定位。其实美国在推行其外交政策的过程中，也有一个关于国家媒体形象的定位问题。近年来美国国家形象与其外交政策出了不少问题，为此，美国首项对策是把国家形象定义在"超级霸权"、"救世主"和"国际警察"上面。复旦大学新闻传播学博士后倪建平在他的文章《对外传播与"和平崛起"：国家形象塑造的视角》中指出："在冷战结束后的 10 余年时间里，美国以各种名义进行的对外干涉活动就有 20 多起；而美国在经济全球化浪潮中表现出来的唯利是图倾向和在军备控制、环境、人权和国际刑事法庭上表现出来的傲慢态度，以及对阿以政策的双重标准等，在相当程度上引发了许多阿拉伯国家的反美主义情绪；尤其是 2004 年 4 月曝光的阿布格莱卜监狱的美军虐俘丑闻以及关塔那摩美军监狱的看守和审讯人员亵渎《古兰经》的行径更使其国家形象大大受损。传播学认为，信息来源的可信度会影响传播效果的有效性，信誉是政治传播建立有效说服的核心所在。"

苏联在国际行为上之所以会发生逼使波兰解散共产党、逼使希腊共产党缴枪、控制早期的中国共产党、把南斯拉夫共产党以莫须有的罪名开除出国际工人

情报局等一系列恶性事件，均与苏联共产党把自己当成共产主义运动的"老大哥"的错误定位有直接关系。中国要树立自己良好的国际形象，必须对自身国家形象有一个科学的、准确的定位。在这方面，邓小平同志不仅是我国改革开放、建设中国特色社会主义的总设计师，也是新时期中国国家形象的总设计师。在《邓小平文选》第三卷中，他先后就中国应有的国家形象作了多角度的阐述，在他看来，中国的国家形象应当包括以下几个方面：①一个爱好和平的发展中国家的形象——"中国的发展是和平力量的发展，是制约战争力量的发展，现在树立我们是一个和平力量、制约战争力量的形象非常重要，我们实际上也要担当这个角色。"②一个改革开放的形象——"无论如何要给国际上、给人民一个改革开放的形象，这十分重要。"③一个安定团结的国家形象——"我希望你们给国际国内树立一个好的形象，一个安定团结的形象，而且是一个安定团结的榜样。"④一个独立自主、不信邪、不怕鬼的形象——"要维护我们的独立自主、不信邪、不怕鬼的形象。"

段鹏在他所著的《国家形象构建中的传播策略》一书中，也提出了关于我们塑造国家形象中应当努力的六个方面：一是发展中的形象；二是改革的形象；三是开放的形象；四是稳定的形象；五是民主与维护人权的形象；六是和平的形象。我们认为，对中国国家形象的定位既不应妄自尊大，也不应妄自菲薄，而应当从历史发展的必然性和社会进步的全局性作出明智的科学定位，它应是客观的、全面的、历史的、辩证的和积极发展的。中国的国家形象可以概括为：一个历史悠久、文化丰富，努力改革、不断进步，爱好和平、永不称霸，放眼未来、乐于合作的发展中国家。

对于上述的国家形象定位，不能只停留在官方的"红头文件"或领导照本宣科的口头"宣诏"上，我们还应该通过广泛的、深入浅出的学习宣传，政府机关工作人员的身体力行，典型人物、案例的有效引导，文学艺术作品的生动形象的感染和对反面典型案例的解剖批判，让一个真实的国家形象定位化为说得清、看得见、摸得着的有血有肉的具体形象。我们要共同建设它、维护它、宣传它。

国家媒体的形象定位是国家媒体形象塑造的前提，要从根本上树立我国真实、良好的媒体形象，必须把它作为一个高瞻远瞩、运筹帷幄的系统工程，而且有必要在国家的层面上建立一个统一的、专业化运作的专门机构。有的学者在研究国家形象传播问题时建议，要"借鉴韩国、南非、英国、法国等国家的经验，结合中国自身的特殊国情和政治体制，以国务院新闻办公室牵头，成立国务院品牌战略委员会。这个委员会设最高负责人一位，可以是负责外宣的国务委员，下设执行委员会、监督委员会和顾问委员会。执行委员会由外交部、教育部、科学技术部、信息产业部、商务部、文化部、国家广播电影电视总局、国家体育总局、国家新闻出版总署、国家旅游局、国务院外事办公室等十二个单位的主要负责人组成，负责协调各方面的利益和力量，实施执行一系列项目和活动；监督委员会由国家质量监督检查检疫总局、国家食品药品监督管理局、国家安全生产监督管理局、国家知识产权局等部委组成，负责监督品牌战略实施过程中的质量监督工作，维护品牌信誉，保护品牌资产；顾问委员会成员包括政府机构（国务院侨务办公室、国务院港澳台事务办公室、国务院经济体制改革办公室、国务院研究室、国务院台湾事务办公室、新华通讯社、中国科学院、中国工程院、国务院发展研究中心、国家行政学院等）和非政府机构（中国主要对外媒体、国际知名媒体集团、公关公司、广告公司、国际组织等）"①。

三、调整国家外交政策，策略灵活长短结合

我国的外交政策总体来说是明确和坚定的。1953 年周恩来总理代表我国政府最早提出的"互相尊重主权和领土完整、互不侵犯、互不干涉内政、平等互利、和平共处"五项原则不仅成为中国奉行独立自主和平外交政策的基础，而且也被世界上绝大多数国家接受，成为规范国际关系的重要准则。

但是，在全球化的时代背景下，随着国际形势和国际关系的不断发展变化，在传媒外交的配合下，国家的外交政策和对外传播策略对传播国家形象非同一般的重要作用进一步突显，但这也需要进行适当的调整和灵活处理，体现了它在不同背景下面对不同外交对象时需要外交上的原则性与策略上的灵活性相结合。

当代社会，各国家对外政策的决策和外交活动逐渐呈现出新的形式，越来越多的国家设法通过举办各国政府和公众均感兴趣的全球性媒介事件和跨文化活动、竞赛（如奥运会、联合国会议、历史事件的纪念活动和某些国际关系事件等）来寻求和聚焦国际的目光，以传播本国的政治、外交、经济、文化政策，提升国家的国际声望，塑造享有美誉的国家形象。在具有全球意义的论坛中改善国家之间的关系，成功塑造国家形象所赢得的国际威望，往往还会转变为在活动过程中和活动结束后的政治、外交、经济的发展成果。

四、政府外交公共外交，双管齐下密切配合

"公共外交"作为一个术语，首次出现在 1965 年。当时美国塔弗兹大学的学者埃德蒙·古利恩（Edmund Gullion）将其定义为："公共外交旨在处理公众

---

① 李宇. 中国电视国际化与对外传播. 北京：中国传媒大学出版社，2010.87.

态度对政府外交政策的形成和实施所产生的影响。它包括超越传统外交的国际关系领域：政府对其他国家舆论的开发，一国私人利益集团与另一国的互动，外交使者与国外记者的联络等。公共外交的中心是信息和观点的流通。"① 但是冷战期间曾经非常重视公共外交的美国自恃为世界超级大国，逐步懈怠和轻视了公共外交而极力推行"单边主义"。我国则从以往消极的应对公共外交走向积极主动的公共外交。在我国外交部长杨洁篪的定义中，"公共外交"通常指由一国政府主导，借助各种传播和交流手段，向国外公众介绍本国国情和政策理念，向国内公众介绍本国外交方针政策及相关举措，旨在获取国内外公众的理解、认同和支持，争取民心民意，树立国家和政府的良好形象，营造有利的舆论环境，维护和促进国家根本利益。广大公众是公共外交最强大的传播主体，公共外交的传播和交流手段包括了"媒体、民间组织、智库、学术机构、知名人士及普通民众活动"。广东国际战略研究院美国研究中心主任、教授唐小松对公共外交塑造国家形象的作用作了一个比喻，他说：由政府包办的传统外交像西药，具有治标作用；而公共外交是一剂长效的中药，具有某种程度的治本功效。

外交是跨国交往中调整国际关系、加强国际合作、传播国家形象的重要渠道。在全球化时代，国家间的外事往来日趋频繁，政府外交与公共外交相互推动。全球化时代的外交活动中，传媒全球化的因素发挥着极其重要的作用。我国前驻联合国大使沈国放认为，媒体外交已经成为外交的一个重要组成部分。一国的立场和观点，国家的形象和地位，都需要通过媒体加以肯定和传播。在西方大肆渲染"中国威胁论"或"中国麻烦论"的舆论环境下，要树立"和平崛起的中国形象"，增强国际社会对我国媒体形象的认同感与信任感，绝不仅仅是国家领导人和外交部门的事，而是必须同时把政府外交与公共外交结合起来。2009年9月第十一次驻外使节会议上，时任国家主席的胡锦涛同志就说过："开展好公共外交直接关乎我国国际形象，是新形势下完善我国外交布局的客观要求，也是我国外交工作的重要开拓方向。"这是我国最高领导人第一次提出开展公共外交的必要性和发展方向。随后的全国两会上，时任中央政治局常委、全国政协主席的贾庆林同志在工作报告中首次提及"公共外交"，表示政协将推进公共外交。同年年底，"加强公共外交"被写入"十二五"规划建议稿中。

政府外交与公共外交是我国整体外交的两支重要力量，政府外交的"刚强"与公共外交的"柔软"相互结合显得越来越重要。国家形象的形成基础是国家系统发出信息综合作用的结果。传统外交依靠国家的硬实力，是"胡萝卜加大

---

① 贺文发，李烨辉. 突发事件与信息公开——危机传播中的政府、媒体与公众. 北京：中国传媒大学出版社，2010. 206.

棒"。所谓"弱国无外交"，政府要打破包办外交的传统思维定式，需要通过创新制度形式来吸纳非政府部门参与公共外交，并鼓励它们拓展外交思路，担当起公共外交主力军的角色。我们应大力发展公共外交，并把公共外交与政府外交结合起来。

2012 年 2 月 13 日至 17 日，时任中国国家副主席的习近平应邀到美国进行访问，其高屋建瓴、掷地有声的表态，显示了中国政府对加强中美战略合作伙伴关系的高瞻远瞩、宏大气魄、巨大诚意和坚定信心。他把政府外交与公共外交结合起来，针对当前中美两国国情，抓住热点问题，因人制宜、动人以理。他与美国政要对话，立场鲜明，求同存异，始终按照现代国际营销的观念，把对方最关心的经济利益需求作为关键性的杠杆，拨动对方渴求与中国合作的"心弦"，共同寻找双方最大利益的最佳结合点。他与经济界人士畅谈贸易，晓之以理，据之以法，共谋发展；在与昔日旧朋挚友促膝深谈中，叙旧话新，旁征博引，关注民生，动之以情。《纽约时报》评论这次卓有成效的"玉米地外交"说："这次民间之旅有着多重意义，访问希望向两国人民展示习近平副主席与身处美国腹地的人民之间的联系，访问带给马斯卡廷小城居民快乐和希望。"习近平几乎每到一地，都会用最朴实的民间语言讲述一个寓意深长的故事。如其时 2 月 15 日在华盛顿发表演讲时，他很动情地讲述了一个 20 年前自己在福建省福州市工作时，主动帮助一位美国教授夫人为已故丈夫圆了重返中国故园之梦的"鼓岭"故事。当时在演讲现场就座的美中关系全国委员会会长欧伦斯说："这个故事的确富有人情味，令人非常感动，也使演讲格外精彩，我想它肯定会帮助美国老百姓更好地了解中国领导人。"前美国驻上海总领事、现华盛顿威尔逊国际学者中心中美关系研究所副所长史伯明感叹道："'鼓岭故事'显示出中美民间交流源远流长，并且让人看到中国领导人对个体民众的关怀之情。"连台湾《旺报》也对此赞不绝口："习近平在演说中'讲故事'，感性诉求中美民间的友好情谊，展现了他外交中的柔软身段。"

这次访美，不仅取得了外交和经济上的丰硕成果，而且成功地突显了当代中国国家形象的三大特色：立场坚定，包容大度的主权国家形象；立足现在、面向未来的战略伙伴形象；关注民生，重情重义的亲民政府形象。

五、抓住国际重大事件，把握国际盛会契机

在经济全球一体化、网络全球化和传媒全球化的时代，随着媒体化外交作用的日益凸显，世界各国的公共外交活动逐渐呈现出新的形式，越来越多的国家设法通过举办各国政府和公众均感兴趣的全球性媒介事件（如奥运会、全球意义

的论坛、足球世界杯、世界博览会、联合国会议、世界高峰会谈、重大历史事件的纪念活动等）来吸引国际目光，显示国家的综合国力，展示国家良好的投资环境，提升国家的国际声望，塑造美好的国家媒体形象。我国的对外传播也应把握住各种机会进行有效的国家形象传播。

中国是联合国常任理事国之一，对联合国的重大议程具有一票否决权，随着中国改革开放后经济实力的迅猛发展，并成为世界第二经济实体，中国国际威望日渐提高，中国在联合国这一重要国际舞台上所发挥的话语权作用也不断增强。2005年，成立60周年的联合国开始更加正视改革的迫切要求，但究竟怎样改革，未来的世界将是什么样，各国众说纷纭。2005年9月15日，时任中国国家主席的胡锦涛同志出席联合国成立60周年首脑会议，作了题为"努力建设持久和平、共同繁荣的和谐世界"的重要讲话。无论是言谈举止，还是神态风格，胡主席都充分展现出雍容大度、挥洒自如和信心十足的大国领导人形象。他在短短5分钟的讲话中，全面阐述了中国对当前国际形势及重大国际问题的看法和立场，对加强联合国作用、推动联合国改革、促进国际发展合作等问题提出了具体主张；并提出了援助发展中国家的五个具体措施，包括为所有同中国建交的最不发达国家提供部分商品零关税待遇，今后两年内免除重债穷国的债务，三年内向发展中国家提供100亿美元优惠贷款，增加对发展中国家的医药援助，以及为发展中国家培训3万名人才等。胡锦涛还高屋建瓴地提出了"和谐世界"理念。这种新理念引起了各国领导人和国际媒体的广泛关注。中国前高级外交官陈有为表示，他在电视中发现，"当胡锦涛发表讲话时，会场宁静，各国领导人全神贯注地倾听。在胡锦涛讲话结束时，全场立即报以热烈掌声。这种情景是前所未有的"。在胡锦涛到访联合国的69个小时中，除参加8场多边活动外，他还进行了11场双边会见，包括同美国总统布什、俄罗斯总统普京的会晤，同菲律宾、赞比亚、莫桑比克、印度、阿尔及利亚、巴基斯坦、马其顿、加蓬等发展中国家领导人的会见，同第60届联合国大会主席、瑞典首相约兰·佩尔松的会见，以及同众多领导人握手寒暄。有外媒因此感叹："在联合国大会的讲坛上，从来还没有一个大国提出过这样具体的一揽子援助计划……也许有人会说，中国自己还有很多人没有脱贫，何必如此阔绰地援助他国。但胡锦涛的这一大手笔反映了中国国力的日益壮大，拥有更强的外援能力，表明即使北京已把大国外交置于全球外交的首位，也仍然关心着第三世界，愿意伸出援助之手。"①

道格拉斯·凯尔纳在《媒介奇观——当代美国社会文化透视》一书中提出

---

① 晓德. 中国领导人的联合国足迹：胡锦涛5分钟展示大手笔，中国网，china. com. cn，2008 – 09 – 24.

了"媒介奇观"的观点。他认为："媒介奇观是指那些能体现当代社会基本价值观、引导个人适应现代生活方式、并将当代社会冲突和解决方式戏剧化的媒体文化现象,它包括媒体制造的各种豪华场面、体育比赛和政治事件。"① 在以高科技为支撑的现代媒介的作用下,不同领域的许多国际盛会通过媒介与政治、文化、商业、娱乐等因素的结合,构建出层出不穷的消费文化奇观、政治文化奇观和体育文化奇观,构成了令全球受众趋之若鹜的、一浪高于一浪的媒体文化奇观,使我们的时代成为一个充斥了媒介文化奇观的时代。

2010年的广州亚运,是亚洲体育竞技的狂欢盛会,是对广东乃至我国三十多年改革开放伟大成就和投资环境的一个最好展示。正如国际奥委会副主席凯万·戈斯帕说的："世界正处在'历史上独一无二的时机',帮助中国向世界开放,这对中国和世界来说都是好事。"亚运会除了成为全中国十几亿人瞩目的焦点之外,还迎来了来自亚洲45个国家超过14 000名的运动员;吸引了7 000多名访问中国的外国新闻记者和媒体工作人员;还迎来1 000万以上外国的亚运游客。此外,它还吸引了200多个国家十数亿的电视观众收看,甚至有数十亿人次的亚运网上点击率,这是自己"送上门"的亚运传播的受众。这次亚洲盛会,有效地实现了政府、媒介、明星、商业和娱乐的结合,齐心协力、共同打造广州亚运的体育媒介奇观,其中通过公共外交就展示了三大"媒介奇观":亚运人文奇观、明星竞技奇观和经济建设奇观。

①亚运人文奇观——亚运会给我们提供了一个展示自己国情和民族文化、地方特色的大舞台。其中,有形的人文内容包括富有改革开放时代风貌的现代化大都市的城市建设、通讯交通和比赛场馆,富有岭南特色的亚运会标、吉祥物、火炬传递的方式和路线、开幕闭幕式、主题歌曲等;无形的人文内容,则包括亚运的历史、文化、竞赛知识和亚运会光荣历史传统所宣传的友爱、平等、尊重、理解、宽容、无私和奉献等精神。6万名来自全国各地以及海外、港澳台的志愿者热情周到的服务,及广大人民群众在言行举止中所展现出的广州人的光荣传统与精神风貌,使象征着广州历史文明与精神风貌的"五羊"标志成为亚洲人民共识的一面旗帜,使"祥和、绿色、文明"的理念融入了不同民族、不同肤色、不同文化的意识深处。

②明星竞技奇观——广州亚运体育明星的竞技奇观有着丰富的信息资源,而这主要来自于亚运会42个竞技项目中明星的精彩表演,主要表现手段是重要亚运赛事的现场直播。新闻价值学说认为,新闻事件发生与新闻传播传递到受众中

---

① ［美］道格拉斯·凯尔纳. 媒介奇观:当代美国社会文化透视. 史安斌译. 北京:清华大学出版社,2003. 2.

间的时间距离越小，时效性越强，新闻价值就越大。亚运会要成为异乎寻常的狂欢形态，离不开亚运赛事现场直播的同步性、公众的现场（或通过广播电视现场直播的准现场）参与性、身心愉悦的娱乐性和情感宣泄的感染性。传媒就是以其特殊功能与魅力，以及广大公众的参与互动共同构筑了一个与体育比赛同步的具有开放性、娱乐性、审美性、悬念性的明星竞技奇观！

③经济建设奇观——作为中国改革开放的排头兵，广东在实现现代化和"全面小康"的伟大目标中获得了两个文明建设的巨大成就，亚运会成为广州、乃至广东经济建设的大橱窗、投资环境的大广告、经济发展的大商机。当世界各国记者媒介把镜头延伸到广州、乃至广东各个经济建设领域时，其最为关注的就是在当前国际经济下滑、金融危机持续的环境下，广东经济转型、产业发展的状况以及其应对金融危机的战略举措和投资环境等状况。投资达 2 000 亿元的广州亚运，就像一个全行业的"大超市"和现代科技的"世界博览会"，此间商机无限，奇观无限。在其他国家经济低迷的背景下，广东的经济建设却"风景这边独好"，其伟大成就和经济发展商机的充分展示，令全球眼前一亮。

六、深化媒介体制改革，优化国际传播管理

我们应当承认，由于长期以来受陈旧观念的束缚，我国的对外传播管理体制在新形势下暴露出不少问题。上海外国语大学新闻学院院长、中国国际舆情中心主任郭可先生认为，这些问题主要表现为"开放的程度不够，过于保守，甚至管得太死。而且这样不利于把我国的英语媒体做强做大，也不利于塑造我国对外媒体自身的形象，不利于提高我国对外传播媒体的可信度，不利于我们在国际舆论中发出强有力的声音"。

现在的国际机制决定国际传播过程所反映的主要是西方国家主导的利益需求。这些机制必然对中国这样的"原发国家"有较大的制约作用，国际传播中的"西强我弱"还将长期存在。我们应当从上述的国际传播现实出发，制定我们对外传播的总体战略目标，充分利用世界各国对我国经济腾飞的关注和谋求合作的迫切需求，全面规划我们的对外传播工作，尤其要大力增强我国英语媒体在国际舆论中的影响力和竞争力，并同时辅以各种大众传播、国际公关和交流合作活动传播，逐步扭转目前我国在国际舆论界的被动局面，不断改进我国对外传播的管理体制和新闻报道模式，积极主动地向世界传递我国的真实信息，用事实和真诚态度有效地影响西方公众的意见（亦即国际主流舆论）和西方外交政策，营造一个良好的国际舆论环境，树立我国良好的国家媒体形象，促进我国的社会文明进步。

我们确实需要探索这样一种新的境外新闻传播管理模式：既能坚持党和政府的正确领导和宏观管理，又能有效地转变政府职能，使对外传播有效地独立运作，进而更有效地逐步跨入国际舆论主流媒体行列，更好地在国际舆论中塑造中国良好而真实的国家形象。

我国目前对外新闻管理体制最大的特点是宏观管理较少，而在业务管理上则把对外媒体管得太死，这在一定程度上压缩了他们发展的空间，束缚了他们开展灵活管理、与时俱进的行动，我国应当逐步建立一个更为开放的、更加有效的对外新闻管理模式。其特点应当是：加强政府部门的宏观监控能力，使宏观管理程序化，同时也为媒体（尤其是外语媒体）的涉外宣传提供一个自主性较高的发展平台，让他们集中精力在具体的业务策划、宣传策略、报道内容上，并有一定的空间去灵活运作。这不仅可以更好地调动对外新闻人员的自主性和创造性，还可以使我国媒体吸收先进的管理经验与报道模式，积极打造具有世界影响力和权威性的国际性主流媒体。

七、加大系统工程投入，拓展国际传播规模

国际传播是国与国之间的政治、技术、文化的较量，也是彼此之间经济实力的博弈。它的发展在很大程度上要依靠雄厚财力的支持，资金投入的多少直接关系到国际传播的装备水平和传播规模。虽然近年来西方国家由于遭受金融风暴的打击和拖累，其国际传播机构遇到了财力上的困难，"像美国之音、BBC、澳大利亚国际广播电台的预算分别被政府削减了 10%～20% 不等；然而国外的这些国际传播机构或是走了部分市场化的道路，或是通过广泛集资的方法，都先后渡过难关，实现了预期发展目标"①。如 1997 年 BBC 的商业赢利就高达 1.25 亿美元，到了 2006 年又在此基础上翻了几番。对比西方国家的国际传播机构存在的资金紧张问题，我国的对外国际传播机构要困难得多，虽然资金的来源是多渠道、多方面的，但是总数还不及美国之音年度预算的一个零头。我们原来的基础就差，如果不下决心解决国际传播的资金困难问题，国家对外传播事业的发展和国家媒体形象的塑造就会遇到很大的"瓶颈"。所以，我们应当多层面、多渠道地筹措资金。比如在坚持对外传播主体部分国有化的前提下，可以走"部分市场化"的道路，搞活、搞好国际传播的创收和实行多种经营项目，如计次收费、点播收费的交互式节目、电视购物等，还可以采取"以内养外"的办法，用国内传播机构品牌栏目的丰厚收入，来支持对外的国际传播事业和国家媒体形象传

① 段鹏. 国家形象构建中的传播策略. 北京：中国传媒大学出版社，2007.125.

播的活动，包括大众传播、组织传播和人际传播。当然，作为主战场的国际大众传播，西方国家占据了绝对的优势，所以要树立我国的国家媒体形象，不能仅仅在大众传播方面下功夫，还必须把其他各个层面、各种方式的国际传播活动充分结合起来，首先就要实施全方位、多角度、立体式的整体传播，多渠道地向西方国家的上流社会传输中国的真实信息，共同打造中国良好的国家形象。

我国前常驻联合国副大使沈国放曾说过："媒体外交已经成了外交的一个重要组成部分。一个国家的立场和观点，你的国家形象和地位，都需要通过媒体加以肯定和传播。"定期或不定期地会见记者，举行记者招待会，发布有关信息，宣传某些政见，这是西方国家最常见的做法，也是中国打破西方垄断国际信息、歪曲和封锁中国信息，吸引海外媒体聚焦中国，并通过他们向世界各国传递中国重大、真实信息的最方便和最快捷的途径。招待会既可以由国务院新闻办公室组织各部委领导人召开，通报国内的重大信息，也可以由外交部直接召开，传递我国对世界重大事件的立场、态度和政策，特别重大的记者招待会还可以由我国领导人亲自召开或会见个别记者发表谈话，扩大对世界舆论的影响。作为身处对外交往第一线的我国驻外机构人员，既是对外宣传国情的主力军，又有这方面的有利条件，所以应当充分利用这些条件积极、主动、有计划、有步骤地开展、宣传公关工作，组织或协助举办各种类型的交流、展览、演讲、座谈、宴请、联谊活动，在增进理解和友谊的同时，生动地宣传我国的政治、经济、军事、科技、文化、人民生活等各方面的情况。

（一）做好外国记者的工作

通过各种方式加强与外国记者的相互沟通和了解，尤其要有重点、有选择地邀请资深、影响面大的记者来访，从而通过加强沟通和介绍，让他们"眼见为实，耳听为虚"，放弃某些偏见，通过他们驻华机构的代表媒体向世界作出对中国的正确报道。我国的许多成功例子说明这种"借台唱戏"的方法往往有事半功倍之效。

（二）加强国际公关游说工作

现代公共关系与大众媒体有着天然的密切联系，公共关系不仅源于报刊宣传，其理论也主要来自传播学。通过长期的实践，媒介关系成了公共关系中极为重要的关系，而公关的成功也离不开媒介的参与。公关游说从来就是美国和其他一些西方国家法律承认并十分推崇的一种把政治运作与商业活动结合起来的传播方式。著名专栏作家、记者赵浩生曾根据他在美国多年生活的观察和研究的经验指出，要做美国的工作，先要真正了解美国的政治运作方式。他们做出国内或国外重大问题的决策前，各方面的重要人士都不惜花费重金来开展公关和游说工作，以达到影响决策层决策、民众意见、世界舆论的目的。这种在西方有效的传播途径，我们应当借鉴。我们游说的主要对象，应是政府和有立法大权的上层机构的头面人物、议员、大企业家、主流新闻媒体、重要学术研究机构、有影响的行业组织和宗教团体等。为了提高公关和游说的效果，我们还可以通过聘请外国有影响力的著名公关公司参与，配合一些重大的政治事件、活动进行"公关活动策划"、"媒介事件策划"或"新闻报道策划"，借助他们的公关经验和在该国的信誉以及社会威望，穿越两种不同的文化，提高公关游说的效果。

（三）要善于借助海外华文传媒的力量

自 1815 年《察世俗每月统计传》在马来半岛的马六甲创刊起，海外华文传播媒体经过近 200 年来在 50 多个国家的发展，特别是在全球新科技迅猛发展、信息传播全球化、近年来中国大陆新移民迅猛增加等因素的推动下，已呈现出集团化、多媒体共依共存、全球拓展和海内外融合的良好发展态势，并已逐渐形成了东南亚、西欧、北美三个华语传媒中心。加上其与生俱来的中华文化底蕴，儒家思想为核心的东方价值观，民族认同感、自豪感和责任感，这三个中心完全可以成为放大中国媒体影响力及传通性文本输出的现成中继站和前沿放射点，它们会以辐射"大中华文化圈"、促成"大中华经济圈"、"反独促统"等为共同心愿和神圣职责，以加强所在国家或地区与中国的联系为己任，成为共同塑造中国国家形象的可依靠力量。我们应当加强各海外华文传播媒体间的联系，充分利用它们特有的优势和特点，瞄准海外华侨和华人，制定具体而有针对性的策略，使之更好地为我们传播国家形象的总体战略服务。

八、优化策略扬长克短，提高技巧增强效果

（一）一种目标，多种声音

"外事无小事。"维护国家和民族的形象与尊严，严格恪守我国的各项法律和政策，共同服务于实现国家与民族的伟大发展目标，这是我们在对外传播中必须坚持的一个原则。但是，长期以来，一种近乎僵化的涉外工作管理体制与传统观念，形成了我国对外宣传千篇一律、千人一面的弊端，过分强调对外"一个声音"，讲空话，讲大话，讲套话。而我们不少人在涉外宣传交往中怕泄密，怕说了负面东西给国家抹黑，怕说话突出个人观点容易"出位"，怕因此而犯错误。

其实，无论外国人还是中国人，都既有其不同国家、民族文化特质的共性差异，也有同一国家、同一民族的人在思想、文化、性格、心理上的个性差异。这就决定了人们对各种问题、各类事物的思想观念、认识角度、价值判断、审美情趣和表达方式的千差万别、多姿多彩。它们的存在，正是不同国家和民族具体、

真实而生动的差异化写照。过去我们长期过分强调舆论一律、内外有别、一致对外、套话连篇的涉外宣传，而这却正好"配合"了西方某些霸权主义国家的反华宣传，说中国共产党政府控制着人们的思想，掌握着公众舆论。事实上，社会越是发展进步，人民就越有政治民主、言论自由，就越能发挥各式人等的聪明才智，形成百花齐放、百家争鸣的生动局面。我们的国家、民族之所以伟大，并非因为全国只有一个脑袋，而是因为我们选择了适合中国国情的社会制度和发展模式，具有自身特点与优势，并正在深入改革开放中走向世界。在世界经济一体化、社会信息化的今天，为了实现国家、民族的伟大目标，我们中间也有各种不同的思想观念、意见和建议。这些客观存在的差异，正是我们百花齐放、百家争鸣、改革创新的强大群众基础，也是我国日益增进政治民主与群众当家做主，发挥智慧的最生动体现，这不是坏事，而是好事。曾经在中宣部工作了三十五年的全国政协委员、中国科学院院士何祚庥教授就坦言道："这个口径一律是造成我们形象不佳的一个重要因素。不是说不要有统一的口径，要分清楚政府的声音、学者的声音、百姓的声音。采访我的人一直问我，政府什么态度，我说要问政府态度去找政府，我不是政府，要问学者态度，我可以和你讲。说实话，我们宣传的毛病就在这里。"①

（二）既要报喜，也要报忧

中国以往在国际媒体中的形象被扭曲，其原因除了一些西方国家长期开动庞大的宣传机器对我们进行"妖魔化"的宣传外，与我们多年以来在"左"的路线干扰下进行的唯我独尊、夜郎自大、文过饰非、报喜不报忧的涉外宣传也是分不开的。前些年，有一个外国记者团到我国进行访问采访，适逢某城市司法机关执行任务，一个记者问我方陪同人员是怎么回事，陪同人员说是"拍电影"。后来途中又遇到一批被押解的犯人，那位记者又问："他们是什么人？"陪同人员面露难色，顾左右而言他道："我没有看到。"看来这位陪同人员有种错误的观念：向外国人员只能说正面的东西，不能说负面的，怕说了负面的东西就会给国家抹黑，甚至犯错误，这是一个长期形成的思想认识上的误区。无疑，在涉外传播中，我们国家、民族的许多优势与特点是可以也应当被大书特书的。比如我们改革开放的政策、安定团结的局面、人民生活水平的提高和不断加强的两个文明建设；我们外交政策的胜利与国际威望的提高，日益改善的良好投资环境与中国加入WTO之后对世界经济发展的重大贡献；泛珠三角的大战略、长江三角洲的大手笔、西部大开发的大举措；在解决生态环境、社会保障、发展教育、"三农"问题、腐败问题上的真抓实干，都是外国人希望了解并可以被了解的。作为一个有着五千多年悠久文明史的民族，我们国家的风景名胜、文物古迹、风土人情也应当并可以被大力宣传。事实上，我们国家改革开放日新月异的建设历程和丰富多彩的社会生活，犹如碧波荡漾的蓝色海洋，只要我们留心观察，都可以信手撷取一朵朵晶莹的浪花，以滴水折射太阳的光辉。但是，国家形象的塑造不是自我吹嘘，涉外传播的生命在于实事求是。任何国家、民族的发展过程都不可能是十全十美、一帆风顺的，困难、不足与阴暗面的存在是客观的、难免的。在"新闻无国界，信息满天飞"的今天，许多问题你不说，别人也清楚；你文过饰非，别人更怀疑。美国《纽约时报》北京分社社长康锐（Erik Eckholm）先生于 2000 年 12 月 12 日参加在清华大学举行的"美国媒体与中美关系"研讨会时说道："我要强调，我们的报道不是宣传，不能报喜不报忧。没有人会相信一切都是完美的，你们有的一些问题，美国也有，例如犯罪、毒品……但是你们从来不向外国记者承认毒品问题，因为这有损中国的形象，难道承认中国有人吸毒就很丢脸吗？世界上许多国家像美国、巴西都不避讳这个问题，并且报道他们如何解决这个问题。在这种情况下，承认'我们的确有麻烦，但是我们能好好处理'会更有利于自己的形象，这才是正确面对问题的态度。"①

（三）寓理于事，动之以情

在涉外传播中，由于历史、政治文化背景和其他种种原因，外国人、海外侨胞和港澳台同胞在思想水平、价值观念、审美情趣和思维方式等方面，与国内人民相比，存在着各种各样的差异。其中大多数人与中国人交往，是既带着种种疑问，又抱有兴趣的。要提高对外传播的效果，树立中国良好的国际媒体形象，我们必须顺应国外受众的心理需求。其中有两点很重要，首先是求实心理，也就是平常说的"事实胜于雄辩"。他们不希望我们强加给他们一番空洞的大道理，而是渴望多了解事实，通过独立思考来获得结论。如果我们偏重于政治色彩太浓的理论说教，他们会难以接受并产生逆反心理。而事实能比较形象、准确地体现事物的本质，具有一般议论不可比拟的可信性，它犹如一把万能的金钥匙，更易于打开各种人的心扉。所以，胡乔木同志曾经说过："要学会用叙述事实来发表意见，最有力的意见是无形的意见。"要让人家觉得只是在"接受事实"，而不是在"接受意见"。其次是用事实做宣传，这是对外宣传的立足点。我们应当善于用国家"巨变"的事实向世界展现一个当代的真实的中国。以往，由于西方媒体对中国恶意歪曲与虚假报道，加上我们的对外传播又套话连篇，少用事实说

---

① 李希光，孙唯静. 全球新传播：来自清华园的思想交锋. 广州：南方日报出版社，2002. 92.

话，不少西方人对中国的了解还是停留在长城、熊猫、兵马俑以及"文革"的"红海洋"上面。有一段时间，美国一家网站"icebox"所发布的连载漫画中，有一个尖嘴猴腮、面黄肌瘦的华人形象，他爱贪小便宜，猥琐无赖。这在旅美华人中引起强烈的抗议，也使中国国内知晓此事的人备感愤慨。

因此，我们要向国际社会展示中国的崭新形象，就应当尽量不用千篇一律、官方色彩太浓、空话太多的"通稿"，而应当充分运用大众传播的生动真实报道，运用在国内外举办的展览会、交易会、主题演讲、音乐会等多种形式的文化交流活动，以最贴近的、真实的生活状态增强文化交流沟通，以真正活生生的"事实"来反映中国现实，消除阶级偏见与历史隔阂，增进彼此的了解。

一个很典型的成功范例是2008年在我国首都北京举办的第28届奥运会。随着现代社会经济的发展和人类对身体健康、文化娱乐、经济利益的追求日益加剧，当代社会体育、娱乐、广告和商业日渐合流，并越来越走向商业化、市场化、国际化和娱乐化。而"媒体文化仍然是联结人类经济、政治、文化和日常生活领域的轴心势力。媒体文化推动了经济的发展，带来集团资本的消长，同时也将高消费生活方式的种种符号迅速扩散，促进消费社会的产生和在全球各地的复制"①。2008年北京奥运，是世界体育竞技的空前盛会，是全球数十亿民众的狂欢节，是对我国改革开放三十年伟大成就和中国投资环境的一个最好展示。国际奥委会副主席凯万·戈斯帕说："世界正处在'历史上独一无二的时机'，帮助中国向世界开放，这对中国和世界来说都是好事。"奥运会除了成为全中国十数亿人瞩目的焦点外，还迎来了来自202个国家的超过10 500名参赛运动员，超过2万名的新闻记者。而在此期间访问中国的外国记者人数比过去100年里来过的外国记者人数都多。此外，还有2 000万名外国的奥运游客，220个国家40亿电视观众，以及超过1 000亿人次的奥运网上点击率。正如中国人民大学冯惠玲教授说的："世界给我16天，我给世界5 000年。"

早在2000年，北京奥申委就召集海内外的策划专家开了一个"北京市申办2008年奥运会整体形象战略专家研讨会"。与会专家都一致强调，要从策略性商业活动角度，为北京申奥做策略，把北京介绍给世界。北京市已经公布并实施的"人文奥运行动计划"，把"和谐思想"确定为人文奥运理念的最核心意蕴，提出了建设"人文奥运"的四大工程：市民素质提升工程、文化建设推进工程、城市景观营造工程和社会动员志愿培训工程。因此，作为东道主，我们应当把北

① ［美］道格拉斯·凯尔纳. 媒介奇观：当代美国社会文化透视. 史安斌译. 北京：清华大学出版社，2003.2.

京奥运作为宣传中国国家媒介形象的最好契机。① 中国的著名体育外交家、中国国际奥委会主席何振良在一次报告会上提出，为了突出北京人文奥运会的特色，以及奥林匹克主义所宣传的友爱、平等、尊重、理解、宽容、无私和奉献等精神，北京奥运人文奇观应该展示的内容包括有形的"人文"和无形的"人文"。有形的人文内容包括从我们富有民族特色和时代风貌的现代化城市的建设，焕然一新的环保绿化，科学高效的通讯交通，雄伟亮丽的比赛训练场馆、新闻中心、广播中心、奥运村媒体村等现代化建设，一直到富有我国民族特色的奥运会标、吉祥物、火炬传递的方式和路线、礼仪安排、讲台设计、主题歌曲等等；无形的人文内容则主要指奥林匹克的知识和奥林匹克主义所宣传的友爱、平等、尊重、理解、宽容、无私和奉献等精神，"它以追求'真善美'等崇高价值理想为核心，以人的自由和全面发展为终极目的"②。它使"五环"标志成为人类共识的一面旗帜，使奥林匹克理想——人类五大洲"和平、友谊、进步、发展"的人文理念融入不同民族、不同肤色、不同文化的意识深处，通过奥运赛事的严密组织、热情周到的奥运服务，及志愿者乐于助人的爱心与行动，让每一个人每天24 小时都感受到奥运全民狂欢的浓烈节日气氛、和平崛起的中国人民的热情好客和友好合作的精神风貌。通过多种现代媒介的科学技术手段和全球化的广电、通讯、因特网向全世界宣示：我们是怀着"同一个世界，同一个梦想"的信念走到一起的。在人类社会到处纷争不断、人与自然环境日益遭到破坏的今天，其实人与人、国与国之间并非注定要互相侵犯，互相厮杀，人类可以在互相尊重的基础上得到提高和发展。就像奥运村里面不同国别、种族、宗教、肤色的运动员一样，大家可以像兄弟姐妹那样相处，我们之间完全可以建立起一座宽容、理解、尊重、友好相处的桥梁。

　　被奥委会主席誉为"无与伦比"的 2008 年北京奥运的收获，绝不仅仅是我国首次获得了世界金牌第一，成为中国经济建设的大橱窗、投资环境的大广告和经济发展的大商机，更重要的是我们深刻认识并紧紧抓住了北京奥运这一全球狂欢的契机，借助多种媒介交织而成的全球化网络，通过国家政府和中国奥委会的运筹帷幄，全国人民的倾情投入，媒介的新闻策划、议程设置，有效地以生动的事实，让世界历史发展的镜头贴近真实的中国，也让真实的中国走进记录世界演进的历史屏幕，树立了我国良好的国际媒体形象。

　　（四）寓理于趣，寓庄于谐

　　在国内外的人际交往中，富有幽默感都是令人羡慕的，我们常有这样的体

---

　　①　肖沛雄. 精心打造北京奥运三大媒介奇观，努力构建中国良好媒介形象. 新闻知识, 2007（9）.

　　②　孟建伟. 论科学的人文价值. 北京：中国社会科学出版社, 2000.11.

会。在涉外活动中，一席趣谈可使笑语满堂，气氛和谐而轻松，增强了接受效果；一则幽默的故事，令在场者忍俊不禁，捧腹不止，在笑声中交流了思想，深化了感情；一段谐趣的插话，使大家倦意全消，增进了彼此的理解与融洽；在发生分歧与争执时，一席风趣的插科打诨，使大家愤怨顿减，情绪冷静下来，适才剑拔弩张之势化作过眼云烟。可见，上乘的谐趣适时得体的运用，是理智的推进器，是矛盾的负催化剂，是交际的润滑油。

与外国人、海外侨胞和港澳台同胞交往时，提倡用寓理于趣、寓庄于谐的语言手段、语言风格来替代满口政治术语、死板老套的政治说教，这对于提高涉外传播的效果是十分必要和有益的。因为外国人、海外华侨和港澳台同胞在思想观念上与国内的人民千差万别，我们不能把自己的意识形态强加于人。但事理的表现形式是丰富多彩的，就如一席营养价值很高的食物，我们完全可以根据食者的习惯性口味，做成咸甜酸辣等种种滋味可口的佳肴。味道越佳，对方食欲越好，吸收营养就越充分。所以，在涉外交谈中把道理寄寓于趣味、诙谐和幽默之中，赋予哲理以形象、趣味和情感，寓陶冶心灵于愉快情怀之中，让对方在高雅、健康、文明的谐趣之中对交谈内容蕴藏的智慧和道理心悦诚服，铭记于心，这是一种高超的说话艺术，在涉外交谈中是应该被积极提倡的。

在国务院新闻办公室和文化部于美国纽约举办的"2000年中华文化美国行"大型系列活动中，新闻办公室发言人赵启正的演讲生动幽默，妙语连珠，博得了听众和电视广播受众的热烈掌声和高度评价。赵启正的演讲不仅语言生动而且还善于把真实的历史事实与诙谐幽默、发人深省的语言结合起来。比如他在运用大量事实和数字说明20世纪初积贫积弱的中国与今天走向现代化的中国的巨大变化时，运用历史上中国"小脚女人"与中国以"世界足球小姐"为首的女足姑娘"临门一脚"两个形象作比喻；在讲到1979年中美建交后的两国关系时，他用大量极具说服力的事实阐述了中美两国人民加强理解、沟通与合作的重要性，以及由于美国媒体的不实报道所造成的美国民众对中国的误解。接着他讲道：一位美国广播电台记者访华时带了大量食品，担心在中国会吃不饱。这时，会场内发出一阵笑声，接着，赵启正又出示了一张照片，画面是一双中国筷子夹着一面美国国旗。"这是美国《环球时报》的一页，说中国的勃勃野心正在构成对美国的威胁。"这又引起了一阵更响亮的笑声。会后许多美国人和媒体记者对赵启正坦诚、友善、幽默、智慧的演讲赞不绝口。

（五）刚柔相济，动之以情

在涉外传播中，既要维护我国的主权和利益，又要提高传播效果，应当把政治上的原则性与策略上的灵活性结合起来，做到刚柔相济、动之以情。一方面，我们对西方舆论要时刻保持清醒的头脑。有些媒体一直试图通过制造事端和反华言论来控制舆论，达到破坏中美关系，不战而胜，"西化"、"分化"中国的目的。在这一点上，我们要学会韬光养晦，挫败那些恶意图谋。对于那些反华舆论，特别是对于那些由美国政府部门策划的涉及中国国家主权领土完整和国家尊严等重大问题的舆论，我们必须按照政府立场予以反击，绝不示弱，也可由中国的专家、学者、记者和涉外爱国侨胞、华人华裔、名人予以揭露和批驳。有时候也可以不予理睬一些完全荒唐、言之无据的言论，把它们打入冷宫，使他们陷入自己的"议题设置"中自讨没趣，自砸饭碗。1999 年夏天，《人民日报》对李登辉"两国论"的猛烈抨击就在西方产生了很好的效果。当地时间 7 月 26 日，美国《时代周刊》也发表署名文章《台湾火药桶：损害一个中国原则后患无穷》，抨击了李登辉的挑衅给亚洲和世界带来的严重的政治、经济后果。

但是，对于世界的广大民众来说，在一般的涉外传播中，应当更多运用的是晓之以理，动之以情。列宁曾说过："没有人的情感，就从来没有，也不可能有人对真理的追求。"[①] 在涉外交往言谈中要使对方在思想上被触动，必须首先使他在感情上被掀动，利益上被牵动，即所谓"通情达理"。与我国交往的外国人、海外侨胞和港澳台同胞，虽然有着各种各样的背景、交往目的和政治态度，但其中大多数人是友善的，"人非草木，孰能无情"，他们也有着一般人的感情和道德。我们与他们交往，应该以诚待人，以情动人，寓正气和感情于充分的事理阐述之中，做到刚柔相济、感人肺腑。曾经打败过拿破仑的章图佐夫，在给卡捷琳娜公主的信中说："你问我靠什么魅力团聚着社交界如云的朋友？我的回答是：真实、真情和真诚。"真诚的感情和态度是成功交际的秘诀，更是涉外传播的重要前提和生命。

思考与练习

1. "全球化"的概念和内涵是什么？它与国家的媒体形象有什么关系？
2. 国家媒体形象有什么重要作用？
3. 为什么说国家媒体形象的形成过程要经过多级型变？
4. 国内外对中国媒体形象的认知差异为什么这么大？其深层的原因是什么？
5. 请联系自己的专业特点，说明应该如何以具体行动塑造我国的国际媒体形象。
6. 在国际交往中应当如何优化策略、提高传播技巧、增强传播效果？

---

① 列宁全集（20 卷）．北京：人民出版社，1959．255．

第五章　网络传播时代与新媒体应用

人类传播的发展史，同时也是一部传播媒介的发展史。信息传播技术的革命，一向对社会发展起着举足轻重的历史杠杆作用。从原始语言传播时代的符号与信号传播到口语传播，从印刷媒体的文字传播到广播、电影、电视的电子传播，莫不如是。切特罗斯在《传播媒介与美国人的思想》一文中说过："每一次媒介传播都是制度发展、公众反应和文化内容的源泉，而制度发展、公众反应和文化内容都应当被理解为辩证而有张力的产物，即对立的力量和趋势在时间进程中的冲突和演化。"媒介的每一次变革，都会深刻地影响到人类交流的深度和广度，并且大大加速人类社会政治、思想、经济、教育、文化、科技、交际方式和生活方式的发展进步。而且，每一次传媒的变革周期都在缩短，普及应用的速度都在加快。

其实，当1984年美国作家威廉·吉布森在他的小说中发明了"Cyber"（赛伯）一词，用来表达心目中未来的计算机网络电子技术的概念时，"网络"对他而言还是一种"乌托邦"式的幻想，但包括他自己在内，谁也没有料到，就像古代"嫦娥奔月"的神话最终成为现实一样，几年之后，"赛伯"成了真实的"网络世界"的第一个代名词。网络技术以一种全新的媒介姿态登上了历史舞台，继报纸、广播、电视之后进入千家万户。1998年5月，在联合国新闻委员会年会上，因特网被正式承认为"第四媒体"。随着信息技术的快速发展与移动传播方式的不断增多，移动智能终端出现，尤其是平板电脑和智能手机快速普及。就在"第四媒体"的地位刚刚被正式确立之后，"第五媒体"的提法以迅雷不及掩耳之势出现。被称为手机媒体或者移动媒体的"第五媒体"，通过移动终端载体和无线网络，实现各种文字、音频、视频等媒体内容的即时化传播和个性化服务，目前正在实现与网络媒体的对接融合。

当被称为"蓝色巨人"的IBM公司的总裁文森特（Gersther Louis Vincent - Tr）在1995年全球最大规模计算机展览会上，向世人宣称"世界正进入以网络为中心的计算机时代"时，世界迎来了PC（Personal Computer）时代。当时美国电脑业最年轻的亿万富翁比尔·盖茨（Bill Gates）则在谈笑风生中向记者断言："无所不在的计算机将把全球纳入一个巨大的超级市场。"

戴元光、赵士林、邢虹文在《互联网与文化重构及社会分化》一文中，综合了许多专家的研究成果，认为网络媒体会带来三大变化：第一，互联网将改变传统文化价值体系和伦理价值体系；第二，互联网将导致强势文化霸权的进一步扩张；第三，互联网动摇了主流文化的权威地位。而有人则认为："第四媒体的崛起，给大众传播环境带来了巨大的甚至可以说是革命性的变化，它预示着传统大众传播时代的终结和后大众传播时代的到来。"① 移动互联网的智能手机时代将取代 PC 时代的趋势更使大众传播不可避免地出现一些新特征和发展趋势：媒体间的合作将越来越广泛和深入，跨媒体平台出现并终将实现融合，信息分享有了在更广范围内实现的可能。2003 年联合国信息社会世界高峰会议一致通过的《原则宣言》对信息社会的未来有这样一段表述："在此信息社会中，人人可以创造、获取、使用、分享信息和知识，使个人、社区和各国人民均能充分发挥各自的潜力，促进实现可持续发展并提高生活质量。" 在信息技术的推动下，这种愿景正在成为现实。

第一节　网络传播与新媒体

一、网络传播时代的网络媒体和新媒体

网络传播在 20 世纪末"骤然"兴起，是信息与传播技术长期发展和演进的结果。网络传播作为继口头传播、文字传播、印刷传播、电子传播后人类信息传播的新阶段，其新的特点和形式有别于前四种大众传播形态。它突破了大众传播单向的线性传播模式，融人际传播、组织传播和大众传播于一体，将人类社会带入交互传播时代。在 21 世纪之初，快速发展的新媒体不仅中止了网络传播相互分离的状态，更深程度地实现了信息的共传和共享。

（一）网络媒体的概念

随着科学技术的发展特别是信息技术的革新，网络成为继报刊、广播和电视等媒体之后的"第四媒体"，并在最短时间内将人类带入"数字时代"。有专家认为，网络媒体这一概念在国内最早出现在 1999 年许榕生的专著《网络传播》中，此后网络媒体的说法开始流行，逐渐成为业界对"第四媒体"的称呼。

面对"来势汹汹"的网络媒体，学者们从不同角度对其进行了定义。中国社会科学哲学研究所研究员刘刚认为，广义的网络媒体为"遵照 TCP/IP 协议传送数字化信息的计算机通信网络"；狭义的网络媒体为"基于互联网这一传输平

---

① 张海鹰，滕谦. 网络传播概论. 上海：复旦大学出版社，2001.1.

台传播新闻和信息的网站"。匡文波认为，网络媒体是通过计算机网络传播信息（包括新闻、知识等信息）的文化载体，目前主要指互联网，也称因特网①；钱伟刚认为，网络媒体从广义上说就是指互联网，从狭义上说是指基于互联网这一传播平台进行新闻信息传播的网站②；吴满意认为，网络媒体是一种基于互联网的以数字化、信息化为主体的人类信息传播与沟通的媒介系统③；方汉奇认为，网络媒体融合了半导体技术、电技术、通信技术、视频技术、音频技术等多种技术并在计算机和网络的基础上，将语言、图像、文字、声音、传真、通信进行集约化处理，这种一体化的格局不但使信息数量增加，而且使信息传播的模式也在不断变异④。

由于网络媒体涉及的领域实在太广，目前尚没有一种概念能够很完美、很清楚地定义网络媒体。不过，任何对网络媒体的界定，都紧紧围绕着互联网这一载体，并对其区别于其他媒体的特性和功能进行了不同的阐述。

综合上述分析，我们认为网络媒体指的就是在互联网技术发展基础上，融合了多种传播技术，形成了新的传播特点、传播模式和传播功能的综合信息传播平台。

（二）"新媒体"概念的辩证理解

媒介系统到了数字时代，高速进化。媒介形态的急剧变化，甚至已经或正在重构人类生活的基本方式以及社会形态的未来图景，自人类诞生以来，还没有一个事物像现代新媒介一样如此深刻地影响我们的生活和改变世界。

"新媒体"一词，最早见于彼得·卡尔·戈德马克（Peter Carl Goldmark）博士的相关创新研究成果报告。⑤ 马为公、罗青在他们主编的《新媒体传播》一书中提出："新媒体是指以数字技术、通信网技术、互联网技术和移动传播技术为基础，为用户提供资讯、内容和服务的新兴媒体，它们的共同特点是融会了多种传播技术，使传播可以在更多元的方式下进行。"⑥ 可见它是在新的技术支撑体系下出现的媒体形态，如数字杂志、数字报纸、数字广播、手机短信、移动电视、网络、桌面视窗、数字电视、数字电影、触摸媒体等。相对于报刊、户外媒体、广播、电视四大传统意义上的媒体，"新媒体"被称为"第五媒体"。

① 匡文波. 网络媒体概论. 北京：清华大学出版社，2001.1.
② 钱伟刚. 第四媒体的定义和特征. 新闻实践，2000（7/8）.
③ 吴满意. 网络媒体导论. 北京：国防工业出版社，2008.47.
④ 方汉奇. 世界新闻传播100年. 北京：中国人民大学出版社，2003.9.
⑤ 马为公，罗青. 新媒体传播. 北京：中国传媒大学出版社，2011.7、10.
⑥ 马为公，罗青. 新媒体传播. 北京：中国传媒大学出版社，2011.7、10.

面对着"新媒体"这样一个新鲜事物，从学界到业界，不同的人从不同的角度给予了不同的诠释。美国《连线》杂志对新媒体的定义很浮泛："所有人对所有人的传播。"清华大学新闻与传播学院熊澄宇教授给新媒体的定义也比较简单：在计算机信息处理技术基础之上出现和影响的媒体形态。新传媒产业联盟秘书长王斌从传播的技术形态上将新媒体定义为：新媒体是以数字信息技术为基础，以互动传播为特点，具有创新形态的媒体。阳光文化集团首席执行官吴征则从它新的功能和特点上概括：相对于旧媒体，新媒体的第一个特点是它的消解力量——消解传统媒体之间的边界，消解国家与国家之间、社群之间、产业之间的边界，消解信息发送者与接收者之间的边界等。BlogBus.com 副总裁兼首席运营官魏武挥提出的定义是：受众可以广泛且深入参与。

但是，严格地说，上述概念的界定之所以会见仁见智，主要源于"新媒体"的内涵和外延具有很大的不确定性。随着媒体的不断进化，"新媒体"永远不会停留在某一个水平或形态上，于是，如果我们想用一种规范化的固定文字对其"新"字进行永久性的界定是不科学的，因为媒体革故鼎新，发展演进的脚步永远不会停息。所以《新媒体百科全书》一书中对新媒体的说法提出了一个辩证的观点：从广义上说，从长远来说，"新媒体"是一个比较浮泛、笼统的相对概念。新与旧只能在比较中区别。比如说 200 年前的报纸、100 年前的广播、50 年前的电视和今天的计算机网络都曾在不同时段上代表着不同时代的"新"媒体。广播相对于报纸来说是新媒体，电视相对广播来说是新媒体，网络相对电视来说也是新媒体。我们目前所称呼的"新媒体"只是相对于近期一种网络传播占主导地位的新的媒体技术形态的临时概念，使用它只是为了区别以往的传统媒体。

二、网络媒体和新媒体的服务与应用

网络媒体和新媒体的出现与发展都是基于互联网技术的推动。技术成为人类创造信息和信息共享的平台，信息传播完成了从简单到复杂、从单一到多元、从初级到高级的进化，推动了人类社会的巨大变革，更为深刻地影响了社会生活的各个方面。信息技术的变革和使用对于网站的新生与发展起到了关键性的作用。以 Web1.0、Web2.0、Web3.0 为代表的技术带来了不同的传播时代。

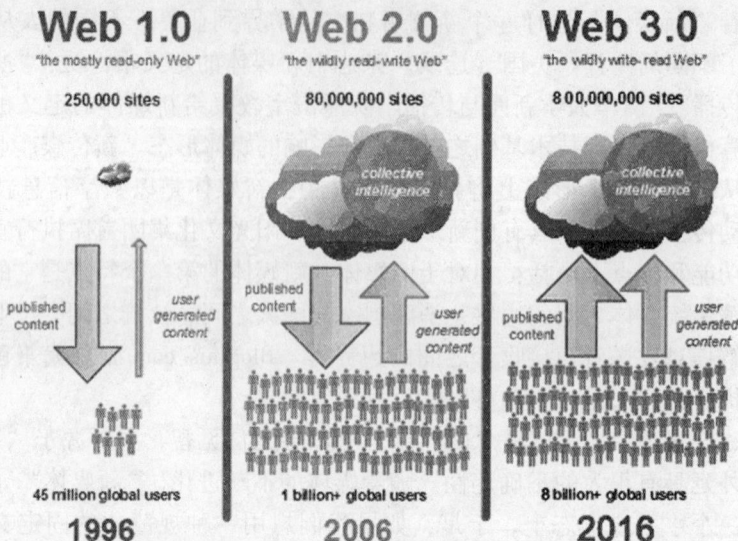

Web 1.0
"the mostly read-only Web"

250,000 sites

published content　　user generated content

45 million global users
1996

Web 2.0
"the wildly read-write Web"

80,000,000 sites

collective intelligence

published content　　user generated content

1 billion+ global users
2006

Web 3.0
"the wildly write-read Web"

8 00,000,000 sites

collective intelligence

published content　　user generated content

8 billion+ global users
2016

图 5 - 1　三大技术比对

（图片来源：http://baike.baidu.com/view/269113.htm）

　　从图 5 - 1 可以看出，Web1.0 时代，是以技术创新主导模式为基础、以巨大的点击流量为赢利模式的时代，门户网站和搜索引擎带来了信息总量的急剧增长，但此时信息内容是由少数编辑人员定制的，用户只能通过浏览器获取信息。以技术平台起家的新浪、以搜索技术起家的搜狐、以即时通讯技术起家的腾讯、以网络游戏起家的盛大等，初步奠定了我国早期网络传播的基本格局。Web1.0 的本质是联合。

　　Web2.0 是相对于 Web1.0 的新一类互联网应用的统称。Web2.0 时代更注重用户的交互作用，用户既是网站内容的浏览者，也是网站内容的制造者，互联网成为"阅读式"平台，信息聚合达到新的高度，累积的信息不会丢失，分享信息成为其最突出的特点。同时，以兴趣为聚合点的社群，用户忠诚度提高，互联网市场受众细分，网络社会结构形成。Web2.0 技术包含了我们经常使用到的服务：博客（Blog）、播客、简易信息聚合（RSS）、百科全书（Wiki）、网摘、社会网络（SNS）、P2P 下载、即时信息（IM）、社会书签、内容社区、分享服务、社会化虚拟世界等，从其开放的平台、活跃的用户可以看出，Web2.0 实际上是对 Web1.0 的信息源进行扩展，使其多样化和个性化。Web2.0 的本质是互动。

　　Web3.0 是通过更加简洁的方式为用户提供更为个性化的互联网信息资讯定制的一种技术整合。除了在技术上的革新，更多的是来自理念的革新。其较之

Web2.0 能够更好地体现网民的劳动价值，创造更好的盈利模式，展望中的Web3.0 时代将会是互联网发展中由技术创新走向用户理念创新的关键一步。有效和有序的数字新技术实现信息服务的普适性，微内容（Widget）的自由整合与有效聚合在多种终端平台实现。Web3.0 将建立可信的 SNS（社会网络服务系统）、可管理的 VoIP 与 IM、可控的 Blog/Vlog/Wiki，实现数字通信与信息处理、网络与计算、媒体内容与业务智能、传播与管理、艺术与人文的有序有效结合和融会贯通。新媒体就是基于 Web3.0 提出的媒介的一个发展方向。

当今的网络传播，无论是网络媒体，还是新媒体，都是以满足人的信息需求、交流需要和社会的发展进步为发展目标的。软件和硬件的快速发展更新构建了网络传播庞大复杂的家族。多样化的软件开发促使了一系列移动终端出现，硬件的不断更新反过来成为推动新媒体发展的一大动力。黑莓手机、ipad、iphone、surface 等各种各样的智能手机和平板电脑除了用于会话、收发短信外，还能收发视频、照片，用于写博客、阅读、拍摄等，移动终端已经将一切内容囊括，使网络传播产生了质的飞跃。

第二节　网络传播的迅猛发展和新媒体异军突起

一、计算机技术的发展与网络传播

（一）计算机技术的发展和网络传播的诞生

"步 20 世纪初的广播与 20 世纪中期的电视之后尘，20 世纪末崛起的电脑网络，是第三种影响广泛的电子媒介……大略来说，计算机的发明及其应用，导致网络的诞生与发展，而网络的兴起及普及，又开辟了当今网络传播的新纪元。同当年广播与电视的崛起情形一样，计算机与互联网的兴盛也以美国为典型。"[①]从 1969 年美国国防部为他们手下的加州大学洛杉矶分校的 UCLA、加州大学圣芭芭拉分校 UCSB、犹他大学盐湖城分校的 Utah、斯坦福大学斯坦福研究所 SRI 等四个节点的计算机联成一个简单的互联网而欢呼，到 1983 年 TCP/IP 成了互联网的标准通信协议，全球互联网已完成了它从发端到正式诞生的第一步。如果说个人电脑的产生与 20 世纪 60 年代美国人的反越风潮密切相关的话，那么分布式的互联网则是 20 世纪"冷战"的产物。最初广泛应用于国防、军事需要的互联网，"军转民"的过程经历了相对漫长的时间。因特网的第一次飞跃源于美国国

---

① 李彬．全球新闻传播史（公元 1500—2000 年）．北京：清华大学出版社，2005.342.

家科学基金会（National Science Foundation，简称 NSF）对网络的介入。它利用 ARPAnet 发展出 TCP/IP 通讯协议，出资建立名为 NSFnet 的广域网。因特网历史上的第二次飞跃归功于因特网的商业化。在 20 世纪 90 年代以前，因特网的使用一直仅限于研究和学术领域。90 年代初，General Atomics、Performance Systems International、UUNET Technologies 等私营企业开始投资因特网。专门为 NSFnet 建立高速通信路线的 ANSI（Advanced Network and Service Inc）公司也推出了自己的商业因特网骨干网。商业机构的介入充分地挖掘了因特网通讯、资料检索、客户服务等方面的巨大潜力，因特网发展产生了一次新的飞跃。[①] 1995 年 4 月 30 日，NSFent 正式宣布停止操作，由美国政府指定三家私营企业来经营互联网。1998 年 6 月 5 日美国政府发表白皮书，成立非营利公司——互联网名称与数字地址分配公司（Internet Corporation for Assigned Names and Numbers，简称 ICANN），负责对互联网进行技术管理。

　　生产力是推动人类社会发展的最终决定性力量。网络传播技术的发展，带动了整个社会经济和科技世界的革命性发展。信息技术自 20 世纪下半叶取得重大发展并在社会经济中广泛应用以来，"忽如一夜春风来，千树万树梨花开"。迅猛发展的信息网络已经成为推动世界经济发展的强大动力，并带来了全球经济结构调整的新浪潮，成为各国产业发展的共同选择，其发展规模和水平成为各国政治家、战略家、企业家和社会学家共同关注的全球性课题。信息技术和互联网建设很快就以一种令人难以置信的速度扩张到全世界的每一个角落。每一次新的信息传播方式的出现都革新了人际交流的方式。从最初的电子邮件（E-mail）的广泛应用，到网上即时通讯的流行、万维网的普及、搜索引擎和门户网站的出现，再到如今社交网站和云端的服务，实现了资源的全面共享和有机协作。

　　（二）世界网络传播的迅猛发展

　　在近现代传播史上，从印刷传播时代到电子传播时代，特别是到了网络传播时代，美国依靠先进的技术巩固了其在传播领域不可撼动的霸主地位。综览世界网络传播的发展历程，美国都是主要代表。图 5-2 左小图是 1996 年美国人上网主要浏览的网站，图 5-2 右小图是 2011 年美国人上网主要浏览的网站。

---

　　① ［美］史蒂文·拉克斯. 尴尬的接近权：网络社会的敏感话题. 禹建强等译. 北京：新华出版社，2004. 177.

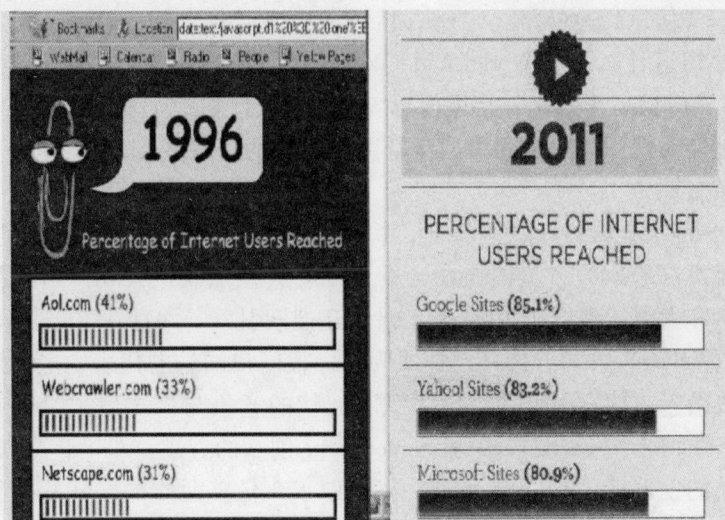

图 5 - 2 美国人上网主要浏览网站情况对比

（图片来源：http：//www. yixieshi. com/it/9248. html）

自 1972 年 BBN 公司的雷·汤普森发出了历史上第一封电子邮件（E - mail）开始，网络开始在世界范围内普及。"真正点燃火种的是网络使用者之间的电子邮件功能，这个功能是 BBN 公司的雷·汤普森（Ray Tomlinson）发明的，它也是目前全世界电脑功能中最受欢迎的用途。"① 随后，网上聊天室出现，即时传呼软件不断被开发，如 Mirabilis 公司的 ICQ、微软的 MSN 、Yahoo Messenger（雅虎通）、美国在线的 AOL Instant Messenger 等，这些即时信息交流软件改变了整个人类的交流方式，使世界联系得更紧密。

1991 年 8 月 6 日，万维网（World Wide Web，即 WWW）之父蒂姆·伯纳斯·李在 alt. hypertext 新闻组上贴了一篇关于万维网项目简介的文章，标志着因特网上万维网公共服务的首次亮相。万维网是目前 Internet 上发展最快、应用最广的信息浏览机制，也是最方便、最受用户欢迎的信息服务形式，真正实现了数字储存的信息传播，从而大大促进了互联网的发展。而网络浏览器的出现，更将世界带入"信息爆炸"时期。在庞大繁杂的信息面前，搜索引擎顺势而生。

克林顿 1993 年当选为美国第 42 任总统后，大力推动了互联网的发展。当年 9 月，美国政府正式宣布实施高科技计划——"国家信息基础设施"（National Information Infrastructure，简称 NII），旨在以因特网为雏形，兴建信息时代的高

---

① ［美］曼纽尔·卡斯特. 网络社会的崛起. 夏铸九等译. 北京：社会科学文献出版社，2001. 58.

速公路——"信息高速公路"。克林顿后来说："当我来到白宫时，只有顶级的物理学家才知道什么是'World Wide Web'，而现在连我的猫都有自己的主页了！"他的"信息高速公路"将里根总统星球大战计划中实现的军用互联网技术真正迅速地转为民用，一系列大型互联网公司诞生。1993 到 2001 年是互联网经济发展的黄金期。

到 1998 年，全球的互联网事业，特别是美国的互联网取得了长足的发展，涌现出像雅虎（Yahoo）、美国在线（AOL）等大型互联网公司。斯坦福大学博士生杨致远和大卫·费罗于 1994 年 1 月创建搜索引擎，并且在 1995 年 3 月 2 日成立雅虎（Yahoo）公司，使其迅速成为第一代门户网站的代表，主要用于浏览信息和接收信息。搜索引擎在经历了跌宕起伏的竞争与淘汰后，1998 年，由两位斯坦福大学博士生 Larry Page 和 Sergey Brin 创立的谷歌（Google），成为第二代门户网站的佼佼者。2012 年 5 月，谷歌以 125 亿美元收购摩托罗拉移动，同年 9 月 7 日，谷歌声称收购网络安全创业公司 Virus Total，再一次巩固了其在互联网世界的霸主地位，被公认为是目前全球规模最大的搜索引擎，为全球用户提供简单易用的免费服务。互联网以其方便、快捷、经济的优点吸引了大批用户，互联网行业成为新兴的朝阳行业，在商业利益和用户需求的刺激下，互联网技术与业务不断更新发展，对人类社会文化经济产生了广泛而深远的影响。

瑞典互联网市场研究公司 Royal Pingdom 发布研究报告称，每年网民总量在快速增长。其中 2012 年全球网民总量已经达到 22.7 亿，较五年前的 11.5 亿将近翻番。全球经常上网的网民总数将占全球总人口的四分之一。新增网民的所占比例，亚洲以 53.8% 位居首位，其次为欧洲（16.1%）、拉美（11.3%）、非洲（9.6%）、中东（5.2%）、北美（3.6%）和大洋洲（0.5%）。各种网络服务的规模也在急剧膨胀，Facebook 就是其中的典型例子，该公司的用户总量已经与 2004 年的全球网民总数相当。[①]

（三）中国网络传播发展与时俱进

互联网的出现打破了传统的民族、国土、文化、风俗上的疆界，使得不同国家的信息、文化、商品等频繁交流，全球化步伐加快。我国在世界网络媒体迅猛发展的风潮面前也不甘落后，网络传播成为文化产业的重要组成部分。为推动互联网的发展，我国在政策上给予了极大支持。《国家"十一五"时期文化发展纲要》中就明确地指出："大力发展以数字化内容、数字化生产和网络化传播为主要特征的新兴文化产业……积极发展网络文化产业，鼓励和扶持民族原创的健康

---

① 全世界上网人数近 25 亿，亚洲上网人数增幅最大. http: //www.yyxt.com，2012 - 04 - 23.

向上的互联网文化产品的创作和研发，拓展民族网络文化发展的空间"；"大力推进以数字技术和互联网技术为核心的文化生产和传播的新兴行业，积极发展电子书、网络出版物等新业态，发展手机网站、手机报刊、AP 电视、数字电视、网络广播、电视、电影等新兴的传播载体"。我国在《关于下一代互联网"十二五"发展建设的意见》中提出了新兴产业的发展目标："十二五"期间，互联网普及率达到45% 以上，推动实现三网融合，IPv6 宽带接入用户数超过 2 500 万，实现 IPv4 和 IPv6 主流业务互通，IPv6 地址获取量充分满足用户需求。下一代互联网理论研究、软件研发、设备制造、应用服务等领域实现高端突破，业务应用和终端设备对网络的支持能力显著提高，推动形成系统的标准体系。建成较为完善的网络与信息安全保障体系，网络与信息安全水平显著提升。网络单位信息流量综合能耗下降 40% 以上，网络设备制造产业万元增加值能耗下降 15% 以上。形成一批具有较强国际影响力的下一代互联网研究机构和骨干企业，新增就业岗位超过 300 万个，进一步增强对消费、投资、出口的拉动作用以及对信息产业、高技术服务业、经济社会发展的辐射带动作用。

　　一系列的政策为我国网络传播提供了方向和目标。党的十八大报告再次强调"扎实推进社会主义文化强国建设"。其中，针对"如何增强文化整体实力和竞争力"的问题，报告中特别指出，要"促进文化和科技融合，发展新型文化业态，提高文化产业规模化、集约化和专业化水平。构建和发展现代传播体系，提高传播能力。扩大文化领域对外开放，积极吸收借鉴国外优秀文化成果"。再次将新技术与传播结合的必要性摆在突出位置。

　　回顾我国互联网的发展历程，可概括为起步晚、发展快。1987 年钱天白教授从中国发出第一封电子邮件 "Across the Great Wall, we can reach every corner in the world."（"跨越长城，走向世界。"），拉开了中国人使用互联网的序幕；1990 年 10 月钱天白教授代表中国正式在国际互联网信息中心的前身 DDN－NIC 注册了我国顶级域名 .CN，从此开通了使用中国顶级域名 .CN 的国际电子邮件服务；1994 年由中国科学院、清华和北大三单位共建 NCFC，与互联网实现了全功能连接；同年中国科学院计算机网络信息中心完成了在国内设置 .CN 服务器；中国国家计算与网络设施（NCFC）、中国教育和科研计算机网（CERNET）、中国公用计算机互联网（CHINANET）、国家公用信息通信网，也称金桥网（CHI-NAGBN）等四个网络先后开通；1997 年 5 月中国科学院被授权建立和管理中国互联网信息中心（CNNIC），行使国家互联网络信息中心的职责，并建立 CNNIC 工作委员会；2001 年 6 月成立了中国互联网协会，对我国互联网行业发展进行指导和服务。

　　从行业发展历程来看，我国的互联网发展可分为三个阶段。第一阶段是工具和门户阶段。1997年6月网易创立，成为第一家中文全文检索的网络平台，并以邮件业务笑傲群雄，是中国最大的免费电子邮件提供商，其旗下六大电子邮箱（126. com、163. com、188. com、vip. 163. com、yeah. net、netease. com）。2008年，其用户总数已突破2.5亿，并且在免费邮件中提供最大的网络硬盘。同时网易也创造了多个第一：第一家提供全中文大容量的免费邮件系统，第一个无限容量、免费的网络相册，第一个免费电子贺卡站，第一个网上虚拟社区，第一个网上拍卖平台，第一个24小时客户服务中心，第一个成功运营、自主研发国产网络游戏并取得白金地位。张朝阳在1998年2月推出搜狐，中国首家大型分类查询搜索引擎横空出世，搜狐品牌由此诞生。"出门靠地图，上网找搜狐。"搜狐由此打开了中国网民通往互联网世界的神奇大门。1999年，搜狐推出新闻及内容频道，奠定了综合门户网站的雏形，开启了中国互联网的门户时代。以1998年对法国世界杯的报道一鸣惊人的新浪成为今日中国"第一门户"，新浪在全球范围内注册用户超过2.3亿，日浏览量超过7亿次，是中国大陆及全球华人社群中最受推崇的互联网品牌，因全面参与多个重大国际事件的新闻报道而被全球熟知。由马化腾1998年11月成立的腾讯，是目前中国最大的互联网综合服务提供商之一，也是中国服务用户最多的互联网企业之一。腾讯QQ成为目前中国最便捷的沟通平台，它的发展深刻地影响和改变着中国数以亿计网民的沟通方式和生活习惯。新浪、搜狐、网易、腾讯并称为"中国四大门户"，基本奠定了我国门户网站的格局。2000年1月由李彦宏、徐勇两人创立的"百度"现已成为全球最大的中文搜索引擎，也是仅次于Google的全球第二大搜索引擎，致力于信息服务。2000年，这几大公司相继在境外上市。在中国互联网瓜分市场的初期，时刻演绎着暴富速成、梦想成真的童话，2000年，随着以科技股为代表的纳斯达克股市的崩盘和"网络泡沫"的破灭，全球互联网产业进入"严冬"。中国互联网行业在兵不血刃的混战中，最终带来的是黄粱一梦、梦想破灭。

中国互联网发展的第二阶段始于2004年。历经2年多的IT市场低迷，互联网行业重新洗牌和定位，成为互联网发展的一个转折点。股市大衰退带来的蒸蒸日上的技术已经开始占领中央舞台，市场发挥其作用让真正的企业生存下来并发展。此时鱼龙混杂的互联网行业拨开云雾见日月，在市场竞争中大批公司被淘汰，几大网络公司迅速占领市场，并于2004年开始全面赢利。中国互联网发展进入游戏、娱乐及社交的第二阶段。腾讯、盛大网络等企业的发展如日中天。空中网、前程无忧网、金融界、e龙、华友世纪和第九城市等互联网公司在2004年陆续上市，中国互联网公司第二轮境外上市热潮出现，基础设施建设步伐加快，互联网领域法律法规制度逐渐完善。2004年12月23日，我国国家顶级域名. CN服务器的IPv6地址成功登录到全球域名根服务器，标志着. CN域名服务器接入 IPv6 网络，支持 IPv6 网络用户的 .CN 域名解析，这表明中国国家域名系统进入下一代互联网。同时，互联网不断加强行业自律和公众监督，加大力度打击淫秽色情网站，并相继出台相关法律法规，我国的信息化立法迈出重要步伐，有力地促进和保障了我国互联网行业的健康有序发展。

视频和消费成为中国互联网发展第三阶段的主要内容，随着第三代移动通信技术（3G）的发展，移动互联网蓬勃发展使移动终端成为现实。我国 3G 用户的快速增长，智能手机的日益普及，百度、腾讯、新浪等争相进入移动互联网领域，框计算、Q＋桌面、云手机等概念纷至沓来。这些基于终端服务的各种创新，充分发挥了智能终端的黏滞性，使终端成为用户认可的移动互联网的重要窗口，其功能的整合导致微博爆发、团购蜂拥而至、视频网站上市、电子商务跑马圈地，淘宝、当当、京东等网站消费者剧增。UC 浏览器、搜狗输入法、谷歌地图、微信、捕鱼达人等应用层出不穷。

2008 年 6 月，国务院新闻办公室网络局副局长彭波在新媒体高峰会上表示，对汶川地震的报道，标志着网络媒体正成为中国社会的主流媒体。时任国家主席的胡锦涛同志在同年 6 月 20 日考察《人民日报》时指出："互联网已经成为思想文化的集散地和社会舆论的放大器，我们要充分认识以互联网为代表的新兴媒体的社会影响力，高度重视互联网的建设、运用和管理。"[①]

瑞典互联网市场研究公司 Royal Pingdom 2012 年 4 月发布的研究报告称，2012 年全球网民总量已经达到 22.7 亿，较五年前的 11.5 亿将近翻番。其中，在过去五年中，亚洲在全球新增网民中所占比率最高，达到 53.8%。2012 年 7 月 19 日，中国互联网络信息中心在京发布《第 30 次中国互联网络发展状况统计报告》（以下简称《报告》），《报告》显示：中国网民数量连续四年全球第一，截至 2012 年 6 月底，我国的互联网普及率达到了 39.9%，中国网民数量达到 5.38 亿，手机网民数量达到 3.88 亿，手机首次超越台式电脑成为第一大上网终端。中国社会科学文献出版社 10 月发布报告称，2015 年中国网民数量将超过 8 亿。

二、新媒体带来了信息时代的斗转星移

2012 年 11 月 6 日，奥巴马获得连任，马上发布了一条推特消息，上传了一张自己拥抱第一夫人的照片，并附上了"又一个四年"（Four more years）的文

---

① 宫承波、李珊珊、田园. 重大突发事件中的网络舆论——分析与应对的比较视野. 北京：中国广播电视出版社，2012.55.

字。该消息半个小时内被转发18万次，获得45万个"赞"，并迅速成为有史以来被转发最多次的推特。目前奥巴马的官方Twitter账户粉丝达2 200多万，他成为名副其实的网络达人。回溯四年前的竞选，奥巴马竞选团队几乎颠覆了美国以往总统大选的模式，充分利用互联网的作用，依靠网络新闻、搜索引擎、You-Tube视频点播、博客、播客、电子邮件、网络游戏内置广告、手机短信、Myspace、Facebook社区网站、在线购买、铃声下载等互联网新技术、新手段，与大量的年轻人和民众保持了亲切的联系，从而获得了支持。

在2008年和2012年总统大选中，奥巴马两次获胜，都因为新媒体在竞选过程中发挥了重大作用，奥巴马被称为"网络总统"和"最懂得善用新媒体的政治家"。奥巴马竞选团队完全掌握了新媒体便捷、快速的传播特点，充分利用新媒体尤其是社交网站爆发出巨大的网络串联能量和催票动员力量，获得民众的支持。

奥巴马在2008年首次竞选总统时，已大量利用新媒体第一时间发布信息，募集志愿者、挖掘潜在支持者，控制谣言，成功拉拢了众多的年轻选民而当选。《洛杉矶时报》报道说，社交媒体Facebook、Twitter和You Tube将对2012年总统大选的胜负起关键作用。有研究显示，每五个关心政治的美国人中就有三个参加了社交网站，他们中70%以上一定会去投票。最终，这些预言成为事实。2008年11月5日奥巴马首次当选成为继报纸总统、广播总统罗斯福，电视总统肯尼迪之后的网络总统。这些都归功于新媒体的出现。新媒体的诞生和发展不仅仅是传播史上的又一次伟大飞跃，其传播形式、传播内容、传播理念和传播效果在我们的社会生活中所产生的影响是巨大的，更是前所未有的。

奥巴马竞选团队对社交媒体的运用更显得心应手，一马当先。除了在报刊、电视上打广告外，他们还精心制作了一部时长17分钟的网络纪录片《那些年我们走过的路》（*The Road We've Traveled*），并上传到YouTube。他们积极使用社交网站Facebook与Twitter、视频分享网站YouTube、照片分享网站Flickr、地理位置分享软件Foursquare和其他手机应用程序，并建立了高达1 300万电邮用户的群发电邮账户名单。在2012年4月份，奥巴马在YouTube上向近2 000万Face-book的用户发布视频，告知他与粉丝们在Facebook网站有约，将做即时沟通和互动。一日之内，有两万多个用户响应。9月6日他在全国代表大会上发表接受提名演说之后，Twitter上每分钟有52 756条与他有关的推文，这是Twitter开创以来的最高纪录。奥巴马夫人米歇尔早他两天在大会上发言，她还没讲完，Twitter上每分钟就有多达28 000条关于她的留言。

（一）新媒体之社交网络的兴起

传播大师麦克卢汉说过：每一种新媒体的产生与运用，都宣告我们进入了一个新的时代。新媒体一经问世便成为时代的"宠儿",人们也习惯将它的快速普及形容成"横空出世"或是"异军突起"。其实只要回溯互联网的发展历程就可以发现,新媒体有着漫长的发展历史,甚至可以说是网络传播发展到现在的必然趋势。而这一切基本都集中发生在美国,又以社交媒体的兴起为典型代表。

社交媒体一词最早出现在安东尼·梅菲尔德 2007 年出版的电子书《什么是社会化媒体》(*What is Social Media*)中,在书中,作者将社交媒体定义为一种给予用户极大参与空间的新型在线媒体,具有以下几个特征:参与、公开、交流、对话、社区化和连通性。2008 年以来,"Social Media"一词广泛流传开来,我国将其翻译成社交媒体、社会化媒体、社会性媒体,目前尚无权威说法且未达成共识。"社交媒体(Social Media),也称为社会化媒体、社会性媒体,指允许人们撰写、分享、评价、讨论、相互沟通的网站和技术。"[①] 根据维基百科的定义,社会性媒体(Social Media)跟商业媒体〔Industrial Media,或者称为 Traditional Media(传统媒体),Mass Media(主流媒体,包括报纸、电视、电影等)〕不同,它利用互联网技术和工具,在人群中分享信息和讨论问题,通过不断的交互和提炼能够有效地对某个主题达成共识,而且其影响速度、广度和深度是任何其他媒体所不能比拟的,而且几乎不用任何花费。[②]

社交媒体是指人们通过文字、图片、音频、视频等形式来分享信息、发表意见及表达观点的平台,是一种传播介质和工具。

从 1971 年第一封电子邮件开始,到 1980 年新闻组诞生,再到 1991 年万维网出现,1994 年,斯沃斯莫尔学院学生 Justin Hall 建立了自己的个人站点"Justin's Links from the Underground",与外部网络开始互联,形成社交网站的雏形,Justin Hall 经营此站点 11 年,因此被称为"个人博客元勋"。1995 年成立的 Classmates. com 旨在帮助曾经的幼儿园同学、小学同学、初中同学、高中同学和大学同学重新取得联系,它拥有几万会员,到 2010 年才跌出社交网站 TOP 10。1997 年,美国在线实时交流工具 AIM 上线,先锋博客作者 Jorn Barger 创造了"Weblog"一词。1998 年,在线日记社区 Open Diary 上线,它允许人们即使不懂 HTML 知识,也可以发布公开或私密日记,首次实现人们可以在别人的日志里进行评论回复的功能。1999 年,博客工具 Blogger 和 LiveJournal 出现。2000 年,JimmyWales 和 LarrySanger 共同成立 Wikipedia(维基百科),这是全球首个开源、在线、协作而成的百科全书,以募捐的方式筹措运营资金。2001 年,Meetup. com 网站成立,专注于线下交友。2002 年,Friendster 上线,这是首家用户规模

① 百度百科. 社交媒体,http://baike. baidu. com/view/2169907. htm.

② 维基百科. 社交媒体,http://baike. com/wiki.

体育新闻与传播专业教材系列

当代应用传播学

达到100万的社交网络，开创了通过个人主页进行交友的先河。2003年，面向青少年和青年群体的 MySpace 上线，它再一次刷新了社交网络的成长速度：一个月注册量突破100万。同年上线的 Word Press，由全球各地的几百名网友通过在线协作创建，目前在全球已经拥有数千万用户。2003年成立的职场社交网站 Linked In 在全球200多个国家和地区拥有1.75亿注册用户。

2004年，Facebook 正式在哈佛大学寝室上线，并开始独领风骚。根据2012年7月 Facebook 上市后的首份财报，Facebook 目前每月有9.55亿活跃用户（MAU），每月移动平台活跃用户数有5.43亿。同年创立的已被雅虎收购的 Flickr，则是非常活跃的图片社区。另一视频霸主 YouTube 于2005年成立，它在成立后迅速被 Google 相中，2006年从 Google 那里得到的收购价是16.5亿美元。

2006年，内容限制在140字以内的 Twitter 成立，并迅速成为方便的交流工具和强大的自媒体平台。而同年成立的 Spotify，成为社交音乐分享型应用的典型，拥有1 500万 MAU 和400万付费用户。2007年，轻博客平台 Tumblr 成立，目前该平台上有7 700万个博客。2008年，Groupon 上线，成为世界最大的团购网站。2009年，Foursquare 上线，以"签到"（check-in）组建基于地理位置的

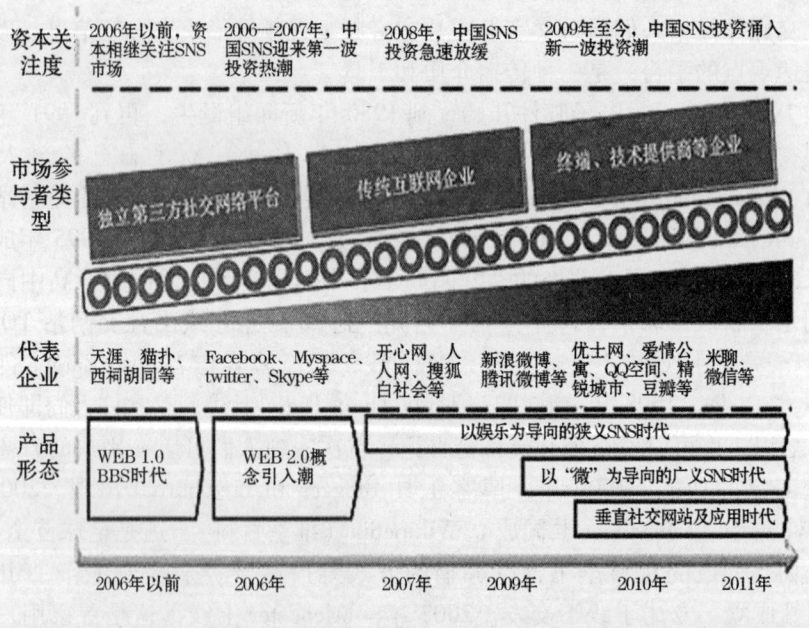

图 5-3　中国社会网络市场发展历程图

（图片来源：http://www.yixieshi.com/pd/9591.html）

社交网络，拥有 2 000 万注册用户。2011 年，Google + 上线，目前拥有 4 亿多注册用户，每月有 1 亿活跃用户。2012 年 Pinterest 呈爆发式增长，成为目前网站史上最快达到 1 000 万独立访客的网站。

正是因为无数前人一点一滴的积累和探索、无数成功与失败的例子，才造就了今日新媒体发展蔚为大观的局面。同样，中国社交媒体也紧跟时代潮流，取得了长足的发展。清科研究中心认为，中国社交网络的发展历程主要呈现四个阶段。

如图 5 - 3 所示，在第一阶段 BBS 时代，出现了天涯、猫扑、西祠胡同等产品。在第二阶段娱乐化社交网络时代，2005 年出现了人人网，2008 年出现了开心网，2009 年推出搜狐白社会等，拉开了中国社交网络帷幕。在第三阶段微信息社交网络时代，新浪微博的推出，拉开了中国微信息社交网络时代的帷幕。2009 年 8 月，新浪微博推出 140 字表达模式，迅速成为中国的推特，随后，腾讯、网易、盛大等相继推出同样模式的微博。第四阶段垂直社交网络应用时代，充分利用手机等移动终端设备，与游戏、电子商务、分类信息等相结合，与前面的产品交相辉映。此外，随着移动互联网的发展，微信息社交产品逐渐与位置服务等移动特性相结合，相继出现了米聊、微信、简简单单等移动客户端产品。

（二）新媒体的种类、特点和功能

1. 新媒体的种类

保罗·莱文森在他的《新新媒介》一书中将媒体分为三种：第一种为传统媒体（Old Media），即广播、电视、报纸、杂志和书籍之类的大众媒体，它们是空间和时间定位不变的媒介，突出特征是自上而下的控制和专业人士的生产；而第二种是新媒体（New Media），即互联网上的第一代媒体，主要是指电子邮件、亚马逊网上书店、Itune、报刊网络版、留言板和聊天室等，其界定的特征是传统媒体的时间和空间被打破，内容一旦被上传到互联网上，人们就可以使用、欣赏并从中获益，而且是按照使用者方便的时间去使用，而不是按照媒介确定的时间表去使用；第三种是新新媒体（New new Media），滥觞于 20 世纪末，兴盛于 21 世纪，主要包括博客网、优视网（YouTube）、维基网（Wiki）、掘客网（Dig）、聚友网（Myspace）、Facebook 以及 Twitter 等。其界定性特征和原理是：其消费者即生产者；其生产者多半是非专业人士；个人能选择适合自己才能和兴趣的新新媒介去表达和出版；新新媒介一般免费，付钱不是必需的；新新媒介之间的关系即相互竞争，又相互促进；新新媒介的服务功能胜过搜索引擎和电子邮件；新新媒介没有自上而下的控制；新新媒介使人人成为出版人、制作人和促销人。①

在此书中，保罗·莱文森所指的新新媒介与本书中的新媒介范畴大致类似，在其内涵（"消费者即生产者"和用户创造内容）和外延（包括博客、微博等具体媒体形式）上都保持着高度一致。他在书中对新新媒体的分类为：

（1）按形态分为文字、音频、视听、图片。

（2）按新闻属性分为掘客网、维基网、博客网、推特网。

（3）按社交属性分为聚友网、优视网。

（4）按软件功能可分为一般系统与专用系统。

（5）按社会功能可分为政治媒介和娱乐媒介。

（6）按自主性和控制程度划分，各新新媒介略有不同。

以上分类比较全面。在技术不断更新的背景下，新媒体作为传递信息和服务的一种传播形式，不是某一种媒体或是形态，而是进行了融合的一个整体。互联网、数字电视、移动电视、手机（手机短信、手机电视、手机报纸、手机电台等）、社区媒体（楼宇电视）等，不仅引进了新媒体技术进行革新，而且与最新的信息传播平台进行合作或是开发，在这种意义上来说，这些都成为新媒体的一个组成部分。

2. 新媒体的特点

与传统媒体相比，新媒体几乎囊括了以往大众传媒的一切表现形态和优点，同时具备它们所不具备的特点。新媒体突破了传统媒体在空间和时间上的束缚，有着天然的传播优势，以无边的、开放的、包容的姿态服务于大众。在传播空间上，它比传统媒体更广，广到了打破行业的界限、区域的界限、甚至民族和国家之间的界限，打破了信息发布者和接受者之间的界限，给予了世人表达和接受需求的满足。在传播时间上，它终结了传统新闻媒体的采编体系，个人每时每刻都可以在现场直播新闻信息，且这类信息不再仅仅是文字或图片，还可以是音频和视频。

（1）信息传播速度的便捷即时化。

麦克卢汉曾经描绘了关于"地球村"的传播蓝图，随着信息技术的不断革新，"地球村"的理念在全球信息同步的情况下得到了延伸。新媒体信息传播方式具有简便、传播速度快等优点，真正实现了全球信息共享。移动终端设备的不断发展，同时略去了传统的采编流程，即时性成为新媒体的一大明显特征。特别是在突发事件报道中它具有绝对的同步优势，无论是美国飓风、欧洲球赛，还是

---

① ［美］保罗·莱文森. 新新媒介. 何道宽译. 上海：复旦大学出版社，2011. 3～4.

中东战火，都可以在零点几秒的时间里传遍世界每一个角落，几乎是同步直播。这是人们曾经甚为惧怕的物理海啸传播速度（200 公里/小时）无可比拟的。新媒体这种空前的时空穿透能力消除了距离的阻隔，随时随地分享信息，方便了人们的交流，改变了人们的生活方式，为缩小"数字鸿沟"、实现人类社会的信息公平提供了可能。

比如微博多平台、开放性、多媒体、门槛较低等特点和微博平台一系列应用程序完善了微博的功能，成为其迅速传播与扩散的关键因素。"微博直播"几乎成为过去几年内最为热门的词语。从欢度春节到新浪与 Google 合作的国庆祝福地图、国庆 60 周年、神九发射、2012 年伦敦奥运会等大量举国欢庆的事件，再到玉树地震、舟曲泥石流、云南旱灾、上海"11·15"大火、温州动车事故等天灾人祸，甚至微博自杀、官员腐败、现场救助等个人层面发生的大事小事，都是现场人员通过微博第一时间发布出来的。像一些大的突发事件或引起全球关注的大事，在现场的微博用户可以利用各种手段在微博上发表出来，其实时性、现场感以及快捷性，甚至超过所有媒体。2013 年 2 月 2 日至 5 日，习近平主席来到甘肃调研视察，看望、慰问各族干部群众。出人意料的是，一个微博名为"@学习粉丝团"的博主居然从 2 月 2 日上午到 2 月 5 日以草根追星方式，实时直播"习大大"（该微博对习近平的习惯性称呼，博主称是陕西方言里叔叔的意思）甘肃行。其所发布的独家微博几乎全程近距离直播了习近平主席访问期间的情况，比新华社的"@新华视点"发布首条相关新闻快了一天，被微博"@央视新闻"称为"神马情况"。这引发了网友们的广泛关注，大家纷纷在问：该微博维护者是谁？2013 年中国农历除夕之夜，美联社播发记者唐迪迪（Didi Tang）发自北京的独家报道，声称"@学习粉丝团"的博主现身，他并非习近平的身边人，名字叫张宏明（ZhangHongming，音），是一名肄业的大学生、打工者。

又如近两年异军突起的聊天工具"微信"。微信是 2011 年 1 月 21 日由腾讯公司推出的，类似 Kik 即时通讯服务的免费应用软件。微信用户可以通过手机、平板、网页向朋友圈快速发送语音、视频、图片和文字信息，它具有零资费、跨平台、发照片、发图片、移动即时通信等功能。微信支持上百种语言，以及 Wi-Fi、2G、3G 和 4G 数据网络。微信具有跨渠道沟通、多渠道发送、互动超时空、表述多形态、聊天进行时等优势。据腾讯方面公布的数据，上线刚满两年的微信，注册用户已超 3 亿人，若只以用户数算，已超过中国联通和中国电信。工信部最新数据也显示，2012 年全国移动通信业务收入达 7 933.8 亿元，其中移动话音业务收入为 4 814.3 亿元，占比达到 60.168%。由于免费通讯软件的冲击，运营商在短信业务方面的收入蒙受了不小的损失。2012 年 12 月 9 日晚上，央视

《焦点访谈》播出节目"莫让微信成'危信'",提醒人们"微信微信,只能微微信"。一个个案例提醒人们,微信在提供便利和快乐的同时,也可能给不法分子以可乘之机,使用户陷入被骗财、骗色甚至丢性命的危险。因此,如何降低使用微信时面临的危险成为使用者、运营商和管理部门都必须面对的新课题。

(2)媒体传播信息的海量碎片化。

新媒体与与传统媒体和网络媒体相比,其承载信息的海量性尤为明显,传统媒体中报纸、电视、广播的版面或者时间是有限的,网络媒体的容量则相当可观,一个硬盘就可以存储数亿字的信息量。而新媒体在技术上突破了信息容量的问题,海量信息带来了真正的信息大爆炸。在新媒体时代,人人都可以成为信息源,便捷带来的是每个人只言片语的描述和记录。不像网络媒体拥有独特的超链接功能,新媒体可以将一条新闻与事件的背景、相关信息以及网友评论链接起来,形成事件的全貌,随着时间的推移,相关信息越来越多,网络新闻的内容在理论上就有了无限的扩展性与丰富性。

新媒体下的信息病毒性传播可以形成"海啸效应",尤其是爆炸性的突发事件,一旦被广泛转发,会在最短的时间里形成巨大的舆论场,调动公众参与的热情,形成巨大的社会反响。同时,信息大爆炸和传播主体、传播方式的多元化,导致了信息的碎片化、不完整化和不对称化。同样以微博为例,因为140字的内容限制,发布者不可能提供理性、深度的思考,这些信息都是片段化的、不完整的,甚至可能是不真实的。

在新媒体背景下,数据正在迅速膨胀。2012年,"大数据"(Big Data)一词越来越多地被提及,人们用它来描述和定义信息爆炸时代产生的海量数。《纽约时报》2012年2月的一篇专栏文章称"大数据"时代已经降临,在商业、经济及其他领域中,决策将日益基于数据和分析作出,而非基于经验和直觉。[①] 哈佛大学社会学教授加里·金说:"这是一场革命,庞大的数据资源使得各个领域开始了量化进程,无论学术界、商界还是政府,所有领域都将开始这种进程。"[②]大数据到底有多大?一组名为"互联网上一天"的数据告诉我们,一天之中,互联网产生的全部内容可以刻满1.68亿张DVD;发出的邮件有2 940亿封之多(相当于美国两年的纸质信件数量);发出的社区帖子达200万个(相当于《时代》杂志770年的文字量);卖出的手机为37.8万台,高于全球每天出生的婴儿数量37.1万。一分钟内,微博推特上新发的数据量超过10万;社交网络"脸

---

① "大数据"时代来临决策不能只凭经验. 东方早报网,2012 - 10 - 10.
② "大数据时代"来临. 北京晚报网,2012 - 10 - 10.

谱"的浏览量超过 600 万……①这就是海量信息带来的时代。

（3）信息传播技术的融合数字化。

技术创新是人类进步的永恒动力，是改变世界最具革命性的力量。尼葛洛庞帝在《数字化生存》中指出："信息技术的发展将变革人类的学习方式、工作方式、娱乐方式，一句话，人们的生存方式。"在新媒体时代，媒介最本质的变化就是数字化，数字技术成为当代各类新传媒的核心技术和普遍技术。以数字化技术为基础的新媒体使得所有信息都以同一种载体通过同一种渠道传输，传者和受者不再界限分明。同时，数字技术带来多媒体的发展，文字、图片、声音、动画等统一编码，统一输出，信息得到融合，一定程度上弥补了信息传播的碎片化等缺点，更利于传播。

数字化最本质的特点是开放、兼容、共享。保罗·莱文森在《人类历程回放：媒介进化理论》中提出了"人性化媒体"理论：人类发展了媒体，所以媒介越来越像人类。媒介并不是随意地衍化，而是越来越具有人类传播的形态。美国媒介融合理论大师尼古拉·尼葛洛庞帝早就预言："计算机产业、印刷出版业、广播电影产业正在趋向融合"。从目前新媒体的发展趋势来看，在数字革命的推动下，这种融合已经实现。以苹果公司的 iPhone 和 ipad 为例，其适应新媒体发展需求的功能不断完善，实现了信息真正的融合和数字化。iPhone 作为第一台批量生产、商业用途的、使用电容屏的智能手机，集个人数码助理、媒体播放器以及无线通信设备于一体。iPhone 把移动电话、宽屏 iPod 和上网装置三大功能集于一身，可以直接从网站拷贝、粘贴文字和图片，通过 iPhone 的多点触摸（Multi-Touch）技术，手指轻点就能拨打电话，众多应用程序之间切换也易如反掌。

（4）信息传播模式的交互去中心化。

互联网的普及性和相对自由性带来了信息门槛降低、泛信息现象的出现。Web2.0 时代更带来了新媒体的再一次革命。各种新技术的出现和应用使互联网产业的升级步伐加快，新的信息传播观念和传播模式随之而来。

在传统媒体的传播模式里，传播主体和客体有着严格的界限。受众是消极的传播内容的接收者，新闻信息被"推送"到他们面前，他们只有在接受与不接受之间作出选择，自己不具备话语权。新媒体带来了传播者身份的变化，每个人集信息生产者、传播者、接收者于一体，既是信息的创造者，也成为信息的使用者，同时也是信息制造的中心，拥有更多点对点传递信息的渠道。网络个人化、

---

① "大数据时代"来临. 北京晚报网，2012 – 10 – 10.

社会化、自组织等传播特点日益凸显，每个人都可以自行决定接收媒体的时间、内容、主题，可以随时发表观点和表明态度。新媒体平等、交互、去中心化的信息传播对社会的各个层面产生着越来越大的影响。移动终端的出现，把人和媒体有效地结合在一起，"有人的地方就有媒介"。社会性网络服务（SNS）实现以"兴趣"为前提的网友聚集，网友可集中对某一话题交换意见。每个人可在一定程度上自由表达自己的观点，使新媒体特别是社交媒体成为众多新闻的来源，也成为企业营销必须占领的阵地，成为某些事件的"始作俑者"。

新媒体在2012年伦敦奥运会传播中功不可没，受众获取信息渠道由单一媒体向互补型的多种媒体横向扩展。三网互动联合，电视媒体无障碍实时画面直播/转播赛事、专业性解说以及综合的栏目策划让受众能够全面直观地了解奥运会相关信息。网站在线上运用博客、播客、相册、论坛、圈子等多种产品搭建起多元的互动平台；线下则与网友志愿行动结合，新浪微博推出了奥运火炬传递活动以及微博奥运勋章申请活动，带动更多人参与进来，共同见证中国互联网的力量。手机则作为移动互联网的主要平台，成为工薪族关注奥运的主要渠道。

（5）信息传播主体的广泛草根化。

互联网的发展带来了与精英文化相对的草根文化的繁荣，"草根"成为非主流、非正统、非专业或者某一行业爱好者的称呼，区别于官方的、精英的、唯我独尊的、正统的、主流的声音，是大众文化的代表。无处不在的顽强草根，在新媒体来临的时代将信息传播的广泛和草根演绎得更加生动。人民网舆情检测室2012年评选"十大草根微博"和"十大草根网事"时，对网民和网络这样评价："网民中不只有心怀天下、血气方刚的热血青年，也有远离喧哗、埋首于自身小趣味的诸多路人甲。网络不只是热闹喧哗的争斗场、名人你方唱罢我登场的宣讲台，也是普通草根网民展现自我、寻求认同的个人小舞台。"① 新媒体传播的优点使每一条信息经过转发，顷刻之际可以达到数十万、数百万次的点击量、阅读量和转发量，那些健康向上的"草根文化"对主流文化形成重要补充，而有些低级落后的负面信息则容易造成一定的负面影响。这些鱼龙混杂的信息在蔚为大观的网络世界形成独特的信息图景，引发着赞美、批评、讨论和思考。

奋不顾身冲上去用双手接住从10楼坠落女童的吴菊萍被网络评为"最美妈妈"，感动亿万人，阿里巴巴拿出20万元为其治疗受伤的双手；冒雨为残疾乞丐撑伞的苏州女孩成为暴雨中最美的风景；"狼爸"萧百佑家长制管理将四个子女送进北大，但因残酷的传统体罚走红，拨动社会神经，引发教育激辩；武汉天

---

① 现时代"意见领袖"微博草根. http://www.ccmedu.com/bbs20_164610.html.

才少年少先队员佩章"五道杠",微博疯传引关注;投资人王功权深夜"私奔"引47万人关注,"私奔体"迅速流行;人体模特苏紫紫用身体挣钱;Hold姐迅速蹿红;励志女神芙蓉姐姐走红;乞丐萝莉清贫卖唱等一系列受到全国人民关注和讨论的事件,都是在新媒体中草根的发力下被发现和传播的。

2012年8月24日晚9时02分,网友"浅dicky"在新浪微博上发布了"谁坐过飞机,给我讲讲注意什么!!!!!!!!!!!!(此处省略90个"!")不谢"带有102个感叹号的微博。到25日下午6时许,这条微博便被转发超过2万次,尤其是数千条评论,让网友们惊呼:"神一样的评论,亮瞎了!"此事件随后被广播、电视、报刊广泛报道,"浅dicky"的真实身份浮出水面,并接受采访。这是小小的一条消息引发一个重大的娱乐事件的典型例子。

2. 新媒体的功能

在高科技迅猛发展并与经济紧密结合的21世纪,信息产业与传媒产业是现代社会的两大支柱,而新媒体恰好是这两者的结合。网络传播新媒体的出现与迅速发展,进一步推动了全社会思维方式、价值观念、行为方式和认知模式的巨大变革;推进了人类文化的转型与跃升,创造了崭新的文化载体,促进了跨文化的交流和融会发展;促进了科技创新和生产力的提升,推动了社会结构、经济管理、生活方式的深刻变革和经济效益、社会效益的提高。而新媒体的崛起,再一次推动人类社会进入一个网络文明的新时代。但是,如上所述,网络技术和网络文化同样是一把"双刃剑",它如同其他科技新成果一样,有其利也必有其弊,有序中必有无序,新的进步也必然带来新的问题、困惑与危机。我们在抓住网络传播与新媒体技术所带来的宝贵历史机遇的同时,应当充分肯定和发展其主流,深刻认识和有效革除其弊端,因势利导,兴利除弊,早日实现我国人民全面建设小康社会的伟大历史宏愿。

(1)正面功能主要包括以下七个方面:

第一,民主化的功能。

新媒体削弱了权力中心、个人差异,人与人的传播体现了自我传播、人际传播、组织传播、大众传播都无法兼得的平等性、广域性、开放性、即时性、多元性和互动性,是人类交往方式的重大变革。它体现了人类主体地位的跃升。马克思说:"每个人的自由发展,是一切人的自由发展的条件。"网络的虚拟现实平等开放、双向互动,体现了人的自主性、独立性,体现了人的主体地位的提升。虚拟群体的兴起,是对封建家长制和工业社会"金字塔"式的等级管理制度的深刻革命,体现出相互独立、内外开放、频繁互动、联系广泛、层少点多的新的管理模式,体现出结构网络化、联系广泛化、管理扁平化的新的组织结构模式特点。这是对社会组织结构的深刻革命。

第二，强大的经济功能。

2012 年 11 月 15 日，新浪首席执行官兼董事长曹国伟表示："2012 年伦敦奥运会在中国可能被形容为'社交'奥运会更为恰当，它推动新浪微博的日活跃用户量创下新纪录，新浪微博的注册账户已突破 4 亿个。我们对微博货币化的初步业绩感到满意，其广告营收在此前一个季度的基础上翻了一倍，我们还开始与应用开发者分享营收。我们相信这些新举措将帮助我们减弱中国宏观经济环境疲软的影响。展望 2013 年，我们正准备推出针对中小企业市场的微博广告解决方案，这将给新浪的广告业务带来新的机遇。"这是微博能更好发展的关键环节。

第三，遏制腐败的监督功能和加强社会的管理功能。

党的十七届四中全会审议通过的《中共中央关于加强和改进新形势下党的建设若干重大问题的决定》指出，在"推进惩治腐败和预防腐败体系建设，深入开展反腐败斗争"中，提出"健全反腐倡廉网络举报和受理机制、网络信息收集和处理机制"。这是新闻媒体以网络为中心开展反腐倡廉的新领域，是新科技运用于反腐倡廉工作中的一项创新，也是执政为民的有益探索。互联网的高速发展和网络通讯技术的广泛应用，使得网络媒体的功能不断增多，给新闻事业和反腐倡廉的舆论引导工作的开展创造了前所未有的条件。对政府和媒介来说，互联网促进了宣传功能多样化、信息传播的时效性、信息资源的真实性、信息形态的丰富性、信息互动的平等性和信息反馈的及时性。这有利于大大增强舆论引导工作的辐射力、吸引力和感染力，极大地拓宽了反腐倡廉舆论引导工作的空间，扩大了舆论宣传的覆盖面。对于新时期舆论引导工作的开放性发展来说，这是一个难得的机遇，为执政党向外界展示自身形象提供了便利条件，不仅使广大民众能够迅速地了解社会信息，拓宽文化知识，丰富文化生活，更好地实现他们的知情权，而且为我们更好地宣传党和政府社会管理的法律法规和反腐倡廉方针政策、决策部署，了解社情民意提供有利条件，切实加强了反腐倡廉网络舆情信息工作。网民在实施对政府管理和廉政建设的监督过程中，讴歌勤廉、鞭挞腐恶、内容鲜活、形态多样，廉政文化已逐步渗透、融合到网络文化中，这对社会意识发挥着重要的导向作用，巩固和扩大了网上舆论阵地，推动了网络廉政文化建设，已成为意识形态斗争的新阵地、宣传思想工作的新途径。①

近年来，网络问政已经成为各级党委和政府加强科学管理、民主决策的重要手段，在广东更是如此。如 2008 年 4 月 27 日，中央政治局委员、时任广东省委书记的汪洋和时任省长的黄华华身体力行，约见了 26 位网友，这成为国内轰动

---

① 网络在反腐倡廉中的意义和作用. 人民网，2010 - 04 - 12.

一时的新闻；2009 年 4 月 3 日，汪洋与 12 位网友座谈，征求对《珠三角改革发展规划纲要》的意见；2010 年 7 月 2 日，汪洋在"我为广东建设文化强省建言献策"座谈会上和网友畅谈；2011 年 7 月 4 日，广东省领导在"共议社会建设，给力幸福广东"交流会上交流；2012 年 5 月 14 日，十一届广东省委常委与网民在线交流；2013 年 1 月 13 日召开的首届"广东治理创新奖"颁奖仪式暨专家论坛上，与会专家畅谈五年来广东治理创新的成绩和经验。人民网舆情监测室秘书长祝华新表示，2012 年年初，南方民间智库联合人民网舆情监测室共同发布广东 2011 年网络舆情十大焦点榜单。其中，广州"举牌哥"举起的是公民意识觉醒的大牌。这张牌子的背后，是其对自己公民权利、责任的正确认识与有序践行。正如微博评论所说的，当下不仅需要更多的"举牌哥"和"拇指妹"，还需要更多的"广州政府"。"把党的群众路线、统一战线延伸到互联网上，微博不应成为执政的盲区。"祝华新说，网络问政在广东步入常态化轨道。他还引用人民日报评论《宁要微词，不要危机》指出："呼唤民众的理性表达和有序参与，但政府显然负有更大的责任。官方媒体和领导干部能否反映和倾听民意，化解民怨，疏通和激活体制机制，让社会紧绷的神经放松下来，为人心活血化瘀，是能否减少社会舆论对抗性的关键。"

2010 年是中国的"微博元年"，也是网络舆情的新纪元。从甘肃舟曲抗击泥石流灾害，到微博直播江西"宜黄强拆事件"，再到围观"上海 11·15 火灾"的处置等社会事件，我们发现，微博正将全民"围观"迅速升华成一种社会普遍姿态的力量，给那些"有态度"的理性公民提供了一个关注社会公共事件、讨论社会问题的民意传达渠道。据中国互联网信息中心报告，我国网民规模已经跃居世界第一位。网络已成为社会各界利益表达、情感宣泄、思想碰撞的重要平台。每逢国内外发生重大事件，网络舆情汹涌，昭示着民众并不缺乏政治热情。反腐问题作为社会各阶层高度关注的焦点一直高居网络舆情排行榜的前位。网络舆论以其特有的时效性、信息海量、互动性、民意草根性、开放性、大众性、匿名性等特点使民意得到聚合和表达。网络媒体是继报刊、广播、电视之后兴起的新兴传媒，它还具有传播范围广、交互性强、主体强大、技术先进、成本低廉等方面的巨大潜力和能量。今天，网友言论之活跃已达到前所未有的程度，不论是国内重大事件，还是国际重大事件，都能马上形成网上舆论，甚至进而产生巨大的舆论压力，达到任何部门、机构甚至公众人物无法忽视的地步。

在加强对政府管理的监督、廉洁教育、遏制腐败方面，网络媒体具有传统媒体无法比拟的特殊优势。尤其是微博等新媒体的广泛应用，更为广大民众对政府管理和遏制腐败提供了更民主、更平等、更便捷的渠道，更好地实现了他们对社会管理和反腐斗争的参与权、话语权和监督权。网络舆论给新时期反腐倡廉舆论引导工作带来了新机遇。因势利导，发挥网络舆论的积极社会效应，保证正确的舆论导向，有利于执政党掌握舆论引导的主动权。通过网络公开政府官员不作为、严重失职以及腐败的典型案例，并使用新闻策划、议题设置、新闻评论、跟踪报道等手段，对广大干部和全社会产生强烈的警示震慑作用，有利于提升党的执政能力和水平，有利于加强反腐倡廉舆论监督。近年来，国内的每一重大事件，从重庆"钉子户"事件、打黑除恶风暴到山西"黑砖窑"事件、河北"三鹿奶粉"事件、陕西"华南虎"事件、对陈良宇等高官的判刑处理等，几乎都在网络媒体上引起了强烈反响和激烈辩论，形成了若干规模较大、力度较强的网络舆论，对有关部门的决策和施政产生了重要影响，对公共权力特别是"一把手"的权力进行了有效的监督。网络舆论的快捷性和匿名性，使其在实现舆论监督上有着突出的优越性。

2009 年"两会"召开前夕，中央领导同志与网友在线交流并接受中国政府网、新华网的联合专访。各级地方政府及其领导对网络的重视程度也在不断加深，利用网络的观念在不断增强，有的政府部门还设置了专门的网络民意收集和网络舆情研究机构。同时，许多领导机关也将网络作为重要的亲民交流互动平台，通过网络向网友问计求策。在他们的带动下，在人民网"地方领导留言板"上，省委书记、省长和近 60 位地市领导先后公开回复网友留言，并落实专门机构及人员处理网民反映的问题，建立了回复留言的固定机制。各地纪检、司法和行政机关形成了全国网络举报系统，完善了中央、省、市、县四级统一的纪检监察网络举报体系。

第四，文化传播的拓展功能。

新媒体促进了文化载体的转型与拓展，带给人们更多超时空的新的话语空间、文化视野和丰富多彩的文化享受。美国学者梅尔文·德弗勒和桑德拉·鲍尔·洛基奇在《大众传播学绪论》中谈道："一个社会的传播过程的性质实际上与该社会人们日常生活的每个方面都关系重大。"在新媒体发展的短短几年里，人类的交友、购物、娱乐、阅读、经商、工作等方式，发生了翻天覆地的变化。网友通过新浪微博互动传递爱心，产生了很好的社会效果。比如成都"熊猫血"救助：成都一位 93 岁的婆婆急需 RH 阴性 AB 型血，血库里没有血源。2010 年 2 月 24 日 22 时 07 分，成都蔡女士微博发出信息"求熊猫血救九旬老太"的案例开发了微博的新功能。在蔡女士通过微博发出信息后仅 12 小时，就有超过 3 000 人加入"织围脖"救助 93 岁婆婆的行列中，并寻找到 5 名献血者。精练的语言可以一下子就抓住人们的眼球，这也成为许多寻求帮助的人的一种求助方式。

第五，全球性信息交互共享功能。

根据联合国经社理事会的文件，"数字鸿沟"（Digital Divide），也叫"信息鸿沟"，是指由于信息、通信技术的全球发展和应用，造成或拉大国与国之间以及国家内部群体之间的差距。从世界范围看，就是由于发达国家经济水平及信息化程度与发展中国家之间所形成的信息不对称。经济学家埃瑟·戴森认为，互联网所带来的最大变化，是改变了权力的分配，在某种意义和某种程度上对"数字鸿沟"有缩小的作用。自工业革命以来的两个世纪里，人类追求的都是经济规模，比方说，大型工厂、大众媒体等。而互联网的出现，开始让世界朝另一个方向发展。互联网是一种让机会均等的新力量。随着信息技术的进步，主权国家为适应社会发展对相关政策的改革，带来了信息全球传播的可能。新媒体信息分享成本低廉且入门简单，使得个人和贫穷国家容易获得，从而让长期享受信息不对等的国家、地区和人们获得更多的力量和机会，有利于建立国际信息新秩序，为所有发展中国家提供前所未有的加快经济发展的机会。以 Twitter 为例，全球使用排在前五位的国家分别是：美国、日本、巴西、印度尼西亚和英国。在这个社交媒体上，巴西和美国有着分享同样信息的权利。

第六，对社会舆论公共领域发展的推进功能。

新传播革命的基本特征之一是去中心化。这和互联网天然的带有民主色彩和人本色彩密不可分，而这种民主色彩和人本色彩又必然导致传播资源的泛社会化和传播权利的全民化。在网络传播时代，传播力量由国家转移到社会，对国家组织治理能力构成挑战。新媒体成为社会主流群体表达自我的社会公共领域和舆论平台。新媒体的交互功能带来了真正意义上的自我观点的自由表达。如"7·23"温州动车追尾事故中，最早的求助献血信息就是由微博发出的，该信息很快就被转发了数十万次，在很短时期内动员了温州医疗机构及广大市民参加抢救伤员的工作。

李永刚先生在《互联网络与民主的前景》一文中提出，应当从如下三方面来考察网络发展对民主的积极推动：首先，是网络发展削弱了集权控制的能力。主要表现在它扩大了社群的分化，提高了参与能力，从而拓宽了民主的内涵，造就了更有分量的全球舆论。"事实上，一部电脑技术的发展史，就是一部从集权不断走向分权的历史。其中有两个意义重大的转折：一是电脑从中央控制式的大型主机转变为普通百姓可以使用的个人电脑；另一个就是网络的兴起。前者类似贵族专有向平民化的转变，它强化了分权和平等的观念；后者是亿万台计算机连同电缆和卫星技术一起交互使用。这一不放过任何东西的庞大的蛛网对打破信息垄断和由此衍生的集权控制潜在地具有颠覆性作用，它扩大了公众的选择机会，天然地符合民主的精神。"① 其次，网络发展改善了民主参与的技术手段。正如传播学界的天才麦克卢汉在 30 多年前就预言的："随着信息运动的增加，政治变化的趋向是逐渐偏离选民代表政治，走向全面立即卷入中央政治行为的政治。"这个工具就是网络传播。再次，网络发展凸显了少数派实力。由于网络中信息的分布与流动由原来以线性推进变成网状发散，信息内容从千篇一律变成张扬个性，意见表达与聚合更自由。这对民主制度一贯标榜的"多数原则"构成挑战，公民参与热情的高涨与个体意见协调艰难并存，在网上，传统意义上的意见整合、团体统一舆论已显得不那么合时宜，而能量大的少数人的意见否决多数人的表决成为大家关注与重视的焦点。

这里还涉及一个去中心化问题。由于互联网的普及性和相对自由性，信息门槛降低，泛信息现象出现。新媒体的崛起催生了全媒体时代的到来，受政策与市场因素的影响，在新媒体与传统媒体全面融合的进程中，媒体自由度扩大，公众传播地位提升，这虽然在一定程度上会削弱危机信息传播场中政府的信息主导地位，但它也让我们意识到，以往舆论观念落后、传播策略单一、信息发布方式陈旧的状态必须尽快改变。政府应尊重公众知情权，维持和完善社会公共领域的正常秩序及其健康发展，实现信息公开，在信息自由传播的过程中，实现对信息的控制，做到信息自由与控制的平衡。

第七，对传媒文化产业转型的促进功能。

由于网络传播和新媒体产生于数字技术、宽带技术、软件技术、IP 技术迅速发展，电信网、广播电视网和互联网"三网融合"的大背景之下，这使得各行业原来由于技术不同造成的传输网络及其终端设备的专用性、交互性和分离性的产业边界特征被冲破、被消融，原有的产业链（又称产业价值链）受到冲击，比如数字电视产业链和固网电信产业链原来相对稳定的平衡也被打破，从而出现了产业的融合，产业链出现了调整甚至再造。② 三网联合前后产业链变化情况详见图 5-4。

---

① 李永刚. 互联网络与民主前景，载自陈卫星. 网络传播与社会发展. 北京：北京广播学院出版社，2001.104.

② 赵云刚，胡勇军. 三网联合需要创新模式. 通信企业管理，2007（6）；转引自马为公，罗青. 新媒体传播. 北京：中国传媒大学出版社，2011.168.

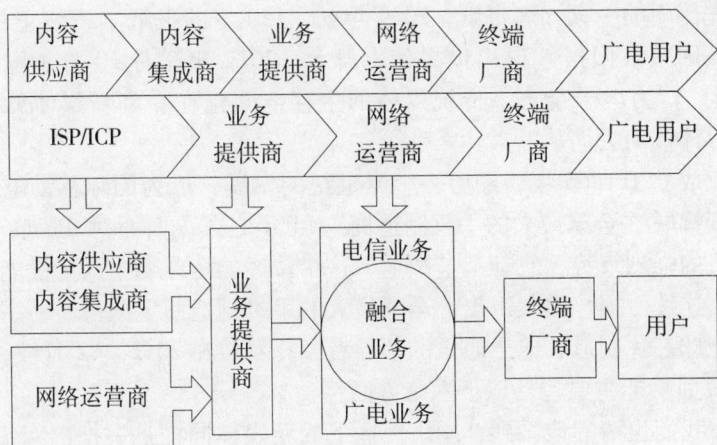

图 5-4　三网联合前后产业链变化比较图

　　"新媒体（这里主要是指互联网媒体和手机媒体）的技术和特征等决定了新的内容形态和传播形式。网络媒体上产生的新的内容形态主要有论坛、博/播客、搜索、即时通讯、视频分享等；手机媒体上产生的新的内容形态主要有手机报、手机电视、手机网络、手机音乐、手机广告、手机搜索"[①]，以及近年异军突起的微信等。

　　上述三网联合，推动了媒体文化产业的转型，催生了新的媒体传播形态。电信运营商不仅可以经营数字电视等传统的广电业务，而且可以经营 IPTV、手机电视等新媒体业务；而广电运营商不仅可以经营语音、互联网接入等传统电信业务，也可以经营 VoIP 等新业务。可见，三网联合带来的产业转型目前主要有三大典型业务（VoIP、IPTV 和手机电视）和两大新业务（数字家庭和互联网电视）。

　　网络传播和新媒体充分利用和显示了数字技术、宽带技术、软件技术、IP技术迅速发展的强大动力，以及电信网、广播电视网和互联网"三网融合"的巨大张力，使得传统媒体面临困惑和挑战。具有 146 年历史的美国《西雅图邮报》，已经转变为完全的电子报纸，是首个彻底脱离纸媒的大型美国报纸。2008年年底，拥有知名的《洛杉矶时报》、《芝加哥论坛报》等 10 家日报和 23 家广播电视台的美国第二大报业集团——论坛公司，正式宣布申请破产保护，成为网络普及以来首家申请破产的美国主要报业集团。丹佛的《洛基山新闻》是金融

　　① 马为公，罗青. 新媒体传播. 北京：中国传媒大学出版社，2011. 169~170.

危机中最先倒闭的一家知名报纸，2009 年初，150 岁的报纸"寿终正寝"。2012 年 2 月，英国《太阳报》退出世界传媒舞台。2012 年 9 月 20 日美国传媒巨头《新闻周刊》转为电子杂志。传统媒体的生存空间正在受到新媒体的挤压和占领，传统媒体该何去何从？

诺基亚成立于 1865 年，经历一个半世纪的发展，成为国际移动电话市场先锋，并一度蝉联"全球最大的手机制造商"14 年之久，而面对 iPhone 和谷歌安卓系统手机的强烈攻势，它却节节败退，这个曾经的全球霸主因为没能准确预测潮流趋势，连续亏损，黯然退出。全球最大的手机制造商宝座已经易主为韩国三星电子。全球芯片制造、电子通讯的领导者摩托罗拉在 2012 年 2 月被谷歌收购。

（2）负面功能主要包括以下六个方面：

当然，我们也清醒地看到，网络传播下的新媒体同样是一把"双刃剑"，它的效应犹如一个硬币，有着正反两个方面。网络的自发性、虚拟性、匿名性和开放性等特征，同时也为网络反腐带来了不少先天缺陷。网络反腐是一把"双刃剑"，我们要发挥其积极作用，抑制其破坏性。网络发展亦对包括反腐倡廉建设在内的党的建设提出了新的课题和挑战。要在充分把握新形势下认识到反腐倡廉网络信息工作的重要性、复杂性和长期性，深入研究互联网等新型传媒对反腐倡廉网络信息工作的规律，创新理念思路、方式方法和体制机制，不断提高网络信息工作能力和水平，找到发扬民主与国家控制之间的结合点、平衡点，因势利导，兴利除弊，妥善处理。

第一，把关功能的缺失导致信息的泛滥和不真实。

新媒体在传播速度、信息量、覆盖面等方面对传统媒体带来了巨大的冲击，同时也对传统传播理念和传播管理提出了新的课题。在网络传播出现之后，传统媒体"把关"功能已经开始削弱，政府在互联网传播中的直接控制力也相对减弱。新媒体兴起以后，信息传播者和接受者不再有明显的界限，传统的"把关人"缺失，由于传播主体众多，准入门槛低，且身份隐蔽，不同立场、不同观点、不同来源的各种信息的井喷式传播，导致信息冗杂，信息源不可靠，虚假信息和网络流言泛滥。

以微博为例，微博传播具有的"非过滤"性和信息源的不确定性，使其负面杀伤力极大。140 字微博的编写及发布，由于没有可控的监测机制，短期内处于一种无责任感传播状态，其信息的制作者可以是任何人，人人都可能是微博信息源。2011 年 3 月的"谣盐"恐慌、金庸被去世等消息造成的负面影响巨大。新浪微博最终实行实名制对此负面功能有了一定的约束。

第二，新媒体的人体延伸与人体自残。

当今新媒体上如雪花般迎面扑来的无尽信息，确实使人有一种"秀才不出门，能知天下事"的快感。加拿大著名传播学者麦克卢汉在 30 年前就曾以"人体延伸论"来描绘传播媒体对人类拓展视野所带来的奇妙功能。人们天天面对的是飞速增长的新闻信息、无孔不入的娱乐信息、铺天盖地的广告信息、应接不暇的科技信息，而最终导致的是个人信息严重超载；与此同时，人们更发现，在沉渣泛起、鱼龙混杂的信息海洋中，"信息爆炸"并不等于"知识爆炸"。大量肤浅的、冗余的、虚假的、破碎的，甚至有害的信息，更容易使我们成为信息的俘虏，更容易陷入"拿来主义"的麻木惰性，以娱乐代替思考，以猎奇代替学习批判。网络所创造的失真的却又令人沉湎的虚拟世界，代替了现实社会中的各种交际、劳动、运动、书写、计算、调查研究和分析批判等活动。长此以往，人们的学习能力、辨别能力、审美能力、实践能力、交际能力和创造能力都会大大退化。人们在传媒的大力渲染下耳濡目染进入"沉默的螺旋"，采取认同的态度，成为法国哲学家马尔库塞所说的"单面人"，似乎现代一切"时尚"都是合理的，不容置疑的。难怪麦克卢汉 30 年前就预言：人类每一项技术的进步，都是对自我的延伸，又是对自我的截肢。

第三，"虚拟世界"的误导与主客错位。

与以往用"原子"形式表现的文明相比，网络文化和新媒体鲜明的开放性、多元性、拓展性和虚拟性等特点更为突出。其中的虚拟性，就像美国评论家 W. 李普曼在其著名的《舆论学》一书中所说的，网络世界创造了一个被人的主观意识或体验所反映出来的、没有重量的、没有地域距离的、存在于现实世界之外的"虚拟环境"或"间接环境"，它是不真实的，却让人感到"胜似真实"。从科技的角度上说，网络的虚拟技术不仅为医疗、交通、军事、建筑、金融、教育等各行业的科学研究与发展进步带来了新的契机，而且为人类的文化生活开拓了一个多姿多彩的无限空间。但是，网络所创造的"虚拟世界"又犹如一个假面具舞会的游戏，它依托于现代的科学技术和文化包装，容易让人们如醉如痴，是非莫辨，沉溺其中，难以自拔。奥威尔曾经预言：以电脑为主体的传播科技，可能带来人的彻底物化，尤其对青少年来说，他们的世界观还未成熟，如果长期处在虚无缥缈的"虚拟现实"中，没有清醒的头脑，像李普曼所说的那样，把新奇逼真的"虚拟世界"当成真实的世界，把人际关系中"你、我、他"偷换成人机关系中虚拟的、冷冰冰的"你、我、他"；把大自然和人类社会丰富、真实、生动的现实环境偷换成被人主观设置的程序所控制的虚拟环境，甚至使人怀疑现实环境的真实性，这就有可能导致一些人世界观、方法论和思维方式的扭曲变形，就有可能颠倒了客观（第一性）与主观（第二性）的关系，造成主客观错位，迷失了现实与自我，这是十分危险的。因为他们已经变成了"虚拟现实"的奴隶，被自我"囚禁"了起来，陷入美国学者所说的"缸中之脑"困境：一个科学家由于被另一个邪恶的科学家进行了手术，他的脑袋被割了下来并被"养"在一个装有营养液的缸中。他的脑袋被不断地输入各种信息，使他似乎还保持着一种按照计算机的数字逻辑出现的幻觉，他也许还觉得自己一切"正常"，可是，实际上他已经从这个客观存在的世界中"蒸发"掉了。

第四，网络传播的政治文明与思想心理的异化。

互联网络传播的迅速发展不但创造了一个覆盖全球的"在线空间"，而且遍布全球的互联网络靠着统一的协议，为用户提供了普遍、可靠、方便的进入途径，体现了自由开放的理念和打不烂、堵不住的原则，实现了低成本、大范围的信息自由传递与接收。它最符合时代意义上的民主观念，基本上拒绝权威，拒绝崇拜英雄，拒绝权力控制，具有最浓厚的平民色彩和公共色彩，从而深刻地改变着全球政治、经济、文化的面貌。但同时，网络传播和新媒体对思想民主的发展也存在着一定的负面效应，尤其是容易导致思想意识的异化。异化是比较复杂的哲学概念。一般来说，"异化是指人的物质生产与精神生产及其产品蜕变为脱离生产者，而且同生产者相对的异己力量，反过来统治生产者的一种社会现象。在异化的过程中人的主体性完全丧失，遭到本来由自己创造的而现在却成为疑惧的物质力量与精神力量的奴隶"[1]。网络传播和新媒体对思想民主的负面效应表现在：

首先，它容易导致国家观念和民族意识的淡薄。

任何一个国家、民族都必须具有从思想意识形态到物质手段的合法社会控制。其中合法的意识形态就是"一些原则与价值（使公民）根据对未来的想象、对现实的解释和对过去的印象而证明一个结构，使其规范及占有者合法化"，其中最重要的理念是以捍卫本民族、国家利益为内核的民族意识和国家观念。它是一个国家和民族加强凝聚力，提高竞争力和发扬爱国主义精神、奉献精神、互助精神的文化基础和精神支柱，是民族的根和魂。而西方发明创造的互联网所张扬的价值规律却是全球化观念和个人自由主义，反对网络的任何控制，在世界经济一体化、全球信息网络化的前提下，跨国公司正在超越国家意识、民族意识、集体主义和传统道德，这容易导致国家意识和民族观念的异化和虚化。

其次，它容易导致青少年道德滑坡与心理变异。

道德品质是人格的核心，是社会的健康教育和现实世界的社会实践活动所塑造的人的精神品质。青少年时期的一个十分重要的任务就是培养其对社会的同一性，即社会的责任感和内在的自我同一性，并在此基础上逐步形成自信、自爱、

---

① 李彬. 传播学引论. 北京：新华出版社，2003. 236.

自重、自律和忠于社会、关心他人的品质。但新媒体具有传受一体、低门槛、匿名性、虚拟性、开放性、自主性、变换性、创造性、想象性等特点，营造了一个张扬个性、随心所欲、不受约束的"虚拟世界"，使其中的信息和言论鱼龙混杂，网络人的真实面目被掩盖，现实世界的真实矛盾斗争容易被扭曲，法律与道德的观念常常被忽略或被各种精神垃圾所淹没。真伪对错一时难以辨别，其传播效果也无法及时跟踪监测，容易消解舆论的社会整合功能，使网络传播的自由空间处于无政府、无秩序的状态。传播规范的缺失，信息传播的失控，对网络道德和网络伦理提出了巨大的挑战。尤其是网上黄毒肆虐，众多色情网站、网页兜售各种色情服务的现象泛滥成灾，加上"黑客"、居心不良者的"示范"与陷阱的诱惑，对青少年的身心健康、道德观造成严重侵害，带来了社会道德的滑坡，青少年犯罪率的大幅上升。

再次，它容易导致心理疾病和失去理性。

在心理品质方面，德国作家尼古斯·鲍恩认为，从根本上说，人的所有自觉或不自觉的工作和创造性的活动，都是为了让生命有一种存在的需要和感觉，这是一个人健康成长的过程。健康的心理品质离不开通过正确、健康的思想文化教育获得心理认知，在社会人际交往活动和社会实践斗争中获得心理情感的体验，锻炼人的健康的认知心理、情感心理、意志心理和良好的心理品质。但是网络传播通过运用高速运转、变幻莫测的无限比特（bit），创造了一个光怪陆离、充满诱惑性、煽动性的"虚拟世界"，在不知不觉中剥夺了这种生命个体应得到的正确教育、社会锻炼与心理体验，许多思想和心理都不成熟的青少年一头栽了进去，一味沉湎于"虚拟时空"和网上的"时尚"之中，失去了理性与自我，失去了一个健康者应有的正常感受和思想情怀。于是各种网络心理障碍和疾病产生了：如"恋网"和"网恋"、网络交际成瘾、网上色情迷恋、电子游戏迷恋、信息猎奇成瘾、网络制作迷恋等，致使青少年身心受到极大的伤害，学业荒废，无视法律规范，有的甚至恣意放纵自残，随意自我发泄，蓄意进行网络犯罪。

最后，它容易导致色情和暴力层出不穷。

网络传播将大众文化更广泛地传播，而色情文化一直是人类文化中的一个粗俗部分，色情文化在大众传媒的推波助澜下取得了迅猛发展。新媒体传播的每一个优势都成为色情信息泛滥的推手，"色情是新技术感染的第一种病毒"①。网络时代以攻击、打斗、色情、暴力为主要内容的网络游戏成为色情与暴力传播的温床；新媒体时代，色情与暴力的直播更加重了其负面影响。网络传播中的色情暴

---

① 苏宏元. 网络传播学导论. 北京：中国社会科学出版社，2012.12、115.

力更多出现在虚拟的游戏世界中，而新媒体使其出现在现实生活中。如移动终端中色情图片、游戏、暴力录像等的涌现，以及"微博约架"中教授与记者的约架，均引来众人围观。

美国 MySpace 网站后来因为涉黄和谩骂逐渐增多，管理者不加规范，以致难以扩大用户，最终无奈出售。如果说 2005 年卖给新闻集团的 5.8 亿美元象征着它是未来的新星，那么 2011 年以 3 500 万美元贱卖给广告商则意味着这颗流星陨落。

第五，它给网络恐怖主义提供了新的温床。

由于网络传播新媒体具有即时性、草根性、匿名性、无边界性、公开性、融合性和互动性等特点，目前还难以在法律和技术上找到进行国家信息安全管理和法律调控的有效途径，所以它常常被一些非法组织所利用，成为恐怖主义和其他犯罪组织的新的煽动手段和孕育温床。国内外反对势力可以通过网络社交媒体广泛传播攻击政府的言论及各种谣言，并且还有针对突发事件借题发挥、胡编乱造甚至煽动反政府的行为。

在 2009 年伊朗大选之后的街头冲突和动乱中，伊朗反对派将视频网站"YouTube"、社交网站"Facebook"、微型博客网站"Twitter"等网络社交媒体变成了抗议者向外传递消息、互相联络的主要工具和彼此协调、举行抗议活动的载体。伊朗反对派领导人穆萨维通过个人网站呼吁支持者举行大型集会，抗议总统选举结果以及针对示威者的攻击；伊朗境内的用户不仅彼此间传递有关抗议集会、示威者与军警冲突、伤亡数字和德黑兰局势的信息，还把这些信息发送给西方记者使用；在伊朗境外的改革派支持者，也通过 Twitter 向伊朗国内传递国际社会反应和主流媒体评论等内容的信息。伊朗国内外的反对派利用各种网络社交媒体发泄不满，串联示威以及向外界传播即时信息。借助网络社交媒体，伊朗政府的反对派不仅可以发布各种信息，而且可以约定时间地点同时上街游行，网络社交媒体已经成为伊朗政府反对派进行"网络串联示威"活动的重要工具。"网络串联示威"的出现对国家安全造成危害，因为网络社交媒体给每个传统的受众都提供了成为传播者的可能。"过去，传播媒介只被认为是传播者的工具，现在，从某种意义上说，传播媒介主要成为视听者的工具。""在网络上，每个人都可以是一个没有执照的电视台。"这提高了受众的地位，打破了传统媒体传播者的单向性，但也带来了传播权的滥用，导致任何人都能以任何目的传播任何信息。这些信息中不乏一些谣言、极端言论、反动言论，甚至一些危害国家安全的内容。

在 2009 年 7 月 5 日发生"乌鲁木齐打砸抢烧严重暴力犯罪事件"之时，美国著名的社交网站脸谱（Facebook）上，出现了一个名叫"全世界范围的抗议支持追求独立的维吾尔人"的群组。一再声称"与'7·5'事件无关"的"疆独"势力，企图通过这一手段大搞串联示威，煽动新媒体上的舆情。一个设在 Facebook 上的群组在简介处用维吾尔语和英语写了大段煽动性话语，要"发动全世界的'疆独'分子联合起来，发起一次全球抗议"。文中也有几处特别用大号的字体叫嚣："全世界的'维吾尔人'将联合起来，在同一时刻发起大规模的全球抗议。"据查证，乌鲁木齐的这次暴力事件是以热比娅为首的境外"疆独"组织——"世界维吾尔代表大会"指挥煽动的，该组织一直通过互联网等多种渠道煽动民众"要勇敢一点"，"要出点大事"，引发闹事。境外"疆独"分子利用美国的社交网站进行了全球性骚乱的煽动。

第六，西方国家的"互联网煽动与颠覆"。

在当前的国际互联网上，西方发达国家已经基本垄断了互联网上的多数信息资源，形成了以少数发达国家的语言、思想和文化为核心的全球传播体系。这进一步强化了传统媒体在国际传播中既存的不平等现象。西方国家同样是在网络社交媒体的传播过程中迅速找到了煽动与颠覆伊朗这样"独裁国家"的突破口。他们大力推行"E 外交"，利用社交媒体网站 Facebook、视频共享网站 YouTube、图片共享网站 Flickr 和微型博客网站 Twitter 等平台传递外交政策信息，并声称要以网络力量来应付那些打压国内媒体的国家。《卫报》称，伊朗危机证明了 Twitter 已成为一项强有力的政治工具，在此之前，美国一直找不到一种既可以影响伊朗又不使自己过于陷入其中的方式。美国国防部长盖茨曾在一场新闻发布会上直言，Twitter 等社交媒体网络是美国"极为重要的战略资产"，因为"这些新科技让独裁政府难以控制信息"。

在伊朗大选动荡过程中，美国政府进行了积极、主动的介入，使网络社交媒体成为"外交箭袋中的一支新箭"。西方国家的一些机构还通过网络社交媒体直接参与了"互联网煽动与颠覆"的具体行动。西班牙《起义报》在 2009 年 6 月 20 日的报道中讲述了美英等国是如何使用这些新型网络工具介入伊朗动荡事件的。该报称，伊朗街头发生的对抗都是美国中情局暗中煽动的，伊朗成了"新颠覆手段的试验场"。他们通过一些社交网站和微型博客的用户利用手机短信广泛传播一些关于政治危机和街头抗议行动的似真似假的消息，使人们无法辨别其真实性，谁也不知道这些信息是德黑兰抗议活动的目击者还是中情局特工发布的，其目的就是制造更大的混乱，让伊朗人内讧。此外，在摩尔多瓦大选的"颜色革命"和格鲁吉亚、埃及、冰岛等国的抗议示威活动中，网络社交媒体也成为西方国家进行"互联网煽动与颠覆"的重要战场。

第三节 传播媒体发展演进规律

一、微博是否可以"改变一切"

创新工场董事长兼 CEO 李开复写了一本书，取名《微博：改变一切》。他在书中详细分析了微博将使人们的生活方式、社交方式和商业模式发生深刻改变，并谈了自己亲身经历的微博体验。他通过观察与分析，提出："微博已经成为社会化的传播平台，是媒体很好的观望台，是很好的维权的工具，是一个门户的取代者。"南方日报记者为此曾经访问过李开复，问他："微博的确是改变了我们生活中的很多方面，但说它'改变一切'，是不是有夸大之嫌？"李开复解释说："之所以选了这样一个书名，除了吸引眼球，还因为微博的作用比大部分人想象的都要大"，"说它'改变一切'，其实真的不夸张。其理由是：首先，微博只有 140 个字，便于转发和共享；其次，微博鼓励实名，这种记者/编辑混合身份的模式，代表了一种自发组织的群众智慧，具有监督'纠错'的能力；再次，微博符合人性欲望，是社会化的传播平台，是媒体的观望台，是维权的工具、门户网站的取代者、品牌的塑造者、交友和发挥个人影响力的渠道"，"这就是我说它改变一切的原因"。

作为新的历史时期新科技条件下所产生的新的传播工具，微博对加强社会的信息交流、履行广大受众作为社会主体的话语权、参与权、监督权等民主权利，对发展社会网络文化、改革社会方式、推动网络文化发展、加强对政府管理与官员腐败的监督，都产生了积极的推动和促进作用，也确实促成了许多社会问题在某种程度上实现了的改变。微博快速而广泛的普及，对整个传播系统产生了巨大的影响。微博使个人有了信息获取和发布的能力，成为自媒体的传播渠道，使信息在一定程度上自由流通，导致传播主体和传播模式发生改变。通过分享信息，发布新闻，微博问政，微博监督，微博反腐，微博求助，个人宣传，企业营销，品牌推广等，它承担了更多的使命和期待。微博作为开放性的传播平台，其功能具有无限延展的可能性。而微博的功能结构所实现的信息传播的低成本和便捷性，促使用户生产内容，并能做到对用户所带来的海量信息的兼收并蓄，它将在整个社会的信息传播生态中起到更为重要的作用。

不容置疑，微博确实也有许多独到之处与特有功能：

第一，它是碎片化的"心情记录本"。微博用户用它记载自己某一刻的心情，某一瞬的感悟，或者某一条可供分享和收藏的信息。这些碎片化的信息能自发组织、完成对某个事件的完整报道和传播，也能够记录一个普通人生活中所有的点滴，以至于整体看来，它似乎是一部由俳句组成的个人史。微博在很大程度上，就变成了一个"心情记录本"。

第二，它是最快速的"即时新闻"。2009 年 11 月 1 日的一场大雪，让北京首都国际机场的大量乘客长时间滞留。部分航班乘客被困在机舱十几个小时，既不能起飞也不能下飞机，飞机上群情汹涌。碰巧经历现场整个过程的创新工场总裁、前谷歌全球副总裁李开复，在机舱内被困十几个小时的情况下，通过自己的笔记本和手机上网不间断地发布最新进展，在新浪微博平台来了一场颇有影响力的已经缺食物 9 小时、缺水 3 小时的"直播报道"："等了 12.5 小时，已有人在机舱里因缺氧而晕倒……"真实记录的情况瞬间传播出去，引发众多网友和媒体的关注，成为首都国际机场延误航班事件中被传播最广的文字。

第三，它具有爆发增长的"原创内容"。微博的出现，正如 Twitter 粉丝所认为的，Twitter 为世界带来了一个"人人都能发声，人人都可能被关注的时代"。微博让每一个"小我"都有了展示自己的舞台，引领了大量用户原创内容的爆发式增长。难怪 Twitter 创始人之一埃文·威廉姆斯说："即使是再庞大的新闻媒体，也不会像 Twitter 一样在世界各地拥有众多新闻记者。"微博上，每个人都形成了一个"自媒体"，成为信息的生产者和消费者。2008 年 5 月 12 日，中国四川汶川发生大地震，Twitter 在约 14 时 35 分 33 秒就披露了这一震撼性的消息，其快速的信息传播方式甚至超越传统的新闻媒体；2009 年 6 月 13 日，德黑兰在大选后的骚乱消息在 Twitter 上大范围传播，Twitter 成为伊朗人满足信息渴望和对外发声的替代网络。曾经高高在上的 CNN、BBC 也不得不先后在 Twitter 上注册了账号。

第四，它是最新的营销模式。微博即时广播方式有助于形成一种意见领袖的圈子，以类似名言警句的模式来发展成社会圈子的大舞台，这催生了微博的营销方式，利用微型博客，就大家所感兴趣的话题或商品侃侃而谈，就可以达到营销的目的。

第五，微博具有发扬民主、问政反腐的优势。由于微博具有几乎没有门槛、随意表达、简单明了、民主互动、无边无垠、即时互动等特点，所以它显示出对发扬民主、交流问政的优势。在 2011 年的舆论浪潮中，从中国红十字会的"郭美美事件"到中华慈善总会的"尚德诈捐门"，从中国青少年发展基金会的"中非希望工程"到"故宫十重门拷问"的刨根问底，从"7·23 甬温铁路追尾"到"达芬奇家具造假"的深度追踪、"江苏溧阳局长微博约情人"的事实曝光，微博在慈善领域和反腐领域大显身手，让中国刮起了一股诚信风暴，让以往不可一世的"梁上君子"成为"众矢之的"。总之，微博带来了全民参与政府管理与社会监督的热情。

它再一次证实了一个事实：先进的科学技术是生产力发展和文明进步的强大助推器，它也必然在一定程度上可以对某些已经落后的技术与成果产生"改变"的作用，还可以在一定范围内对人类社会精神文明与社会管理的进步产生积极的影响。

但是，在人类文明发展的永不停息的历史长河中，无数历史事实告诉我们，任何历史阶段、任何领域或门类科学技术的进步，都只能代表当时科学技术水平，人类利用自然规律所作出的文明创造永远不可能停留在一个水平上，更不能奢望某一种局部领域的科学成果可以"改变一切"。传播媒介的演进历史也不例外。曾记否，当声画结合的电视发明的时候，大众媒体其他"家族成员"，如被看作"灰姑娘"的广播和报纸，都曾经被预言将要像当年的"蒙古骑兵"一样"消失"。可是直到今天，它们依然各显神通，各有"活法"，并在与其他媒体的融合中获得了新生。

在科学技术高度发达的信息时代，微博到底能不能改变一切？要回答这个问题，我们就更需要历史地、辩证地、全面地认识传播媒介发展演进的客观规律。

二、传播媒介的演进规律

传播媒介作为一种信息文化，是由媒介技术和信息技术决定的技术文化，它是媒介技术乃至信息技术长期发展的产物。这种技术文化发展的基本特征体现于以下三个规律：

第一，媒介传播技术的演进贯穿历史发展的始终，并且发展速度不断加快。

正如德弗勒所说的："人类传播演进的历史，是传播系统复加的过程，而不是简单地从一种系统转向另一个系统。"传播革命的步伐、传播技术和手段的革新在时间上是以逐步加快、越来越快和间隔越来越短的态势发展的。按照美国一些传播学家的定义：一种媒体使用的人数达到全国人数的五分之一，才能被称为大众传播（在美国达到 5 000 万人使用），收音机用了 38 年，电视用了 13 年，有线电视用了 10 年，互联网用了 4 年，而微博只用了 14 个月。通过移动互联网与互联网的发展进程对比可总结出，目前移动互联网的发展速度已经 4 倍于互联网，也即是说移动互联网 1 年的发展历程是互联网的 4 年。

据上海交通大学舆情研究实验室发布的《2010 中国微博年度报告》显示：2010 年——中国微博元年 10 月，中国微博服务的访问用户规模已达到 12 521.7 万人。到了网络传播也是一样，如从"大哥大"到智能手机，从互联网到三网合一，这种"改变"从未停止，而且越来越快。

第二，传播媒介的发展与社会文化发展同步，两者密切相关。

媒介本身是社会科学技术和文化发展的产物，但反过来媒介技术和媒介文化对人类社会各个领域的改革发展也产生了深远的影响。大众传播的两大分支、六大媒介的产生就是社会发展和科学技术进步的产物。如果没有造纸技术、印刷技术、电子技术和语言文化、电波文化的发展，就没有书籍、报纸、杂志、广播、电影和电视的丰富文化成果。而大众传播媒介的出现，又反过来推动了人类科学技术文化的传播和进步。一种传播必定是一种社会形态的产物和反映。传播是在经济形态的制约下发展的，同样传播又在为经济形态的进化推波助澜。传播活动的进步与社会的整体发展水平是完全同步的。网络传播和新媒体也是这样，没有全球飞速发展的经济和以强大经济实力为后盾的现代高科技，就不可能有今天的信息技术和网络传播。全球化的经济发展需要加快全球信息沟通的技术和效果，网络传播和新媒体是人类社会进入知识经济时代，世界走向政治格局多元化、经济全球一体化和社会信息化的产物。信息网络的出现和迅速普及，带来了对人类社会政治、经济、文化、科学技术、思想观念、生产技术、社会关系、生产关系、生活方式和思维方式的重大转变，也大大改变了社会的各种形态。

第三，新的媒介和信息文化发展不是以一种新的形态代替一种旧的形态，而是适应需求，融合创新，整合发展。

不管人类的科学技术和生产力发展到怎样的程度，人类对传播媒介的新的需求都会继续向前延伸。大众媒介将在激烈的竞争中适应需求，融合创新，继续演进。就像不管体育媒体的竞争如何激烈，许多综合类报纸的体育栏目和体育专业报纸依然脍炙人口；体育广播仍然以其特有的魅力，向各类户外流动的、有特殊需要的人群发挥着声音的"优势"；体育电视的现场直播依然有着庞大的受众群体，仍然掌握着画面的"霸权"。而这些传统的媒体同时又在以信息网络的"它山之石"去"攻玉"，从而活得越来越精彩。所以杰克·富勒说："每种媒介都有自身的优势和劣势，它也会将这些强加在所携带的讯息上。新媒介通常不会消灭旧媒介，它们只是将旧媒介推到它们具有相对优势的领域。"菲德勒在1997年还指出："在我们开始对新兴技术和主流媒介的未来作用进行合理判断之前，我们需要掌握人类传播的全面、整体知识和在整个系统之间的变革历史格局。"正如罗杰斯（Rogers）等学者指出的："传播的历史是'越来越多'的历史。"它们将继续按照传播媒介演进的共生共荣、形态渐变、传承增值、适应生存、机遇和需要以及延时采用等基本原则继续发展，永无穷尽。在高技术条件下，传媒产业发展的驱动力主要来自三个方面：一是传媒整合；二是市场机制；三是传媒资源的开发利用度。在这三种驱动力之间，传媒整合是基础，市场机制是杠杆，传媒资源的开发利用度是结果，也是检验传媒整合、市场机制发挥作用的标准或尺度。

新浪 CEO 曹国伟曾表示："未来所有媒体的形式都会变成数字媒体，传统媒体必须向数字化、新媒体的方向努力，否则将会落后于时代。未来，传统媒体生产的内容更需要多种媒体的渠道去发行和传播，才能有足够的商业规模来支撑其发展。" 2011 年 4 月，新浪微博独立启用微博拼音域名 .weibo 为国际域名，同时启动新版 LOGO 标志，新浪微博将进入双域名并存阶段；开放 API（应用程序的调用接口），各种手机、浏览器、IM 上的微博客户端、机器人以及短信平台，极大地方便了用户使用；具有图片、视频和音乐分享功能，同步到其他微博的设置让新浪微博实现了融合。

微博裂变式的传播方式不同于传统媒体的线性传播和网络媒体的网络传播方式，它几何级传播的速度和广度，远远高于之前任何一种媒介产品。它使微博成为新闻发生地，信息发布和分享成为其最重要的功能。国内外政治、经济、文化等方面的大事件，都可以第一时间在微博上找到蛛丝马迹，并很快形成"滚雪球"效应。有人在网上这样形容："在互联网的汪洋大海中，动辄几十万、数百万粉丝的'意见领袖'是海面的浪花，相对沉默的大多数网民是这片海域的深层洋流。他们虽然游离于大众视线之外，但他们以共同兴趣为核心形成的各种小圈子、小群体，深刻地揭示中国社会和网络文化的发展与走向。"

第四节　网络传播时代我国媒体融合发展的对策

随着技术的进步，新媒体的出现带来了传播渠道的更新和传媒技术的飞跃，传播状态由一点对多点变为多点对多点，受众从被动接收信息变为主动传播信息。黑莓手机、ipad、iphone、surface 等各种各样的智能手机和平板电脑，除了用于会话、收发短信，还能收发视频、照片和博客、阅读、拍摄等，移动终端已经将一切内容囊括。

"新新媒介"出现后，它的服务功能又胜过"新媒体"的搜索引擎和电子邮件，更把传统媒体远远抛在后面。它没有自上而下的控制，使每个人都成为出版人、制作人和促销人。网络视频形式有视频播客、P2P 下载、视频分享、视频搜索等，突破传统影视的下载和收看，实现了网民自己或经过网民加工的网络视频的互动和共享。美国的 YouTube，每月 8 000 多万的点击量，该平台上超过 1 亿的视频片段都是用户原创的。在 2012 年头 6 个月，谷歌一家公司创造了 109 亿美元广告收入，而美国的报纸、杂志广告收入加起来都不过 105 亿美元。尼尔森颁布 2012 年媒体年度报告：社交媒体。该报告称，社交媒体正转变成一种全球现象，其中迅猛发展和种类多样的移动终端产品是主要原因：46% 使用者用智能手机登录社交媒体，16% 用平板电脑登录，41% 平板电脑用户和 38% 智能手机用户一边看电视一边使用社交媒体。

喻国明认为，微博推动了全新交流时代，并给每个人提供了一个"麦克风"，它可以将每一个微博用户上传的任何一段文字、图片及视频，以现场直播方式即时传播至他所有"粉丝"。在这个由微博推动的、正在到来的交流时代，如果我们还没能跟上它的脚步，那么就可能会被这个时代所抛弃。

信息技术的发展，引起了传播产业的深刻革命。网络传播与新媒体在极短的时间内迅猛崛起，震撼全球，这是一场涉及多个领域生存与发展的社会革命，只有适应潮流，把握契机，勇于迎接挑战，才有出路。从传播技术发展史总结出的传播媒介演进基本原则启发了我们，网络媒介的发展再迅猛，也并不可能成为传统大众传播媒介的"魔鬼终结者"，但我们面临的机遇和严峻挑战却是近在眼前的。作为某一种媒介不会"在劫难逃"，也不等于每一个媒体单位可以依然故我、高枕无忧、不思进取。我们对传统的大众传播媒介的发展应当有一个前瞻性的认识、一个实现跨越式发展的长远规划和运筹帷幄的战略对策。

党的十八大报告再次强调要"扎实推进社会主义文化强国建设"。其中，针对如何"增强文化整体实力和竞争力"的问题，报告中特别指出，要"促进文化和科技融合，发展新型文化业态，提高文化产业规模化、集约化、专业化水平。构建和发展现代传播体系，提高传播能力。扩大文化领域对外开放，积极吸收、借鉴国外优秀文化成果"。《国家文化科技创新工程》中提出，"文化产业具有高附加值和高科技含量等新经济特征……科技与文化融合态势凸显，还催生了一大批新的文化形态和文化业态"；财政部通知中明确指出，中央文化企业资本预算三大支出重点中即包含推进文化科技和内容创新。

一、超越媒体，整合潜力，集成共享

在网络时代，每一个人都是"记者"，信息传播可以说是"无时不有，无孔不入"。我们应当认识到以互联网为代表的新媒体，是当今媒体技术中最强大的新生力量，是彻底冲破传统媒体介质壁垒的重要抓手。我们必须抓住机遇，因势利导，把新媒体与传统媒体大融合的趋势推向高潮，并借助网络等新媒体的力量扩张自己，积极优化整合自有资源，进行跨平台、跨媒体、跨地域的市场化、规模化运作，实现利益最大化。在新技术环境下，传统的广播、电视、平面媒体与网络等新媒体通过合作的方式，密切互动，促进双方的资源整合、产业共融，形成集约化、集团式的管理运营模式，从而获得社会效益和经济效益的最大化，形成多种媒体借力共赢的格局，尤其是报、台与三网的融合。

随着通信与信息技术日新月异的发展，电信市场的逐步开放以及广大用户对各种业务需求的与日俱增，国际上"三网融合"的潮流把原来独立设计运营的传统电信网计算机（主要指因特网）和有线电视网通过数字技术、光通信技术、软件技术、TCP/IP 协议四大技术的支持逐步渗透和融合，打破原来"三网"之间的技术界限和"一种业务一种网络"的泾渭分明、"互不侵犯"的网络形态和运营思路，创新条件使之互相渗透、互相融合、互相竞争。这已成为未来信息业和传播业发展的重要趋势。例如，"宽带技术、无线电通信技术、P2P 技术等都已经显露出整合各种媒体的功能，高端手机的集成网络、广播、电视及传统电话等媒介融为一体，集信息采集、发布、传送与接收为一体的整合能力就是一个很好的例证。新媒体与传统媒体的不同组合，决定了传播形式的多样性和内容组合的多样性"①。目前，"新媒体涉及面广，主要分布在六个领域：一是电信增值业，主要是 ICP、ISP、IDC、IPTV 和 SMS 等；二是传媒业；三是出版业；四是娱乐业，尤其是网络和手机的游戏、动漫、音乐、影像的快速发展，带动了网络和手机的消费；五是展示业，网络媒体、数字媒体、多媒体等和遥感控制技术的整合应用，进一步使展示技术得到提升和开发；六是咨询业，e-教育、e-商贸、e-购物、e-银行、e-旅游等，可谓商机无限，潜力巨大"②。

目前全球的电信网与有线电视网已分别拥有约 10 万用户；因特网的用户也超过 3.5 亿，而且发展速度极快。传统媒体只有搭上"信息网络快车"，驶上"信息高速公路"，迅速把自己做强做大，才是最根本的出路。

中国的传播业必须充分深刻地认识到信息传播全球化与传播业的广泛且深层的关系，正确全面地把握传播媒介演进的客观规律，彻底改变对传统传播媒介发展盲目乐观、故步自封或悲观消极、无所作为的错误思想观念。要以抢抓机遇的时代责任感和紧迫感，树立起全球竞争意识、危机意识、创新意识、品牌意识、法制意识和赶超意识，以指导传播业的体制创新、资源整合、创立品牌、优化服务、开拓市场、人才培养等方面得到更好发展。

我国必须加快推进经济结构调整和发展方式转变，加快培育和发展战略性新兴产业，推动三网融合，为发展下一代互联网提供新的战略机遇。国务院《关于加快培育和发展战略性新兴产业的决定》（国发〔2010〕32 号）中提出：要"加快建设宽带、泛在、融合、安全的信息网络基础设施，推动新一代移动通

① 蒋宏，徐剑. 新媒体通论（绪论）. 上海：上海交通大学出版社，2006.3~4.
② 蒋宏，徐剑. 新媒体通论（绪论）. 上海：上海交通大学出版社，2006.3~4.

信、下一代互联网核心设备和智能终端的研发及产业化，加快推进三网融合，促进物联网、云计算的研发和示范应用。着力发展集成电路、新型显示器、高端软件、高端服务器等核心基础产业。提升软件服务、网络增值服务等信息服务能力，加快重要基础设施智能化改造。大力发展数字虚拟等技术，促进文化创意产业发展"。

二、发挥优势，扬长避短，锐意创新

新媒体和传统媒体的一个重要区别，就是新媒体具有传播渠道的开放性和多元性、传播模式的便捷性和互动性、传播主体的平民性和平等性等优点。新媒体加速了社会信息平权意识的建立，加强了各级政府部门对于信息公开制度建立的重视，成为实现政治文明和社会文明的一个重要条件。它改变了传统媒体信息滞后，点对多、单向传播为主，反馈渠道不畅通，大众对政府和媒介的监督不"给力"的老局面。面对网络传播的挑战，传统媒体应当抓住机遇，扬长避短，发挥优势，融合创新，走跨媒体融合的道路。所谓扬长避短、发挥优势，就是要充分发挥和增强传统媒体自身多年积累的社会政治需求的优势、舆论调控力的优势、信息资源的优势、人才资源的优势、品牌和社会公信力的优势、受众文化传统习惯的优势；所谓融合创新，就是在拓展自己的传统阵地的同时，通过对各类传媒优势特点的嫁接融合，把其他各种可以组合利用的新旧媒体的特点和优势，运用到自身，并与自己原有的形式、特点与优势有机结合，开发创新，创造出新的特点与优势。

三、强化互动，拓展功能，服务增值

撇开新媒体复杂的技术概念，单就传播的形态与功能而言，其优势在于：崭新的技术极大地提高了信息传输效率；多点对多点，实现了大众传播的"小众化"；即时互动的模式实现了反馈和沟通互动性；多媒体整合的传播形态组合，导致功能与效果的增强。比如平民百姓在新闻事件发生时及时在现场拍摄的手机照片，通过博客近乎于图片直播的方式进行了原创性的现场"首播"。这些照片很快进入各大电视网的新闻头条。这样，手机、博客、互联网以及播客密切配合，人们将"第一时间、第一现场"的权力牢牢抓在手中，新的媒体形式与媒体工具的结合，显示出巨大威力。

新媒体的数字化、多媒体化以及宽带化，使网络电视剧和手机短剧快速发展，这适应了广大受众渴求更新收看方式，提高随时随地点播的便捷性的需求；新媒体的无国界性、多媒体性和超文本链接，使受众可以享受到更加个性化、多元化、跨国家的信息收集、整合和发布等服务；新媒体的"草根性"和"原创性"，使一些自娱自乐拍摄的 DV 纪录片、MTV 片、剧情片、实验片等成了民间内容供应商一种"零"价格发行的文化市场现象；新媒体的互动性，也使手机网络和手机游戏成为家庭娱乐发展最快的文化产品。"新媒体正在成为继报刊、广播、电视之后的又一新闻与信息传播的重要途径与环境。随着新闻、言论、广告、娱乐在网络上的快速集聚和融合，各种符号信息传播的速度和自由度不断增强，新媒体的增值服务业务不断开拓，经济效益日渐显著。"[①] 传播效果和经济回报逐渐走高。这应当成为传统媒体突破旧"瓶颈"，革故鼎新，融合发展的非常宝贵的机遇。

南方报业传媒集团管委会副主任、副总编辑丘克军曾先后应邀到上海交通大学、中国传媒大学、上海大学、长江新闻与传播学院等名校讲学，他以当今我国财经类报纸中在社会评价和经济效益领域傲视群雄的《21 世纪经济报道》为例，用大量翔实的事实、数据和深入浅出的精辟哲理，引导大家沿着《21 世纪经济报道》的成长过程解读了其成功真谛："一生二，二生三，三生万物，生生不息。"这里除了更新新闻观念，坚持"新闻创造价值"的观念、新闻策划的创新外，还有一点就是盈利模式的拓新，他们抓住机遇，更新观念，创新模式，积极应对新媒体的挑战，充分利用报纸、杂志、网络、手机、数据库、电台、电视、活动、论坛等多元媒体策略，在形式多样的市场活动中，大力开展俱乐部会员活动，热心服务受众、悉心打造品牌，各种增值服务获得了受众真心的认同和市场效益的双重回报，探索出一条可持续发展之路。这为我们提供了非常难得的经验和借鉴。

四、内容为王，突出个性，凸显人性

"内容为王"，是随着互联网网站建设衍生出来的 SEO 专业名词，SEO 优化中素有"内容为王，外链为皇"一说，这后来成为传媒界最为人熟知的从业理念之一。维亚康姆公司（Viacom）总裁雷石东首先提出这样的理念："传媒企业的基石必须而且绝对必须是内容，内容就是一切！"他的意思是，网站的生存之道在于网站的内容质量，提供优质的网络资源给用户浏览是一个网站的根基。伴随着互联网各类网站的蜂拥崛起，同质化、平庸化，甚至于挂羊头卖狗肉的现象令真正的网民深恶痛绝。大家最需要的内容，是它的新颖性、原创性和满足真正需求的独特个性。一个网站如果没有能留住用户的信息内容，就等于一个人没有

---

① 蒋宏，徐剑. 新媒体通论·绪论. 上海：上海交通大学出版社，2006.3 ~ 4.

了灵魂。

　　这里涉及由美国人克里斯·安德森提出的著名的长尾理论（The Long Tail），这是网络时代兴起的一种新理论。"所谓长尾理论是指，只要产品的存储和流通的渠道足够大，需求不旺或销量不佳的产品所共同占据的市场份额可以和那些少数热销产品所占据的市场份额相匹敌甚至更大，即众多小市场汇聚成可产生与主流相匹敌的市场能量。也就是说，企业的销售量不在于传统需求曲线上那个代表'畅销商品'的头部，而是那条代表'冷门商品'经常为人遗忘的长尾。这意味着消费者在面对无限的选择时，真正想要的东西和想要取得的渠道都出现了重大的变化，一套崭新的商业模式也跟着崛起。"[1] 简而言之，长尾所涉及的冷门产品涵盖了几乎更多人的需求，当有了需求后，会有更多的人意识到这种需求，从而使冷门产品不再冷门。长尾理论认为，由于成本和效率的因素，当商品储存流通展示的场地和渠道足够宽广，商品生产成本急剧下降以至于个人都可以进行生产，并且商品的销售成本急剧降低时，几乎任何以前看似需求极低的产品，只要有卖，都会有人买。这些需求和销量不高的产品所占据的共同市场份额和主流产品的市场份额相比，甚至可能更大。优质内容可以强化访客对用户的粘连度并使之保持持续关注，不间断的优质内容提供与分享会像蝴蝶效应般促进网站全方位发展。所以，如果我们能充分地利用好网站原创内容的价值，就能真正体现"王"的价值所在。

　　新媒体技术使计算机不再是一种孤立的收集信息和公文处理技术，而是变成了新媒体乃至多媒体信息共存和广泛利用资源的平台，成了全球多符号自由互动的宽广桥梁，成了实现和满足受众多元化、需求个性化的生动载体。所以我们应当充分利用新媒体的这些功能与优势，坚持"受众中心，内容为王"的理念，把新媒体开发成为最强大的数据库，使它"既可以实现和满足受众个性化的点播服务，又可以实现大众化的分专题的广播服务，还可以根据原始数据进行分类处理和重新编排，使产品形式不断出新，比如，红色经典系列节目的特别放送、历史人物专题的特别报道、重大新闻事件背景连续性的特别回顾、各种难忘的老歌和老电影经过整合后的特别播出等，都可以通过庞大的数据库进行重新编排和创意设计，满足各种层次受众的个性化选择的需求，同时也创造了数字媒体自身的新的业务品种和产品链"[2]。其结果，将可以整合多元的媒介功能和多种符号与形态的文化资源，大大降低成本，有效提高社会效益和经济效益。

---

① 百度百科"长尾理论"条目．http：//www.baidu.com．
② 蒋宏，徐剑．新媒体通论·绪论．上海：上海交通大学出版社，2006.2．

五、打造航母，优化管理，走向世界

纵观世界传媒业的发展，传媒集团做大以后，无一不从事跨媒体经营。以当今世界总资产排名第一的美国在线—时代华纳为例，该集团在电视方面拥有几个世界级的有线电视频道，如 CNN、HeadlineNews、CNNfn、TBS、TNT、CNN-SI等；在电影方面，拥有华纳兄弟电影公司以及遍布美国的 1 000 多家电影院；在杂志方面，拥有《时代》（Times）、《人物》（People）、《体育画报》（Sports Nustrated）、《财富》（Fortune）、《生活》（Life）、《亚洲周刊》（Asian Week）等 36种世界著名期刊；在出版方面，拥有 2 000 家书店，是全世界第二大书商；另有1 家大型图书馆，储藏了 6 000 部电影、25 000 部电视节目、数千部卡通片和大量书籍等。以上的传统媒体，加上美国在线的网络资源，使美国在线—时代华纳毋庸置疑地成为一个全媒体集团。

与传统的单一媒介公司相比，跨媒体的传媒集团有着许多优势：一是在全球内实现资源的重新配置和共享，形成能参与世界竞争的新的强大合力；二是让各类媒体优势互补，创造市场需要的多元服务功能与形态；三是扩大生产规模，达到规模效益，降低生产成本；四是提高核心竞争力，更能够得到广告商的青睐。

在 2001 年中国网络媒体运营与发展高峰论坛上，中国社会科学院新闻与传播研究所网络与数字传媒研究室主任闵大洪教授提出：中国的传播生态将发生深刻变化，网络媒体与传统媒体之间的整合是大势所趋。他还指出，上述趋势将使网络媒体获得"源动力"，使传统媒体驶上"高速路"，而二者的合作将产生更大的社会和经济效益。在全球化传播时代，发达国家的国际大型媒介公司快速扩张的主要手段之一，就是打造跨媒体的传媒集团。他们通过跨媒体和跨行业经营、媒体收购、媒体间的合并等方式，组建了一个个大型的传媒"航空母舰"，将自己的优质产品，通过立体式的媒体网络，向不同媒介使用者传播，并将触角伸向世界各地。

为了促进我国传媒集团能更好、更快地发展，国家必须调整传媒业的宏观管理政策，从根本上改变原来的管理体制，从体制和政策上给予传媒产业以完善的保护与扶持，进一步加强有线电视网络实现三级贯通、全国联网，组建一些大型的传媒集团，通过兼并重组，发展集约经营，形成合理的组织结构。应当按照优胜劣汰的市场竞争法则对传媒地区结构进行重组，开展跨地区的经营；尽快完善传媒业投资融资体制，拓宽资金利用的渠道，进行跨媒体、跨地区、跨行业的投资和兼并。

思考与练习

1. 什么是网络媒体和新媒体？

2. 如何理解从 Web1.0 到 Web2.0 再到 Web3.0 发展的本质？

3. 为什么说新媒体带来了信息时代的斗转星移？

4. 试以最新的新闻事件为例子，说明新媒体的新功能、新特点及其负面功能。

5. 试联系媒介演进的规律和实例，分析微博能否"改变一切"。

6. 你对我国网络传播、新媒体和传统媒体的融合发展有何积极的建议？

第六章　当代风险社会与危机传播

　　潘斌先生在他所著的《社会风险论》一书中给我们勾画了这样一幅惊心动魄的当代社会图景："当社会发展进程不可避免地进入现代性轨道之时，风险也从时代问题演进为现时代的主题和基本特征。自'切尔诺贝利事故'以来，风险几乎穿透了一切社会领域并发展为社会生活的关键词，从核风险到'9·11'恐怖袭击，从生态危机到能源紧张，从'非典肆虐'到基因安全，从'颜色革命'到社会解体，风险渗透到社会生活的全部领域，无处不在、无时不有，在一定意义上而言，我们已经进入风险社会之中。而全球化浪潮更是使得风险传播形成一种'蝴蝶效应'，穿越了地理空间的限制而拓展到全球领域，区域性的风险往往跳出了地理上的局限而构成世界性危机，甚至可以说，全人类都系于共同的风险命运之中。在生态灾难、核毁灭的威胁下，所有种族、阶级、身份和地位的差异都几乎归于无形，风险将人们带入最普遍的民主境遇中。"①

　　这不是言过其实的危言耸听，也不是故弄玄虚的肆意炒作，而是人类进入全球化社会的今天所面临的包括自然界和社会的真实写照和焦虑告诫。"作为一种历史现象的社会风险，在不同的历史境域中有着不同的内涵和形式。本质而言，现时代的风险就是现代性在曲折生成的过程中不断形成和凸显的风险，现代性构成了风险问题的时代境域，现时代的风险问题也是如何诊断和走出现代性困境的问题，直面时代问题，就是深入风险的时代境遇中探寻如何走出现代性所埋设的危机与困境。"②

　　全球化理论的奠基人之一吉登斯曾深刻指出："全球化是世界范围内的社会关系的强化，这种关系以这样一种方式经彼此相距遥远的距离连接起来……因此，今天无论是谁，无论在世界的什么地方研究社区问题，他都会意识到，发生于本地社区的某件事情，很可能会受到那些与此社区本身相距甚远的因素（如世界货币和商品市场）的影响。"

　　因此，我们不可能脱离全球化来理解风险社会。风险社会的形成是和经济全球化同步的，风险社会的来临也是全球化最显著的后果之一。深入研究和切实解

---

　　①　潘斌. 社会风险论. 北京：中国社会科学出版社，2011.1~3.
　　②　潘斌. 社会风险论. 北京：中国社会科学出版社，2011.1~3.

决好人类的风险隐患，是时代赋予社会科学工作者迫在眉睫的历史使命。

第一节　当代风险社会的概念、风险类型和特点

一、风险的概念

"风险"一词的由来有多种解释。有人提出一种"捕鱼说"，认为在远古时期，以打鱼捕捞为生的渔民，在长期的捕捞实践中，深深地体会到"风"给他们带来的无法预测、无法确定的危险，所以每次出海前都要祈祷，希望神灵保佑自己或亲人在出海时能风平浪静、生命安全、满载而归，因此有了"风险"一词。而另一种"源出说"称"风险"（Risk）一词是经过多位学者论证的，是舶来品，比较多人认同的说法是来源于意大利语的"Risque"一词，被理解为自航海遇到的礁石、风暴等客观的危险事件。

在现代性发端以前，人类并没有严格意义上的风险概念，只是形成了较为朴素的风险意识、风险心理和风险观念。风险"真正成为公共话语世界的中心议题，成为社会关注的焦点与时代的标志，则与现代性进一步发展遭遇到困境，或者说现代性的自反性运动密切相关"①。随着现代性进程从工业现代性向反思现代性、从简单现代性向二次现代性转型，风险理论日渐成为社会理论的核心范畴，成为一种新的社会文化思潮而进入主流的话语体系。风险问题的考察必然离不开对现代性的反思与批判。

经过两百多年的演绎，人类从各种意外风险的严重挫折和损失中，也收获了关于"风险"的深刻认知、防范意识和经验教训。随着人类改造自然和改造社会活动的复杂性和深刻性的逐步深化，人们对现代意义上的"风险"一词的理解，开始从哲学、经济学、社会学、统计学甚至文化艺术领域的角度和高度上，赋予了其更广泛、更深层次的含义，"风险"也成为人们生活中出现频率很高的词汇。"从14世纪到17世纪，资本主义从起源到蓬勃发展，随着工业化国家在全世界范围内的探险和扩张活动，风险概念也进入不同国家的语言体系中。随着人类认识能力的提高和科学技术的进步，人类已经不再单纯把'风险'看成是一种可怕的自然灾害力量，而是有了一个比较明确的现代含义，即'可能发生的危险'。这里强调的是人与外部世界之间的一种可能的损害关系。它反映了人类认识自然、改造自然的主体意识。而在20世纪中期以后，'风险'的语义不

---

① 刘岩. 风险社会理论新探. 北京：中国社会科学出版社，2008. 13.

再局限于技术和经济层面，而成为一个社会理论的关键范畴。"①

乌尔里希·贝克在《风险社会》中这样写道："风险可以被定义为系统地处理现代化自身引致的危险和不安全感的方式。风险，是现代化的危险力量以及现代化引致的怀疑的全球化相关的一些后果。你可以拥有财富，但必定会受风险的折磨，可以说，风险是文明强加的。"② 安东尼·吉登斯在《现代性的后果》的说法是："（风险）这个概念是随着人们意识到这一点而产生的，即未能预期的后果可能恰恰是我们自己的行动决定造成的，而不是大自然所表现出来的神意，也不是不可言喻的上帝的意图。"③

由此我们可以看出，风险是我们人类自身行动的后果。这种后果既是某种迫在眼前的、可感的危机，也是现代社会人对我们这个时代的某种体验和把握。这种体验，也许正如米尔斯在《社会学想象力》中的经典描述："一种滑入陷阱的感觉。"

二、"风险社会"的概念

对于风险社会的概念，不同的学者也有不同的理解。

第一种理解是现实主义的，代表人物劳（Lau）提出的"新风险"理论认为"风险社会"的出现，是由于出现了极权主义增长、种族歧视、贫富分化、民族性缺失等新的、影响更大的风险，以及某些局部的或突发的事件导致或引发的潜在核危机、金融危机等社会灾难。

第二种理解是文化意义上的，如凡·普里特威茨（Von Prittwitz）的"灾难悖论"理论以及拉什等人提出的"风险文化"理论，都认为风险社会的出现体现了人类对风险认识的加深，认为我们本来用来解决问题的手段反而对技术发展产生了副作用，从而发起了灾难。

第三种理解是以"风险社会"理论的首倡者和构建者贝克、吉登斯等人为代表的制度主义理论。他们对于风险的分析比上述两种更为全面深刻。贝克声称自己既不是"现实主义者"，也不是"建构主义者"，而是"制度主义者"。制度最重要的东西是责任。责任包含在简单现代性的"保险原则"中。他们两人关于风险社会的论述具有高度的互补性。贝克更强调技术性风险（尤其在早期著作中），而吉登斯侧重于制度性风险；贝克的理论带有明显的生态主义色彩，而吉登斯的话语则侧重于社会政治理论叙述。他们虽然都认为传统社会与现代社

---

① 刘岩. 风险社会理论新探. 北京：中国社会科学出版社，2008. 13.

② ［德］乌尔里希·贝克. 风险社会. 何博闻译. 南京：译林出版社，2004.

③ ［美］安东尼·吉登斯. 现代性的后果. 田禾译. 南京：译林出版社，2000.

会在风险结构和认知上存在着根本的区别，但并没有简单地停留在这种"二分法"上，而是对现代性进行了更详细的区分。在他们看来，早期现代性（或简单现代性）解决的是传统社会的风险，但也产生了新的风险，并且这些风险的累积构成晚期现代性（或高级现代性、反思现代性、激进现代性等）的特征。由于风险是一个时代的特征和社会的特征，所以才可以说出现了"风险社会"。①

三、风险类型

在工业时代生产力与经济高度发展的同时，人类社会在激烈的竞争中相互利益关系的冲突性、科学技术发展的"双刃性"、认知世界能力的局限性、违背经济规律的片面性、社会转型矛盾交汇的复杂性，使物质文明与精神文明产生较大落差，人和自然的关系不协调，人类社会在政治、经济、思想、文化各领域的多元碰撞加剧了。当代社会的风险类型呈现多样化的趋势。其中直接与人类相关的就包括生态领域的风险、政治领域的风险、经济领域的风险和社会领域的风险。

1. 生态领域的风险

这是指由于人类对自然界规律认识上的局限性和滞后性，以及自然资源的过度开发和管理保护的失位，目前各地区普遍存在的"资源枯竭、环境污染、生态破坏、气象灾害、地壳异常运动等所引发的生存和发展造成损害的一种可能性关系状态"。例如，由病毒基因突变所导致的新的致命性传染病的出现和肆虐就是全球生态风险的一种表现。艾滋病、禽流感、非典（SARS）等已经让当代人类吃够了"苦头"，并正在继续对人类生存发展造成巨大的威胁。"生态风险是最早引起人们关注的风险，它是人类不断扩展自己的发展空间对生态系统造成冲击的结果，体现了人类实践活动对生态平衡的破坏所招致的大自然的'报复'。"②

2. 经济领域的风险

这主要是指人类社会在经济活动过程中由经济制度设立、健全、理解、执行和管理等方面的缺位、失范、变异，引发的对人类生命活动、生活机会、生存质量造成损害的一种可能性关系状态。经济风险属于现代范畴的风险，它是伴随着资本主义的兴起、扩张而产生的制度性风险。经济风险具有两面性：风险受益和风险受损。"在全球化的背景下，经济领域充满了不稳定的因素，各种风险潜藏在全球经济体系中。"③ "在贝克看来，'最引人注目、最有影响的应用领域也许

---

① 百度百科"风险社会"条目. http：//baike. baidu. com.
② 刘岩. 风险社会理论新探. 北京：中国社会科学出版社，2008.6～7.
③ 刘岩. 风险社会理论新探. 北京：中国社会科学出版社，2008.8.

就是全球性的金融流通的风险。'""我们刚刚才开始了解这一领域里所发生的事情,并为此提出一个观念。原因在于,金融潮流(流通绝不是经济的一切贸易关系和生产条件),即使这种新的数字化的、在全球范围内实时进行的金融交易本身,就能使整个国家动荡不安。据我看,这种金融流通就是世界风险社会的一个核心领域年,可以断言,这一领域也是不可控制的。"①

3. 政治领域的风险

这主要是指由政治利益冲突引发的国家主权争拗、权力更迭斗争,滥用军事暴力所导致的对人类的生存和发展造成损害的一种可能性关系状态。其中最大的风险是战争的风险,它对人类社会的破坏力最大。人类刚刚走过的 20 世纪,此起彼伏的国际与区域的严重军事冲突所夺去的生命比过去任何一个世纪都要多得多。随着暴力手段的高科技化、大规模化、强组织化,现代化战争高度工业化,尤其是核战争和暴力事件的风险,后果触目惊心。当今各国所拥有的核武器总量足以数百次毁灭整个地球上所有生命。所以贝克指出:"两次世界大战证明,地区性冲突事件可能是全球性战争温暖感的开端。在当代,战争的工业化已经发展到十分危险的程度。……我们今天生活在一个全球化的军事格局之中,这样的格局无疑是战争工业化的结果,已经扩散到全世界的大规模杀伤性武器具有了史无前例的毁灭性力量。……全球化使战争的风险比以往任何时代都加大了。"② 例如"2001 年发生的'9·11 事件',2013 年发生的'4·23 新疆巴楚暴力恐怖事件',都是由恐怖主义造成的政治风险在当前的集中体现。这些恐怖事件从一个侧面空前强化了人类的风险意识,促进了风险意识的普遍化;从另一个侧面也反映出了在全球化时代,风险具有一种'捆绑效应',即风险的代价指向全人类,当然也包括企图享尽利益而转嫁风险的发达国家本身。'9·11 事件'是一个教训:当代资本主义借助全球化和技术进步而得到了畸形发展,同宗教纷争纠缠在一起,更激化了以纽约摩天大楼为代表的一个极端,同以阿富汗、苏丹等国的穷乡僻壤、断壁残垣为代表的另一个极端的巨大反差。"③

美国后现代主义思想家格里芬指出:"现代范式的一个灾难性的特征是,它使得强制性的力量成了一切变化的基础。……现代人把强制性的力量当作他们与别的家庭、别的公司、别的宗教的关系的基础。"④

---

① [德]乌尔里希·贝克,约翰内斯·威廉姆斯. 关于风险社会的对话. 载自薛晓源,周战超主编. 全球化与风险社会. 路国林编译. 北京:社会科学文献出版社,2005.6.
② [德]乌尔里希·贝克. 属于自己的生活. 法兰克福:Suhrkamp 出版社,1955.135.
③ 王辑思. 美国恐怖事件的震撼. 读书,2001(12):50.
④ [美]大卫·雷·格里芬. 后现代精神. 王成兵译. 北京:中央编译出版社,1998.215.

4. 社会领域的风险

这主要是指由社会变迁所引发的对人的生命活动、生活境遇造成损害的一种可能性关系状态。它是与生态风险、政治风险、经济风险等相区别的一种不同的风险。丹尼尔·贝尔指出，在当代西方发达国家，信息技术的发展使人们步入了后工业社会，传统的单位日益向多样化、松散化、去单位化的就业形式转变，出现了越来越多的非正式、非正规就业形式。这些都使人们失去了相对稳定的生活保障和对未来的稳定预期，面临更多的不确定性和社会风险。也正如美国社会学家乔治·索罗斯所言："全球资本主义体系已经造就了一个非常不公平的世界，贫富差距越来越大，这是很危险的，因为一个不能为失败者提供任何希望和援助的体系，是很容易被绝望的行动所破坏的。"①

第二节　风险研究中的主要风险理论

一、关于风险争论的缘起

关于风险的争论起源于 20 世纪 50 年代，当平民百姓对"二战"中原子弹爆炸所产生的巨大杀伤力还心有余悸时，有关专家、管理人员已经对核武器的潜在隐患和社会控制展开了热烈争论，这是风险研究的第一阶段；60 年代风险研究进入了第二阶段，专家和公众讨论的主题除了核能使用的社会承受风险问题外，又拓展到全球环境问题；第三阶段是在 20 世纪 70 年代，争论焦点超越原来的核能风险、环境污染、公共卫生问题，延伸到社会风险的全面状况和人类的畏惧心理问题。随着 1986 年切尔诺贝利核泄漏事件的发生，原来关于自然环境、社会体制、科学技术、专家系统等曾被视为合理的前提假设崩溃了，关于风险的严重危害性、极端不确定性成为人们深入关注、反省和研究的重点，并涉及社会学、政治学、生物技术、文化理论等学科领域。人们开始集中讨论可持续发展、生态现代化、反身性现代化、集体责任和生态政治学等方面的问题，风险研究已经上升到一种全面的、系统的"理论自觉"。

哈贝马斯认为，当代资本主义已经进入"晚期资本主义时代"，国家的干预活动已经增强了，而这种干预活动必然保障制度的稳定；科学研究和技术之间的相互依赖关系日益密切，而这种密切关系使诸种科学成为第一位的生产力。国家干预和科技力量的增大，是晚期资本主义社会面临经济风险和合理风险的反映，

---

① ［美］乔治·索罗斯. 开放社会：改革全球资本主义. 北京：商务印书馆，2001.10.

即"反映为了特定利益的社会化生产与驾驭规则之间的矛盾。这种风险趋势以国家机器失控的方式,转化为丧失合理性"①。

罗马俱乐部认为,当代科学技术的发展越来越具有破坏性,高速发展的经济已经超越了合理的生活需求,越来越造成环境的破坏和资源的浪费,全球化的进程使得这一切成为威胁人类的全球性问题。罗马俱乐部主席奥尔利欧·佩奇就对世界的未来前景提出了严正的警告:"人类已经奔向灾难的道路,必须找到办法使他停止前进,改变方向。"②

法兰克福学派是从社会异化理论的角度切入风险社会理论的。他们对现代社会从工业基础到上层建筑,从政治到经济,从物质层面到精神层面,从事实领域到价值领域等都进行了独到的分析和全面的批判后,从三方面对现代社会的病症进行了诊断:首先,现代社会是"病态"社会;其次,现代社会是"全面异化"的社会,它正在异化于自己,异化于同类,异化于自然,而这就意味着人类将自毁乐园,走向"孤独";再次,现代社会是自我毁灭的社会。

后现代思想家乔·霍兰德深刻剖析了现代性的危机,他说:"在接近20世纪末期的时候,我们以一种破坏方式达到了现代想象的极限。现代性以试图解放人类的美好愿望开始,却以对人类造成毁灭性的结局而告终。今天,我们不仅面临着生态遭到缓慢毒害的威胁,而且面临着突然爆发核灾难的威胁。与此同时,人类进行剥削、压迫和异化的巨大能量正如洪水猛兽一样在三个'世界'到处肆虐横行。"③ 后现代明确宣布:现代性在建构之初曾以解放者的姿态推进现代社会的现代化,但最终沦落为新的意识形态,成为一种普遍的异化力量。正如哈贝马斯所指出的:"现代曾经从中获得自我意识和自己乌托邦期待的那些增强影响力的力量,事实上却使自主性变成了依赖性,使解放变成了压迫,使合理性变成了非理性。"④

然而,真正首次系统地阐述了风险社会思想的是德国社会学家乌尔里希·贝克,他1986年在《风险社会》一书中提出,现代社会是一个风险社会,人类正处在文明的火山口上。他指出:"正如现代化消解了19世纪封建社会的结构并产生了工业社会一样,今天的现代化正在消解工业社会,而另一种现代性则正在

---

① [德] 尤尔根·哈贝马斯. 重建历史唯物主义. 郭官义译. 北京:社会科学文献出版社, 2000. 109.

② [意] 奥尔利欧·佩奇. 世界的未来——关于未来问题的一百页. 王肖萍,蔡荣生译. 北京:中国对外翻译出版公司, 1985. 10.

③ [美] 大卫·雷·格里芬. 后现代精神. 王成兵译. 北京:中央编译出版社, 1998. 64.

④ [德] 尤尔根·哈贝马斯. 新的模糊. 英国:(剑桥)政治出版社, 1992. 51;转引自汪行福. 走出时代的困境——哈贝马斯对现代性的反思. 上海:上海社会科学院出版社, 2000.

形成之中"①，即伴随着社会风险的"反思现代性"。他认为，工业社会的中轴原理是分配风险，分配坏处，分配危险。②

二、多元的风险社会理论

随着人类社会现代性的发展并进入全球化社会和风险社会阶段，风险概念成为西方社会理论的核心范畴和西方主要的社会思潮。不同学科和不同观念的学者从不同的理论视野切入，由于在风险的概念、特点、成因、本质和对策等认识水平和评价标准上存在差异，各自形成了不同的风险观念和理论。

（一）以"实在论"为基础的风险社会理论

实在论风险社会理论不仅将传统实在论的"实在"的内涵（自然对象、物理世界、感性实践等客观存在之物）视为"实在"，还进一步把科学理论、客观规律，甚至虚拟实践等都视为"实在"，认为凡是被加以考虑的进行批判取舍的都具有实在性。用达米特的话来说："实在论是这样一种信念：对任何一个陈述都必定存在某种东西，该陈述或者否定他的由于这种东西而为真。"③

持实在论风险观的学者主要以当代西方学者贝克、吉登斯等为代表。基本观点是：风险是客观存在的现实，具有实在的客观性。它不依我们的主观感觉和意识为转移，"风险社会不是一种可以选择或拒绝的选择。它产生于不考虑后果的自发性现代化的势不可挡的运动中"④。贝克最早提出风险社会理论，他的研究具有非常深刻的洞察力和严谨的学理性；吉登斯的论述极大地丰富了风险社会理论的内容，系统地提出了风险社会理论，对风险以及风险社会概念进行了深入而全面的论述。⑤ 他们还认为，风险具有自身的独立性，即具有特定的基本特征和本质属性；风险理论中关于风险意识、风险心理、风险知觉甚至风险文化的研究，都源自风险社会的实践。他们通过把风险社会问题放置在现代社会变迁的宏观考察，构建了关于风险整体转型的风险社会理论。这成就了他们作为风险社会理论开拓者和重要代表的地位。

在对风险概念的内涵和独特性进行深刻揭示的基础上，吉登斯强调了风险的两重性："风险一方面将我们的注意力引向了我们所面对的各种风险——其中最

---

① ［德］乌尔里希·贝克. 风险社会. 南京：译林出版社，2004. 3.
② ［德］乌尔里希·贝克. 风险社会. 南京：译林出版社，2004. 15；转引自刘岩. 风险社会理论新探. 北京：中国社会科学出版社，2008. 7.
③ 江怡. 一种无根的实在论——评戴维森的绝对真理理论. 哲学研究，1995（7）.
④ ［荷］沃特·阿赫特贝格. 民主、正义与风险社会：生态民主政治的形态与意义. 周战超编译. 马克思主义与现实，2003（3）.
⑤ 刘岩. 风险社会理论新探. 北京：中国社会科学出版社，2008. 39.

大的风险是我们自己创造出来的——另一方面又使我们的注意力转向这些风险所伴生的各种机会。风险不只是某种需要进行避免或者最大限度地减少的负面现象；它同时也是从传统和自然中脱离出来的、一个社会中充满活力的规则。"①贝克和吉登斯还从现代性两歧性矛盾（高度现代化与高度风险性）、现代性的结构的变异及增量（从工业社会到风险社会）、风险社会的结构困境、风险社会的出路探寻等四个方面对风险社会的生成机制进行了深刻的分析。两人在分析社会风险的发生机制时都使用了"反身性现代化"这一概念，但他们对"反身性现代化"的理解是有差异的。贝克强调的是现代化的反思性和"反身性现代化"过程的"意外后果"；而吉登斯主要关注的是现代化"反思性"的生成机制，却摒弃了现代意外后果的重要性。

贝克和吉登斯还广泛而深入地研究了当代社会风险问题的多样化趋势，其中包括四个方面：一是生态领域的风险（如资源枯竭、环境污染、生态破坏、气象灾害、地壳异常运动等）所引发的对生存和发展造成损害的一种可能性关系状态；二是经济领域的风险，"主要是指人类在经济活动过程中由经济制度的缺位、失范、变异而引发的对人类的生命活动、生活机会、生存质量造成损害的一种可能性关系状态；三是政治领域的风险，主要是由政治利益冲突引发的权力斗争，以及军事暴力的滥用所导致的对人类的生存和发展造成损害的一种可能性关系状态；四是社会领域的风险，主要是由社会变迁所引发的对人的生命活动、生活境遇造成损害的一种可能性关系状态"②。

在贝克和吉登斯之后，随着社会实践的发展变化，各国的学者和风险社会理论家继续对前人的风险社会理论进行补充和修正。随着越来越多的各界人士参与到对风险问题的讨论之中，西方关于风险研究的理论日渐成为一种理论的自觉过程。在这过程中，研究的概念和范式也在发生转变。风险语义已经远远超越技术和经济层面，成为一个社会理论的关键范畴和核心议题。道格拉斯和威尔德韦斯率先提出了从文化视角研究的风箱分类学，卢曼构建了风险社会学。而贝克和吉登斯则将风险问题置于社会变迁的宏观考察中，关注风险的整体转型，开创了风险社会理论。从社会变迁的视角研究风险的整体转型，已成为当代风险问题研究的主导范式，它具有重大的现实意义和理论意义。③

（二）以"建构论"为基础的风险社会理论

建构论风险社会理论以世界近代唯心主义哲学的唯名论思想为基础，它的核

① [美]安东尼·吉登斯. 第三条道路——社会主义的复兴. 郑戈译. 北京：北京大学出版社，2000. 66.

② 刘岩. 风险社会理论新探. 北京：中国社会科学出版社，2008. 6～7.

③ 刘岩. 风险社会理论新探. 北京：中国社会科学出版社，2008. 16～17.

心思想是坚持主体及其相关的理论认知和社会实践是实体存在的基础，外部实体是主体思想能动创造的结果。它产生的渊源可以上溯到苏格拉底的"助产术"、康德提出的"人为自然立法"、黑格尔坚持的"主体即实体"，还有胡塞尔的思想观点："一切认知对象都是主体的观念构造的结果。"这些哲学大师，都是建构论的倡导者和辩护者，都肯定"抽象之物"对"具体之物"的建构作用。①

"从社会建构论的视野考察风险问题，其基本的理论立场认为风险是主体对社会事实进行的反思性实践的结果。因此，风险本质上是主体构建出来的。""他们从文化研究的视角切入风险问题，认为风险作为一种客观事实，在人类社会任何一个历史阶段都存在。但风险并不能一般化为普遍性的社会事实，也不能成为从简单现代性向反思性现代性过渡的标示。因此，'风险社会'的概念本身就是自相矛盾的。"玛格·道格拉斯和威斯维尔德在《风险与文化》一书中认为："在当代社会，风险实际上并没有增多，也没有加剧，相反，仅仅是被察觉、被意识到的风险增多和加剧了。"②

建构论者认为应对风险的策略主要依靠彻底性的反思性，即在风险认知上不能固守客观性立场，不再依靠精确的数字计算和严密的逻辑推理，而是更多地依靠具有象征意义的理性和信念来进行，坚持从反思的立场运用审美上的直观和能力来研究风险。这其实就是一种风险文化研究。③

（三）以科学发展观为基础的马克思主义风险社会理论

通过上述对西方风险社会理论的两大思潮和流派的分析，我们可以看到，在这二元对立中，无论是以实在论为基础的风险社会理论，还是以建构论为基础的风险社会理论，由于它们的理论依托不同，因此研究的视角不同，对风险的本质认知不同，应对风险的方式也就不同。他们的重要贡献在于运用了不同的理论支撑，从不同的视野和角度切入到随着现代性的发展而出现的社会风险的问题中，并都体现出人类对于这一社会重要特点的深切关注和理论自觉；他们从对风险社会和社会风险分析中，对风险的本质与特点、在风险社会中人的主观世界与客观世界的关系等重要问题，以及如何应对风险社会的问题，提出了许多虽然截然不同却非常有比较研究价值的观点与对策。这无疑为我们从多层面、多视角、多向度、多学科来进一步研究、发展和超越西方风险社会理论，提供了极其宝贵的参考与借鉴。从马克思主义科学发展观的视野来审视西方风险社会理论的二元对立可以发现，其实，他们之间的分野并不是非此即彼的截然对立关系。

---

① 潘斌. 社会风险论. 北京：中国社会科学出版社，2011. 35 ~ 36.
② ［英］斯科特·拉什. 风险社会与风险文化. 王武龙编译. 马克思主义与现实，2002（4）.
③ 潘斌. 社会风险论. 北京：中国社会科学出版社，2011. 38.

马克思主义立足人类的实践活动，揭示了人类社会发展，特别是现代社会（资本主义）的内在矛盾、发展规律及其演进趋势，为我们反思当代社会风险问题和批判风险社会理论提供了广阔而深刻的理论视野。刘岩所著的《风险社会理论新探》一书首先"从马克思主义视野出发对西方风险社会理论进行了批判性审视；其次从马克思主义的异化理论出发对当代风险的根源进行了独特揭示；最后从唯物史观出发剖析了风险社会的生成机制"①。他提出，应当从马克思主义的科学发展观审视西方的风险社会理论："马克思主义是其建构社会理论不可缺少的重要理论资源。虽然马克思主义的经典文献中并没有直接论述社会风险的内容，但从马克思主义理论视野出发审视当代社会风险问题仍然蕴涵着至少三个重要的视角：①从马克思主义的实践二重性理论出发，是我们审视现代社会风险人为特性的理论视角；②从马克思主义的劳动异化理论出发，是我们审视现代社会风险根源的重要理论视角；③从唯物史观出发，是审视风险社会生成机制的理论视角。从这些维度来深入分析当代风险的性质和根源，既是对西方风险社会理论具体观点的进一步审视，也是对风险理论的深化和拓展，这也将为马克思主义社会理论带来新的发展机遇。"②

刘岩的理论启示了我们，在风险社会的研究中要处理好五个"关系"：

一是实践性与理论性的关系。

"西方的风险社会理论虽然指出了当代社会风险社会的人为性特点，表现出对当代社会变迁的某种深刻洞察，为我们全面把握当代社会变迁提供了新的视角，也为人类反思自身的实践活动方式、社会发展模式提供了新的路径；但也呈现出它自身难以克服的理论局限，它对风险和风险社会进行分析论证时大多流于对风险现象的客观描述和经验阐述，并没有深刻揭示其与人的实践活动的辩证关系，缺乏对现代社会风险性质及其根源的深层揭示。因而没有从其与人的实践二重性的关系上来深入揭示当代社会风险的实践根源，从而最终不能将解决风险社会问题的设想落实到对人的实践方式的改造上。"③"在现代科学技术高速发展并且其结果日益难以控制的情况下，要更加强调对人本身的实践改造，要立足于人类的生存和可持续发展，对人的实践活动进行反省、约束、控制和协调。一方面要树立信心，不断增强人的控制能力，改进风险控制手段，完善风险预警及应急系统；另一方面，要树立风险意识，建构风险文明，培育风险责任伦理。"④

① 刘岩. 风险社会理论新探. 北京：中国社会科学出版社，2008. 106~107.
② 刘岩. 风险社会理论新探. 北京：中国社会科学出版社，2008. 101.
③ 刘岩. 风险社会理论新探. 北京：中国社会科学出版社，2008. 103.
④ 刘岩. 风险社会理论新探. 北京：中国社会科学出版社，2008. 103.

二是一般性与个别性的关系。

从马克思主义的唯物史观来看，风险社会理论是立足于西方社会结构的变迁而提出的崭新理论，但仍然没有摆脱西方中心主义的理论取向。他们对非西方社会的风险独特性很少涉及，在一次中国学者对贝克的访问中，贝克谈道："当代中国社会因为巨大的变迁正步入风险社会，甚至将可能进入高风险社会。从西方社会发展的趋势看，目前中国可能正处于泛城市化发展阶段，表现在城市容纳问题、不均衡发展和社会阶层分裂，以及城乡对比度的持续增高，所有这些都集中表现在安全风险问题上。"① 这些分析和预测虽然相当有见地和启发性，但也表现出他们在非西方社会风险的解读上，基本上是将西方社会风险的分析理论作为推理的大前提而简单套用和演绎，而这就缺乏必然的内在逻辑联系。马克思主义认为，资本主义的危机和风险有其特殊性，这是由其特有的经济制度、政治制度、其他社会制度和文化观念所决定的。我们从马克思主义唯物辩证法的立场出发，应当看到，在全球经济一体化的时代，发展中国家虽然也会遇到与西方发达国家相似的某些风险，但不同国家和民族有着自己的历史传统、社会文化和社会结构，这是他们进行现代化选择和创新的基础和前提，也是一种与西方国家不相同的制约因素。目前大多发展中国家面临传统风险（非现代因素的后果）、现代风险（高度现代化的后果）、转型风险（现代化转型过程的风险）并存的复合性风险。因此，简单地挪用建立在西方社会经验基础上的社会风险理论来分析发展中国家的社会风险形势，就难免会在人们的思想认识上产生诸多困惑：一方面可能过于乐观而忽视一些特定的风险，另一方面可能由于过于悲观而不知所措。②

三是唯物论与辩证法的关系。

"马克思主义的辩证法方法论告诉我们，风险社会理论虽然对现代性至善论发起了挑战，但是，它未能合理地区分病态的现代性与健康的现代性，未能辩证地把握现代性的肯定性与否定性之间的关系，从而未能从人的发展与社会发展的辩证关系中深入揭示当代风险社会问题的症结。"③

正如贝克和吉登斯自己所说的，他们所指的"现代性"都是资本主义现代性，是以资本主义工业社会为基础的。但世界各国家和地区的现代性并不完全等同于西方现代性，他们仅仅根据西方社会的发展变化就认为当代社会的现代性已经走向了其自我消解、对抗、毁灭的反面，却没有辩证地区分现代性的否定性方

---

① 薛晓源，刘国良. 全球风险世界：现在与未来——德国著名社会学家、风险社会理论创始人乌尔里希·贝克教授访谈录. 马克思主义与现实，2005（1）.

② 刘岩. 风险社会理论新探. 北京：中国社会科学出版社，2008. 103～105.

③ 刘岩. 风险社会理论新探. 北京：中国社会科学出版社，2008. 96～97.

面与病态的现代性之间的关系,完全凭借主观的推断就否定了健康现代性逐渐实现历史进步的趋势和可能性。① 这是唯心的和形而上学的。

人类历史是人类实践活动推动的由低级阶段向高级阶段发展的过程,它虽不是至善的,却包括向善的维度,这种向善只能是一种趋势或一种可能,这意味着历史发展中同时存在着自我肯定和自我否定两种对立的倾向,历史进步只是人类追求合理发展的结果。历史进步趋势之所以是人类历史的主流,是因为人类能够不断积累实践的自我肯定倾向,排斥其自我否定倾向。② 这是历史发展的必然。无数历史经验教训已经一再证明:"人类能够通过不断地自我反思、自我批判、自我控制,超越现代性的两歧,从而能够通过发展和积累各种肯定性力量来不断抑制、克服否定性联络,实现历史的进步。"③

四是现代性与传统的关系。

按照吉登斯的观点,由于风险社会中现代性的完成,人类生活在"传统的终结"的时代。其实,传统不是某一个阶段生成的概念,它是长期在历史文化积淀下而逐步形成的较为成熟和稳定的风俗习惯、道德规范和精神气质,是具有相对约定性和约束性的重要机制。之所以称之为传统,也是参照和比较现代性而建构出来的概念。传统不是自古有之,也不是恒久不变的。它具有积淀性和稳定性、约束性和规范性、持久性与演进性等特点。

"从马克思主义视野审视当代社会风险及其理论,对于确立马克思主义科学风险观、丰富马克思主义社会发展理论,无疑具有重要意义。实际上,总体性分析与辩证性批判正是马克思主义方法论的核心,从理论视角关联看,马克思主义与各种社会理论之间有着逻辑上的紧密关涉。在当代一些国外著名社会理论家看来,所有涉及现代性问题的社会理论都必然是'同马克思的对话'。"④

五是现代性自反与现代性终结的关系。

按照哈贝马斯和吉登斯的看法,现代性还未完成,就已经出现了现代性所带来的触目惊心的风险问题,这是我们时代不可逾越的理论视界与历史存在。他们提出的"现代性的反思",就是"理性精神和工业化力量下自然的彻底社会化和社会生活对传统的撤离"。而利奥塔、德勒兹、鲍曼所持的观点则认为,应当将现代性看作是已经完成的过程,需要对现代性进行批判和拒斥,代之以诸如后现

① 刘岩. 风险社会理论新探. 北京:中国社会科学出版社, 2008. 97 ~ 98.
② 刘岩. 风险社会理论新探. 北京:中国社会科学出版社, 2008. 99.
③ 邴正. 当代人与文化——人类自我意识和文化批判. 长春:吉林教育出版社, 1996. 64.
④ [美] 丹尼尔·贝尔. 资本主义文化矛盾. 赵一凡等译. 北京:生活·读书·新知三联书店, 1989. 4 ~ 5.

代、后工业等形态。这两种观点的共同点是现代性的自反与现代性的终结,认为我们生活在一个"自然的终结"和"传统的终结"的时代。虽然这样的"终结"论在学界受到了许多非议,但是它的研究不仅反映了风险社会中人类的理论自觉和观念自省,也反映了工业现代性不断膨胀的发展前景将可能颠覆人与自然、社会的传统关联,甚至从根本上动摇我们赖以为生存根基的自然环境和社会环境,威胁到人类生存与发展的严重后果,并提出了振聋发聩的预示和警告。①

第三节 危机事件概述

一、危机事件的相关概念

人类社会和所处的自然界从来都是一个充满矛盾和危机的生态环境,人类在不断战胜风险危机的同时也积累着应对风险的丰富经验。但是由于环境快速变动而带来的高度不确定性与复杂性、社会现代性的两歧性矛盾(高度现代化与高度风险性),以及现代性的结构变异及增量等多种原因,人类进入一个危机环伺的时代。危机性风险成为现代社会的主要特征,而由于传播技术,尤其是互联网的飞速发展,从根本上改变了以往的传播形态,处于改革开放转型期的我国也进入了危机事故多发的历史阶段。各国学者从不同的角度切入进行研究,对有关危机事件的理论和实践的研究层出不穷,包括基本概念的确定,危机和危机事件的危害及性质,危机事件的标准、特点、分类和管理等。陈劲甫(1998:44)曾指出:"研究危机并没有一个专门的领域,而是夹杂在许多不同的领域中,如国际关系、战争、企业管理、组织行为、社会科学、心理学、生理学、决策理论等,并收获了许多的宝贵成果。"

(一)危机的概念

"危机(Crisis)一词原本是一个医学术语,来源于希腊语中的'Krinein',原意是指人濒临死亡,游离于生死之间的状况。"②

西方学者对"危机"(Crisis)有几种不同的界定:

C. F. 赫尔曼(Charles Hermann)作为研究危机问题的先驱,从危机发生的不确定性出发,将危机理解为一种情境状态,在这种形势下,"决策者的根本目标受到威胁,在改变决策之间可获得反应的时间有限,形势的发生出乎决策者的

---

① 潘斌. 社会风险论. 北京:中国社会科学出版社,2011. 3~5.
② 赵路平. 公共危机传播中的政府、媒体、公众关系研究. 复旦大学博士学位论文,2007.

意料"。

斯蒂芬·巴顿（Stephen Barton）则在充分关注危机的不确定性的前提下，把侧重点放在了危机可能引发的负面效应上，他提出危机是"一个会引起潜在负面影响的具有不确定性的大事件，这种事件及其后果可能对组织及员工、产品、服务、资产和声誉造成巨大的损害"。

芬克（Fink）给出的危机定义是："在确定的变化逼近时，事件的不确定性或状态。"①

尤里埃尔·罗森塔尔和皮恩伯格（Uriel Rosenthal and Bert Pijnenburg）将危机界定为对一个社会系统的基本价值和行为构成严重威胁，并且在实践性和不确定性很强的情况下必须做出关键性决策的事件。

里宾杰（Lerbinger）将危机界定为对企业未来的获利性、成长乃至生存发展发生潜在威胁的事件；斯格（Seeger）等人认为危机是一种能够带来高度不稳定性和高度威胁的、特殊的、不可预测的、非常规的事件或一系列事件。②

根据 Fearn - Banka（1996：1）的定义，危机是指"对企业或产业可能造成潜在负面影响的重大事件。此事件也可能波及该组织的公众、产业、服务或名声，因其冲击到组织的正常运作，甚至威胁组织的生存"。

"Lerbinger（1997）也强调危机对组织形象的损害，他认为，危机会（或可能会）损及组织的形象、获利、成长，甚至影响到组织的生存。Pauchand & Mitroff（1992：15）的定义更用了'瓦解'（Disruption）一词，指出危机将实质影响甚至瓦解整个系统，且足以威胁到组织的基本假设、对本身的主观认定或是其存在的核心成分。这个定义加重了危机加诸组织的严重后果，包括危及组织的存亡。"③

"Pearson&Clair（1998）则整合心理学、社会政治学及科技结构等各观点，提出一个涵盖面较广也较复杂的定义：危机是一种由关键利益关系人所认知且主观经验的情况，其发生几率低，却有高度影响性与威胁性；由于情况的成因、结果及解决方法均混沌不明，常导致群体心理共享的经验及信仰价值破灭或丧失。"这个定义有别于其他定义之处，在于以组织的利益关系人而非组织自身的立场来看危机，并且指出危机可能造成组织与其对应关系人之间共享价值观念的崩解。由此可知，危机的影响层面不在于组织本身，而在于其外界原先建立的联

① 曾婕等. 重大突发公共事件中的广播电视舆论引导能力研究. 武汉：湖北人民出版社，2010. 22.

② 杨魁，刘晓程. 政府·媒体·公众：突发事件信息传播应急机制研究——以2008年"5·12"大地震为例. 北京：中国社会科学出版社，2010. 2.

③ 吴宜蓁. 危机传播——公共关系与语艺观点的理论与实证. 苏州：苏州大学出版社，2005. 17～18.

结关系。此定义也指出危机决策在危机时刻可能造成的问题。就定义而言，作者认为经过整合不同领域而形成的概念，比其他定义更能点出危机背后的深层意义。①

国内新闻传播界学者对危机也提出了多种不尽相同的定义。赵士林先生在《突发事件与媒体报道》一书中将危机定义为四种类型：①"灾难说"认为危机就是灾难性事件；②"关口说"强调危机是指事件处于一个转变的关键时期；③"状态说"强调危机是由于各种压力和不确定因素所导致的危难和迷失状态；④"挑战说"是强调危机是危机事件对个人、组织和社会所形成的挑战，这种挑战无法按照常规在传统的框架里得到解决。

由于危机事件最基本的三个认定标准是突发性、威胁性和决策时间短，因此，"从以上三个界定标准，我们认为可以对危机下一个简单的定义：'危机就是在无预警的情况下所爆发的紧急事件，若不在短时间内作出决策，将状态加以排除，就可能对企业或组织的生存与发展造成重大的威胁'"②。

以上关于危机的多种定义给人一种见仁见智的感觉，但是认真比较一下，我们还是可以从中析出对"危机"特点的共识，那就是危机必然包含事件的突发性、危急状态的不确定性、情势发展的紧迫性和负面后果的严重性。至于说到公共危机，除了具有危机的上述特点之外，它还具有地域性、社会性、全球性等特点。

（二）危机事件的基本概念

由于研究突发性危机事件的角度不同，后来许多学者在研究中提出了很多相关和相似的概念，比如危机事件、突发事件、灾难事件等。

国际上对于突发事件通常所对应的词语是"Emergence"，但也有的国家使用"Disaster"、"Crisis"或"Hazards"。关于突发事件的定义，至今未能有一个统一的概念。有人认为："所谓突发事件，是指突然发生、带有异常性质、人们缺乏思想准备的事件。"③

2006年1月8日国务院发布的《国家突发公共事件总体应急预案》将"突发公共事件"定义为："突然发生，造成或者可能造成重大人员伤亡，财产损失、生态环境破坏和严重社会危害，危及公共安全的紧急事件"④，这是广义上

① 杨国仁，张耕夫. 努力把本刊变成对外宣传工作的良师益友. 对外宣传参考，2004（1）.
② 曾婕等. 重大突发公共事件中的广播电视舆论引导能力研究. 武汉：湖北人民出版社，2010.22.
③ 焦杨. 完善新闻发布制度，强化政府危机管理. 载自汪兴明，李希光. 政府发言人15讲. 北京：清华大学出版社，2006.
④ 贺文发，李烨辉. 突发事件与信息公开——危机传播中的政府、媒体与公众. 北京：中国传媒大学出版社，2010.23.

的"突发事件"。而狭义上的突发事件则"仅指突然发生的，具有较大规模的，严重危害国家政治、经济、社会治安秩序的违法事件"。突发事件的诱因，既可以是自然因素，也可以是人为因素。

由第十届全国人民代表大会常务委员会第二十九次会议于2007年8月30日通过中华人民共和国主席胡锦涛签署的《中华人民共和国突发事件应对法》第一章（总则）第三条规定："本法所称突发事件，是指突然发生，造成或者可能造成严重社会危害，需要采取应急处置措施予以应对的自然灾害、事故灾难、公共卫生事件和社会安全事件。把这类突然发生的危机事件通称为'突发公共事件'。"

国务院新闻办副主任钱小芊认为："突发事件是造成重大人员伤亡，或者有重大影响，可能产生重大后果的自然灾害、安全事故、重大的刑事案件、社会群体性事件、恐怖主义的破坏活动，以及重大的涉华外交事件，比如中美撞机。在实际工作处理中，也包括一些重要的案件，在社会上比较敏感的案件，比如孙志刚案件。"①

上海市新闻办主任焦杨给的定义是："所谓突发事件，主要是指由人为或自然因素所引发的事件，包括恶性事故、人为灾难、自然灾害、涉外事件以及其他敏感的事件。突发事件具有不可知、危及公众利益、易引发媒体关注等特点。"②

贺文发、李烨辉在他们所著的《突发事件与信息公开——危机传播中的政府、媒体与公众》一书中认为："所谓突发事件即突然发生的，出乎人们意料之外的事件，或者即便对事件的发生有所预料，但整个事件的发展过程乃至最终结果也具有很大的不确定性，而这样的又会对公众的生活、生产产生不可估量的影响。一般而言，突发事件都是负面事件，并具有极高的新闻价值，换言之，是新闻媒体报道与追逐的热点事件。"③

中国可持续发展战略首席科学家牛元文教授把突发事件称为"脉冲事件"。脉冲本来是物理学概念，指电子技术中电流或电压的短暂起伏。以脉冲来比喻对正常的社会交往、经济活动、生活秩序造成干扰和破坏，并且影响超出人们容忍度范围的事件，这个比喻非常形象、贴切。

编者在《新编传播学》中谈到，所谓"危机事件"，"是指'对组织、企业

① 钱小芊. 我国的政府新闻发布工作. 载自杨正泉. 新闻发言人理论与实践. 北京：中国传媒大学出版社，2005. 100.
② 焦杨. 完善新闻发布制度，强化政府危机管理. 载自汪兴明，李希尧. 政府发言人15讲. 北京：清华大学出版社，2006.
③ 贺文发，李烨辉. 突发事件与信息公开——危机传播中的政府、媒介与公众. 北京：中国传媒大学出版社，2008. 23.

或产业可能造成潜在的负面影响的重大事件，此事件也可能波及该组织的公众、产品、服务或名声，因其冲击到组织的正常运作，甚至威胁组织的生存"。

从上述的国家法律文件和各位专家学者的定义中可以看出，突发事件和危机事件都同时具有突发性和危机性两方面的特质，许多人对突发事件的定义基本上理解成"危机事件"，也有其道理。只不过后者更侧重于事件的危险性后果，而前者更侧重于事件发生的意外和紧急状况。有关突发事件与危机事件的关系，清华大学新闻传播学院教授李希光先生认为，一旦突发事件成为媒体事件，突发事件则演变成为危机。在信息传播全球化的网络时代，突发事件传播的媒介如此多元，传播渠道如此畅通，大众对突发危机事件又是如此高度关注，要想让公共突发事件不成为媒体事件，几乎是不可能的。

二、危机事件的判定标准

危机事件的发生虽然至今还没有统一的量化标准，但根据多年来理论联系实践的研究，通常有以下几个普遍认同的定性标准：

突发性：危机事件发生突如其来，出乎意料，使人在几乎没有心理准备的情况下措手不及。

聚焦性：危机事件发生后，马上进入多种媒介传播渠道，危机信息迅速公开，高速扩散，成为全社会高度关注的舆情中心。

威胁性：危机事件的发生、发展严重危及国家利益和人民生命财产安全，可能造成严重后果。

紧迫性：危机事件有燃眉之急、危在旦夕的态势，处理上不容懈怠。

阶段性：危机事件从发生、发展到解决几个不同的阶段具有不同的危情、特点和解决需求。大师芬克的"危机公关四段论"指出：危机形成分为四个阶段：危机潜在期（存在隐患，不易察觉）、危机突发期（突然爆发，措手不及）、危机恢复期（正确应对，排忧解难）和危机解决期（解脱危机，转危为安）。

三、危机事件的显著特征

一般来说，危机事件有如下显著特征：

（一）突发性和不可控性

这是危机（突发）事件最根本的特征，往往事件的爆发没有先兆或预兆，更多的是强烈的随机性。突发性主要来源于主观和客观两个方面因素：一是客观的不可控性——某些难以控制的客观因素引发了事件；二是主观认识的局限性——人们对某些客观存在的隐患存在着严重的"盲区"，对它熟视无睹。

（二）不确定性和复杂性

这是指危机（突发）事件的起因和性质的隐蔽性和多元性。无论是自然界还是人类社会的运动发展，虽然有一定的规律，而人类所能看到的信息具有表面性、局部性、阶段性、演变性和相互联系性，这距离本质和规律还很远，人类的认识水平与经验的提高是一个漫长的过程；再加上主观上的疏忽和怠慢，就容易由于违背客观规律而受到严厉的"惩罚"。

（三）危害性和灾难性

这是指危机（突发）事件的突发性、复杂性会带来危及国家利益和人民生命财产安全的严重后果。

（四）持续性和推进性

这是指危机（突发）事件一旦爆发，人们要全面、深刻地认识它，正确地应对它，有效地解决它，实现"转危为安"，总要在困难中经过一段时间的反复探索和艰苦奋斗。具体表现为潜伏期、爆发期、高潮期、缓解期、消退期。

（五）负面性和杀伤力

这是指由于危机（突发）事件的复杂原因和严重后果，必然在社会上引起高度关注和产生消极影响，甚至引发舆论对有关领导和当事人的质疑与问责。如果处理不好就会影响政府和单位的形象。前国务院新闻办公室主任赵启正同志曾说过，对危机事件的新闻处理不好，"往往对我们是伤害最重的，它可以轻而易举地把我们政府的形象毁到极点，把我们平时做的大量正面宣传一笔勾销。这经常让我们这些搞外宣的同志痛心疾首啊"①。

四、我国危机事件的态势特点

中国经过 30 多年的改革开放，当前正处在"经济转轨"和"社会转型"的关键时期。根据世界发展进程的规律，在社会发展序列谱上处于 500 美元至 3 000 美元是危机频发的"不稳定状态"，中国 2003 年人均 GDP 刚突破 1 000 美元，刚好处于这个阶段。中国经济经过多年"粗放型"增长，能源的过度消耗和环境的过度破坏问题越来越严重，在不成熟的市场经济条件下，受追求超额利润的驱动，官员腐败严重，监督机制仍然薄弱，使得中国弱势群体的利益得不到切实的保障，也为社会危机的发生提供了合适的温度、湿度和有养分的土壤。中国社会转型期的特点主要包括：当代中国社会转型属于后发外生型的社会转型，

---

① 贺文发、李烨辉. 突发事件与信息公开——危机传播中的政府、媒体与公众. 北京：中国传媒大学出版社，2010. 25.

具有非内生性和追赶性；当代中国社会转型承受着人类历史上仅见的历史包袱，负担着沉重的二元格局的惯性；当代中国社会转型在地域分布上具有不一致性和异步性。①

我国危机事件态势呈现出以下几个特点：

（一）危机涉及的重点领域突出

在 2012 年 11 月 8 日召开的党的十八大上，胡锦涛同志指出："必须清醒看到，我们工作中还存在许多不足，前进道路上还有不少困难和问题。主要是：发展中不平衡、不协调、不可持续问题依然突出，科技创新能力不强，产业结构不合理，农业基础依然薄弱，资源环境约束加剧，制约科学发展的体制机制障碍较多，深化改革开放和转变经济发展方式任务艰巨；城乡区域发展差距和居民收入分配差距依然较大；社会矛盾明显增多，教育、就业、社会保障、医疗、住房、生态环境、食品药品安全、社会治安、执法司法等关系群众切身利益的问题较多，部分群众生活比较困难；一些领域道德失范、诚信缺失；一些干部领导科学发展能力不强，一些基层党组织软弱涣散，少数党员干部理想信念动摇、宗旨意识淡薄，形式主义、官僚主义问题突出，奢侈浪费现象严重；一些领域消极腐败现象易发多发，反腐败斗争形势依然严峻。对这些困难和问题，我们必须高度重视，进一步认真加以解决。"②

我国社会稳定研究课题组的调查也显示，城市居民对影响当前社会稳定的主要因素有许多回答。中国社会现在所面临的主要问题有：执政官员的腐败问题；贫富两极分化严重问题；社会地位平等与公平问题；环境污染问题；房屋的供求和价格问题；食品卫生和公共医疗问题；农民富裕问题；社会公共道德水平下滑问题以及社会治安问题；等等。

（二）危机公共事件频率高、规模大

我国每年发生的各类事故总数都在 100 万起以上，死亡人数 14 万。仅以 2008 年为例，就发生了如下重大的危机事件：①2008 年 2 月初，中国南方地区遭受了历史上最大范围的暴风雪灾，横贯中国南北的京广线铁路一度瘫痪，上百万名打工者滞留在中国最大的民工聚集地——广州火车站，给社会稳定带来了巨大挑战；②西藏拉萨"3·14"打砸抢烧暴力犯罪事件，18 名无辜群众遇难，社会秩序受到严重破坏；③股市暴跌，CPI 高涨，沪深股市一度暴跌，连创历史最

---

　　① 严励. 秩序的中国解读：转型期中国社会矛盾之研究. 上海：上海社会科学院出版社，2007. 22～24.

　　② 胡锦涛在党的十八大的报告：坚定不移走中国特色社会主义道路，夺取中国特色社会主义新胜利. 2012－11－08.

大跌幅；④奥运火炬传递在法国、英国、德国、美国等国家遭到"藏独"分子破坏，还遭到西方不明媒体不公正报道，称中国圣火保卫团为暴徒，美国知名电视台主持人居然公然辱骂中国；⑤北京、重庆、广东、湖北、湖南、云南等多个省、市上千名儿童感染手足口病；⑥胶济铁路火车相撞，72人死亡；⑦四川省汶川县发生8.0级强震，69 227人在地震灾害中遇难；⑧中国卫生部2008年9月11日晚公布，甘肃等地报告多例婴幼儿泌尿系统结石病例，调查发现患儿多有食用受到三聚氰胺污染的三鹿牌婴幼儿配方奶粉。

我国的矿难事件则更为突出，河南理工大学贴吧的一份资料显示：据不完全统计，2011年，从8月29日四川曾家沟矿难透水事故造成12名矿工遇难开始，到11月10日云南师宗矿难煤与瓦斯突发事故导致21人遇难、22人下落不明，不到两个半月，所发生的矿难就有10起，涉及的省、市有四川、山西、贵州、河南、陕西、重庆、湖南；死亡人数达87人。而到了2012年，从1月到8月仅仅8个月，我国的矿难事件就发生了63起，其中一月份2起，二月份7起，三月份7起，四月份8起，五月份10起，六月份6起，七月份10起，八月份13起；涉及云南、四川、内蒙古、安徽、黑龙江、湖北、贵州、辽宁、湖南、吉林、江苏、山西、河南、甘肃、新疆、陕西、江西等十七个省区；死亡282人。①

（三）危机事件对国内外的影响深远

近年来，我国发生的危机事件数量大、危害大，而且由于广大公众高度关注，获取危机信息渠道多，有的危机事件还可能有全球化背景，更使得中国危机事件的影响特别巨大。如2010年3月17日，据有关媒体报道，山西近百名儿童不明病因致死、致残或引发各种后遗病症。3月25日，中国知名记者简光洲在微博中透露，他们接到通知要求撤回派往山西的记者，这对报道山西疫苗事件的进展蒙上了阴影。3月25日，凤凰卫视《社会能见度》栏目对山西疫苗事件进行了深度报道，率先披露山西疫苗事件的《中国经济时报》记者王克勤述说了"问题疫苗"受害者的惨状和调查中发现的许多疑点。同期，卫生部派出了8人专家组抵达山西，协助指导当地开展调查工作，对报道涉及的所有患者逐一进行排查。4月6日，卫生部联合国家药监局举行新闻发布会，公布山西疫苗事件的调查结果，其中谈到，由于疫苗事件发生后权威部门没有及时解释，并清楚地告知广大公众事件的真实情况，新闻报道所指向的"幕后"情况不明不白，而监督部门没有及时正面回答质疑，却以疫苗的科学性为依据指责新闻媒体。这造成

---

① 2012年矿难事故不完全统计. 信息交易网, 2012 - 09 - 04.

了公信力的严重缺失，导致疫苗的信任危机蔓延到全国各地，引发了许多地方的家长拒绝让小孩接种疫苗，后果十分严重。

随着互联网和信息技术的迅猛发展，网络虚拟数字化世界与现实生活日趋融会交互，虚拟社会已俨然成为现实社会之外的"第二社会"，网络危机报道引发的网络舆论危机问题乃至社会管理问题层出不穷。调查报告显示，截至 2009 年 12 月，博客用户规模达到 2.21 亿，越来越多的名人、明星、专家、机构正在将博客作为扩大传播影响力的平台。2009 年，网络新闻使用率为 80.1%，用户规模达到 30 769 万人；截至 2009 年年底，中国使用社交网站的网民数达到 1.76 亿，在网民中的渗透率达到 45.8%。通过这样的方式进行危机信息传播，效果无疑是惊人的。一些大的突发事件通过网络的聚焦和放大，在海内外产生的影响力不断上升，给社会发展和人民生产生活带来了多元的影响。《2010 中国危机管理年度报告》显示，2010 年中国平均每五天就有一起影响较大的危机舆情事件发生，影响较大的危机舆情事件涉及全国 29 个省、市，其中河南、北京、湖北、广东属危机舆情多发区，影响较大的事件中有 33% 在危机发生当天就被曝光或网络传播。数据显示表明，各地公共危机事件频发，因此加强危机舆情管理迫在眉睫。

五、危机事件的分类

从危机事件的"性质"、"严重程度"、"发生原因"、"生命周期"等不同角度来区分，可以分出种类繁多的危机事件。

（一）依事件性质分类

2006 年 1 月 8 日国务院发布的《国家突发公共事件总体应急预案》中规定："突发公共事件分为自然灾害、事故灾难、公共卫生事件、社会安全事件四类。"

（二）依严重程度分类

《国家突发公共事件总体应急预案》中还规定："按照各类突发公共事件的性质、严重程度、可控性和影响范围等因素，总体预案将其分为四级，即 I 级（特别重大）、II 级（重大）、III 级（较大）和 IV 级（一般）。"

（三）依事发原因分类

突发危机事件的起因不外乎"外在造成"与"内在造成"两种，这两种肇因又各分为"人为"与"天然"两个构面。两相组合即可分成四种不同的类型：第一，外在环境造成的人为危机；第二，外在环境引发的天然危机；第三，内在环境引发的人为危机；第四，内在的天然危机。①

（四）依生命周期分类

吴宜蓁在他所著的《危机传播——公共关系与语艺观点的理论与实证》一书中还谈到，危机发生的过程"有的生命周期很短，瞬间即逝；有些危机却延宕很长一段时间，而且持续成长不坠，为组织带来相当大的困扰。下面三种类型的危机，就是根据危机生命周期的变化来区分的（Gonzalez – Harrero&Pratt, 1995）"：一是风潮型——来得快，去得也快，是威胁性最低的危机类型；二是攀高型——倘若危机处理不当，危机如滚雪球般扩大，危机本身的复杂度就高，原本的危机强度不断累积，甚至发展成为另一种新的危机；三是循环型——通常和季节时间有关，例如景气造成的"周期性"的经营危机（资讯业、建筑业）或是发生于固定时间的危机（如台风季节对农渔业的威胁）；还有一种称为"波浪式"的循环型危机，指"一波未平，一波又起"的危机态势。②

赵士林在《突发事件与媒体报道》一书中也对危机做了这样的分类：①从危机的性质分，可分为良性危机和恶性危机；②从危机的影响范围分，可分为地方危机、国家危机、区域危机和全球危机；③从危机的复杂程度分，可分为单一危机和复合危机；④从危机产生的一般原因分，可分为天灾和人祸；⑤从危机产生的具体原因分，可分为不可抗力造成的自然灾害，人为因素造成的重大生产事故，人为破坏造成的社会动荡，公共卫生事件，由国家、地域、民族之间在政治、军事、宗教、利益和意识形态的矛盾冲突造成的危机等五种。③

在我国，还有学者根据"社会冲突"与"非社会冲突"把危机分为"突发性灾害型危机"与"重大社会危机"两类，前一种包括自然灾害与事故性灾害，后一种包括由社会冲突引发的国内危机和国际危机（徐伟新，2003：16~17）。有学者把危机分为"结构良好的危机"和"结构不良的危机"（胡宁生，1998：173）；有学者把危机事件分为自然灾难型、利益得失型、权力异化型、意识冲突型和国际关系型等（薛澜等，2003：17）；有学者按其诱因分为外生型、内生型、内外双生型，或者按其方式分为渗透型、定期型、突发型（肖鹏军，2006：5~6）。④

国外有关危机（突发）事件的种类划分还有多种不同的表述：美国学者乔

① 吴宜蓁. 危机传播——公共关系与语艺观点的理论与实证. 苏州：苏州大学出版社，2005. 22.

② 吴宜蓁. 危机传播——公共关系与语艺观点的理论与实证. 苏州：苏州大学出版社，2005. 24.

③ 赵士林. 突发事件与媒体报道. 上海：复旦大学出版社，2006. 29~33.

④ 杨魁，刘晓程. 政府·媒体·公众：突发事件信息传播应急机制研究——以2008年"5·12"大地震为例. 北京：中国社会科学出版社，2010. 3~4.

纳森·威尔肯菲尔德在《国际危机管理研究：概念与方法》一书中，把传统安全中的政治军事危机的类型分为危机与准危机、对外政策危机、国际危机与持续冲突中的危机、威胁性危机与机遇性危机、直接对抗危机与联合反对的危机。美国芝加哥大学法学院理查德·A. 波斯纳（Richard A. Posner）则从更广义的角度对导致灾难的危机作了自然危机、科技危机、社会危机的分类，并把社会危机分为无意导致的人为危机和有意导致的人为危机（余潇枫，2007：150）。

六、危机事件频发的原因

人类社会危机事件频发，有的似乎是事出偶然，但其实偶然之中包含着必然。危机事件的发生不但有着复杂的主观原因，还有着客观上大自然与人类社会发展的复杂背景原因；既有主观认识上的局限性，也有客观条件上的限制性。赵士林在他所著的《突发事件与媒体报道》一书中提出："从控制论的观点来看，危机是系统的失控或变态。"有人认为，现代社会系统中导致危机的诸多因素中，有多种因素普遍存在并占据着主导地位。

（一）科学技术发展的"双刃性"

日益提高的机器复杂性对机器和技术事业要求越来越高，而现代工业化形成的以标准化、专业化、同步化、集中化、规模化以及集权化为原则的生产运营模式运用的规模越来越大，这使得危机一旦出现，其危及的范围、规模则更大，程度更深。如2011年3月11日日本东北地区大地震及海啸引发的福岛县两处核电站爆炸核泄漏事故，2011年7月23日温州动车危机事件等就是最明显的例证。

（二）人类认知能力的局限性

随着客观世界变得越来越复杂，人类始终存在的使用者的认知能力局限性就更为突出，正如美国康奈尔大学的一位教授指出的，人的认知存在四个方面的"盲点"，即关系的盲点、空间的盲点、时间的盲点和过程的盲点。如果在这些认识盲点上我们遇到了意外出现的复杂情况，人类面对大自然和社会的复杂变化，不懂得其中的规律与结果，那么不管我们是束手无策还是背道而驰，都将面临一场巨大的灾难。如2008年5月12日我国发生的汶川大地震，由于人类对地震的认识和预测还存在很大的局限性，所以给许多人留下了沉痛记忆和深刻教训。

（三）违背经济规律的片面性

在日益增强的极限竞争市场环境下，由于垄断资本主义的畸形发展，社会资源分配的不公平，加上违背了经济发展的根本规律，对经济发展片面追求，经济发展的不平衡就会导致经济危机的出现。如前些年由次贷危机引发的世界金融风暴,至今还让包括美国在内的许多国家经济萎靡不振。

(四) 违规挑战法律的严重性

在日益紧密的多维利益关系博弈中,有的单位和个人唯利是图、道德沦丧,为了牟取暴利,不惜挑战法律、弄虚作假、不择手段、草菅人命,造成重大的公共安全危机事故。如 2008 年 11 月 15 日和 11 月 16 日,中国中央电视台午间新闻栏目《新闻 30 分》连续两天曝光百度竞价排名黑幕的事件,2008 年 9 月发生的导致多例婴儿泌尿系统结石的"三鹿奶粉事件"等就是最有力的证明。

(五) 社会转型矛盾的复杂性

"转型"(Transformation)一词是由生物学概念派生而来的,本意指生物的演化,特指一种物种演变为另一种物种。西方社会学家借用这一生物概念来描述人类社会形态转型中的社会特征与规律变化的内涵。关于"社会转型"的定义,学界有不同的理解和表述。如有学者认为:"社会转型是社会整体性变动及结构性变迁,它不只是社会各个领域的变化,而且更主要的是社会结构方式的变化。"[①] 康树华等主编的《犯罪学大辞书》则认为:"在广义上,任何社会状态的改变,社会类型、社会制度以及一个社会内部结构的转变都包括在内;狭义上仅指一个社会内部结构的变化。比如,由农业社会转变为工业社会,由产品经济转变为商品经济,由计划经济转变为市场经济等。"[②]

曾婕认为,中国社会转型期突发事件频发的主要因素包括人口膨胀所带来的生活条件、安全隐患、社会保障体系等问题;新发传染病不断爆发,随着人类的频繁便捷的交往而迅速传播;信息传递、资金流动、技术应用的全球化所带来的巨大牵动力;世界各国所面临的除军事、政治、外交冲突以外的其他对主权国家及人类整体生存与发展构成威胁的因素;现代科技迅猛发展的同时,由于在使用与管理上异化而带来种种负面隐患的巨大风险。[③]

危机事件除了上述的诱因之外,有的学者还提出了下列因素:一是大众媒体报道加速危机的蔓延,也扩大了危机的冲击面(Cohn,2000;Ogrizek & Cuillery,1999);二是全球化趋势导致组织变动,包括经营扩张、并购、重新编制、裁员,甚至关厂等风险(Augustine,2000;Troy,1997);三是社会大众权利意识高涨,对政府、政治人物与各类组织的要求与监督加强,在个人心理和道德层面对风险接受度的门槛却反而降低(Ogrizek & Guillery,1999);四是网际网路发达使危机事件顷刻间传布全球,给危机传播与管理带来前所未有的挑战(Di-

---

① 陈晏清. 当代中国社会转型论. 太原:山西教育出版社,1998.5.
② 康树华等. 犯罪学大辞书. 兰州:甘肃人民出版社,1995.842.
③ 曾婕等. 重大突发公共事件中的广播电视舆论引导能力研究. 武汉:湖北人民出版社,2010.26.

fonzo & Bordia，2000；Coombs，1998；孙秀蕙，2000）。[①]

　　上面讲了危机的一般成因以及现阶段世界危机（突发）事件频发的主要原因，这是一般社会危机规律使然。但在不同的历史条件下，不同国家和地区的危机却有它自身危机产生的特殊原因。这等于说，这些"危机"的种子是普遍存在的，怎么出现，何时出现，会严重到什么程度，就要看当时的"温度"、"湿度"和"养分"。

第四节　危机传播的研究

　　人类已经步入一个借助媒体报道塑造人们对事件的认知的近乎虚拟的世界，在当今危机事件频发的风险时代尤其如此。Lerbinger（1997）和Stocker（1997）认为，危机真相未明之前的媒体报道常造成一种"媒体审判"（Trial by Media）效果，直接冲击组织的形象。Cohn（2000）更指出："组织形象很可能在48小时之内瓦解，这可比危机事件上法庭的时间要快得多。"骇人听闻的危机和风险经由传播媒体发布即成为大众关注的焦点，尤其是电子媒体，动辄以现场直播方式报道危机事件。媒体在危机事件中始终是各方利益的角逐场。各方团体在危机时利用媒体争取解释权，力求引导舆论朝着对自身有利的方向发展，尽量维护团体组织的声誉和形象。舆情在媒体的推波助澜下一浪高于一浪，民意舆情的风起云涌显示了并不亚于法庭的杀伤力，于是，有人说"传媒大于政府"，引起对政府各级组织乃至许多当事人的严峻挑战，这无疑也是对新闻传播学界与业界的命题"开卷考验"。所以，危机事件频发的同时，人类对危机事件和危机公关的研究也如火如荼、方兴未艾。这是人类为自己谋求应对方法与出路的探寻。

　　"基于传播在危机管理过程中的重要性与日俱增，危机传播在实务界已发展成为一个兴盛的产业（A Blooming Industry）（Burnett，1998：475），危机传播研究也逐渐受到重视，甚至已独立成危机研究的一个重要支派。根据William & Olaniran（1998）的观察，危机管理研究近年的走向已经从整体管理过程转变到更细微的角度，阐释传播在危机管理过程中扮演的角色。哈佛管理学院行销传播教授Greyser & Chapman（1999；引自Ogrizek & Guillery，1999）指出传播是组织对抗危机的基本任务，因为有效的沟通正是危机处理的关键要素（Burnett，1998；古映芸，1996）。许多学者甚至认为传播是影响危机处理的最主要关键，

---

　　① 吴宜蓁. 危机传播——公共关系与语艺观点的理论与实证. 苏州：苏州大学出版社，2005.4.

因此位居危机管理领域的极重要地位。"①

一、危机传播研究的基础理论

在世界还没有建立专门研究舆论调控的理论体系前，西方国家尤其是美国很早就开始了对政治、军事、思想等领域进行文化信息传播的效果研究，并提出了一系列具有代表性的理论假设。虽然当时还没有直接提到"危机传播"这一概念，但是下列理论在危机传播的研究中对于正确认识传播在危机发生、发展中的重要性、必要性和复杂性等问题具有极其关键的理论指导作用。

（一）"把关人"理论

库尔特·卢因在1947年提出"守门人"或"把关人"理论。1943年他写的《生理心理学》一书和《群体生活的渠道》一文，提出了"渠道理论"（Channel Theory），并指出："信息总是沿着含有'门区'的某些渠道流动，在那里，或是根据公正无私的规定，或是根据'守门人'的个人意见，对信息或商品是否被允许进入渠道或继续在渠道里流动做出决定。"他认为，"信息的传播网络中布满了把关人"。研究"把关人"实际上是研究导致把关人作出某一决定的因素，即找出隐藏在"门"背后的开与关的决定因素，而影响把关的就是人的心理因素，因此，研究个人的心理因素在把关中的作用，是他主要的动机和目的。

1949年传播学者怀特（D. M. White）通过聚焦于把关人，对输入信息和输出信息过程中筛选、过滤的考察，指出"把关"这一新闻选择的内核和意义在于客观地揭示了信息传播中必然存在的对信息的选择与控制的规律，并在此研究基础上，将"把关人"（或译"守门人"）概念引入新闻研究领域，提出了新闻选择的把关模式。

1959年，麦克内利通过对国际新闻流动过程进行研究，揭示了在信源与信宿、新闻事件与最终接受者之间存在着"一系列"的层层把关和反馈环节的复杂性，从而提出了他的"麦克内利的把关模式"，这是对怀特研究的发展完善。J. 盖尔顿和M. 鲁奇在《国外新闻的结构》一文中也提出了自己的"新闻选择性守门模式"，着重分析新闻内容或社会事件具有怎样的特点和因素就有可能被守门人选中并进入大众传播渠道得以与受众见面。他们认为守门人在决定选择或淘汰新闻内容时是有一定标准的，而且有一定的客观依据和系统性，因而在一定程度上这也是可以解释和预测的。

把关人理论细致地分析了影响传播者把关的各种层面上的因素和压力，指出

---

① 吴宜蓁. 危机传播——公共关系与语艺观点的理论与实证. 苏州：苏州大学出版社，2005.9.

任何一种把关都是信息传播过程中整体的组成部分，从宏观上说，这是一种社会现实通过大众传媒对外部世界基本框架的动态建构过程。而这对于我们正确认识媒体在危机（突发）事件新闻传播中的重要功能起着很大作用。

（二）"二级传播"理论

二级传播理论是指意见从媒介到舆论领袖再到受众，再从受众到媒介的过程。二级传播理论出自保罗·拉扎斯菲尔德的著作《人民的选择》。传播学的奠基者之一保罗·拉扎斯菲尔德于 1940 年在俄亥俄州伊里县开展了关于选民如何在总统大选时作决定的大规模调查研究后，指出大众媒介对选民的传播影响并非"无限效果"。其实大众传播的许多受众并不是直接从大众媒体获得总统选举的传播信息的，他们原来就有自己的基本选择，他们通过少数首先获得大众媒介信息的人进行"二次传播"后才间接获得选举的信息，并且他们最终是在人际关系等许多社会因素的综合影响下，作出自己的选择。雪伦·罗瑞与梅尔文·德弗勒在《传播研究里程碑》一书中将这一理论列为大众传播研究的里程碑之一，"最重要的理由是'二级传播'的理念吸引了研究学者的注意。……二级传播的假设开启了新的理论前景。但是本研究发现，人与人之间的关系是大众传播过程中最重要的一环"。二级传播理论最大的贡献是否定了当时影响很大的"枪弹论"，为人们研究大众传播效果提供了理论武器。

二级传播理论对危机传播研究的最大启示意义就在于它告诉人们，危机传播不仅要靠平常对大众的教育和影响，而且要发挥少数人在"二级传播"中的"舆论领袖"作用。

（三）"沉默的螺旋"理论

1973 年，在德国大选及一系列舆论调查之后，伊丽莎白·诺尔纽曼发表了《重归大众传媒的强力观》一文，宣称大众传播在影响大众意见方面仍能产生强大的效果。诺尔纽曼发现，大多数人在用自己的态度作出选择时会有一种趋同心态，在某一特定时期内，大众媒介所鼓吹的某些观点在社会上占有优势，对受众造成一种压力，当个人的意见与社会舆论或其所属群体、周围环境的观念发生背离时，个人会产生孤独和恐惧感。于是，他便会放弃自己的看法，逐渐变得沉默，最后转变支持方向，与优势群体、优势意见保持一致。这个过程由于大众媒介不断把一种优势意见强化抬高、确立为一种主要意见，异常的意见日益缺乏支持，就形成一种"沉默的螺旋"。这一理论把大多数的传播学者从对大众传播媒介的"有限效果模式"的热衷带到了对"强大效果论"坚信的时代。基于此，诺尔纽曼又提出了关于"沉默的螺旋"的五个假定：①社会使背离社会的个人产生孤独感；②个人经常恐惧孤独；③对孤独的恐惧使得个人不断地估计社会接受的观点是什么；④估计的结果影响个人在公开场合的行为，特别是公开表达观点还是隐藏起自己的观点；⑤这个假定与上述四个假定均有联系。在这五个假定的基础上，诺尔纽曼又发展起了一整套以"沉默的螺旋"假设为核心的关于舆论的学说，主要有以下三点：第一，个人意见的表达是一个社会心理的过程；第二，意见的表明和"沉默"的扩散是一个螺旋式的社会传播过程；第三，大众传播通过营造"意见环境"来影响和制约舆论。

这一理论对于危机传播的研究很有启发。它一方面告诉我们，在危机事件发生时，受众需要传播媒介营造正确的有导向性的舆论环境，从社会心理的角度去进行引导；另一方面它也告诉我们，为了更好地在危机事件的发生、发展和解决过程中影响受众，我们需要对传播学理论加以综合运用，并形成媒介议程来影响受众议程，以适应受众的选择性接受心理特征。

二、国外对危机传播的研究

国外对危机传播的研究比国内要早得多，早在 20 世纪 80 年代前就拉开了序幕。但是当时他们的研究侧重于危机管理，更多的是研究在危机当中如何制定传播计划，加强与媒体沟通，进行演习与训练，在危机过后如何对信息的传播进行有效分析等。当时危机传播研究的焦点，就是在危机事件发生后的社会和企业管理问题。其中最有代表性的案例就是 1982 年美国泰勒诺胶囊下毒事件，在处理这个事件中所应用的危机传播计划后来被广泛应用于商业和企业管理。

20 世纪 80 年代以后，西方危机传播研究迅速发展起来，人们的目光开始从前面的焦点——危机管理，逐步转移到另一个焦点——危机"信息"上面。以危机信息为中心的信息管理，以媒介为核心的媒介沟通等成为相关研究讨论的主要内容，并且在学界涌现了一大批研究成果。"如 1986 年托马斯·侯塞尔等发表的《危机管理信息系统：来自南加利福尼亚的教训》，论述了信息传播对决策的支持作用；1993 年米特罗夫的《危机管理》，强调搜集、分析和传播信息是危机管理的直接任务；1996 年费恩·博科斯的 Crisis Communication：Acasebook Approack，专门论述了危机传播；1999 年库姆斯（W. T. Coombs）的《持续性危机沟通：规划、管理和响应》，探讨了危机各阶段的信息搜集、处理和使用问题；1999 年哈里森的 Disasters and the Media：Managing Crisis Communications，就灾难中如何处理信息传播的'主体—媒介'关系展开论述，也有一些研究者更深一步，探讨了危机中的媒介议题建构问题。"①

---

① 杨魁，刘晓程. 政府·媒体·公众：突发事件信息传播应急机制研究——以 2008 年"5·12"大地震为例. 北京：中国社会科学出版社，2010. 10.

21 世纪以来，特别是 2001 年美国"9·11"事件以后，西方国家无论是政府还是学界都对危机传播产生了浓厚的兴趣。2002 年美国公共卫生和福利部（DHHS）为建立单独的危机传播预案和完善新闻发布机构设立了专门基金。美国联邦、日本、加拿大都正式建立了危机信息管理系统 FEMS；英国成立了媒体突发事件论坛专门讨论组织。这一时期的危机传播已经从原来研究基本概念、各抒己见的阶段，进入对理论的综合与实践应用的研究，并与计算机科学、网络通信、传播学、公共关系学和管理学等学科结合起来。

三、国内对危机传播的研究和实践

（一）国内危机传播研究的发端和发展

根据台湾学者吴宜蓁的观点，在我国，危机传播始于 1987 年发生在台湾的统一饮料铝箔包装下毒案。而在大陆，尽管第一篇讨论危机的学术论文是向徽 1998 年在《公关世界》上发表的《危机管理中的信息传播》一文，但危机传播学术话语体系的真正构建却肇端于 2003 年爆发的"非典"危机事件。

由于 2003 年"非典"危机事件所造成的国家和人民生命财产的严重损失和心理威胁，我国的危机传播研究把国外有关理论研究的引进与中国危机事件、危机传播的实践研究结合起来，并在如下几个方面同时展开：一是关于危机事件的概念、类型、危害和起因；二是危机公关和危机传播的意义、原则、策略和效果；三是危机的预防、沟通、预案、决策和管理的制度、模式与策略；四是危机传播中政府、媒介和公众的地位、身份，舆论引导和舆情调控的功能和相互关系；五是危机传播的心理探寻和语言艺术；六是对危机事件与危机传播典型案例在理论与实践结合上的分析；七是关于人类进入风险社会与危机事件频发的关系；八是危机传播教学与研究方法的研究；九是多学科结合的危机事件的综合性、边缘性研究。

我国学界近年涌现的关于危机事件、危机传播的新著述很多，其中如苏州大学出版社 2005 年出版的吴宜蓁的《危机传播——公共关系与语艺观点的理论与实证》，清华大学出版社 2006 年出版的焦杨的《完善新闻发布制度，强化政府危机管理》，上海社会科学院出版社 2007 年出版的严励的《秩序的中国解读：转型期中国社会矛盾之研究》，中国社会科学出版社 2008 年 7 月出版的刘岩的《风险社会理论新探》，中国社会科学出版社 2010 年 6 月出版的杨魁、刘晓程的《政府·媒体·公众：突发事件信息传播应急机制研究——以 2008 年"5·12"大地震为例》，中国传媒大学出版社 2010 年 8 月出版的贺文发、李烨辉的《突发事件与信息公开——危机传播中的政府、媒体与公众》，湖北人民出版社 2010

年 10 月出版的曾婕等的《重大突发公共事件中的广播电视舆论引导能力研究》，中国社会科学出版社 2011 年 4 月出版的潘斌的《社会风险论》等，都为我国危机传播研究作出了积极的贡献。

危机传播中公众、政府和媒介的关系研究等几个重点话题为中心的博弈危机传播研究理论，形成了我国对危机传播的博弈理论和制衡理论两种不同的认识。

博弈理论认为"政府、媒体和公众之间存在的是一种动态博弈的关系。处于绝对信息优势地位与权力中心的政府占据最多的信息，拥有最高的权威，在行动中也占尽优势，对政策、行动方案等都享有掌控权。媒体、公众的信息占有量依次排后，分别根据政策环境和社会环境选择自身的最优策略。当然，媒体和公众也会通过各种方式对政府施加影响"。而如果政府在危机中采取了消极回避或积极主动的不同策略，那么在整个博弈过程中就会出现丧失主动权或掌握主动权这两种截然不同的结果。[①]

而制衡理论认为，在危机事件中，"信息流动将政府、媒体、公众三者有机联系起来，政府作为主导者不仅要对媒体进行调控，还要重视与公众的直接交流和反馈。政府与媒体的关系则主要包括'媒介监督政府'和'政府调控媒介'两种形式，二者构成非常典型的制衡关系；与公众的关系则包括'对立'、'制衡'与'统一'等多种可能，但制衡与互动是其综合特点。媒体介于政府和公众之间，它既受政府制约，又在一定程度上影响政府；既引导公众，又需要满足公众需求。媒体一方面代表公众时刻关注、监督危机处理的进展，另一方面，又作为党和政府的喉舌，传达其声音，树立其形象"[②]。

（二）部分媒体对危机传播的认识误区和历史教训

在我国，随着近年来对风险社会和突发危机事件的认识和研究的逐步深入，从国家到地方认真吸取了"非典"危机事件的深刻教训，许多媒体在多次发生突发危机事件时，很快进入积极状态，较好地发挥了媒介的特殊功能。中央台联合各地方台配合政府的危机决策，发挥各媒体的自身优势，统一播出最权威的消息，进行新闻策划和议题设置，跟踪报道，引导舆论。它们在其中起到了通报信息、提供真相、传授知识、引导舆情、稳定社会的重要作用，在突发危机事件的解决过程中较好地履行了媒体的功能。

但是，从前几年全国危机传播的总体情况来看，我国媒体还存在着一些认识上的误区和行动上的失误。

---

① 杨魁，刘晓程. 政府·媒体·公众：突发事件信息传播应急机制研究——以 2008 年"5·12"大地震为例. 北京：中国社会科学出版社，2010.12.
② 伍巧玲. 试析近年来我国媒体突发事件报道的表现和突破. 苏州教育学院学报，2007（6）.

一是患得患失，等待"指示"，沉默应对。危机（突发）事件发生后，不越"雷池"半步，"唯马首是瞻"。如2001年，美国遭受"9·11"恐怖袭击后，我国中央电视台没有在第一时间作出反应，而香港凤凰卫视却因为反应迅速备受赞扬，还引来不少网友对中国内地媒体的不满，称"美国爆炸轰倒中国电视"，"现在新闻已经成为历史，我们既没有亲历新闻，也没有见证历史，'9·11'是美国的恐怖日，也是内地媒体的耻辱日"①。

二是避重就轻，大事化小，敷衍塞责。突发事件发生后，如"2003年年初，当SARS开始袭来的时候，我们的媒体在政府的严格控制下先是'集体失语'，后来眼看掩盖不了，就轻描淡写，避重就轻，闪烁其词。结果导致流言四起，既使媒体公信力大打折扣，又损害了党和政府的形象。2003年春节过后，'广州发生致命流感'的消息就以手机短信及口头传播的方式在人群中蔓延。随后，'禽流感'、'炭疽病'、'瘟疫'等流言开始酝酿，蓄势待发。但几乎所有新闻媒体却对此事保持沉默，当境外媒体和各类小道消息肆意传播之时，流言没有及时得到有效的遏制，最终演变成谣言。由此带来的病毒恐慌在不到一周的时间内迅速弥漫到广东全省，甚至波及湘、沪、琼、港、澳等地区……"②

三是鸵鸟政策，盲目自信，侥幸心理。突发事件发生后，有些人和单位一方面害怕面对危机和灾难，抱着一种侥幸心理，盲目以为可以逢凶化吉，遇难呈祥。就像鸵鸟在被追赶时，把头钻到沙子里，以为看不到追赶者，自己就把追赶者甩掉了。他们逃避媒体与公众的视线，采取不回应、不负责的策略。俗话说，"沧海横洲，方显英雄本色"，要树立良好的中国国家形象，我们应当重视和研究这些非常规的突发事件、危机事件的传播意义、特点、方法和规律，充分意识到媒体传播在其中担当的角色、应承担的责任和应对的策略。这是中国媒体在世界舆论中成功地承担塑造中国国家形象角色的前提和必须面临的挑战。

第五节　我国危机传播中社会舆论的三个主体

一、社会舆论调控与社会舆论主体的概念

"舆论"（Public Opinion）一词由"公众＋意见"构成，"舆"就是公众，"论"就是意见。18世纪后它成为一个独立词组，反映的是文艺复兴时期"人

---

①　伍巧玲. 试析近年来我国媒体突发事件报道的表现和突破. 苏州教育学院学报, 2007（2）.

②　曾婕等. 重大突发公共事件中的广播电视舆论引导能力研究. 武汉：湖北人民出版社, 2010. 32.

民主权"的理念。通俗地说，"舆论"就是公众的意见或言论，其实也就是公众舆论。它体现人心的向背，影响着人们的行动和局势的发展，在造成或转移社会风气方面具有不可估量的影响。

"舆论"有广义和狭义之分。广义的"舆论"，是指人们对其感兴趣的社会生活领域中的公共事物所表达的一切意见、愿望、评价、态度和欲望，它是社会大众的持续性、变化性、公共性与个人性的统一；狭义的"舆论"，包括既相互独立又相互关联的公共舆论和新闻舆论。美国著名的政论家、专栏作家，传播史上具有重要影响力的学者沃尔特·李普曼（Walter Lippmann，1889—1974），在宣传分析和舆论研究方面享有很高的声誉。他的《舆论学》被公认是研究舆论和舆论学的奠基之作。美国历史上许多著名政治领袖都非常重视舆论的重要性。例如，19世纪初美国总统托马斯·杰弗逊曾说过："我们政府的基础是民意，因而政府首先就要保障这一（舆论的）权利；如果要我在有政府而无报纸和有报纸而无政府之间加以选择，我将毫不犹豫地选择后者。"19世纪中叶美国总统亚伯拉罕·林肯也说过："你有舆论的支持，无往而不胜；没有的话，无事不败。"

社会舆论"是对全部社会生活的一种有意识或无意识的反映方式，在任何历史时期，媒介的舆论结构和社会生活结构总是相对接的，而且后者是前者的素材和源泉。因此社会舆论具有历史性，它是社会生活的意识系统和观念形态"①。构成舆论的三个要素是："舆论的主体——公众，舆论的存在形式——意见，以及舆论的客体——问题。"②

社会舆论在不同层面上具有三个主体，这三个主体对社会舆论具有不同角度和不同程度的功能和作用。国家政府是对社会舆论进行宏观调控的主体，国家、政党、社会领导集团利用物质、法律、政策、规章以及其他策略、手段，对新闻舆论行为进行硬性或软性的管理、约束和推动。据美国社会学家戴维·波普诺解释，这种社会控制是指"对人们的行动实行制约和限制，使之与社会规范保持一致的任何社会过程"。传播媒介是拓展和引导舆论的主体，所报道的新闻虽然不是舆论，但是由于媒介处于社会信息传输的枢纽位置，所以它"在形成舆论和舆论扩张的过程中越来越显示出一种影响舆论的趋势"③。"大众传播媒介同时还拥有穿越时空的能力，当它们随着工业化浪潮而来的时候，很快便成为一种强大而响亮的社会发言人。它们发出的信息虽然形式上多样化，但处在同一政治、

① 阳美燕. 论当代媒介舆论传播视域的立体化发展. 载自吴非，项国雄，陈培桅. 中国新闻理论传播. 北京：人民日报出版社，2005. 88.

② 韩运荣，喻国明. 舆论学——原理、方法与应用. 北京：中国传媒大学出版社，2012. 3.

③ 陈力丹. 舆论学舆论导向研究. 上海：上海交通大学出版社，2012. 66~67.

经济和文化背景的一定区域里的媒介，其主导声音与政治经济体制、社会意识形态和道德传统，总体上通常是一致的，它们同家长、学校、工商界大员、政治家和行政官员的声音互相补充，在社会观念领域往往造成扎根于公众的相当一致的形象、口号、象征和价值标准等。"① 公众是社会基础层面舆论出现、形成的主体，是舆论存在最根本、最广泛的基础。"作为舆论主体的公众，是自在的对于外部社会有一定的共同知觉，或者对具体的社会现象和问题有相近看法的人群。"② 这些公众自主参与外部社会的某些公共性的舆论问题，并讨论由于具有相近或相同的认知而产生的互相关联性，这种社会参与的自主性和关联性，成为作为舆论主体的公众的两个主要标志。

　　而在网络传播全球化的时代背景下，公众在社会舆论面前的主体性就变得更为突出了。美国著名的传播学者乔舒亚·梅罗维茨提出的"媒介情景论"认为，媒介的变化导致社会情景的变化，推动人民行为发生变化。"媒介对社会产生巨大影响力，在于其重新组织了社会情景，而社会情景重新组织，又使社会情景所决定的社会行为产生相应的变化。"③ 随着网络的出现和被广泛应用，普通受众不但能冲破"国门"获得大量前所未有的国内外信息，还可以通过这一几乎没有门槛的、难以控制的平台进行即时的、平等的互动和反馈，它为广大受众自主参与社会舆论构建提供最便利的条件；而 Web 2.0 的出现，更唤醒了公众在社会舆论面前的主体意识和表达欲望，极大地调动了他们作为社会主体参与社会事务的积极性和主动性。郭良主持的中国社会科学院社会发展研究中心的《2003年中国 12 城市互联网使用状况及影响调查报告》表明：71.8% 的网民和 69.1% 的非网民都非常赞成或比较赞成"通过互联网，可以有更多机会表达观点"；60.8% 的网民和 61.5% 的非网民都非常赞成或比较赞成"通过互联网，可以有更多机会评论政府的工作"④。

　　上述政府、媒介和公众三个舆论主体，互相联系和补充，相互约束和制衡。

二、我国危机传播中社会舆论三个主体的关系

　　2011 年 7 月 11 日"人民网评"发表了一篇文章，题为《打通"两个舆论场"——善待网民和网络舆论》，里面提到新华社前总编辑南振中早就注意到：

---

　　① 陈力丹. 舆论学舆论导向研究. 上海：上海交通大学出版社，2012.35.
　　② 陈力丹. 舆论学舆论导向研究. 上海：上海交通大学出版社，2012.35.
　　③ 宫承波，李珊珊，田园. 重大突发事件中的网络舆论——分析与应对的比较视野. 北京：中国广播电视出版社，2012.101、110.
　　④ 肖沛雄等. 新编传播学. 广州：广东人民出版社，2006.73.

在当下中国，客观存在两个舆论场。一个是党报、国家电视台、国家通讯社等忠实地宣传党和政府的方针政策，传播社会主义核心价值观的"主流媒体舆论场"；一个是主要依托于互联网，进行议论时事、针砭社会、品评政府的"民间舆论场"，后者成为"思想文化信息的集散地和社会舆论的放大器"，改写了"舆论引导新格局"。在危机传播中，作为社会舆论三个主体的国家政府、公众和媒介，相辅相成、相互约束，形成一种多角度、多层面的"掎角之势"，对社会舆论从生成、扩散到高潮整个过程的内容、方式、效果起着各自不同，但都非常重要的作用。尤其在发生危机事件的情况下，三个主体在政府的宏观调控与管理下，各司其职，各尽其责，相互制衡，协同合作，形成"掎角之势"，对危机舆情的及时控制和危机的解决具有至关重要的作用。

（一）政府是危机事件中社会舆论宏观调控的主体

"我们在《新编传播学》中曾经概括了三句话来说明政府对社会舆论进行调控的必然性。"[①]

一是从社会的纵向角度，从政府的地位和作用来说："作为一个社会制度下整个社会大系统中的体制化、组织化的大众传播系统，社会的统治阶级必然要求它与社会规范体系相一致，与有关的政治、经济制度、文化传统、价值观念保持一致，把大众传播的价值系统与高层系统的价值要义统一起来。"

二是大众传播系统与整个国家大系统下的各分支系统之间是一个结构依赖关系。"大众传播事业是一项在特定的社会制度下与社会大系统诸方面发生多边关系，相互依存又相互制约，呈结构依赖关系的社会性的事业。正如美国传播学家德弗勒所言，'媒介系统与另外一个社会系统相对的效力程度（不管那个系统是政治的、经济的、宗教的、家庭的、教育的、军事的、娱乐的还是法律的），都是每一系统的资源分布和依赖关系的产物，即结构依赖关系。'"[②]

三是"出于维护某一社会制度的需要，大众传播事业必然要受到社会占统治地位势力的控制。马克思说过：'支配着物质生产资料的阶级，同时支配着精神生产的资料'"[③]。丹尼斯·麦奎尔也曾指出："社会地位越高，社会和经济的势力越大，接触和控制传播过程的能力也就越强。"所以，马丁·沃克在《报纸的力量——世界十二家大报》一书中说："一家严肃认真的有理智的全国性报纸几乎必然是国家权力机构的一部分。"美国前总统托马斯·杰弗逊就发出过"宁要报纸，不要政府"的惊人妙语。作为社会的统治者和物质资料的占有者必然

---

① 肖沛雄等. 新编传播学. 广州：广东人民出版社，2006. 73.
② 肖沛雄等. 新编传播学. 广州：广东人民出版社，2006. 74～76.
③ 肖沛雄等. 新编传播学. 广州：广东人民出版社，2006. 74～76.

会通过自己的权力和手段让传播媒介为自己的利益服务，这是一个不争的历史客观事实。

从国家管理层面来说，在涉及国家利益和人民生命财产安全的危机事件发生时，国家政府对社会舆论的控制，是基于国家最高层面上的管理和国家整体利益的需要。在民族国家时代，国家利益是个人利益、组织利益，以及包括地区利益在内的人民总体利益的最后的、最根本的体现和保障。所以在重大的危机事件发生时，国家统治集团必然要从宏观上进行舆论调控。施拉姆曾经说过一句话："所有制度都必然在某种程度上对它们的媒介加以管制和控制。"ABC 的新闻主持人塞姆·唐纳森也曾说道："一般来讲，媒体即使不是权势的侍从，至少也是它的亲兄弟，我们每天都会有一条按白宫建议播发的报道，只是有时变变样子而已。"

在危机事件中，政府站在国家宏观管理的最高层面上，处于社会舆论调控的主导位置。实施社会舆论调控的途径大致相同，主要包括媒介新闻调控、制度调控、法律调控、政党调控、集团调控、行业调控等。

（二）广大公众是危机事件中形成与推动舆论的主体

广大公众是社会舆论形成和推动的主体，这个主体是各种舆论主体中最容易被忽略，却又是最重要的。因为广大受众既是一切社会信息的来源、目的地和归宿，又是任何政府和媒介的服务对象。尤其在当代的民主社会，面对各类公共性的社会舆论问题，如果离开了作为社会主体的广大受众的需求，侵犯了他们的话语权、参与权和监督权，那么任何媒体的传播内容和活动不仅会成为无水之源、无本之木，而且会失去存在和发展的生命线。现行《中华人民共和国宪法》以根本法的效力确认了人民群众在新闻传播活动中的主体地位。广大受众不但有知情权、传播权和对媒体的监督权，而且成了政府和大众传媒的"上帝"。在危机事件发生的情况下，政府和媒体首先要考虑的除了国家的重大利益，还要考虑广大人民群众重大权益的维护和生命财产的安全。所以更应当首先保证公众作为社会主体在危机事件中的知情权、话语权、参与权、监督权和索偿权等合法权益。美国政治学者科恩说过："正是危机时期，宪法对言论与出版自由的保护尤为重要。正是在这种情况下，如果要避免暴乱或避免非法的煽动暴乱，就必须由公众来讨论问题所在，使公众交流意见的渠道畅通无阻，进行公开的辩论，找出合法的、有秩序的、改革的可能性。情况愈紧张，就越要小心翼翼地保护宪法权利，使之不受破坏。"①

---

① ［美］科恩. 论民主. 聂崇信，朱秀贤译. 北京：商务印书馆，1988. 152～153.

当今人类越来越倡导和推崇法制与民主，而网络传播和新媒体的出现和广泛应用，又为他们提供了一个最便捷、最平等、门槛最低、传播速度最快、社会影响最广泛，还能及时反馈互动的宽广平台。这就为广大公众在危机事件中以"读秒"的速度"现场直播"危机事件过程，曝光有关当事人，揭露社会腐败，抨击违法行为，呼吁扶危济困，质疑有关部门领导责任等创造了最有利的条件；并很容易就通过无所不至的网络和微博的"世界高速公路"，在最短时间内形成跨国界的"轰动效应"，这对形成社会舆论和推动舆情发展具有举足轻重的作用，也是其他舆论主体不可替代的。

在危机事件中，公众对舆论形成和推动的主要手段包括：第一时间发出危机事件信息，在自媒体设置议题，跟踪通报事件的起因、经过和后果，对危机事件和当事人进行实地调查、道德评价、法律与行政上的质疑和问责，在社会舆论起伏中参与反馈和互动，展开各抒己见的讨论和论辩，举行集会和游行，形成社会公众舆论、推动舆情发展，直至诉诸法律等。

（三）传播媒介是危机事件中引导和拓展舆论的主体

传播媒介作为社会传播媒介层面的社会舆论拓展与引导的主体，是新闻业界对自身业务管理的职能所在。大众传播机构是全球化社会和国家大系统中具有双向性功能的子系统，它既受到政府的宏观控制，同时也在履行对政府管理的监督职能；它既需要对公众舆论进行拓展和引导，又要实现公众的知情权、表达权、参与权和监督权，并接受公众监督。如何处理政府的喉舌、扬声器和公众的传声筒、守望器这双重管理功能的关系，本身就需要媒介加强对传播和舆论的自主性和引导性。

传播媒介对社会舆论拓展和引导的主体作用是必然的，主要表现在三个方面：

第一，从传播媒介自身的功能看——对社会舆论的把关和监控，是大众传播媒介最重要的基本功能之一，即社会监测功能。它是通过新闻信息的公开，对整个国家甚至世界进行监测的工具；也是通过新闻策划、议题设置，引导社会舆论的窗口和平台。尤其在世界政治格局多元化、经济全球一体化、信息传播全球化的形势下，这种监测对一个国家乃至全世界具有更加深远的制衡意义。早在1828年，英国作家马克莱利就把报界称为"第四权力"。1958年美国学者道格拉斯·卡特称报界为"政府的第五部门"。他们认为，媒介的监督作用是重要的政治制衡手段，一个与政府保持对立的媒介即使从短期来看可能不利于政策，是制约、抗衡政府的力量，但从长期看，对健康的政府却是有利的，是"影子政府"。

第二，从媒介在市场激烈竞争的生存环境看——在走上自主经营的产业之路后，媒体如何满足媒介市场的"上帝"——广大受众的多元需求，不仅成为传媒开拓市场求生存、求发展的关键，而且造成对政府主导关系和大众主导关系的强大冲击，使它要么脱离国家政府调控的轨道，要么违背为广大受众服务的宗旨。要在这两者之间找到一个正确合理的平衡点和结合点，这也更需要媒介切实加强对自身的主导性控制。2003 年"孙志刚事件"被《南方都市报》率先报道，其后各媒体纷纷进行了相关议程的策划，组织了详细的跟踪和报道，从而引发了公众从愤慨于执法者的野蛮执法到对收容遣送制度质疑的大讨论。法学界的学者两次以公民名义向人大常委上书，最终促使《城市流浪乞讨人员收容遣送办法》被废止，经国务院第十二次常务会议通过的《城市生活无着的流浪乞讨人员救助管理办法》正式公布施行，终结了我国收容遣送的历史。这个案例的议程流向为：媒介→公众→政府，在这里媒介的控制就是通过公众来对政府进行议程设置的。

第三，根据管理学上的自组织与它组织原理，媒介自身也是一个非常重要的相对独立的支系统。要使这个系统在复杂的全球大传播的格局中发挥应有的重要作用，它必须加强对自身的调控，协调不同的社会分支系统之间的关系。

在危机事件中，传播媒介对社会舆论拓展和引导的主要手段是：第一时间深入现场，了解危机事件真相，向上级管理部门及时通报，针对危机事件的性质、事态发展、危害程度、处理情况及时进行新闻策划、议题设置、跟踪报道、信息筛选、新闻采访、新闻写作、新闻编辑、新闻评论，以及采取其他舆论导向的手段。

三、用唯物辩证法正确认识危机传播

"危机"存在客观上的危害性，尤其是涉及国计民生的重大危机事件，确实具有极大的破坏性和冲击力，不但危及人民生命财产安全，有时还会直接动摇国家的根本价值和社会基本架构，甚至会因为它的滞后性、积累性留下更长远而巨大的灾难和隐患。所以当前对危机的研究成为管理学、政治学、公共关系学、传播学、财政学、人力资源学等多学科共同关注的重要问题，并引出"危机管理"、"危机公关"、"危机传播"等多个新的概念和理论。

但从另一方面看，危机中又存在机遇。危机是任何时期和任何国家都难以完全避免的，尤其在当今的风险社会，它是事物发展过程中各种矛盾的集中反映，是社会发展过程中的必然规律。在社会繁荣发展的过程中，存在各种各样的危机隐患，这些问题如果得不到及时的、正确的解决，就可能演化为更大的社会危机；相反，如果这些问题被及时发现、及时报道，有效解决和及时纠正，危险就会被消除，社会的发展就会继续向前推进。从这意义上讲，危机又是一个机遇。危机事件可以引起国家各级政府的高度重视，引起各大媒体的高度注意并进行集中的、连续的跟踪报道，这都为困难和危机的及时暴露、调查与解决提供了相关的信息；同时，危机（突发）事件的发展与解决，进一步增强了社会的稳定，成为树立国家媒体真实形象的重要契机。我们必须正确认识到，"危机"是"危险"与"机遇"的结合体。

以发生在中国的"SARS"为例，2002年底出现在中国广东的这种前所未有的传染病，由于初始阶段大众传媒的"失语"与应对不力，疫情迅速蔓延之后，在媒体不予报道的一段时间里严重损害了中国的国际形象。而当我们转变了态度，采取及时正确的措施，并全面报道疫情后，立刻得到了国内外舆论的一致好评，而且由于党和政府的高度重视，以及全国人民的理解和配合，到2003年6月底，疫情基本平息，全球患者8 450人（含疑似病人），累计死亡810人。而在中国，共有5 372人感染，349人死亡。我们的治愈率比世界其他国家要高得多，对整个世界的医疗卫生事业产生了积极的影响，作出了宝贵的贡献。

第六节　东西方国家危机传播的差异

由于历史文化、思想观念、政治理念和意识形态的巨大差异，中外新闻媒体对危机事件的报道也存在着巨大的差异。

一、传播观念的差异

在以美国为典型代表的西方资本主义世界体系内，"在新闻报道中，真实性最容易受到伤害的根本原因在于其商业性的新闻体制，即新闻业首先是一门商业，新闻记者出于竞争的压力，谁在第一时间报道，谁就抢到了新闻。在这种商业性的新闻体制中，一般而言，专业主义的新闻诉求更多的是抵御来自资本利益（尤其是投资方和广告主等方面）的冲击"①。商业体制下的新闻业为了实现利润和潜在的消费用户的最大化，必然出现"抢新闻"和"煽情化"等危害新闻自由的表现："为了吸引最大数量的受众，新闻界强调例外甚于常规，强调煽情甚

---

① 贺文发，李烨辉. 突发事件与信息公开——危机传播中的政府、媒体与公众. 北京：中国传媒大学出版社，2010.5.

于重要性"①，"狗咬人不是新闻，人咬狗才是新闻"的新闻价值观使西方媒体特别重视负面新闻而不注重正面新闻，对危机事件的新闻报道往往很快，并形成了一整套成熟的报道经验。西方媒体普遍认为，危机事件能有效提高媒体的影响力，具有很强的广告效应，是展示媒体实力、提高媒介影响力的难得机遇。如美国"9·11"恐怖事件发生后，《纽约时报》迅速推出了题为"国家受到挑战"的特刊，通过新闻报道、评论、图片等形式对纽约、华盛顿的恐怖事件进行了全景式的连续报道，并就此事对全球安全局势进行了综合阐述，反应强烈。在第86届普利策奖中，《纽约时报》成了最大赢家，夺得了公众服务贡献奖、新闻评论奖、独家报道奖等7个奖项。

　　西方主要发达国家对危机事件的采访和报道活动并非毫无限制的，如果被政府认为是直接关系到国家利益的事件，就一律严禁采访报道。如普利策奖获得者加里·韦布特别推荐、彼得·菲利普斯禁发新闻项目组所著的《美国禁发新闻》一书中所挑选的美国第23批禁发的新闻，就曝光了大量鲜为人知却骇人听闻的重大危机事件。但如果是一般的危机事件，媒体往往会采取合作和服务的态度，争取新闻舆论的主动权，减少谣言传播的机会。如瑞士航空公司在1998年9月2日凌晨4时30分发生麦道MD-11大型客机坠机死难229人的特大空难事故，公司清晨8时30分召开了记者招待会，而后连续两个星期，有关部门每天安排人员24小时值班回答记者的问题，协助记者了解情况。公司妥善处理这则公司有史以来最大的空难事故的明智做法，得到了新闻界的认同。

　　在我国，尤其在改革开放前，可以这样说，资本方面对新闻真实性的冲击微乎其微，对新闻真实性冲击最大的是权力对于新闻社会监测功能和及时传递信息功能理解上的偏差。由于历史上"左"的思想路线、政治路线的深远影响，在许多政府以及媒体的领导人观念中，习惯了报喜不报忧，习惯了"一慢，二看，三通过"的处事逻辑。他们对危机事件的报道就像坐在火山口一样，生怕因为给国家和领导抹黑，得罪领导而犯错误，于是小心翼翼、忧心忡忡，左请示，右报告，即使到了非报不可的时候，报道也是被动的、简单的，大事化小，小事化了。改革开放以来，中国新闻媒体在危机报道上已经冲破了"文革"前的种种思想桎梏，开始在一定的制度管理下敢于"摸着石头过河"，对某些危机事件尝试进行报道，开了一个好头，但是报道人员缺乏经验与热情，报道手段上缺乏积极性与创造性，报道内容缺乏足够的人文关怀和深刻哲理。比如"中美撞机事件"发生在互联网时代，中国的许多公众从网络上了解到事件的基本情况，当

---

　　① ［美］新闻自由委员会. 一个自由而负责的新闻界. 展江等译. 北京：中国人民大学出版社，2004. 34.

时不但美国媒体的反应非常迅速，布什总统也很快就撞机事件发表了立场强硬的讲话，美国舆论随之高涨，该事件马上被网络媒体翻译出来。而中国官方媒体却"千呼万唤未出来，犹抱枕头半遮脸"，直到事发后第三天，才公开中方失踪的飞行员的姓名，第四天这条新闻才出现在《人民日报》头版。网络舆论被官方最初的反应激怒了，从网上论坛、聊天室到一部分大学生的言论都显得十分情绪化，直到中国政府后来采取比较强硬的应对策略，事态才平息下来。当然，对于当前来说，在纠正错误的同时还应该注意另一种倾向，那就是在西方新闻消费主义（商业主义）的影响下对刚刚抬头的新闻专业主义的消解。

二、报道重点的差异

西方媒体在危机事件报道中多考虑挖掘新闻素材的新闻价值，尽量重点报道事件中容易吸引受众眼球的奇异、新颖、反常、刺激的地方，并且以客观报道的面貌出现，展示灾难，描写灾难。其中最典型的例子，就是西方的教科书中经常列举，并多次遭到新闻界和社会严厉批判的现象，即一位自杀者站在桥上准备自尽，一位新闻记者就在附近端着相机，耐心地等待跳桥的一刹那，好抢到独家的新闻。

而我国在吸取了"文革"前对危机事件报道的教训后，在危机事件的报道中不仅注意把危机事件发生的真实情况、各种要素及时报道给受众，更注重报道人与灾难抗争的过程，报道重点、出发点和落脚点都明显与西方国家不同。如2008年5月12日14时28分04秒，四川省汶川县、北川县发生8.0级强震。这是新中国成立以来破坏性最强、波及范围最广的一次地震。此次地震重创约50万平方公里的中国大地！据民政部报告，截至2008年9月25日12时，已确认有69 227人遇难，374 643人受伤，失踪人数为17 923人。我国主流媒体记者第一时间奔赴灾区现场进行危机报道，着重报道的是各级政府领导人、解放军部队、各条战线的干部和当地群众在自发投入救灾斗争中所涌现的大量感人场面和英雄事迹；报道从中央到地方，从国内到国外各地社会团体和人民群众如何慷慨解囊，捐助钱物，以大量生动的素材和感人的形象谱写了一曲可歌可泣的抗震救灾英雄赞歌。救灾中，全国共接收国内外社会各界捐赠款物（截至2008年9月25日12时）总计594.68亿元，实际到账款物总计594.08亿元，已向灾区拨付捐赠款物合计268.80亿元。自四川汶川特大地震发生以来，国际社会向中国政府和人民表达了真诚的同情和慰问，并提供了各种形式的支持和援助。截至2008年7月18日，外交部及中国各驻外使领馆、团共收到外国政府、团体和个人等捐资17.11亿元人民币。其中，外国政府、国际和地区组织捐资7.70亿元人民币；外国驻华外交机构和人员捐资 199.25 万元人民币；外国民间团体、企业、各界人士以及华侨华人、海外留学生和中资机构等捐资 9.39 亿元人民币。这次危机事件报道的成功也受到外国媒体的高度评价。《纽约时报》报道评价说："关键时刻中国政府反应迅速，温总理对灾区群众高度关切的形象和他亲临第一线的鲜明姿态一次次出现在电视屏幕上，与其他一些国家发生灾害后政府的迟缓表现形成了鲜明对比。中国领导人的努力证明了在关键时刻中国政府能够做到反应迅速。"

三、采写角度的差异

西方记者在采写危机新闻事件的稿件时，喜欢引入具体的人和事，把人物引进事件，通过具体的人物和事件展开情节。2000 年春夏，巴基斯坦西南部遇到30 年来最严重的干旱，"水井干涸，河流枯竭"，人们饮水困难，不少人和牲畜渴死。美联社记者在电讯稿开头以平实的、忧伤的笔调，记录了大旱迫使人们卖儿卖女的一个悲惨镜头：在巴基斯坦南部的一个名叫巴西马的小镇，农民布罗希因再也无钱买粮买水，一家人身陷绝境，夫妇二人万般无奈下，不得不把 15 岁的女儿扎胡拉从老远的家乡带到集市上，等着别人把她买去当佣人，或是做新娘。赶集的人们好奇地围过来，七嘴八舌，议论纷纷，无助的父亲悲哀地说："怎么办呢，如果卖掉她，就能救活家里其他 20 口人。我们快死了，没有粮食，也没有水。"小小的扎胡拉低着头，一言不发。尽管镇上老人们的善举最终改变了小扎胡拉被卖掉的命运，但是这一幕把干旱给人造成的苦难和报道对小人物命运的关怀，深深地印在了我们的记忆中。

而我们媒体关于危机事件的报道，则往往是"抽象"而"概括"的，我们侧重的主体是人们战胜危机的行动，是某些英雄的言论和行为。尤其突出的是政府和党的领导人及其活动，但真正成为危机事件的受害者的主体——广大人民群众，却常常不是报道的主体，好像他们就是只能等待别人来救援的被动者。我们应当认识到，社会主义的优越性当然要靠党和政府的领导与组织来实现，但是在大灾大难面前，在我们平凡得不能再平凡的人民身上，潜藏着这个民族自身顽强的生命力和生存的意志力。尤其是面对突如其来的天灾人祸，外面救援的人和上级组织还没有赶到时，他们是如何在当地政府和党组织的带领下，顽强地抗争和自救，如何人自为战，村自为战，舍己救人，扶老携幼，与命运抗争；当灾难过去后，他们又如何化悲痛为力量，自力更生，重建家园，这其中必然有许多动人的故事与赞歌，需要我们去挖掘和表现。

四、表现手法的差异

从表现手法来看,西方媒体更注重"细"和"活"两个字。西方媒体利用新闻摄影来报道危机事件时,以受害者为本,注重表现个体,即以危机性、灾难性事件的受害者的个体生存状态来反映危机与灾难本身。如图片《乌干达旱灾的恶果》和《去食品救济站的路上》,画面内容分别是丰润白人的大手与枯瘦黑人的小手、垂死的黑人女孩与秃鹫,使媒体在通过传播非洲灾荒信息的基础上,暗含了试图传播的黑白世界、富裕与贫穷的对立和并存,个体生命的脆弱与人类宿命的深层信息。西方媒体除在报道灾难性事件时语汇十分丰富外,基本停留在叙述型的语汇层面。而我国在报道有关灾难性事件的摄影报道中,往往侧重报道场面重大和主题深刻的事件,更多的画面和笔触集中在群体的集体抗争和团结奋斗中民族精神、集体英雄主义的弘扬上。

从表现手法看,西方媒体更习惯使用细节描写,多用白描手法;而我国媒体则倾向于采用叙述性的语言,对具体灾难的情况多用概括和比较抽象的手法。

五、传播效果的差异

面对危机性报道,在西方受众接触媒介时,会通过报道中描写的灾难性危机事件的受害者个体的状况,获知有关的叙述性、叙事性的信息;了解灾难事件中受害者个体的存在状况、灾难性事件本身和由此引发的社会行为。这种传播较有利于传播者与受众的互动。但是西方媒体在报道过程中,存在着侵犯受众(包括灾难性事件中的受害主体)的权利问题,比如报道艾滋病,为满足受众对有关艾滋病信息的获取,同时也因为报道手法的夸张,细节刻画的逼真,使艾滋病人产生了巨大的心理恐慌,也使他们受到社会的鄙视和遗弃。过于突出灾难的惨状,还会引起读者恐怖、惊慌、厌恶等负面的心理反应与情绪。长此以往,那些恐怖、暴力事件的报道,会通过积累方式逐渐破坏受众的认知结构,在社会中形成看客心理和窥视心理,破坏社会整体的健康心理结构。中国受众在危机性、灾难性新闻报道中接触媒介提供的图像和文字时,更多地了解的是正面的斗争场面和集体抗争的精神,即使有灾难的现实性描写,也是局部的、抽象的为主,负面的消极影响和侵权、诽谤的报道情况比较罕见。

第七节　危机报道中媒体的定位、功能和责任

一、危机报道中媒体的角色地位

（一）服从和配合政府的关键地位

我们过去的危机报道之所以被动，主要原因在于我们对危机事件和危机新闻的认识上存在偏差，实际上危机事件无论在哪一个国家、地区或哪个时代都是不可完全避免的。而这危机事件和新闻关系到广大人民群众的切身利益，正是新闻报道中群众最渴望知道的最新信息。问题不在于我们要不要报道，而在于怎么样去报道。在灾难新闻、危机新闻发生的时候，对我们的政府和新闻媒介来说，都是既有机遇，也有风险的。我们前面所说的对新闻舆论的政治控制，常常有力地体现在危机新闻和危机事件中。社会控制论的创始人、美国社会学家 E. A 罗斯在其 1901 年出版的《社会控制》一书中已经论述到："社会的进步和发展，取决于整个社会如何在社会稳定和个人自由之间取得平衡。为了达到社会的和谐与稳定，社会必须有'控制'机制。"①

按照社会结构功能理论来分析，整个社会是在协同合作的基础上进行着有秩序的运转。危机事件中新闻媒体与政府、大众的关系，"社会就像人体或其他生命有机体一样……社会的各部分，如家庭、公司和政府都以一种有益于全局的系统方式发挥各自的功能。每个部门都帮助维持一种使这个体制运转所必须的平衡状态"。

由于突发事件、危机事件关系到国家、民众的重大利益，影响到国家的基本价值和国家形象，影响到国家的和谐与稳定，这不是其他社会力量可以完全处理的，必须由社会的决定性权威进行通盘决策和指挥处理。尽管宪法赋予媒体和公众监督政府的权利，但是从国家的全局管理与利益维护出发，它拥有法律所规定的"公权力"，政府的"权力"与媒体、公众的"权利"是有差别的。前者是一个政治概念，就是指有权支配他人的强制力量；而"权利"是一个法律概念，是指在宪法和法律规定范围内可做某种行为以及要求国家和其他公民做或者不做某种行为，"权利"不具备强制性。而在非常事件面前，政府始终是危机的主导处理者，而媒体则以政府和公众的代言人身份，居于服从和配合政府的关键地位。因此，传媒必须接受政府的领导，树立以国家民族大局为重、国家利益至上

---

① 陆学艺. 社会学. 北京：知识出版社，1996. 591.

的意识，全力协助政府引导和促进事件向积极解决的方向发展。

（二）信息传送的敏感枢纽位置

同时，媒体也要认识到危机事件中社会舆论的特殊重大作用，而在处理危机事件中，媒体又处于传送信息的关键和敏感的枢纽位置，这就要求媒体要在冷静客观的新闻规律专业要求与形势危急、群情汹涌的情况下，在"公众知情代言人"、"社会守望公器"以及国家的"喉舌工具"之间适时地作出定位和选择。在法律和制度相对保障的条件下，媒体必须争取自己与公众的在知情权、话语权、参与权和监督权等方面的合法权利，在政府与公众之间保持理性与感性的平衡。

（三）在危机报道中的多元角色定位

1. 危机预警者

传播学的奠基人和集大成者施拉姆把传媒称为"社会雷达"，约瑟夫·普利策也曾经说："倘若一个国家是一条在大海上的船，新闻记者就是船头的瞭望者。他要在一望无际的海面上观察一切，审视海上的不测风云和浅滩暗礁，及时发出警报。"新闻工作者处在全球信息的枢纽和中心位置，是广大受众的耳目，要保障受众的知情权。尤其在直接危及到人民大众的生命财产安全的危机事件发生时，媒体更应该是危机的预警者。"危机预警，是指组织采取定量与定性相结合的方法，对危机的诱因与危机的征兆进行事前监测与评判，并据此作出危机警示的管理行为。"其中包括：①危机监测和舆情监测，即分析风险信息、监测危机动态和处理相关信息；②危机评估与危机预警，即评估指标的设置和评估结论的形成。①

2. 危情沟通者

由于危机的出现涉及国家利益和广大群众生命财产安全等社会重大问题，因此必须及时有效地解决。这就需要政府和相关部门高度关注和认真处理的同时，广大群众也要认识危情，密切配合，协调行动。这里的前提就是要让群众知危情，晓危害。知情权是作为社会主体的广大公众的最基本的权利，是公民实现其他民主权利（如参与权、表达权、监督权等）的基础。一旦危机发生，公众的首要需求就是要了解危机的真实情况与危害程度；然后才是掌握应对的措施与办法。所以，在风险出现之时，知情不报、封锁消息、含糊其辞、忽悠大众的做法都是错误的。环境的随时监测，信息的及时发布，真相的如实披露，上下彼此互动，才能架起危情沟通的桥梁，有效防止谣言的泛滥与蔓延。

---

① 曾婕等. 重大突发公共事件中的广播电视舆论引导能力研究. 武汉：湖北人民出版社，2010. 40～42.

3. 舆论引导者

大众媒体的传播者是社会信息的发布者，同时又是信息的"把关人"和舆论的引导者。舆论引导的本质在于引导大家从媒体所提供的真实信息的分析中得出正确的结论，而这就要向公众说明危机事实的来由和真相，揭示危机存在的是非与利害，讲清危机背后的大局和趋势，统一应对危机的认识与行动。此外，还要注意把舆论导向的正确性与技巧性结合起来。

4. 心理调适者

由于在风险社会中危机事件频频发生，并且直接危及公众的生命财产安全，人们难免会产生混乱、恐惧、惊慌等负面的情绪和心理。要动员大家共同应对危机，传播媒体就必须在发布信息和加强沟通的同时，凭借自身传播信息的迅捷性、权威性、普遍性等特点，通过议程设置、正面与负面形象的对比、专家权威的理性分析、创建情感宣泄与心理安抚的平台等手段来舒缓公众的心理压力。

5. 舆论监督者

危机事件给社会的稳定和国家、人民的利益造成相当大的危害，所以社会上也难免产生种种对事件真相、后果和责任的责难与质疑行为。尤其是现在网络、博客、微博、手机等新媒体的广泛应用，往往伴随着危机事件的出现产生不同来源的各种信息的泛滥，并产生大量流言、谣言、质疑与问责。媒体工作者有责任对社会各种不同的观点与讨论发挥舆论监督和引导的作用。

二、传播媒介在危机事件报道不同层面和时段的功能

（一）传播媒介在危机事件报道不同社会层面的功能

结构功能理论认为，在一个处于动态平衡的社会里，大众传播系统既是一个相对独立的子系统，也是整个社会大系统中一个不可或缺的分支系统，对整个社会担负着"守望者"的神圣功能。美国传播学大师哈罗德·D. 拉斯维尔曾把新闻媒体的职责比喻为"哨兵"，他说："在动物社会里，社会成员扮演着专业分工的角色，有的从事环境的监视，负责担当'哨兵'的任务，警戒周围的环境。一旦发现威胁，就要立刻大声吼叫出来。运动着的动物群，一听到'哨兵'的吼叫声、啼鸣声、尖叫声，便会马上应变而迅速行动。"①

现在的问题是我们的大众传媒有时不仅不能当好这个瞭望者，有时甚至会失去方向，在信息的传递过程中有意无意塑造了一个脱离了社会真实的"虚拟世界"，在经济上为假冒伪劣商品推波助澜，这就完全违背了我们的社会层面的基

---

① ［日］和田洋一. 新闻学概论. 吴文莉译. 北京：中国新闻出版社，1985.6.

本功能。

传播媒介在政府层面上的功能主要是：提高各级政府干部的忧患意识、为政府决策提供信息；加强对政府官员的社会责任监督，促进政府的廉洁高效。

危机事件的报道常常与各种不同层面的领导的思想作风、工作作风、管理的疏漏与失职、贪污受贿、以权谋私等关联在一起，因此危机事件的报道充分体现了媒介对政府的监督、建议、支持和扶助的功能。如2003年4月25日《南方都市报》的那篇《被收容者孙志刚之死》为什么会成为当代新闻史必须提到的一笔？因为它通过抓住一个本来很容易被忽略的所谓城市盲流人员的案件，监督和纠正了一个草菅人命的错误法律判决，把一些执法犯法者送上了公正的审判台，推动了对城市流动人口合法权利维护问题的理性思考，推动了法制建设的新发展。

传播媒介在个人层面上的功能主要是，大众传播作为现代社会中任何人都不可或缺的一种保障获知权、参与权、话语权和监督权的工具，应当确保公众的这些合法权益；加强对受众的正确舆论引导，培养和提高公民的媒介素养和综合素质；增强公民对危机的应对能力。

（二）媒介在危机事件报道不同时段的功能

危机报道的具体功能更是多方面的，我们如果从危机发生、发展的过程来看，它在不同时期的报道也有着不同的功能，如：

1. 潜伏期的预警功能

比如艾滋病在中国的扩散就是中国媒介的预警功能没有发挥出来的一个最典型的例子。中国在艾滋病预防方面与同期发现首例的一些国家相比迟了12年。博茨瓦纳是最早发现感染艾滋病的国家，三分之一的成年人感染了艾滋病HIV-1病毒。博茨瓦纳总统莫加在2000年7月悲哀地说，他的国家正在受到整个民族灭绝的威胁。这样的教训就是发现得最早却由于缺乏认识而没有及时进行宣传和预防。中国发现首例艾滋病是在1985年，根据联合国的《正视艾滋病》报告对全球103个国家政府行为干预政策介入时间进行调查的结果发现，在首个艾滋病例发现于1980年至1984年间的国家中，政府大约在第五年开始进行全国性的预防；而首个病例发生在1985年至1986年间的国家中，37%的政府是从18个月后开始实行预防措施。中国是在后一个期间发现了首例艾滋病，但是由于地方官员的长期瞒报，国家的决策层长期没有意识到艾滋病的严重性。一直到13年后，即1998年7月，中国卫生部才成立艾滋病预防与控制中心，标志着中国对艾滋病的预防工作正式开始。联合国认为，艾滋病、环境污染和男女比例失调，是中国发展的三大障碍。前联合国秘书长安南于2002年在浙江大学作报告时说，中国正处在艾滋病大爆发的前夜，必须在整个国家受到致命性打击前遇制。联合国的调查认为，中国的艾滋病患者已经超过 150 万人，这意味着中国不到 1 000 人就有一个艾滋病患者。中科院院士韩启德认为，若不采取有效措施，中国的艾滋病感染人数将很快超过 1 000 万人，艾滋病的流行将成为国家性灾难。

2．爆发期的告知功能

美国的"9·11"事件、我国的非典事件都是很好的例证。对危机事件的及时跟踪报道，可以使全国乃至全世界人民都比较及时了解危机事件的内容、起因和危害程度，获得有关的知识和应对的基本方法，知道国家和政府正在进行的补救性举措和我们大家应当如何配合，消除由于不知情而引起的恐慌，避免和制止各种谣言，统一思想和行动，最终共同渡过心理难关和物理上的难关，振奋民族精神。

3．扩散期的协调功能

危机事件的扩散期是危机事件中破坏力表现最突出的时候。危机的影响往往会在扩散期延伸和深化到社会的各个层面和各个领域。在这种情况下，在政府和各级部门的重视下，媒介的得力宣传，可以成为解决危机的"导航员"和"催化剂"，成为对危机事件责任人进行追究的号角和战鼓，成为宣传教育的绝好契机，成为激发人们救助弱势群体的动员令。

4．消退期的反思功能

危机事件的发生有其偶然因素，也有其必然的内在逻辑。从数不清的矿难事件、官员腐败事件，到孙志刚事件、艾滋病问题，再到非典事件、美国的"9·11"事件，虽然都过去了，但是人们至今还在反思着其中的许多问题。为什么？因为引起这些问题发生的许多因素并没有完全从根本上得到解决，而且随着事物的发展，还将会不断产生许多新的问题和矛盾。我们虽然不能完全预知未来，但是"前事不忘，后事之师"，每一次危机事件不仅给我们留下了损失和伤痛，还留下了许多经验教训和反思。危机报道在它的消退期还在起着更长远、更深刻的反思作用。

传播在危机过程中之所以显得重要和特殊，是因为传播对危机事件所产生的冲击是一把"双刃剑"。

一方面，危机事件本身具备较高的新闻价值，对危机实践的及时、真实报道可以满足广大受众的"获知权"。另一方面，媒体对危机事件的报道又往往会影响受众对组织形象的认知和评价；各方团体在危机发生时利用媒体争取解释权，使媒体成为各种利益关系的角力场，使媒体的沟通更加困难；危机事件的报道如果把握不好，引导不当，很可能会增加危机处理的困难度。因此，媒体是危机管理的一种重要依靠力量。媒体应当通过及时报道、精心策划和有效引导，既影响公众对事件的及时、全面、准确了解的程度，满足具有"知晓权"的公众对特殊时期的信息渴求，又能在这个极其敏感时期从积极方面去反映公众意见，引导公众舆论，缓解公众压力，从而疏导情绪，消解谣传，凝聚共识，激发群众配合解决危机事件的斗志。因此，媒体在危机事件中事关重大，任务艰辛，这也是媒体在塑造中国媒体形象时十分神圣而责无旁贷的重大使命。

第八节 危机报道的基本原则

一、兵贵神速原则

危机事件，灾难当头，抢时间就是抓机遇，拖延时间就是增加损失，赶抢速度就意味着抢救生命，错失良机就是更大的灾难。俗话说："好事不出门，坏事传千里"，在危机出现的最初 12～24 小时，真假难辨的道听途说会以疾病一样的裂变方式高速传播，正确的传播信息往往又来得很慢。所以要控制事态的发展，掌握舆论调控的主动权，就必须争取在第一时间抢占信息发表的"制高点"。美国危机管理专家劳伦斯·巴顿说，公众在每一次危机中都要问三个问题："发生了什么？""事情是怎样发生的？""为了确保类似的事情不发生，你们将采取什么措施？"如何在最短的时间内就这些公众最关心的问题给出真实可信的答案，就是给具有恐惧心理的广大公众一副最有效的"镇静剂"。

由于危机事件对社会或个人的生命财产造成了相当大的损害，会直接或间接地涉及公众的切身利益和合法权利，所以被伤害了自尊与情感的广大公众往往会出现一种恐慌、焦虑、愤怒的过激情绪。我们不可以改变危机事实，但是可以改变公众的态度。作为当事者及其单位的领导，不要企图去掩盖错误、文过饰非、粉饰太平，而要尽量在事件发生的第一时间赶到现场，直接指挥和参与危机的排除、救难、调查和安抚工作，对于群众的批评、质疑、问责，应当襟怀坦白，以诚相见，真诚地、及时地与媒体、公众沟通，诚恳地向媒体和受众说明情况，诚实地对自己应承担的责任作出承诺。

清华大学刘建明教授也认为，"第一时间"不仅是信息发表提速的代名词，而且是阻遏不良信息扩散的监控力，即以最快的速度告诉民众真实的情况。有的专家曾总结了 2011 年 3 月日本大地震、大海啸和核泄漏的深刻教训，特别指出了东京电力高层的"六宗罪"。开宗明义第一宗就是"为保资产错过最佳时机"，文章分析其"错过了两大关节点"：一是"地震发生后，东京电力公司未意识到问题的严重程度，没有在第一时间发布福岛核电站冷却系统失灵的消息"；二是

"12 日，福岛 1 号机组厂房爆炸后，东电也没有第一时间向日本当局汇报。这两个节点，被认为是以最小代价应对核电事故的关键，但都被延误了"①。

2008 年 5 月 12 日，四川省汶川县发生了 8.0 级强烈地震，瞬间夺去了成千上万人的生命。在汶川抗震救灾中，我国新闻媒体及时公布灾情，十分注意加强汶川地震专题的议程设置。地震发生十几分钟后，新华网就发布了来自国家地震局的权威消息；中央电视台在灾情发生后的第一时间就启动了 24 小时滚动直播，三个小时后，中断了正常的节目播出，推出直播特别节目"关注汶川地震"；5 月 22 日，《华西都市报》就在头版头条以大幅通栏标题"今年 700 亿助重建家园，希望屹立废墟之上"，报道了国务院召开常务会议谋划和适时开展恢复生产与灾后重建工作；《四川日报》和四川电视台以非常显著的地位和大量版面，突出宣传灾后重建，反映了全省上下团结一致、重建家园的坚强决心，并以新闻、专题报道、访谈等各种形式，集中报道各地群众不等不靠、自力更生、积极开展灾后重建工作的典型人物、事迹和故事……这些报道，无疑都反映了一种社会大爱精神和自强不息、永不言败的顽强斗志，极大地激励了灾区群众重建家园的信心与决心。及时公开危机事件的真相，吹响了凝聚人心和共同奋斗的进军号，受到全国上下和国外媒体的好评。英国广播公司记者昆廷·萨默维尔形容说："这是我在中国所看到的媒体对紧急情况报道最快速、最公开透明的一次。"《国际先驱论坛报》认为中国对此次地震的反应出奇地开放，电视媒体不停地报道有关灾难的消息和救灾的努力，这在中国以前是十分罕见的，从中可以看出中国政府正在朝着开放、透明与改革的方向前进。②《澳大利亚周末》5 月 24 日发表特写文章说："改变了一个国家的地震"，文章认为中国的地震灾难将成为中国政治变革的一道分水岭。③

二、开诚布公原则

开诚布公原则就是要公开透明，就是高度重视公众的合法知情权，及时告知公众需要和应该知道的关于危机事件的真实情况。与其采取各种手段来封闭信息或歪曲事实真相，造成真相被流言所歪曲、公众心理恐慌与社会混乱的后果，还不如以真诚的态度，尽量满足大众对危机信息的知情权。

---

① 赵海建. 东京电力被指"六宗罪". 广州日报，2011 - 04 - 10.

② Chris Obrien. Quake Shakes Beijing's Grip on Media Information Flow Likely Fleeting. *The Washington Times*，2008 - 05 - 23.

③ Rowan Callick. Quake that Changed a Nation，FEATURES. *The Weekend Australian*. I - All - round-CountryEdition，2008 - 05 - 24.

　　从某种意义上说，现代信息社会是一个媒体报道塑造人们对事件的认知的"媒体逻辑时代"，信息传播全球化使得一旦某种媒体率先发布危机信息，在真假莫辨的情况下，该危机信息就马上成为大众关注和疯传的焦点而形成危机舆情，还常常造成一种"媒体审判"效果，这对公众的辨别能力和组织的危机应变能力提出了很大的挑战。媒体报道最基本又最重要的责任就是在第一时间将"新近发生的"、"重要的事实真相"公之于众。这是政府实施管理与决策的重要基础，是广大公众获得知情权、话语权、参与权、监督权和配合政府管理的重要前提和手段，也是增强社会稳定的强力黏合剂。"凡是有意扣留这些信息，或者传播假的或歪曲失实的信息，就是侵犯了受众的知情权。"① 所以要掌握舆论调控的主动权，就必须争取在第一时间抢占公布危机真实信息的"制高点"。

　　美国著名的危机管理专家迈克尔·里杰森说："现代组织处在一个其活动透明度日益增大的时代。若一个组织不能就其发生的危机与公众进行合适的沟通，不能告诉他们面对灾难局面正在采取什么补救措施，不能很好地表现它对所发生危机事故的态度，这无疑将会给组织的信誉带来致命的损害，甚至有可能导致组织的消亡。"2011 年 7 月 23 日发生的温州动车相撞事故，造成 40 人死亡和 192 人受伤。根据《新京报》7 月 25 日的报道，铁道部第一次新闻发布会于事故发生 26 个小时后才举行，发言人甚至无端地把事故原因归结为"可能是由于雷击的缘故造成"，随后又公布"是信号系统的设计存在重大缺陷所致"。直到 7 月 29 日铁道部才通过答新华社记者问的方式再次发布了事故救援的一些官方信息，而来自官方权威的证言完全缺失。对危情真相的回避和掩盖，是这次危机事故舆情持久未能平息的重要原因。到 7 月 28 日 16 时，新浪微博关于温州动车事故的讨论及相关搜索内容已高达 2 841 468 条（数据不包括媒体删除内容）。正是因为真相被隐瞒，有关部门陷入非常被动的局面。

　　罗曼·罗兰也说过："真实是人生最罕见的美德。只有真实，才会有内心的充盈和坚定的自信。"这里的真实，是指客观事实的存在及其发展的必然性和规律性。人们追求真实，实际上是在追求客观规律与人的目的的统一。

　　在 2011 年东京发生大海啸和核泄漏事故后，社会舆论谴责实力雄厚的东京电力公司曾经多次被曝出有多次篡改报告数据、隐瞒事实的行为。东京电力公司在向经济产业省提交的调查报告中承认，从 1977 年起，对福岛第一、第二核电站和柏崎刈羽核电站的 13 座反应堆总计 199 次的定期检查中，已经发现存在篡改数据和隐瞒安全隐患的行为。其中就包括造成这次福岛核事故的紧急堆芯冷却

---

① 肖沛雄. 新编传播学. 广州：广东人民出版社，2006. 106.

系统失灵问题，但相关数据曾在 1979 年至 1998 年间先后 28 次被篡改。1987 年至 1995 年对下属核电厂进行维修和检查时，又发现了一些反应堆管道有裂痕，但该公司亦未按规定向核安全管理部门报告和及时检修，留下大量的安全隐患。本次核危机发生后，东电方面还试图隐瞒实情，甚至在福岛 1 号机组厂房爆炸后，内部通知也只以"出现白烟和巨响，正在调查中"来表述，更别说在第一时间把消息向日本当局汇报了。

美国信息署前任署长爱德华·R.马卢曾经说过："真实就是最好的宣传，谎言则是最坏的。要有说服力就必须让人相信；相信就必须可信；要可信则必须做到真实。宣传就是如此简单。"

三、敢于担当原则

危机发生以后，公众非常情绪化，他们的心态往往首先集中表现在三方面：一是对问题的发展态势和后果高度关注；二是对利益受害者合法权利维护的关切与焦虑；三是对事件责任人的质询与问责，而且往往要穷追不舍。所以要消除危机，当事人与相关涉事单位在情况基本清楚的前提下应当有自知之明，对本身在事件中应当承担的责任要抱着真诚的态度，敢于正视和勇于担当，绝不文过饰非，回避推诿，动辄"无可奉告"甚至迁怒于人。公众对当事机关和人员最反感的就是有的人一旦遇到对自己不利的事情，马上产生的第一反应就是把责任推得一干二净。

据报道，2011 年 3 月 11 日发生在日本东北部海域的大地震引发海啸，造成福岛核电站 6 个机组的冷却系统受损，随后爆炸起火，导致核辐射，引起公众恐慌。而清水正孝作为公司总裁直到灾难发生一天后才出现在公司总部，而且没有出现在 3 月 13 日的新闻发布会上，还在 2011 年 3 月 16 日请病假一周。由此，媒体大力指责，认为他逃避责任。直到 3 月 19 日，清水正孝才就核事故发表正式谢罪书，但他本人还是没有露面，这引起了灾民的强烈不满。同样让日本人愤怒的还有东京电力副社长藤本孝。日本某网站 3 月 18 日刊登了一篇日本网民的帖子——题为《银座的陪酒女正在服侍东京电力管理层》。该帖称："地震发生后，东京一带开始轮流停电，藤本孝仍不忘寻欢作乐，成日光顾酒吧，竟然还带着几名员工去银座找小姐陪酒。"消息一出，舆论哗然，愤怒的日本民众纷纷指责东京电力"腐败"，一些过激言论甚至要求"喝花酒"的藤本孝"切腹谢罪"。

四、运筹帷幄原则

运筹帷幄原则就是统一指挥，各司其职，众志成城，默契配合。在危机来临时刻，在事件的严重危害、重大责任和外部批评等多重巨大压力下，组织内部很容易会陷入混乱的信息交杂状态，如果媒体传播出去的是社会上或当事单位内部不负责任的相互埋怨与诸多猜疑，那会使社会危机舆情雪上加霜。既然解决危机是大家的共同心愿，那么必须让危机传播与危机公关成为一个有机的系统工程，从上到下，从内到外形成一个统一的对外传播声音和上下一致的行动。这是危机传播的一个重要与关键的要求。口径应由危机管理小组制定。在危机爆发的第一时间，危机管理小组负责人应将小组成员召集在一起，大家统一商量对外口径，统一按照预案具体部署化解危机的全盘计划与手段。对于一些特别专业的问题，专业公关人员应与相关职能部门进行沟通，并由新闻发言人专门负责与外界进行沟通，只有经过他所发出的声音才是单位的最终决定，应当维护、服从新闻代言人的权威。尤其是面对新闻媒体和广大公众，舆情通报一定要及时、准确、口径一致，以真诚的态度表达歉意，以及表达处理危机的诚意。掌握舆论主导权，通过所建立的多种信息传播渠道让公众了解处理危机的进展情况以及所调查到的原因。

为了有效地统一口径，以一个声音表达，以协调的步伐分工合作，危机处理领导机构应该根据实际情况明确以下三大事项：一是对危机的统一定性。在初步掌握危机原因的基础之上，危机处理机构的决策系统应该对该次危机事件进行定性，这实际上就决定了处理的基调和策略。例如，我国某品牌在欧洲参展期间被欧洲一大型检测机构评定为安全性最差的汽车，出现严重的品牌危机，决策层决定在舆论宣传中策略性地抛出"阴谋论"的定性，然后准备参加另外一家欧洲汽车安全检测机构的测试，以另外的权威测验证明这个"阴谋论"的成立。由于测试结果不错，该品牌危机得到妥善的处理。二是明确处理态度。通过研究协商，对危机事件所造成损失进行处理的态度要上下一致，向有关的受害者以及广大公众表达歉意，真诚地表达愿意妥善处理的决心和计划。三是事情进展的有序处理。随着事件不断发生新的变化，需要尽快拿出有效的对策和处理方案，并定期检查处理方案的落实情况，及时向有关对象和社会进行通报。

五、权威证实原则

权威证实原则就是选择可信度高的信源，以科学的原理、真实的事实，晓之以理，动之以情，尽快消除公众的信任危机。

传播学开创者霍夫兰从大量的实证调查中发现，信源的可信度越高，其说服效果越大；反之，则越低。尽管不能忽视休眠效果的存在，但在危机发生时，公众是渴求权威信息的，等到人们静下心来仔细思索整个事情的处理过程时，或许危机已经过去；即使危机仍未消除，但来自权威的声音至少安抚了很大一部分人的情绪，为其他方案的实施争取到了短时间的稳定局面。因此，寻找相关产业权威人士和权威部门的支持，并及时发布他们所持的对本企业有利的观点或检测报告，也是进行危机公关时不可缺少的一环。

发生危机，情况往往比较错综复杂，而且危机事件的真相如何，危机的本质是什么，危害多大，发展趋势如何，应当如何解决，应当由谁负责，这一切常常是见仁见智、众说纷纭，令人莫衷一是。有时就连当事人和相关单位负责人也说不清楚。如果任由大家见仁见智地自由发挥，就会谣言满天飞，使局面变得更复杂，乃至发展到难以收拾的地步。实际上群众也不是无政府主义者，他们中的绝大多数人还是相信事实和道理的。所以我们要解决问题，都不要忘了要运用"第三方面的权威"证实的原则。这表现在三个方面：一是与危机事件没有直接利益关系的相关专业的专家，让他们面对公众说明发生危机事件的科学原理或政策依据；二是具有一定公信力的主流媒体，在经过调查后如实说明危机事件的真实过程，有理有据地进行具有真实性、深刻性、导向性的客观分析；三是国家领导站在全局上高瞻远瞩、运筹帷幄的决策和指示，或者由管理层面上相应的专门机关根据他们掌握的相应的信息源和政策法规，对事件的性质、危害、责任进行深入浅出的分析。

危机传播中"权威证实"的主要内涵应当体现出对危机事件产生原因、本质、危害程度、发展趋向、责任划分、处理原则与策略等方面的科学性、客观性、规律性的理性认识和真知灼见。由于危机发生的真相、本质和危害都比较复杂，其产生原因和解决方法更是见仁见智的，如果"舆论市场"中只有自由发挥，却没有正确合法的引导和有理有据的证实，就会导致众说纷纭、真假莫辨、手足无措的现象出现。新闻媒体要平息危机带来的舆情潮水，就需要运用有关权威人士的理性认识和真知灼见，从科学的、法理的高度，真正深入把握危机事件的本质、内部联系和发展规律。这在引导和缓解危机舆情中发挥了中流砥柱的作用。

近几年，我国多次爆发了阴霾天气问题，特别是东北、华北、华东等地区，2013 年更是连续出现多次阴霾天气，覆盖面积达 143 万平方公里，近 8 亿人遭到侵害，根据某些疾病防控专家的意见，它带给人们的危害甚至远远超过了非典。

在这场由环境污染造成的我国近年最大的危机事件中，我国媒体凭借新闻人关注民生、监测社会的高度责任感，成为危机舆情引导的中流砥柱。他们尤其注意以国家领导人高瞻远瞩的指示、医学和气象专家的科学分析和具体指导、社论和相关人士的评论文章来传递正确认识和处理阴霾天气灾害的真知灼见。

　　这次事件中媒体报道传递的权威证实，首先表现在对国家领导人从全局出发高瞻远瞩的指示和部署，及时进行有说服力的报道，这是形成全民共识与合力的主心骨。2012 年时任国务院副总理的李克强在北京出席中国环境与发展国际合作委员会 2012 年年会时指出，关于"环境问题已经成为重要的民生问题，中国政府将加大污染治理力度"，将在京津冀等地和长三角、珠三角地区，以及省辖市、省会城市开展 PM2.5 监测并公布信息，以及加大生态环保投资的指示　在媒体设置议程，拓展舆论。2013 年 1 月，时任国务院总理的温家宝在中南海主持召开三次座谈会时指示："最近的雾霾天气对人们生产生活和身体健康都造成影响，我们应该采取切实有效的措施，加快推进产业结构和布局调整，推进节能减排，建设生态文明，用行动让人民看到希望。"国内各主流媒体都及时争相报道，抓住这些重要契机，再次设置环境保护的相关议程，大造舆论，让广大群众及时了解中央领导人高瞻远瞩的指示精神，鼓舞了信心，明确了方向，促进了环保事业的发展。

　　这次事件中媒体报道的权威证实，也表现在各类媒体结合危机报道的相关议程，对气象、环保、医疗专家进行采访，并请他们撰写文章和评论，讲授有关天气阴霾的成因、危害和预防等科普性知识。2013 年 2 月云南低碳经济网发表了陈永昌的指导性文章《阴霾天气给我们带来的警示与思考——分析阴霾天气的综合成因》，分析了阴霾天气的四大综合成因：一是我国工业烟尘排放大造成的大气污染；二是数量暴增的机动车尾气造成的大气污染；三是到处施工建筑的沙尘污染；四是持续低温、空气湿度大的天气原因。新华网 2011 年 12 月 8 日报道了中央气象台根据专家的意见提醒市民：雾气里面含有对人体有害的有毒物质20 多种，各种病菌和病毒含量是普通大气水滴的几十倍。大雾可以引起急性上呼吸道感染和心血管病的发作；提醒大家在卫生、运动、饮食、预防等多方面的注意事项。2013 年 1 月 14 日，《人民日报》刊登了题为《"厚德载雾，自强不吸"非全面小康》的评论员文章，文中指出："'牵着你的手，却看不见你'不是美丽中国，'厚德载雾，自强不吸'不是全面小康。经济发展再也不能走先污染后治理的老路。只有形成节约资源和保护环境的空间格局、产业结构、生产方式、生活方式，从源头上扭转生态环境恶化趋势，我们才可能拥有天蓝、地绿、水净、风清的美好家园。"这些来自专业权威的文章和意见有理有据，切中了大家在危机中求知、求利的心理需求，成为引导广大人民群众平息危机舆情、配合政府部署、树立社会责任、共同应对危机的贴心人与引路人。

六、真情实感原则

　　真情，是指真挚朴实的思想情感。列宁曾说过："没有人的情感，就从来没有，也不可能有人对真理的追求。"罗曼·罗兰也说："真诚，只有大的真诚，才能把人引向崇高。"情感是人对客观现实的一种特殊的反映形式，是人对客观事物是否符合自己需要所作出的一种心理反应。它与逻辑认识的区别在于：逻辑认识是对客观对象本身作出反应，而情感是对客观对象与主体之间的某种关系作出反应。俗话说："动人心者，莫先乎情"，"人禀七情，感物斯应"。诗人拜伦称情感是"诗的粮食，诗的薪火"。

危难见真情，危难就是对新闻工作者职业良知和爱民之心的严峻检验和真情呼唤。2008 年汶川地震发生后，"人民高于一切，生命高于一切"成为这次救灾的最强音。众多记者、编辑、播音员、主持人纷纷主动请缨作战。两个半小时，中央电视台第一批记者就已经集结完毕，风尘仆仆奔赴灾区。刚刚结束奥运圣火珠峰登顶报道任务的记者，也直接从拉萨赶往成都，冒着余震不断的危险参与救死扶伤前线的现场报道，并迅速从各重灾区发回百余条最新消息。这些第一时间来自受灾最前沿记者的真实危难信息和真情紧急呼吁，有效平息了各种不实的传言。

危难之中政府是运筹帷幄的指挥核心。中央电视台"关注汶川地震"特别节目的高频率滚动播发了中央政治局常委会会议精神，并对温家宝总理离京赴四川都江堰指挥救灾全程跟踪报道，央视各新闻节目中都多次播发温家宝总理登上飞机的消息，电视观众在第一时间就耳闻目睹了总理赶往灾区星夜视察灾情的身影与声音。温总理面对彝良一片满目疮痍、残垣断壁时，有这样一些片段："第一位的工作是要救人，只要有一线希望，我们就要尽百分之百的努力！""我给这些遇难的孩子们三鞠躬。"他在废墟边蹲下，专注地看着夹缝中的孩子，眼神充满爱怜："孩子，听爷爷的话，挺住，我们一定会救你出来的！"

在汶川赈灾中，媒体新闻记者把更多饱含深情的笔触和摄像镜头对准了"钢铁之师"、基层干部等"救护神"，并从不同角度、以不同的专题进行报道。通过挖掘抗灾救灾中从中央到地方，各战线各领域广大群众的感人的故事与情景，媒体声情并茂地突显了"一方有难，万方支援"、"灾害无情人有情"的时代风貌。比如，《成都商报》2008 年 5 月 21 日以一版头条通栏标题"娃儿慢慢吃，妈妈的奶全给你了"，报道了江油市公安局女警察蒋晓娟在地震发生后用母爱哺育 9 个婴儿的感人故事，并配发诗歌《母爱撼山河——献给警花蒋晓娟》。

戏剧艺术家余秋雨说过："人们对于真实的崇拜出于对人生实在性的追求。没有真实，人生就失去了依托和参照……求真的内驱力，历来是人们审美意识热情的重要动因。"在汶川地震中，新闻工作者在危机报道中把心中的爱化作笔下之情和血与肉交织的感人故事，饱含着民族真情的各种真情符号，谱写着一曲曲爱国情、民族情、战友情、亲友情、师生情的赞歌，产生了一种振奋精神的巨大力量，它大大地鼓舞了灾难中的人民以加倍的坚强与团结，去夺取抗震救灾的胜利，成为舆情引导的重要前提和灵丹妙药，牵动了国人乃至国际友人的心。媒体对中央领导、各级干部、解放军战士和各界群众救灾的真实而充满情感的动人报道，使许多西方媒体改变了对中国的看法，许多国家先后派出人员运来了救灾人员和赈灾物资。《洛杉矶时报》评论说："一个越来越人性化的政府知道这样能给人们带来精神上的安慰，让遇难者知道他们有国家在后面支持。"

思考与练习

1. 如何理解"风险"、"风险社会"、"危机事件"、"危机报道"等概念？

2. 本教材所阐述的三种风险社会理论有什么联系和区别？

3. 危机事件的认定标准和显著特点是什么？试联系近期国内发生的重大危机事件，说明我国危机事件态势的几个主要特点和事件频发的主要原因。

4. 如何辩证认识"危机事件"？我国媒体对危机传播还存在哪些认识误区？有哪些成功的经验？请联系近年发生的事件加以说明。

5. 我国和西方国家在危机传播中存在哪些差异？请举例说明。

6. 我国危机事件中社会舆论的三个主体是什么？为什么它们都是理所当然的舆论主体？他们对危机传播中的舆情调控各有什么不同的手段？

7. 在危机报道中，媒体应当如何把握自己的准确定位？危机报道有哪些基本原则？

参考文献

1. 李希光. 新闻学核心. 广州：南方日报出版社，2002.

2. ［美］斯蒂芬·李特约翰. 人类传播理论. 史安斌译. 北京：清华大学出版社，2004.

3. 周鸿铎. 应用传播学教程. 北京：中国书籍出版社，2010.

4. 喻国明. 媒介市场的定位——一个传播学者的实证研究. 北京：北京广播学院出版社，2000.

5. 郑保卫. 新闻学导论. 北京：新华出版社，1996.

6. 肖沛雄. 新编传播学. 广州：广东人民出版社，2006.

7. 关世杰. 跨文化交流学——提高涉外交流能力的学问. 北京：北京大学出版社，1995.

8. 戴元光，金冠军. 20 世纪中国新闻学与传播学（传播论卷）. 上海：复旦大学出版社，2001.

9. 戴元光，金冠军. 传播学通论. 上海：上海交通大学出版社，2000.

10. 龚建华. 知识经济时代. 广州：广东经济出版社，1998.

11. 关世杰. 国际传播学. 北京：北京大学出版社，2004.

12. 周鸿铎. 经济传播学总论. 北京：中国纺织出版社，2005.

13. 李敬一. 中国传播史论. 武汉：武汉大学出版社，2003.

14. ［美］罗伯特·福特纳. 国际传播——全球都市的历史、冲突及控制. 刘利群译. 北京：华夏出版社，2000.

15. 张巨岩. 权力的声音——美国的媒体和战争. 北京：生活·读书·新知三联书店，2004.

16. 何英. 美国媒体与中国形象. 广州：南方日报出版社，2005.

17. 曾婕等. 重大突发公共事件中的广播电视舆论引导能力研究. 武汉：湖北人民出版社，2010.

18. ［美］沃尔特·李普曼. 舆论学. 林珊译. 北京：华夏出版社，1989.

19. James W. Dearing, Everett M. Rogers. *Agenda-setting*. Sage Publications, 1996.

20. ［美］查尔斯·威汀贝克. 肩负世界的使命（*The World on His Back*）. 纽约，1953.

21．〔美〕弗兰克·默特．美国的新闻．*Public Opinion Quarterly*．Chicago：University of Chicago Press，1952．

22．陈锋，林宏等．中美交锋大纪实（下）．北京：中国社会科学出版社，2001．

23．刘继南等．国际战争中的大众传播．北京：北京广播学院出版社，2004．

24．〔美〕爱德华·赫尔曼，罗伯特·麦克切斯尼．全球媒体——全球资本主义的新传教士．甄春亮等译．天津：天津人民出版社，2001．

25．俞可平．全球化：西方化还是中国化．北京：社会科学文献出版社，2002．

26．顾潜．中西方新闻传播：冲突·交融·共存．上海：复旦大学出版社，2003．

27．李希光，刘康等．妖魔化与媒体轰炸．南京：江苏人民出版社，1999．

28．〔美〕威尔伯·施拉姆，威廉·波特．传播学概论．陈亮，周立方，李启译．北京：新华出版社，1984．

29．程曼丽，王维佳．对外传播及其效果研究．北京：北京大学出版社，2011．

30．于歌．美国的本质：基督新教支配的国家和外交．北京：当代中国出版社，2006．

31．张骥等．中国文化安全与意识形态战略．北京：人民出版社，2010．

32．刘岩．风险社会理论新探．北京：中国社会科学出版社，2008．

33．赵景芳．美国战略文化研究．北京：时事出版社，2009．

34．肖沛雄，万文双．中美体育电影文化观念的比较与嬗变．广州：暨南大学出版社，2012．

35．胡惠林．中国国家文化安全论．上海：上海人民出版社，2005．

36．〔美〕斯坦利·巴兰，丹尼斯·戴维斯．大众传播理论．曹书乐译．北京：清华大学出版社，2004．

37．〔英〕贾斯廷·罗森伯格．质疑全球化理论．南京：江苏人民出版社，2002．

38．陈卫星．国际关系与全球传播．北京：北京广播学院出版社，2003．

39．〔英〕达雅·屠苏．国际传播：延续与变革．董关鹏译．北京：新华出版社，2004．

40．〔美〕梅尔文·德弗勒，桑德拉·鲍尔洛基奇．大众传播学绪论．杜力平译．北京：新华出版社，1990．

41. 周庆山. 传播学概论. 北京：北京大学出版社，2004.

42. 董璐. 传播学核心理论与概念. 北京：北京大学出版社，2008.

43. 沙莲香. 传播学——以人为主体的图象世界之谜. 北京：中国人民大学出版社，1990.

44. ［美］卡尔·多伊奇. 国际关系分析. 周启明等译. 北京：世界知识出版社，1992.

45. 郭可. 当代对外传播. 上海：复旦大学出版社，2003.

46. 段鹏. 国家形象构建中的传播策略. 北京：中国传媒大学出版社，2007.

47. ［德］乌尔里希·贝克. 风险社会. 何博闻译. 南京：译林出版社，2004.

48. ［美］安东尼·吉登斯. 现代性的后果. 田禾译. 南京：译林出版社，2000.

49. 潘斌. 社会风险论. 北京：中国社会科学出版社，2011.

50. 李希光，孙静惟. 全球新传播：来自清华园的思想交锋. 广州：南方日报出版社，2002.

51. 王辑思. 摩根索理论的现实性和非现实性——《国家间政治——寻找权力与和平的斗争》译序，［美］汉斯·J. 摩根索. 国家间的政治——寻求权力与和平的斗争. 徐昕，郝望，李保平译. 北京：中国人民公安大学出版社，1990.

52. 单波，石义彬，刘学. 新闻传播学的跨文化转向. 上海：上海交通大学出版社，2011.

53. ［美］丹尼尔·贝尔. 资本主义的文化矛盾. 赵一凡等译. 北京：生活·读书·新知三联书店，1992.

54. ［美］露丝·本尼迪克特. 文化模式. 王炜等译. 北京：生活·读书·新知三联书店，1988.

55. ［德］马克斯·舍勒. 舍勒选集（下）. 刘小枫译. 上海：上海三联书店，1999.

56. ［美］道格拉斯·凯尔纳. 媒介奇观：当代美国社会文化透视. 史安斌译. 北京：清华大学出版社，2003.

57. 孟建伟. 论科学的人文价值. 北京：中国社会科学出版社，2000.

58. 李彬. 全球新闻传播史（公元 1500—2000 年）. 北京：清华大学出版社，2005.

59. ［德］尤尔根·哈贝马斯. 重建历史唯物主义. 郭官义译. 北京：社会科学文献出版社，2000.

60. [意] 奥尔利欧·佩奇. 世界的未来——关于未来问题的一百页. 王肖萍，蔡荣生译. 北京：中国对外翻译出版公司，1985.

61. [美] 大卫·雷·格里芬. 后现代精神. 王成兵译. 北京：中央编译出版社，1998.

62. [美] 安东尼·吉登斯. 第三条道路——社会主义的复兴. 郑戈译. 北京：北京大学出版社，2000.

63. 邴正. 当代人与文化——人类自我意识和文化批判. 长春：吉林教育出版社，1996.

64. 杨魁，刘晓程. 政府·媒体·公众：突发事件信息传播应急机制研究——以 2008 年"5·12"大地震为例. 北京：中国社会科学出版社，2010.

65. 吴宜蓁. 危机传播——公共关系与语艺观点的理论与实证. 苏州：苏州大学出版社，2005.

66. 贺文发，李烨辉. 突发事件与信息公开——危机传播中的政府、媒体与公众. 北京：中国传媒大学出版社，2010.

67. 严励. 秩序的中国解读：转型期中国社会矛盾之研究. 上海：上海社会科学院出版社，2007.

68. 赵士林. 突发事件与媒体报道. 上海：复旦大学出版社，2006.

69. 陈晏清. 当代中国社会转型论. 太原：山西教育出版社，1998.

70. 陆学艺. 社会学. 北京：知识出版社，1996.

71. [日] 和田洋一. 新闻学概论. 吴文莉译. 北京：中国新闻出版社，1985.

72. [美] 明安香. 美国：超级传媒帝国. 北京：社会科学文献出版社，2005.

73. 蒋宏，徐剑. 新媒体通论. 上海：上海交通大学出版社，2006.

74. 苏宏元. 网络传播学导论. 北京：中国社会科学出版社，2010.

75. 李彬. 传播学引论. 北京：新华出版社，2003.

76. 马为公，罗青. 新媒体传播. 北京：中国传媒大学出版社，2011.

77. [美] 保罗·莱文森. 新新媒介. 何道宽译. 上海：复旦大学出版社，2011.

78. [美] 曼纽尔·卡斯特. 网络社会的崛起. 夏铸九等译. 北京：社会科学文献出版社，2001.

78. 宫承波. 新媒体概论（第二版）. 北京：中国广播电视出版社，2009.

80. 张海鹰，滕谦. 网络传播概论. 上海：复旦大学出版社，2001.

81. 袁军，韩运荣. 西方传播学引入中国大陆的历程及其启示. 袁军，胡正荣. 面向 21 世纪的传播学研究——中加传播学研讨会文集. 北京：北京广播学院出版社，2000.

82．王旭．发展传播学的历程与启示．人大复印资料，2000（2）.

83．邵培仁．传播学本土化研究的回顾与前瞻．杭州师范学院学报，1999（8）.

84．张生祥，何晶．试论区域传播学．河南社会科学，2002（3）.

85．邵培仁，潘祥辉．论媒介地理学的发展历程与学科建构．徐州师范大学学报（哲学社会科学版），2006（1）.

86．阳美燕．论当代媒介舆论传播视域的立体化发展．吴非，项国雄，陈培桃．中国新闻理论传播．北京：人民日报出版社，2005.

87．刘瑞生，周世禄，甄宇鹏．新媒体与意识形态安全——美国之音"拟停对华广播"背后的西方对华传播战略转型．海疆在线，http：//www. haijiangzx. com，2011－07－23.

88．王勇桂，夏禹．西方国家掌控意识形态的途径和做法．求是理论网，http：//qstherory. cn，2009－08－18.

89．毕吉耀．当前的经济全球化趋势及提出的新要求．http：//www. dss. gov. cn.

90．［美］詹姆斯·贝克．民主和美国外交——1990年3月在德克萨斯州达拉斯世界事务委员会上的演讲．新华社：参考资料，1990－05－24.

91．尹鸿．全球化、好莱坞与民族电影．文艺研究，2000（6）.

92．王宁．全球化时代中国电影的文化分析．社会科学战线，2003（5）.

93．［法］刘昶．西欧传播学的历史、现状与展望．袁军，胡正荣．面向21世纪的传播学研究——中加传播学研讨会文集．北京：北京广播学院出版社，2000.

94．程曼丽．信息全球化时代的国际传播．传媒学术网，2011－10－09.

95．［美］马克·海姆．第一届上海传播学国际学术讨论会论文选编．上海：上海外语教育出版社，1987.

96．邵培仁．论人类传播史上的五次革命．中国广播电视学刊，1996.

97．胡鞍钢，张晓群．中国，一个迅速崛起的传媒大国——传媒实力实证分析与国际比较．中华传播网，2004－06－28.

98．张桂珍．国际传播是国际关系的一部分．刘继南等．国际传播——现代传播论文集．北京：北京广播学院出版社，2000.

99．江怡．一种无根的实在论——评戴维森的绝对真理理论．哲学研究，1995（7）.

100．［菏］沃特·阿赫特贝格．民主、正义与风险社会：生态民主政治的形态与意义. 周战超译. 马克思主义与现实，2003（3）.

101. ［英］斯科特·拉什. 风险社会与风险文化. 王武龙编译. 马克思主义与现实，2002（4）.

102. 赵路平. 公共危机传播中的政府、媒体、公众关系研究. 复旦大学博士学位论文，2007.